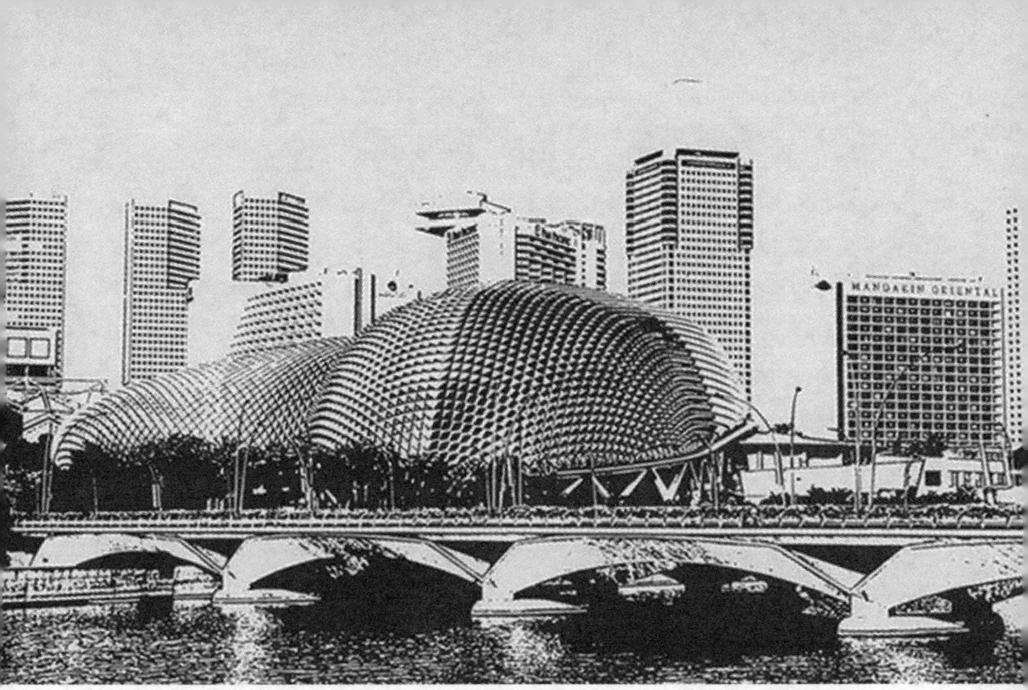

新加坡双语教育
与英汉语用环境变迁

Singapore Bilingual Education
and Language Shift of the Chinese Singaporeans
Towards English and Chinese

| 黄明/著

本书得到教育部人文社会科学研究规划基金项目(11YJA740036)资助

目 录

导 论 ·· 1
  第一节　本书的目的与研究意义 ······························ 1
    一、本书的目的 ··· 1
    二、本书的研究意义 ·· 2
  第二节　关于新加坡语言教育问题的研究（学术史回顾之一）
    ·· 3
    一、关于新加坡华人历史和社会的研究 ················· 4
    二、关于新加坡华文教育的研究 ·························· 9
    三、关于新加坡语言转移的研究 ························ 16
    四、关于双语教育的文献研究 ···························· 18
  第三节　关于双语教育理论与模式的研究（学术史回顾之二）
    ··· 30
    一、国际双语教育基础理论与启示 ······················ 31
    二、国际双语教育典型模式概述 ························ 42
    三、新加坡双语教育模式的归纳 ························ 52
  第四节　关于本书的研究 ·· 61
    一、研究思路 ··· 61
    二、研究方法 ··· 61
    三、本书的基本框架 ·· 62
    四、本书的创新尝试 ·· 63
    五、相关概念的界定 ·· 64
    六、使用资料说明 ··· 67

第一章 双语教育萌芽期(1946—1955) …… 69
第一节 人口构成与语言传统 …… 70
一、人口构成 …… 70
二、语言传统 …… 72
第二节 英文和华文教育的状况 …… 75
一、初中等教育 …… 76
二、高等教育 …… 88
三、师范教育 …… 89
四、课程课文及中国国语运动 …… 91
第三节 双语教育萌芽 …… 94
一、新加坡双语教育概念的产生 …… 94
二、殖民地政府的双语教育政策 …… 96
三、自治政府双语政策的形成 …… 102
第四节 本章小结 …… 104

第二章 双语教育发展期(1956—1965) …… 108
第一节 双语教育与共同语文 …… 108
一、《各党派报告书》以英语为共同语的主张 …… 110
二、行动党政府确立共同语的主要考虑因素 …… 113
第二节 教育制度的统一 …… 128
一、课程与考试的统一 …… 129
二、学制的统一 …… 131
三、混合学校与双语教育 …… 133
四、改换南大教学媒介语的序幕 …… 136
第三节 学生选择就读英校的大趋势 …… 140
一、华族学生选择就读英校的趋势 …… 140
二、华校学生人数锐减的主要原因 …… 144
三、华文教育团体提高英文程度的主张 …… 160
第四节 本章小结 …… 163

第三章 双语教育成熟期(1966—1986) …… 167
第一节 强制性双语教育 …… 168

  一、以英语为主的强制性双语教育 ·············· 169
  二、第二语文的强化学习与应用 ·············· 171
 第二节 双语教育分流制度························ 182
  一、双语教育效果检讨 ······················ 183
  二、双语教育分流制度 ······················ 186
 第三节 特选双语学校···························· 194
  一、特选双语学校的背景 ···················· 194
  二、特选双语学校的实施 ···················· 196
  三、特选双语学校的转化 ···················· 197
 第四节 讲华语运动································ 202
  一、开展华语运动的原因 ···················· 202
  二、讲华语运动的目标 ······················ 204
  三、推广华语运动的方法 ···················· 206
  四、讲华语运动的成果 ······················ 209
 第五节 统一教育源流的原因及步骤················ 214
  一、统一教育源流的原因 ···················· 215
  二、统一教育源流的步骤 ···················· 216
 第六节 本章小结································ 217

第四章 双语教育定型期(1987—)················ 221
 第一节 教育源流的完全统一······················ 221
  一、优化教育与统一教育源流 ················ 222
  二、突出英语与保留母语的协调 ·············· 223
 第二节 双语教育分流制度改革···················· 226
  一、小四分流 ······························ 228
  二、小六分流 ······························ 230
  三、中四分流 ······························ 232
 第三节 教育报告书与华文教学改革················ 233
  一、影响华文教学的主要因素 ················ 235
  二、关于华文教学的主要建议 ················ 243

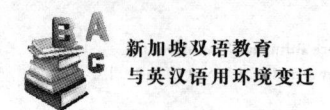

　　第四节　讲标准英语运动 ……………………………………… 256
　　　一、讲标准英语运动的主要原因 ………………………………… 257
　　　二、讲标准英语运动的开展过程 ………………………………… 260
　　　三、讲标准英语运动的主要效果 ………………………………… 263
　　　四、讲双语运动与双语应用能力 ………………………………… 265
　　第五节　本章小结 ……………………………………………… 268
第五章　双语教育的成效——当前双语环境实地调查 ………… 272
　　第一节　研究目的与方法 ……………………………………… 272
　　　一、研究目的 ……………………………………………………… 272
　　　二、调查方式 ……………………………………………………… 273
　　　三、研究方法 ……………………………………………………… 277
　　第二节　调查结果与分析 ……………………………………… 279
　　　一、学生语言能力的变迁 ………………………………………… 281
　　　二、家庭语用环境的变迁 ………………………………………… 286
　　　三、学校语用环境的变迁 ………………………………………… 296
　　　四、社会语用环境的变迁 ………………………………………… 297
　　　五、语码夹杂 ……………………………………………………… 311
　　　六、语言态度 ……………………………………………………… 315
　　第三节　本章小结 ……………………………………………… 321
结　　论 ……………………………………………………………… 324
　　一、新加坡双语教育模式的主要特征 ……………………………… 324
　　二、双语教育对语言使用、语言态度及语言环境的影响 ………… 326
　　三、新加坡华人最常用语的未来发展趋势 ………………………… 329
　　四、新加坡双语教育对我国提高英语应用能力的借鉴意义
　　　　……………………………………………………………………… 330

参考文献 ……………………………………………………………… 333
　　一、中文文献 ……………………………………………………… 333
　　二、英文及日文文献 ……………………………………………… 343
附　　录 ……………………………………………………………… 354

图表目录

表 1-1　新加坡华侨人口增长数据(1819—1957) ……………… 71
表 1-2　新加坡的种族和语言(1957 年) …………………………… 73
表 1-3　新加坡华社创办小学(所)统计表(1912—1939) ……… 83
表 1-4　新加坡华校历年统计表(1921—1941) ………………… 84
表 1-5　海峡殖民地各类学校津贴金分配表(1928—1929) …… 85
表 1-6　新加坡华校和英校学生人数比较表(1946—1955) …… 87
表 2-1　新加坡各类中小学与混合学校的比例(1968 年) ……… 136
表 2-2　英文和华文源流学生占全国学生总数的百分比
　　　　(1954—1965) ……………………………………………… 141
表 2-3　小学一年级新生人数和语文源流(1960—1965 年) …… 142
表 2-4　已受训全职雇员(男性)的平均月薪(新加坡元)(1966 年)
　　　　……………………………………………………………… 153
表 2-5　未受训全职雇员的平均月薪(新加坡元)(1966 年) …… 155
表 2-6　新加坡联络所的类型与数目(1960—1967) …………… 156
表 3-1　学生进入初级学院和大学先修班必须达到的最低双语
　　　　等级 …………………………………………………………… 179
表 3-2　小学生请家教补习的学科调查(1981—1985 年) ……… 185
表 3-3　小学(1979 年开始)、中学(1981 年开始)分流学制 …… 187
表 3-4　小三分流中不同双语课程学生人数以及所占比率
　　　　(1982—1986) ……………………………………………… 189
表 3-5　两种语文与中小学教育制度 ……………………………… 192
表 3-6　小学一年级新生人数和语文源流(1966—1984 年) …… 195

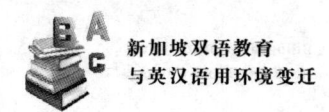

表 3-7	进入特选中学的学生来源以及人数百分比(1979—1986 年) …………………………………………………… 200
表 3-8	新加坡华人方言群与姓氏的发音 ………………… 204
表 3-9	华语运动每年的重点宣传场所或对象(1982—1994) …………………………………………………… 207
表 3-10	华族小一学生在家中使用语言的变化趋势 (1980—1989 年) ………………………………… 210
表 3-11	非英文学校各年级学生转入英校的方式(1984 年开始) …………………………………………………… 217
表 4-1	改革后(现行)中小学分流学制(1991 年开始) ……… 228
表 4-2	四年级末英语、母语和数学 3 门课程统考成绩等级 …………………………………………………… 229
表 4-3	小学第一语言流(一流)、第二语言流(二流)必须达到的最低成绩等级 …………………………………… 231
表 4-4	1991 年改革后中一、中二考试科目每周授课课时数 …………………………………………………… 232
表 4-5	华文教学检讨报告书(1992、1999、2004) ………… 234
表 4-6	认为学习华文重要的学生百分比(1999 年) ……… 239
表 4-7	认为学习华文重要的家长百分比(1999 年) ……… 239
表 4-8	补习各科目的学生人数比例(2004 年) …………… 243
表 4-9	小学阶段华文课程 ………………………………… 247
表 4-10	中学阶段华文课程 ………………………………… 248
表 4-11	大学先修班(预科)华文课程 ……………………… 248
表 4-12	字表对中小学各阶段汉字字数的要求 …………… 249
表 4-13	华族小一学生在家中使用语言的变化趋势 (1986—2004 年) ………………………………… 266
表 5-1	受调查的各级学校学生人数 ……………………… 278
表 5-2	接受调查的各民族学生人数 ……………………… 278
表 5-3	各民族 5 岁以上人口主要家庭用语(1980 年) 282

表 5-4	2006 年接受调查的大中小学生上小学前最常说的语言 ………………………………………………………………… 283
表 5-5	目前大中小学生说得最流利的语言（2006 年）………… 284
表 5-6	目前大中小学生每天说得最多的语言 …………………… 285
表 5-7	大中小学生回答华英双语问卷时选用的语言 …………… 286
表 5-8	祖辈与子辈交谈时最常用语言 …………………………… 289
表 5-9	祖辈与孙辈交谈时最常用的语言 ………………………… 290
表 5-10	子辈与孙辈交谈时最常用的语言 ………………………… 291
表 5-11	孙辈与兄弟姐妹交谈时最常用的语言 …………………… 292
图 5-1	华族三代人家庭用语变化 ………………………………… 293
表 5-12	孙辈与祖辈交谈时最常用的语言 ………………………… 294
表 5-13	孙辈与子辈交谈时最常用的语言 ………………………… 295
表 5-14	大中小学生在校园与同学交谈时最常用的语言 ………… 297
表 5-15	大中小学生与其华人朋友交谈时最常用的语言 ………… 298
表 5-16	大中小学生与马来人交谈时最常用的语言 ……………… 299
表 5-17	大中小学生与印度人交谈时最常用的语言 ……………… 300
表 5-18	大中小学生在超市购物时最常用的语言 ………………… 301
表 5-19	大中小学生在华人饭店与服务员交谈时最常用的语言 ………………………………………………………………… 302
表 5-20	大中小学生最常阅读哪种语言的书本和杂志 …………… 302
表 5-21	大中小学生最常阅读哪种语言的报纸 …………………… 303
表 5-22	大中小学生最常观看哪种语言的电视节目 ……………… 304
表 5-23	"社会祖辈"交谈时最常用的语言 ………………………… 305
表 5-24	"社会子辈"交谈时最常用的语言 ………………………… 306
图 5-2	社会三代人交际用语的变化 ……………………………… 307
表 5-25	"社会子辈"在工作场合与同事交谈时最常用的语言 ………………………………………………………………… 308
表 5-26	新加坡五个街区的公司、店面等机构名称用语 ………… 309
表 5-27	地铁中乘客阅读报纸的语言种类 ………………………… 311

表 5-28　大中小学生讲英语时夹杂使用其他语言的情况 …… 313
表 5-29　大中小学生讲华语时夹杂使用其他语言的情况 …… 314
表 5-30　大中小学生讲方言时夹杂使用其他语言的情况 …… 314
表 5-31　《联合早报》新闻版面夹杂英汉双语、英语单语词汇
　　　　（2006.8.21—27）…………………………………… 315
表 5-32　大中小学生最喜欢说的语言 ………………………… 316
表 5-33　大中小学生认为最容易学的语言 …………………… 317
表 5-34　大中小学生希望在学校里学习几种语言 …………… 317
表 5-35　大中小学生是否希望学习方言 ……………………… 318
表 5-36　大中小学生认为最有用的语言 ……………………… 319
表 5-37　大中小学生认为地位最高的语言 …………………… 320

导 论

新加坡是一个小岛国家，面积约 320 平方公里，人口 320 万 (2000 年)。在 1965 年独立后的 30 多年间，新加坡从一个人多地少、资源非常贫乏、社会动荡不安、经济极为落后的小国一跃而跻身于发达国家行列，创造了举世瞩目的经济奇迹，而且，国内政治稳定、种族和睦、人民生活富裕，国际声望不断升高。针对新加坡的快速崛起，许多学者从其政治制度或经济体制探讨其获得巨大成功的秘诀。其实，新加坡的成功不仅有其政治、经济因素，其双语教育政策也发挥了很大的积极作用。双语教育一方面很好地配合了国家的政治、经济议程，另一方面促进了各民族的和谐共处，特别是解决了受英文教育者和受华文教育者两大集团之间相互仇视的历史矛盾。在新加坡，华族约占 75%，大多数华族家庭都有接受华校教育的传统，但二战后接受英文教育的华人却是一代比一代多，华文教育与英文教育的冲突清楚地反映了一代又一代新加坡华族的利益追求与内心矛盾，双语教育在现实的需要中产生和形成，比较合理地解决了语言教育的冲突与华族内心的矛盾。

第一节 本书的目的与研究意义

一、本书的目的

新加坡是一个多元民族、多元语言的国家，在这种环境下，各民

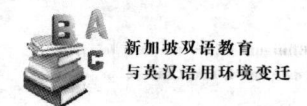

族学习和使用两种或多种语言是理所当然的。从学校教育来看,二战前就有一些学校使用两种语言教学,但在教育政策中明文规定实施双语教育还是二战以后的事。新加坡的双语教育政策涉及英语和华语、英语和马来语、英语和淡米尔语,本书是关于新加坡双语教育政策与华人语言使用及语言态度变化的研究,通过实地调查数据讨论在双语教育政策下华族语言随着社会变迁而转移的过程、原因及现状,同时,也检验新加坡双语教育政策的成效。

双语教育具有政治、经济和文化等方面的重要功能,它不仅在新加坡的国家政策中备受重视,在世界上许多国家也被当做教育体系的一个重要组成部分,甚至被视为国策。近年来,随着我国经济的快速发展,我国同西方发达国家的经济、文化教育交流与合作越来越多,在人才培养上既注重专业知识也注重外语水平,为此,我国教育部提倡并支持各级学校采用双语教学。研究新加坡的英汉双语教育对我国的双语教学也有一定的指导意义。

二、本书的研究意义

目前国内外学者对新加坡双语教育政策研究的著作多以研究华文教育为主,虽也涉及华族学生选择英文教育的趋势,但所占篇幅极小,而且基本上是谈论英文教育对华文教育的冲击。国内还没有系统研究新加坡双语教育的专门著作,相关的研究多是文章,而且多是比较简单的介绍。本书把1946年以来新加坡华英双语教育的发展变化进行较为全面、系统的研究。笔者认为,从历史发展的视角可把新加坡的双语教育归为以下几个主要阶段:双语教育萌芽期、双语教育发展期、双语教育成熟期和双语教育定型期。本书试图从华文教育和英文教育发展变化的这些阶段,分析新加坡双语教育政策与英汉双语语用环境变迁的整个过程,以此对新加坡英汉双语教育作一个更系统、全面、深入的研究,在此基础上提出对新加坡双语教育政策的评价。

本书也有一定的现实意义。我国教育部2001年颁发的《关于加强高等学校本科教学提高教学质量的若干意见》中要求加强双语教育。高教司[2002]152号《普通高等学校本科教学工作水平评估方案》中将双语教育作为重要项目内容列入《普通高等学校本科教学工作水平评估指标体系》,指明了我国高等教育今后一个时期内加强本科教学改革的思路。① 双语教育目前已成为我国教育改革的热点,各地教育部门及大、中、小学都有跃跃欲试之趋势。虽然在我国少数民族地区,主要是实施少数民族语言和汉语的双语教育,但就全国范围而言,我国大中小学开展的双语教育还是以英汉双语教育为主。新加坡和我国的国情有较大的差异,但新加坡也是以华人人口为主的国家,对华人实施的是英汉双语教育,而且获得了巨大的成功。与世界上其他国家的双语教育相比,新加坡双语教育成功的经验对我国的英汉双语教育有更强的针对性。针对我国高校双语教学起步晚、双语环境差、师资资源贫乏、缺乏连贯性、学生外语运用能力低下和几乎空白的双语教育理论研究等不利因素,我们可以借鉴新加坡英汉双语教育成功的经验。

第二节　关于新加坡语言教育问题的研究

（学术史回顾之一）

关于新加坡华人历史、华人社会、语言文化教育领域以及与这些领域相交叉的研究文献浩如烟海,许多国内外学者在相关领域作了不同程度的研究,本节主要就与本书有关的新加坡华人历史、华人社会、华文教育、语言转移、双语教育方面的研究分别进行论述。

---

①　黄明:《我国高校双语教学与国外双语教育之比较》,《西南交通大学学报》(社会科学版),2006年第3期,第49～50页。

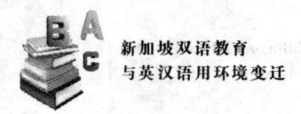

一、关于新加坡华人历史和社会的研究

由于许多与新加坡华人历史有关的史料记载在战乱中遭到破坏或遗失,针对二战前新加坡历史和社会的研究著作很少,著名学者颜清湟博士撰写的《新马华人社会史》和宋旺相著的《新加坡华人百年史》弥补了这方面的不足。这两部不可多得的著作,为后人了解华人在新加坡的发展历程提供了重要而且珍贵的历史资料。《新马华人社会史》探讨了20世纪以前新加坡和马来西亚华人社会的社会结构及其职能。因大量史料由于战火散失殆尽,颜博士查阅了欧、美、亚、澳几大洲的著名大学藏书并抄录了寺庙义冢的大量碑铭,就海外华人的社会形成、宗教习俗、宗亲组织、秘密会社、变动冲突、文化认同以及吸鸦片与禁烟、赌博与禁赌等多方面问题进行了深入剖析。该书清楚地分析解释了早期华人移民到新加坡的前因后果、移民的过程与类型以及从旅居者到定居者的转变过程。① 《新加坡华人百年史》从1819年莱佛士爵士创建新加坡开始直到1919年,以每十年为一个阶段详细地追溯了华人社会的生活、事迹、娱乐消遣和建功立业等情况。书中也谈到华人日常生活里的语言使用、华人子弟学习四书五经、到处可见到土生华人(含有中国血统和马来血统)对华人传统习俗奉行如仪,以及英文教育如何加大了他们与华族大众之间的差异等等。②

本书主要是研究二战后双语教育对新加坡一代又一代华人在语言选择上产生的影响,不过,从语言文化教育的侧面也能窥视到新加

---

① 颜清湟:《新马华人社会史》,北京:中国华侨出版公司,1991年,第1~10页。
② 宋旺相:《新加坡华人百年史》,新加坡:新加坡中华总商会,1993年,第1~4页。

坡华人历史和社会的演变。例如,《新加坡150年的教育史》①阐述的不仅是新加坡从1819年到1969年共150年间的教育发展史,而且是一部华人在新加坡传播中华文化的历史,也是一部从另一个侧面反映了华人在新加坡如何生活和奋斗的历史。还有,曹云华在《变异与保持——东南亚华人的文化适应》中从文化的角度,阐述了东南亚华人在语言、生活方式、跨民族交际以及政治认同等方面的文化适应过程,也就是由初级阶段的容忍与接受到高级阶段的认同与融合,再到形成新的文化模式。关于新加坡华人在语言文化方面的变迁,曹云华也探讨了新加坡华人的文化认同危机。②

有关二战后华人社会变迁的文献资料相对比较丰富。刘宏所著的《战后新加坡华人社会的嬗变:本土情怀、区域网络、全球视野》一书以新加坡华人社会的嬗变为中心,探讨其内部分野、政治参与、经济结构、文化认同以及社会和商业网络。作者分别从三个视角及其交叉点考察了这些论题:首先,从本土化进程看,着重于新加坡华人在参与战后经济重建和社会转型过程中所制定的多元化的应对策略,并发展出有自身特色的体制与文化;其次,从区域网络建构看,强调当代新加坡历史的演变必须置于东南亚与东亚区域范围内加以分析,并注意到两者之间的互动及其后果;最后,通过全球化视野,深入探讨世纪之交跨国华人移民群体的兴起、特征及其对新加坡的影响。该书以丰富的原始资料为论据,引用了最新的相关理论研究成果,对了解当代新加坡华人社会大有帮助。该书在比较、观察新加坡华人社会的分析中,始终贯穿本土、区域和全球这三重变奏中的三要素:华商及其组织、华人性及其迷思、国家—社会关系的交错及其演变。③ 另一本对新

---

① Gwee Yee Hean(ed.), *150 Years of Education in Singapore*, Singapore: Teachers' Training College, 1969.

② 曹云华:《变异与保持——东南亚华人的文化适应》,北京:中国华侨出版社,2001年,第336~337页。

③ 刘宏:《战后新加坡华人社会的嬗变:本土情怀、区域网络、全球视野》,厦门:厦门大学出版社,2003年,第16页。

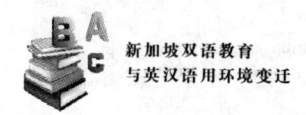

加坡华人社会论述比较全面的著作是《新加坡华人社会的变迁:商业、政治及社会经济(1945—1965)》。作者 Hong Liu & Sin-Kiong Wong 探索了新加坡华人社会的主要变化:(1)华人社会内部结构的改变,如华人人口、以方言帮派形成的组织、经济集团等;(2)政治体制转型给华人商业社会和会馆学校带来的影响;(3)新的华文教育政策在华人社会中引起的反响;(4)战后新加坡华校学生的政治运动;(5)社会变迁中的工潮泛滥;(6)华人社会的经济转型以及社会和商业网路的发展变化。① 另外,庄国土等著《二战以后东南亚华族社会地位的变化》也阐述了二战后新加坡华人社会地位发生的巨大变化,他们在族群平等的制度下获得法律赋予的充分的政治权利,经济权利和教育、文化等权利。在国家认同方面,新加坡华人从认同中国,到认同当地社会,最后演变为认同新加坡国家。②

新加坡华人历史和社会的变迁不可避免地对华族文化教育带来冲击,文化教育也会发生变革以适应新形势下历史和社会的发展。郭梁在《东南亚华侨华人经济简史》一书中概括分析了东南亚华侨华人在二战后 30 余年间经历的巨大变化,包括国籍的变化、认同观念的改变、经济地位的变化、教育水平的变化和政治觉悟的变化。③ 上述变化必然会在一定程度上影响华文教育的发展,而华文教育要适应这些社会变化必须进行变革和调整。长期以来,南洋的华文教育就是宣传中华民族意识的主要阵地。但是,二战后在东南亚(包括以华人占多数的新加坡)愿意接受华文教育的青少年却逐渐减少。针对社会变迁对华文教育的影响,台湾学者孙一尘在其博士论文《战后

---

① Hong Liu & Sin-Kiong Wong, Singapore Chinese Society in Transition:Business, Politics & Socio-Economic Change, 1945-1965, New York: Peter Lang Publishing, Inc., 2004.
② 庄国土等著:《二战以后东南亚华族社会地位的变化》,厦门:厦门大学出版社,2003年,第 180~184 页。
③ 郭梁:《东南亚华侨华人经济简史》,北京:经济科学出版社,1998年,第 138 页。

新加坡的社会变迁与教育制度的关系》中对二战后新加坡社会变迁与教育制度之间的关系以及教育问题进行了评述。他认为,社会变迁的结果,扩展和加强了教育的社会功能。政治决定教育的方针、教育措施和教育内容,经济指引教育所应培养的人力供应,社会需要则决定学校组织的形态,而在多元社会里,也就决定了学校需要的教学媒介语。①

另外还有许多学者的研究与新加坡华人历史、社会以及文化教育变迁也有一定的关联。其中,涉及新加坡社会形态与社会变迁的有 Mak、麦留芳、林顺福、宋明顺、顾石宝、陈寿仁、吴开军、黄松赞、Seah 等。② John Clammer、Cheng Lim、Hong 等学者也讨论了新加

---

① 孙一尘:《战后新加坡的社会变迁与教育制度的关系(1945—1983)》,未刊博士论文,台湾师范大学教育研究所,1987 年,第 269 页。

② 参见 Mak Lau Fong, Singapore Chinese Traditional Voluntary Associations: Convergence vs Divergence,郭梁主编:《战后海外华人变化国际学术研讨会论文集》(中英文论文),北京:中国华侨出版社,1990 年,P314;麦留芳:《方言群认同——早期新马华人的分类法则》,台北:"中央"研究院民族学研究所,1985 年,第 65~82 页;林顺福:《战后初期新加坡戏剧活动与社会变迁》,杨松年:《传统文化与社会变迁》,新加坡:新加坡同安会馆,1994 年,第 139 页;宋明顺:《新加坡青年的意识结构》,新加坡:教育出版社,1980 年,第 1~8 页;顾石宝:《新加坡社会变迁与华文教育之改革》,未刊学位论文,新加坡:南洋大学,1971 年,第 5~19 页;陈寿仁:《近三十年新加坡华人社会结构及其社会意识形态的变化》,郭梁主编:《战后海外华人变化国际学术研讨会论文集》(中英文论文),北京:中国华侨出版社,1990 年,第 164 页;吴开军:《新加坡建国后华人社会的变迁》,《东南亚》,2003 年第 1 期,第 59~62 页;黄松赞:《战后新加坡华人社会变化略述》,《东南亚研究》,1987 年第 1、2 期,第 123~126 页;Seah Chee Meow, *Trends in Singapore*, Singapore: Singapore University Press, 1975, pp. 87-95。

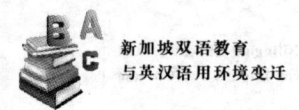

坡的华社组织。① 探讨多元民族社会与语言文化教育关系的学者还有黄建基、黄河、温广益、吴庆棠、Chiew、Thompson S H Teo、Geoffrey、Evangelos A. Afendras 等。② 而 Sharon、冻圣端、Chiew Seen-

---

① 参见 John Clammer, Religion and Language in Singapore, in Evangelos A. Afendras and Eddie C. Y. Kuo, *Language and Society in Singapore*, Singapore: Singapore University Press, 1980, pp. 87-113; Cheng Lim Keak, Reflections on the Changing Roles of Chinese Clan Associations in Singapore, 郭梁主编:《战后海外华人变化国际学术研讨会论文集》(中英文论文), 北京: 中国华侨出版社, 1990 年, p. 292; Hong Liu & Sin-Kiong Wong, Singapore Chinese Society in Transition: Business, Politics & Socio-Economic Change, 1945-1965, New York: Peter Lang Publishing, Inc., 2004, pp. 13-32.

② 参见黄建基:《1956 年新加坡学潮——政治环境与华文教育政策》, 未刊学位论文, 新加坡: 新加坡国立大学, 1998—1999 年, 第 6~32 页; 黄河:《李光耀新闻政策与新加坡华文报业》未刊学位论文, 台湾: 私立中国文化学院民族与华侨研究所, 1978 年, 第 71~87 页; 温广益:《"二战"后东南亚华侨华人史》, 广州: 中山大学出版社, 2000 年, 第 288~298 页; 吴庆棠:《新加坡华文报业与中国》, 上海: 上海社会科学院出版社, 1997 年, 第 247~269 页; Chiew Seen Kong, The Social-cultural Framework of Politics, in Ong Jin Hui, Tong Chee Kiong & Tan Ern Ser, *Understanding Singapore Society*, Singapore: Times Academic Press, 1997, pp. 86-106; Thompson S H Teo & Vivien K G Lim, Language Planning and Social Transformation Strategies to Promote Speak Mandarin Campaign in Singapore, Unpublished Dissertation, Singapore: School of Business, National University of Singapore, 2002, pp. 2-22; Geoffrey Benjamin, The Cultural Logic of Singapore's "Multiculturalism", in Ong Jin Hui, Tong Chee Kiong & Tan Ern Ser. *Understanding Singapore Society*, Singapore: Times Academic Press, 1997, pp. 67-85; Evangelos A. Afendras, Language in Singapore: Towards a Systematic Account, in Evangelos A. Afendras and Eddie C. Y. Kuo, *Language and Society in Singapore*, Singapore: Singapore University Press, 1980, pp. 3-24.

Kong 等研讨了新加坡华人的文化与国家认同。① 除此以外,还有很多著作也或多或少地涉及对新加坡华人历史、社会以及文化教育的研究,包括温广益著《"二战"后东南亚华侨华人史》、陈碧笙《世界华侨华人简史》、邹嘉彦、游汝杰《华语与华人社会》、云惟利《新加坡的社会和语言》、郭振羽《新加坡的语言与社会》、顾石宝《新加坡社会变迁与华文教育之改革》、John Clammer《新加坡独立后之民族与国家:1965—1990》、梁英明《战后东南亚华人社会变化研究》和杨松年《传统文化与社会变迁》等。② 除上述著作外,笔者也查阅了《新加坡大事记》、《中国和新加坡关系大事记》和《中国封建政府的华侨政策》。在了解新加坡华人历史和社会各方面的变化方面,上述文献资料使笔者获益匪浅。

二、关于新加坡华文教育的研究

教育的史迹,都是受着社会进化的各种因素的支配而产生的。③ 新加坡华人社会的变迁对华文教育的影响无疑是巨大的。与此同

---

① 参见 Sharon Siddique, The Phenomenology of Ethnicity: A Singapore Case Study, in Ong Jin Hui, Tong Chee Kiong & Tan Ern Ser, *Understanding Singapore Society*, Singapore: Times Academic Press, 1997, pp. 107-124;冻圣端(Teng Sing Tuan):《新加坡华族的国家认同与中国认同的比较研究》,未刊学位论文,新加坡:南洋大学,1971—1972 年,第 34~46 页;Chiew Seen-Kong, Bilingualism and National Identity: A Singapore Case Study, in Evangelos A. Afendras and Eddie C. Y. Kuo, *Language and Society in Singapore*, Singapore: Singapore University Press, 1980, pp. 233-252.

② 参见陈碧笙:《世界华侨华人简史》,厦门:厦门大学出版社,1991 年,第 157~170 页;John Clammer, *Singapore: Ideology, Society, Culture*, Singapore: Chopmen Publishers, 1985, pp. 188-206;梁英明:《战后东南亚华人社会变化研究》,北京:昆仑出版社,2001 年,第 20~43 页.

③ 许苏吾:《新加坡华侨教育全貌》,新加坡:南洋书局,1949 年,《序》第 2 页.

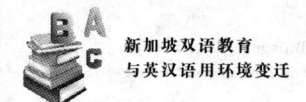

时,华文教育又从另一个侧面反映了华人社会的历史进程。研究海外华文教育的中外学者可说是不可胜数,这也表明学术界对华文教育的普遍关心。

在整体研究二战前海外华文教育的文献中,刘士木、钱鹤、李则刚编著的《华侨教育论文集》所收论文的来源,都是取自国内外杂志报纸,如《荷印华侨教育鉴》、《教育杂志》、《南洋研究》、《华侨教育》、《侨务旬刊》、《暨南周刊》、《苏门答腊民报》、《吧城新报》等等。该论文集的内容包罗万象,有的论教育宗旨,有的论课程设置,有的论教学方法,有的记载以往,有的规划将来,有悲观的,也有乐观的。① 总之,它描述了海外华文教育的整体概貌。不过,该书中有关新加坡华文教育的内容所占篇幅较小,基本是零星地放在"南洋华文教育"之中一起概述。海外研究华文教育的老一辈学者主要有王秀南、宋哲美、郑良树、许苏吾等人。王秀南所著的《东南亚教育史大纲》②和《新马教育泛论》③对新加坡的华文教育都有论述,前者虽然是针对东南亚各国的教育,但新加坡的教育史在该书中也占了较大的篇幅,而且在叙述各时期的历史时附有一些古老而珍贵的照片。作者从教育发展史的角度,把新加坡教育的形成划分为5个时期:(1)早期的文化垦荒时期(1819—1867),介绍了先民的传统教育,如华人的私塾和马来人的可兰经书塾,以及欧式(英文)学校的兴起。(2)战前政府接办教育的时期(1867—1941),包括英文教育的整顿、马来学校的改革、印度学校的经营以及华校由放任到管制。(3)战时的日本占领教育时期(1941—1945),讲述了占领教育的内幕和强迫学习日语的情形。(4)战后的教育恢复重建时期(1945—1955),包括战后教育的发

---

① 刘士木、钱鹤、李则刚:《华侨教育论文集》,上海:国立暨南大学南洋文化事业部,中华民国十八年,第2页。
② 王秀南:《东南亚教育史大纲》,新加坡:新加坡东南亚教育研究中心,1989年。
③ 王秀南:《新马教育泛论》,香港:东南亚研究所,1970年。

展和殖民教育政策的改变。(5)国家教育建制时期(1955—1965),包括劳工阵线政府的教育设施和人民行动党政府的教育改革。《新马教育泛论》也是以上述教育史分期为基础的,但所用资料比前者丰富得多,对新加坡华文教育的分析也更为细致、深入。王秀南在该书中着重探讨了新加坡华文教育演进史、新加坡国家教育的建设、新加坡教育面对建国的挑战以及新加坡怎样以教育建国等问题。

  由于新加坡和马来西亚的历史渊源,20世纪50年代以前二者的政治体制和教育体制,特别是华文教育,没有多大差别,实为"新马一家"。所以,许多中外学者都把新加坡和马来亚早期的华文教育看做是一个整体,并合称为"新马华文教育"或直接称"马来西亚华文教育",如宋哲美主编的《新马教育研究集》和郑良树所著的《马来西亚华文教育发展史》。在《新马教育研究集》中,多位学者,包括宋哲美、王秀南、郑良树、陈育嵩、邱新民、孙一尘、翁世华、朱兆祥等研讨了新加坡华文教育百年史,新加坡的师范教育、幼儿教育、儿童教育以及两种语文教育政策与新加坡的国家前途。[①]《马来西亚华文教育发展史》不仅是新马华文教育的发展史,也可以看做是新马华族的发展史。该书篇幅宏大,全书有三册,分为14章,总共1308页(包括序言和目录),几乎是"事无巨细"地保存了从18世纪至1957年与新加坡和马来亚华文教育相关的文献,堪称华文教育研究方面的"宏伟工程"、史学巨著。难能可贵的是,有关中国与新马华文教育的关系方面的资料也甚为详细,该书仅论述"中国教育的延伸"这一项的内容(包括清朝政府和国民政府与新马华教)就用了两章,也就是第二章(69—160)和第四章(261—370),[②]其内容之丰、篇幅之大由此可见一斑。从该书中也能看出,清朝政府和民国政府对新马华文教育的重视程度,这或许是因为新马是东南亚中国气味最浓厚

[①] 宋哲美:《新马教育研究集》,香港:东南亚研究所,1974年。
[②] 郑良树:《马来西亚华文教育发展史》(第一分册),吉隆坡:马来西亚华校教师会总会,2001年,第69～160;261～370页。

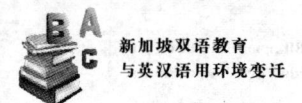

的地区,当时新马各地的侨校大约有1600所,①仅新加坡的华校就超过300所。②

专门研究新加坡华文教育的学者也大有人在。许苏吾不仅探索了新加坡华文教育发展的足迹:由私塾发展到学堂,再到学校,而且花费了数年时间对新加坡各类华校(特别是历史悠久的华文学校)的发展变化进行实地调查,包括学校的发起人、创立时间、发展状况、教学设备、开设课程以及校长、教师、学生等变化情况等等都一一记入所著的《新加坡华侨教育全貌》。Lee Ah Chai 在《新马华文学校的政策与政治(1786—1941)》中比较清楚地论述了20世纪初至二战前新马地区现代华文教育的发展历程,包括华校的政治活动和国民政府的华文教育政策。③ Lee 认为,中国当时创办现代教育的目的是挽救国家于危难,华文教育作为中国教育在海外的延伸,自然与中国的教育目的一致。也就是说,海外华文教育总是和母国的国家政策和政治形势紧密联系在一起。Ong Yen Her 著《新加坡殖民地时期的华文教育政策:1911—1959》重点阐述了国民党和共产党对新加坡华文教育的影响、殖民地政府的华文教育政策以及华文教育政治对当地政治的影响。作者指出,殖民地时期的华文教育是以中国为中心的学校教育,旨在培养学生的中国国家意识和政治意识,鼓励学生认同中国、热爱中国。④ 林琳《新加坡华文教育的演变(1945—1955)》主要讨论了战后初期新加坡华文教育

---

① 张正藩:《华侨教育新论》,台北:中央文物供应社,1955年,第29页。
② 郑良树:《马来西亚华文教育发展史》(第三分册),吉隆坡:马来西亚华校教师会总会,2001年,第38页。
③ Lee Ah Chai, Policies and Politics in Chinese Schools in the Straits Settlements and the Federated Malay States(1786-1941), Unpublished Dissertation, Singapore: University of Malaya, 1957, pp. 76-163;164-266.
④ Ong Yen Her, The Politics of Chinese Education in Singapore During the Colonial Period(1911-1959), Unpublished Dissertation, Singapore: Department of Political Science, University of Singapore, 1974, pp. 138-141.

的重建、发展及其所面临的挑战。林琳认为,华文教育在新加坡史页里占据了重要的席位,并发挥了其正面的作用,它是促进新加坡走向自治独立道路的一大重要因素。① Gwee Yee Hean 等著《新加坡150年的教育史》以阶段划分法探索了华文教育的发展和变迁:(1)最早兴起阶段(1900年前),早在1829年新加坡就已经开办了三所华文学校。(2)快速发展阶段(1900—1919),创立中学、女校和夜校,开设商业、英语等实用课程。(3)遭受压制阶段(1920—1941),1920年殖民地当局颁布了压制华文教育的学校注册法令后又陆续出台多项补充条例,以加紧控制华校。(4)遭受磨难的阶段(1942—1945),日本占领新加坡,许多师生受到迫害或被迫流亡,绝大多数华校关闭,继续开办的21所华校也成了日本教育的附庸。(5)转化阶段(1946—1955),1946年殖民地政府颁布《十年教育计划》,要求华校逐步增加以英语教授的科目和时间。(6)竞争阶段(1956—),华文学校不断式微,华校学生人数远远超过英校的情形发生180度的大转变。②

新加坡从小学到大学一整套完善的华文教育体系最终土崩瓦解,华校消亡,华文式微,当然有多方面的因素。周南京③和郭梁④对五六十年代后海外华文教育急剧衰落总结出了带有共性的原因:首先,教育对象发生了质变。华侨纷纷改变国籍,转变成为华人。各种客观因素的变化,使华文教育对海外华人子女大大地丧失了吸引力。

---

① 林琳:《新加坡华文教育的演变(1945—1955)》,未刊学位论文,新加坡:新加坡国立大学,1999—2000年,第57~59页。

② Gwee Yee Hean(ed.), 150 *Years of Education in Singapore*, Singapore: Teachers' Training College, 1969, pp. 82-99.

③ 周南京:《战后海外华文教育的兴衰》,郭梁主编:《战后海外华人变化国际学术研讨会论文集》(中英文论文),北京:中国华侨出版社,1990年,第213~217页。

④ 郭梁:《东南亚华侨华人经济简史》,北京:经济科学出版社,1998年,第148页。

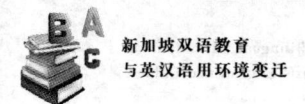

其次,东南亚各国逐步控制、限制和排斥华文教育,有的国家甚至力图消灭华文学校。新加坡政府实施的双语教育,实际上是重点扶持英语。再次,"华文教育无用论"在战后第二、第三代华人中间日益盛行,成为阻碍华文教育发展的严重心理障碍。他们要在当地谋生,就普遍感到"英文有用"、"当地语文有用"。很多家长也觉得"华文不如英文有用",对子女的华文学习并不坚持,满足于子女会说几句华语,认为只要他们不"数典忘祖"就行。实际上,"华文教育无用论"所起的客观作用对海外华文教育是致命的,它并不亚于东南亚各国政府对华文教育所施加的诸般限制和摧残。最后,传统的华文教育本身存在着难以适应社会发展要求的弊端。过去的华文教育注重了与中国关系的一面,而忽略了更重要的一面,即海外华人的生存环境。教育的目的强调维护中华民族特点,而没有考虑华文教育对在海外谋生的华侨起到的实际效用。另外,缺乏师资、经费和教材等也给华文教育增加了一定的困难。

另外,古鸿庭、胡光明、邹嘉彦、游汝杰、周聿峨等探讨了新加坡华语生存环境及前景展望;[1]刘士木、钱鹤、李则刚从师资、教材及管理等方面指出了新加坡华文教育的先天不足[2];李元瑾、杨松年等探讨了新马文学论争与社会变迁的关系。[3]

---

[1] 参见古鸿庭:《教育与认同:马来西亚华文中学教育之研究(1945—2000)》,厦门:厦门大学出版社,2003年;邹嘉彦、游汝杰:《华语与华人社会》,上海:复旦大学出版社,2001年,第272~282页;周聿峨:《新加坡华语教育面临的难题》,《东南亚研究》,2001年第3期,第58~62页。

[2] 参见刘士木、钱鹤、李则刚:《华侨教育论文集》,上海:国立暨南大学南洋文化事业部,中华民国十八年,第310页。

[3] 参见李元瑾:《新加坡华文教育变迁下知识分子的保根心态(1959—1987)》,杨松年:《传统文化与社会变迁》,新加坡:新加坡同安会馆,1994年,第47页;杨松年:《新马文学论争与社会变迁的关系:以战前新马文学论争为例的说明》,杨松年主编:《传统文化与社会变迁》,新加坡:新加坡同安会馆,1994年,第295页。

还有很多学者如卢绍昌、林万菁、周清海、谢泽文、林保圣、梁荣基、许福吉和冯志伟、蔡志礼、苏启祯、梁春芳、胡林生、Gwee Yee Hean、Ting-Hong Wong、Ong Yen Her、Ang Beng① 等人分析讨论

---

① 参见卢绍昌:《华英语音比较和两种语文学习》,谢泽文编:《新加坡华文教学论文集》,北京:北京语言学院出版社,1994年,第38页;林万菁:《论华文教学中处理语言变异的一些实际问题》,新加坡华文研究会:《新加坡华文教学论文二集》,新加坡:新加坡华文研究会,2001年,第47页;周清海:《学生的语言背景、心理特点与小学华文教学》,谢泽文编:《新加坡华文教学论文集》,北京:北京语言学院出版社,1994年,第1页;谢泽文:《从报告书看近年来新加坡华文教学的改革》,新加坡华文研究会:《新加坡华文教学论文四集》,Singapore:Panpac Education Private Limited,2006,p. 22;林保圣:《华文课程改革后的教学策略》,新加坡华文研究会:《新加坡华文教学论文四集》,Singapore:Panpac Education Private Limited,2006,p. 59;梁荣基:《新加坡华文教学现状的思考》,新加坡华文研究会:《新加坡华文教学论文四集》,Singapore:Panpac Education Private Limited,2006,p. 73;许福吉、冯志伟:《语言学习与语言教学》,新加坡华文研究会:《新加坡华文教学论文四集》,Singapore:Panpac Education Private Limited,2006,p. 87;蔡志礼:《语言科技与华文教学》,新加坡华文研究会:《新加坡华文教学论文四集》,Singapore:Panpac Education Private Limited,2006,p. 311;苏启祯:《华文教学研究的第三路线:教学研究的量化》,谢泽文编:《新加坡华文教学论文集》,北京:北京语言学院出版社,1994年,第31页;梁春芳:《华文教学与传统文化》,谢泽文编:《新加坡华文教学论文集》,北京:北京语言学院出版社,1994年,第61页;胡林生:《浅谈中国大陆、台湾、新加坡中学华文课本里语文知识的教学》,谢泽文编:《新加坡华文教学论文集》,北京:北京语言学院出版社,1994年,第182页;Gwee Yee Hean(ed.), 150 *Years of Education in Singapore*, Singapore: Teachers' Training College, 1969, pp. 82-98; Ting-Hong Wong, State Formation and Chinese School Politics in Singapore and Hong Kong,1945-1965, Unpublished Dissertation, University of Wisconsin-Madison, 1999, pp. 1-6; Ong Yen Her, The Politics of Chinese Education in Singapore During the Colonial Period(1911-1959), Unpublished Dissertation, Singapore: Department of Political Science, University of Singapore, 1974, pp. 88-110; Ang Beng Choo, The Reform of Chinese Language Teaching in Singapore Primary Schools 1974-1984: A Case Study in Language Planning and Implementation, Unpublished Dissertation, Singapore: National University of Singapore, 1991, pp. 41-48.

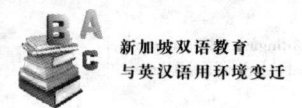

了新加坡的语言政策、教学理论、华文课程、华文教学法、教学改革、语文测试和华文科校内评估等有关华文教学的方方面面。

三、关于新加坡语言转移的研究

在新加坡华人中语言转移的趋势是从使用方言转向使用华语和英语。语言转移是双语教育或双语环境下的一种自然现象,语言和社会是两个变数,因互相影响而互相变化。语言在时间上的差异造成语言的年龄差异,即使用同一种语言的同时代的人,因年龄层次不同,语言的特点也有所不同。① 本书也将探讨新加坡华人在社会变迁过程中的语言选择和语言转移现象,以实地调查数据对不同年龄层的三代新加坡华人(祖辈、子辈、孙辈)进行比较研究,希望从他们使用语言的差异中了解语码转换、语言态度、双语现象、语言转移的最新趋势。

国内外学者在研究语言转移时大多进行实地调查,在新加坡举行的全国范围内的大型调查主要有1996年和2004年的语言调查。1996年,为了了解新加坡华人的语言态度和语言使用情况,徐大明、周清海和陈松岑等采用问卷和现场观察方式进行调查。结果发现,在不同使用领域的语言选择上,总体上华人最常用的语言是华语,英语次之,使用方言的比例越来越少。② 在语言态度方面,呈现年龄、教育、社会分层现象,年龄越轻越趋向于讲英语和华语,讲方言者多为年长者;受教育程度越高、社会地位越高者更倾向于讲英语。2004年,新加坡教育部的调查结果显示,现代的家庭语言发生明显的转

---

① 洪丽芬:《马来西亚社会变迁与当地华人语言转移现象研究——一个华裔的视角》,未刊博士学位论文,厦门:厦门大学,2006年,第9页。

② Xu Daming, Chew Cheng Hai, Chen Songcen, *A Survey of Language Use and Language Attitudes in the Singapore Chinese Community*, Nanjing: Nanjing University Press, 2004, pp. 134-135.

移。更多年龄更小的学生来自英语家庭,而年纪较大的学生主要以华语作为家庭语言。而且,随着年龄的增长,学生学习华语的兴趣跟着减退,但在家中兼用英语和华语的增长比例却更加显著。①

通过调查数据分析研究新加坡华人语言使用情况的学者还有吴英成、林惜莱、陈松岑、王晓梅等。1996年吴英成和林惜莱研究的对象为342名在籍华族中学三年级学生,他们分别来自9所不同类型的学校。结果显示在推行英汉双语教育的学校,方言基本上已无立足之地,而且整个社会环境基本上不利于方言的生存与发展,方言快速流失。英语变为多数学生在正式场合的主要用语,华语是学生在非正式场合的主要用语。②陈松岑和王晓梅根据1996年的调查数据分析认为,无论是家长还是孩子,英语的听说读写能力都高于华语。③

语言夹杂(也称"语码夹杂"或"语码转换")也属于语言转移的研究范围,同样是在双语环境下产生的一种语用现象。在新加坡华人日常用语中讲英语时夹杂华语或者讲华语时夹杂英语的现象比较普遍,有时在讲英语或华语时也夹杂方言词汇,这种情况在年轻一代华人中更为常见。近些年有一些研究者展开了对新加坡语言夹杂的研究。其中,陈家俊的《论新加坡华语中语码夹杂的现象》重点分析了新加坡华语中夹杂英语的形态及特点、夹杂方言的形态及特点、夹杂马来语的形态及特点以及语码夹杂的社会功能和修辞功能。④王逊

---

① 新加坡教育部:《华文课程与教学法检讨委员会报告书》,新加坡教育部,2004年,第99~107页。
② 吴英成、林惜莱:《新加坡中学生语言使用与语言态度调查》,陈照明主编:《二十一世纪的挑战——新加坡华语文的现状与未来》,新加坡:联邦出版社,2000年,第70~71页。
③ 陈松岑、王晓梅:《新加坡的华语与方言》,陈照明主编:《二十一世纪的挑战——新加坡华语文的现状与未来》,新加坡:联邦出版社,2000年,第45页。
④ 陈家骏:《论新加坡华语中语码夹杂的现象》,未刊学位论文,新加坡:新加坡国立大学,1991—1992年,第35~67页。

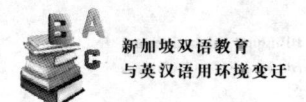

标以大量的统计数据论述了新加坡中文报纸上的英汉语码转换,并探讨了英汉语码转换的因素和功能。① 张永慧认为,华语会话中的语言夹杂不会妨碍新加坡华人与外界的沟通,因为调查显示,语码夹杂者只在与具有共同语码夹杂背景的人交谈时才会使用夹杂语码。② 也就是说,他们在与其他语言背景的人交谈时不用夹杂语码。许佩娟《论新加坡华语及方言中的语码选择的问题》探讨的重点是华语和华族方言。③

笔者在新加坡对434名大中小学生进行的调查也证实了上述语言转移和语言夹杂的现象,而且发现这些学生转向使用英语的趋势更为明显,使用夹杂语言的现象更为普遍。

四、关于双语教育的文献研究

(一)关于双语教育理论的研究

目前比较成熟、被共同认可的双语教育基本理论均源于西方社会,④对双语教育理论的研究几乎也是如此。在这些研究著作中,Colin Baker 所著的《两种语言与双语教育中的重要问题》试图以双语教育理论来研讨教育主管人员、教师、学生和家长普遍关心的有关双语教育的三个问题,即"孩子懂得双语会有负面影响吗?"、"孩子接受双语教育会有负面影响吗?"、"接受双语教育最重要的是正确的态

---

① 王逊标:《论新加坡中文报章的中英语码转换》,未刊学位论文,新加坡:新加坡国立大学,1996—1997年,第31~49页。
② 张永慧:《新加坡华语会话中语码夹杂模式的研究》,未刊学位论文,新加坡国立大学,1999—2000年,第84页。
③ 许佩娟:《论新加坡华语及方言中的语码选择的问题》,未刊学位论文,新加坡:新加坡国立大学,1992—1993年。
④ 王斌华:《双语教育与双语教学》,上海:上海教育出版社,2003年,第49页。

度与动机还是被迫学习?"该书以上述问题为主线,阐述了被普遍认可的几种双语教育理论:平衡理论、思想库理论、阈限理论、兰伯特模式、加德纳社会—教育模式、Paulston双语教育理论、斯波尔斯基的双语教育评价模式、输入—输出—情景—过程双语教育模式、卡明斯的理论框架等理论,最后以加德纳的论述作为结语:"我无意让别人相信这个双语教育模式是最好的或最终的模式,因为,这一点连我自己也不相信。然而,我感觉到,它包含了在未来发展中必须予以考虑的诸多因素。要检验一个理论,不仅要看它能否解释它所阐述的现象,而且要看它能否提出进一步的建议、提出新的问题、促进新的发展,并拓展新的视野"。[1] Joel Walters《双语教育——社会现实与心里语言学的互动》结合人类学、社会学、心理学和语言学的交叉研究成果来探讨双语教育的现象、功能、过程以及双语的获得与干扰。作者提出,要研究语言的习得必须深入了解语言的使用,而有关语言的任何研究都只能在社会现实背景下才能进行。[2] Jim Cummins 和 Merrill Swain 在所著的《双语教育》中探讨了双语儿童在教育方面的发展与双语能力的关系,并提出两个假设:第一、双语能力强的学生不仅语言能力强,学术能力也强。第二、由于语言之间的互通性,掌握了一种语言的某些能力,两种语言都会收益。[3]

另一部影响力较大的双语教育研究著作是《双语教育概论》,它是世界闻名的专家 W. F. 凯恩和 M. 西格恩接受国际教育局(IBE)科学与教育研究计划中"双语现象与教育"的艰巨任务而完成的一本双语教育专著,书中首先阐明个体和社会的双语现象问题,然后说明

---

[1] Colin Baker, *Key Issues in Bilingualism and Bilingual Education*, Philadelphia:Multilingual Matters Ltd. ,1988,p. 196.

[2] Joel Walters, *Bilingualism*:*The Sociopragmatic-Psycholinguistic Interface*, New Jersey:Lawrence Erlbaum Associates,Inc. ,2005,p. 271.

[3] Jim Cummins,The Politics of Paranoia:Reflections on the Bilingual Education Debate,in Ofelia Garcia. *Bilingual Education*,Philadelphia:John Benjamins Publishing Company,1991,pp. 1-32.

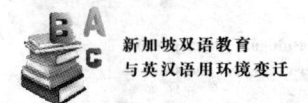

根据不同的环境和既定的目标,双语教育可能采取的不同形式,重点讨论的是双语教育所涉及的心理和教育方面的基本问题,并就双语教育系统的建立和管理提出若干原则和建议。作者认为,就国内和洲际水平而言,双语教育是促进各个种族群体和语言少数民族和平共处的最佳途径。①

此外,还有许多学者从不同角度和侧面对双语教育进行了研究,例如,Henry、Josiane、E. Glyn Levis 探讨了双语教育中的文化作用;②Ursula、Suzanne、Jim Cummins 分析了双语教育与国家政治的关系;③Gerardo Torres、Colin Baker、Jan K.、Angel Huguet、Li

---

① W. F. 凯恩、M. 西格恩著,严正、柳秀峰译:《双语教育概论》,北京:光明日报出版社,1989年。

② Henry T. Trueba, The Role of Culture in Bilingual Instruction: Linking Linguistic and Cognitive Development to Cultural Knowledge, in Ofelia Garcia, *Bilingual Education*, Philadelphia: John Benjamins Publishing Company, 1991, pp. 43-55; Josiane F. Hamers and Michel H. A. Black, *Bilinguality and Bilingualism*, Cambridge: Cambridge University Press, 2000, pp. 100-108; E. Glyn Levis, *Bilingualism and Bilingual Education: A Comparative Study*, Albuquerque: University of New Mexico Press, 1980, pp. 217-235.

③ Ursula Casanova, Bilingual Education: Politics or Pedagogy, in Ofelia Garcia, *Bilingual Education*, Philadelphia: John Benjamins Publishing Company, 1991, pp. 167-180; Suzanne Romaine, *Bilingualism*, Oxford: Blackwell Publishers, 1995, pp. 282-286; Jim Cummins, The Politics of Paranoia: Reflections on the Bilingual Education Debate, in Ofelia Garcia. *Bilingual Education*, Philadelphia: John Benjamins Publishing Company, 1991, pp. 183-198.

Sheng 讨论了双语教学中的教与学问题;①Guadalupe、Carlos J.、Suzanne、Harmon、Tove 重点研究双语教育的调查与评价问题;②而 Jan-Peter、Carol、J. C. Peter、Li Wei 等人研讨了双语环境中的语码

---

① 参见 Gerardo Torres, Active Teaching and Learning in the Bilingual Classroom: The Child as an Active Subject in Learning to Write, in Ofelia Garcia, *Bilingual Education*, Philadelphia: John Benjamins Publishing Company, 1991, pp. 273-280; Colin Baker, *A Parents' and Teachers' Guide to Bilingualism*, Clevedon: Multilingual Matters Ltd. , 2003, pp. 63-88; Jan K. Buckwalter, Yi-Hsuan Gloria Lo, Emergent Biliteracy in Chinese and English, *Journal of Second Language Writing*, (Nov. , 2002), pp. 269-292; Angel Huguet, Ignasi Vila and Enric Llurda, Minority Language Education in Unbalanced Bilingual Situations: A Case for the Linguistic Interdependence Hypothesis, *Journal of Psycholinguistic Research*, Vol. 29, No. 3, (2000), pp. 313-332; Li Sheng, Karla K. McGregor and Viorica Marian, Lexical-Semantic Organization in Bilingual Children: Evidence From a Repeated Word Association Task, *Journal of Speech, Language, and Hearing Research*, Vol. 49, (June 2006), pp. 572-586.

② 参见 Guadalupe Valdes & Richard A. Figueroa, *Bilingualism and Testing: A Special Case of Bias*, London: Ablex Publishing Corporation, 1994, pp. 172-203; Carlos J. Ovando and Virginia P. Collier, *Bilingual and ESL Classrooms: Teaching in Multicultural Contexts*, Singapore: McGraw-Hill Book Company, 1987, pp. 223-259; Suzanne Romaine, *Bilingualism*, Oxford: Blackwell Publishers, 1995, pp. 273-281; Harmon M. Hosch, *Attitudes Toward Bilingual Education: A View From The Border*, El Paso: Texas Western Press, 1984, pp. 20-26; Tove Skutnabb-Kangas, *Bilingualism or Not: The Education of Minorities*, Clevedon: Multilingual Matters Ltd, 1981, pp. 194-219.

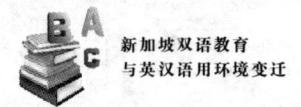

转换现象。①

　　在我国,有关双语教育理论研究的著作寥寥无几,即使介绍双语教育理论的著作也难得一见。笔者在国内收集到的相关文献只有王斌华编著的《双语教育与双语教学》和王莉颖的博士论文《双语教育比较研究》。王斌华在书中详细介绍了双语教育的基本理论和类型,同时分析了双语教育与认知发展的关系。王斌华结合双语教育的理论与模式,分别进行了国别研究和个案研究。国别研究包括加拿大、美国、日本和澳大利亚的双语教育,个案研究是针对国内中小学的双语教学试验。王莉颖探讨了柯林·贝克的双语教育模式、加德纳的社会教育模式和建构主义学习理论,在研究中把国外的双语教育与国内的双语教学进行对比。文章认为,双语教育之所以能够被许多国家当做教育体系的一个重要组成部分,甚至被视为国策,关键是因为它不仅具有政治、经济、文化与培养双语双文化人才等多方面的功能,能够有效地促进社会的发展与学生的发展,而且它还拥有一定的理论基础,具有合理性与科学性。②

(二)关于新加坡双语教育政策和教学实践的研究

　　在研究新加坡双语教育方面,新加坡著名学者周清海教授当

---

　　① 参见 Jan-Peter Blom and John J. Gumperz, Social Meaning in Linguistic Structure: Coding-switching in Norway, in Li Wei, *The Bilingualism Reader*, London: Routledge, 2000, pp. 111-135; Carol Myers-Scotton, Code-Switching as Indexical of Social Negotiations, in Li Wei. *The Bilingualism Reader*, London: Routledge, 2000, pp. 137-162; J. C. Peter Auer, A Conversation Analytic Approach to Code-switching and Transfer, in Li Wei, *The Bilingualism Reader*, London: Routledge, 2000, pp. 166-184; Li Wei, Lesley Milroy and Pong Sin Ching, A Two-Step Sociallinguistic Analysis of Code-Switching and Language Choice: The Example of a Bilingual Chinese Community in Britain, in Li Wei, *The Bilingualism Reader*, London: Routledge, 2000, pp. 188-208.

　　② 王莉颖:《双语教育比较研究》,未刊博士学位论文,上海:华东师范大学,2004年,第17页。

属代表人物,另外吴元华博士和郭振羽教授也是成果显著。周清海在进行双语教育的研究中,着重于华文教育在双语教育政策下的发展变化。在《华文教学应走的路向》一书中,作者指出,在新加坡实行非平行的双语教育制度下,英语重在实用,母语重在传递文化。各民族语言学校逐渐消失,代之以统一的以英语为主要教学媒介语的学校是英语和民族语言竞争的必然结果,因为当一种语言有更广大的效用,有更高的价值时,学习的人必然多起来。但在英语的强大冲击下,双语教育制度为母语提供了一个浮台,使母语虽然受到冲击,却不至于没顶。① 可以看出,周清海对新加坡双语教育的成就是完全肯定的,这一点也体现在其《语言与语言教学论文集》中,"我国的双语教育政策,不只解决了母语的政治问题,解决了我国成长时代就业不平等的社会问题,也将不同的、两极分化的华英校学生,拉近了距离,而且在建国过程中,为母语提供了一个浮台,让母语保留了下来,更加普及化,并对我国的发展做出了贡献。虽然,我们的母语程度稍微降低了,但这样的牺牲也是无可奈何的事"。② 有关双语教育的成效和不足以及应该采取的补救措施,周清海也作了较为详细的分析和实地调查。1996年针对新加坡全国性大型语言使用的调查就是在他的主持下举行的。在其与双语教育有关的其他作品中,如,《文化、智力、性别与双语能力——以新加坡双语教育为例》、③《多语环境里语言规划所思考的重点与面对的难题——兼谈香港可以借鉴些什么》中,他也表达了类似的看法,"如果新加坡没有双语教育政策,华文的命运可能更

---

① 周清海:《华文教学应走的路向》,新加坡:南洋理工大学中华语言文化中心,1998年,第4~5页。
② 周清海:《语言与语言教学论文集》,新加坡:泛太平洋出版社,2004年,《自序》第5页。
③ 周清海:《文化、智力、性别与双语能力——以新加坡双语教育为例》,谢泽文编:《新加坡华文教学论文集》,北京:北京语言学院出版社,1994年,第9页。

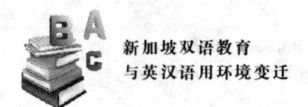

为悲惨"。① 另一位在新加坡双语教育研究方面成果颇丰的学者吴元华是周清海指导的博士,他在《务实的决策——人民行动党与政府的华文政策研究》中比较全面系统地探讨了1954至1965年间行动党政府的语言教育政策,论述了政府对华文教育的立场以及采取保持华文教育的措施,分析了政府的双语教育政策不能提高华文地位以及华文教育式微的原因。该书认为行动党政府的双语教育政策重视英文的实用价值,也保留了华语文延续的生命力,该政策因时制宜,它是务实的,符合新加坡国家和人民近期及长期的利益。② 另外,吴元华在《华语文在新加坡的现状与前景》一书中讨论了华语文的政治价值、华语文在新加坡的现状与前景,也比较客观地分析了双语教育的成效以及接受双语教育的新加坡华人在日常用语方面的语言转移趋势:年龄越轻,说英语的比例越高;受教育程度越高者和社会(经济)地位越高者,大都倾向于说英语。③

1959至1984年的25年里,新加坡的语言社会发生了很大的变化,郭振羽在《新加坡的语言与社会》中经由语言社会学的概念探讨了该时期内新加坡的双语政策以及语言问题,包括社会语言情况的趋向、家庭用语形态、双语制度的建立以及大众传播在语言维系、语言推广和语言标准方面的功能等等。针对华文的地位和华文程度受到双语教育政策限制的问题,作者认为,华语的地位和功能同时得到当局"华语运动"的鼓励以及电视华语节目和华语流行歌曲的支持。

---

① 周清海:《多语环境里语言规划所思考的重点与面对的难题——兼谈香港可以借鉴些什么》,《普通话教育的发展和推广国际研讨会(2002)论文集》,香港:香港大学教育学院普通话培训测试中心,2003年,第11页。

② 吴元华:《务实的决策——人民行动党与政府的华文政策研究》,新加坡:联邦出版社,1999年,第367~377页。

③ 吴元华:《华语文在新加坡的现状与前景》,新加坡:创意出版社,2004年,第106页。

在这种情况下,新加坡华人应该可以维持相当程度的华语(未必是华文)。① Janet 的《语言平衡器——新加坡的语言规划》是一本分析新加坡双语教育的专著,重点讨论的是英语和华语,包括与英语和华语有关的语言政策和语言运动,如"讲华语运动"和"讲标准英语运动"等。② 美中不足的是,该书只涉及某阶段的双语政策,不能系统地反映新加坡双语教育连续发展的主要过程。Basant 在《新加坡研究》中分析了英语的社会历史,指出双语教育政策偏向英语是因为英语对于新加坡至关重要,并列出了英语的 6 大重要用途:(1)英语是新加坡四大官方语言之一。由于多种原因,现实生活中使用英语的频率远远高于其他官方语言;(2)英语是教育系统的行政和教学语言;(3)英语不仅是政府部门的工作语言,也是包括商业在内各行业的工作语言;(4)英语是跨方言群,也是跨族群交流的共同语;(5)英语是新加坡国家认同的语言;(6)英语是国际语言,这一点对于资源稀少的小岛国家新加坡非常重要。虽然新加坡另外两种官方语言华语和马来语也是国际语言,但只有英语才是绝对地随处可用。③ Braj B. 谈到语言政策与语言的"英语化"与"本地语化"时,指出某些国家(特别是原英国殖民地)独立后在制定语言政策时面临对英语的"爱恨情结",但又不能不接受它。④ 新加坡既是原英国殖民地,而且又必须

---

① 郭振羽:《新加坡的语言与社会》,台北:正中书局,1985 年,第 143 页。

② Janet Shepherd, *Striking a Balance*: *The Management of Language in Singapore*, Frankfurt am Main: Peter Lang GmbH Europaischer Verlag der Wissenschaften, 2005, pp. 51, 99.

③ Basant K. Kapur, *Singapore Studies*, Singapore: Singapore University Press, 1986, p. 388.

④ Braj B. Kachru, Englishization and Contact Linguistics: Dimensions of the Linguistic Hegemony of English, in Thiru Kandiah and John Kwan-Terry, *English and Language Planning*: *A Southeast Asian Contribution*, Singapore: Times Academic Press, 1994, pp. 40-41.

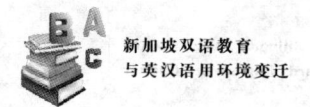

走国际化道路,更加能切身感受到英语作为世界科学、技术和国际交流语言的实用价值。

在语言政策方面,新加坡政府主要是以教育报告书的形式发布调查报告、提出建议、采取相应的措施并逐步推行。本书收集到新加坡教育部三个重要的报告书:1966年《新加坡教育调查委员会报告书》(*Commission of Inquiry into Education of Singapore —Final Report*)、《1978年教育部报告书》和2004年《华文课程与教学法检讨委员会报告书》。新加坡脱离马来亚独立后的第一个教育报告书就是1966年《新加坡教育调查委员会报告书》,该报告书涉及范围很广,包括中等教育改组、学校的结构、师资、课程、教学标准、教学方法、语文教学等等。而且,从1966年开始新加坡的双语教育有了一次大的变革,实施强制性双语教育。这样,英语不仅是英文源流学校的教学媒介语,也是所有非英文源流学校必须教导的第二语文。①《1978年教育部报告书》是双语教育改革中最重要的一个报告书,它检讨了在此以前双语教育的失误和不足,提出了影响深远的新教育体制,即双语教育分流制度。② 2004报告书是新加坡目前最新的报告书,从中可以了结到新加坡双语教育发展的最新动向,如双语教育的推进与发展以及教育部报告书提出的最新建议。③

此外,许多学者从其他方面讨论了新加坡的双语教育,其中,Edwin、Anne、Soon Teck Wong、S. Gopinatban、Thompson S H Teo

---

① 新加坡教育调查委员会:《新加坡教育调查委员会报告书》(Commission of Inquiry into Education of Singapore —Final Report),新加坡:新加坡教育部,1966年,第57页。

② 新加坡教育部:《一九七八年教育部报告书》,新加坡:新加坡教育部,1978年,第三章第9～12页,第六章第5～10页。

③ 新加坡教育部:《华文课程与教学法检讨委员会报告书》,新加坡教育部,2004年,第25～30;79～84页。

探讨了双语教育与语言规划,①Charlene Tan 归纳了双语教育的实用性特征,Eddie C. 谈到双语教育在新加坡建国过程中发展经济以及促进多民族和谐等方面的重要作用,②还有谢译文、吴元华、李元瑾、梁荣基、等学者探讨了新加坡双语政策下学生的双语背景、双语

---

① 参见 Edwin Thumboo, Language into Languages: Some Conjugations of Choice in Singapore, in Thiru Kandiah and John Kwan-Terry, *English and Language Planning: A Southeast Asian Contribution*, Singapore: Times Academic Press, 1994, pp. 111-120; Anne Pakir, Education and Invisible Language Planning: The Case of English in Singapore, in Thiru Kandiah and John Kwan-Terry, *English and Language Planning: A Southeast Asian Contribution*, Singapore: Times Academic Press, 1994, pp. 159-162; Soon Teck Wong, *Singapore's New Education System: Education Reform for National Development*, Singapore: Institute of Southeast Asian Studies, 1988, p. 9; S. Gopinathan, Ho Wab Kam & Vanithamani Saravanan, Ethnicity Management and Language Education Policy: Towards a Modified Model of Language Education in Singapore Schools, in Lai Ah Eng(ed.), *Beyond Rituals and Riots—Ethnic Pluralism and Social Cohesion in Singapore*, Singapore: Eastern Universities Press, 2004, p. 228; Thompson S H Teo & Vivien K G Lim, Language Planning and Social Transformation Strategies to Promote Speak Mandarin Campaign in Singapore, Unpublished Dissertation, Singapore: School of Business, National University of Singapore, 2002, pp. 2-16.

② 参见 Eddie C. Y. Kuo and Bjorn H. Jernudd, Balancing Macro-and Micro-Sociolinguistic Perspectives in Language Management: The Case of Singapore, in Thiru Kandiah and John Kwan-Terry, *English and Language Planning: A Southeast Asian Contribution*, Singapore: Times Academic Press, 1994, pp. 72-76.

教学以及语言运动。①

从国内情况看,目前还没有研究新加坡双语教育的专门著作,但有几位中国学者在研究教育的著作中谈到新加坡的双语教育,不过,基本上都是简单介绍,如冯生尧、张凤莲、李大光、刘力南、曹青阳、王大龙、曹克理和王学风。② 另外,近年来对新加坡双语教育研究的文章有数十篇,有一些登载于各类期刊,有些收录于研讨会论文集,这些文章也多是介绍新加坡独立后的语言政策。

(三)关于新加坡双语教育发展史的分期

新加坡双语教育的发展,是近半个多世纪以来的事,其过程可分为若干个时期来论述。每一时期的现象,都有它的特征,这些特征,贯穿起来看,便是双语教育的本质,构成这个本质的因素,都有各自的历史背景,前因后果,一脉相承。所以,有些学者把新加坡的双语教育分成几个时期来研究,以便找出不同时期的不同特色。在这一点上,三位海外学者的分期方法具有一定的代表性:

---

① 参见谢泽文:《新加坡的双语教育与华文教学》,新加坡华文研究会:《新加坡华文教学论文二集》,新加坡:SNP Pan Pacific Publishing Pte Ltd,2001,p.1;吴元华:《建国方略与语文规划——新加坡制定语文政策的考量》,陈照明主编:《二十一世纪的挑战——新加坡华语文的现状与未来》,新加坡:联邦出版社,2000年,第73页;李元瑾:《历史重演?新加坡两场跨世纪的华语运动》,陈照明主编:《二十一世纪的挑战——新加坡华语文的现状与未来》,新加坡:联邦出版社,2000年,第98页;梁荣基:《学生的双研背景和书写能力》,新加坡华文研究会:《新加坡华文教学论文二集》,Singapore:SNP Pan Pacific Publishing Pte Ltd,2001,p.130.

② 参见冯生尧:《亚洲"四小龙"课程实践研究》,福州:福建教育出版社,1998年,第245~251页;张凤莲:《亚洲"四小龙"教育制度与管理体制研究》,福州:福建教育出版社,1998年,第107~117页;李大光、刘力南、曹青阳:《今日新加坡教育》,广州:广东教育出版社,1996年,第79~84页;王大龙、曹克理:《当今新加坡教育概览》,郑州:河南教育出版社,1994年,第12~43页;王学风:《新加坡基础教育》,广东:广东教育出版社,2003年,第49~60页。

(1)谢泽文的分期法。谢泽文在"新加坡的双语教育与华文教学"一文中把新加坡双语教育模式的发展分为三个阶段:第一阶段(没有划定具体年限)是"自由选择式",家长可以为孩子选择英文或华文作为第一语文,各科目的教学以第一语文进行。第二阶段(1987—1998)从1987年开始,各学校都以英语作为第一语文,母语为第二语文。成绩优秀的学生可以同时修读华文和英文作为第一语文。第三阶段从1999年开始,一方面,英语作为第一语文的政策没有改变,母语教学方面则提供了更多的课程让家长选择;另一方面,也采取了多项措施,鼓励学生修读第一语文水平的"高级华文"。[①]该分期法的不足之处在于,没有明确第一阶段的起始年限,不能充分体现1986以前双语教育的特点,而正是在这一时段新加坡双语教育政策发生了最大的变化,突出表现在实施非强制性双语教育和强制性双语教育。

(2)Rita Elaine Silver 的分期法。Rita Elaine Silver 从新加坡经济发展的角度把双语教育分为两个主要时期:20世纪50年代末至60年代中期,新加坡政府实施双语教育是为了政治稳定、经济发展、民族和谐;60年代末至80年代末,政府的重点是发展经济,如出口贸易、加速工业化。[②] Rita 重在探讨双语教育与经济发展的关系,他从经济发展的角度得出的结论是,英语在新加坡的国家建设和发展中具有更大的价值,所以英语将主导新加坡的语言使用阵地,并降低人们对使用双语的需求。[③] 但是,从语言使用的角度来看,该分期过于简单,不能清楚地反映新加坡双语教育发展的特点。

[①] 谢泽文:《新加坡的双语教育与华文教学》,新加坡华文研究会:《新加坡华文教学论文二集》,新加坡:SNP Pan Pacific Publishing Pte Ltd,2001,p.11.

[②] Rita Elaine Silver, The Discourse of Linguistic Capital: Language and Economic Policy Planning in Singapore, *Language Policy*, No.4(2005), pp.53-55.

[③] Rita Elaine Silver, The Discourse of Linguistic Capital: Language and Economic Policy Planning in Singapore, *Language Policy*, No.4(2005), p.61.

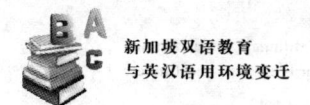

(3)黄燊辉的分期法。黄燊辉对双语教育的分期更为细致,共有6个时期:双语教育启蒙期(20世纪50年代)、双语教育发展期(20世纪60年代)、双语教育全盛期(20世纪70年代)、双语教育定型期(20世纪80年代)、华文教学挣扎期(20世纪90年代)和21世纪的展望。① 黄燊辉这样分期,主要是探讨在双语教育政策下新加坡华文文学的发展历程。但全部以每10年为一个阶段来讨论双语教育的发展,很难看出双语教育发展的特色。

但是,以上分期的原则给笔者以启发,笔者把双语教育分为四个时期:双语教育萌芽期(1946—1955)、双语教育发展期(1956—1965)、双语教育成熟期(1966—1986)、双语教育定型期(1987—)。该分期可以比较清楚地反映各阶段的时代特色和双语教育发展过程中的突出特征。

第三节 关于双语教育理论与模式的研究
(学术史回顾之二)

就全世界范围而言,许多国家和地区双语教育的历史都源远流长,除新加坡外,还有加拿大、美国、马来西亚、卢森堡、比利时、南非、芬兰、科威特、印度、瑞士、德国、英国的威尔士以及中国的香港和澳门等。最近几年,欧盟等国家又一次掀起了双语教育的高潮,中国教育界对双语教育也表现出越来越浓的兴趣。在双语教育成为世界热点的环境下,社会、语言、教育以及与此相连的其他领域学者有了更多更好的机会把理论与实践结合起来,促进了双语教育理论与模式研究的不断更新和发展。但各国的国情、教育政策、语用环境等毕竟

---

① 黄燊辉:《新华文学研究的分期应与语文教育制度的转变挂钩》,新加坡华文研究会:《新加坡华文教学论文四集》,新加坡:EPB Pan Pacific,2006,pp. 402-409.

有所不同,所以,不同国家在双语教育理论模式上难免存在一定的差异。笔者在前文中对研究双语教育理论的文献作了简单的回顾,本节试图从探讨几种重要的国际双语教育理论和典型模式的过程中寻找一点启示,并在此基础上尝试归纳概括新加坡的双语教育模式。

一、国际双语教育基础理论与启示

尽管新加坡的双语教育早已引起学术界关注,但就笔者所知,目前还没有用双语教育理论模式对新加坡双语教育进行系统研究的成果,本书首次尝试把双语教育理论模式用来分析新加坡的双语教育。许多双语教育理论在阐述各自的观点和要素时都有不同的针对性,但也有彼此重叠的地方。笔者在这里介绍6种比较成熟、被共同认可的双语教育理论,并结合这些理论的不同针对性,对新加坡双语教育的某个阶段或整个发展历程进行简单概要的评述。

(一)阈限理论[①]

阈限理论(The Threshold Theory)也称为"临界理论"或"起始点理论"。该理论认为,精通双语对个体的认知发展产生正面效应,不精通双语将对个体的认知发展产生负面效应。阈限理论设定了两个阈限,阈限表示学生必须达到的双语能力水平。当学生的双语能力达到第一阈限时,可以避免双语产生的负面效应;当学生的双语能力达到第二阈限时,可以感受到双语产生的正面效应。

阈限理论把学生的双语水平粗略地划分为三个层次,并阐述了各个层次与学生认知发展之间的关系。(1)低级层次:未精通两门语言中的任何一门语言,对认知发展产生负面效应。(2)中级层次:精

---

① 参见王斌华:《双语教育与双语教学》,上海:上海教育出版社,2003年,第52~53页;Colin Baker, *Key Issues in Bilingualism and Bilingual Education*, Philadelphia: Multilingual Matters Ltd., 1988, pp. 174-177.

通两门语言中的一门语言,对认知发展既不产生正面效应,也不产生负面效应。(3)高级层次:精通两门或两门以上语言,对认知发展产生正面效应。

新加坡实施双语教育的事实证明,由于个性、智力及认知发展等因素的差异,学生所能达到的双语能力水平也存在较大差异,双语水平能达到高级层次的学生极少。在新加坡实施双语教育分流制以前,当时的总理李光耀曾经对双语水平能达到高级层次、中级层次、低级层次的学生分别估计出了一个具体比例数字,其中,双语水平能达到高级层次的学生不到10%。李光耀希望处于双语教育低级层次的学生至少学好一门语言,也就是英语;对另一门语言(即母语)起码达到能够进行日常口语交际的能力。后来,新加坡实施双语教育分流制,就是充分考虑到学生的差异而采取的因材施教措施,在小学阶段尽量让大多数学生接受较高层次的双语教育,到中学阶段控制接受高级层次双语教育的学生比例。于是,在小三分流时的三种双语课程中,60%的学生被分配到要求较高的正常双语课程,该课程要求学生修读两门第一语文;约20%的学生被分配到程度较低的延长双语课程,学生修读英语第一语文和母语第二语文;剩下没有能力学习两种语文的学生(20%)进入单语课程,他们以英语学习为主,注重母语的口头交际能力。接下来的分流就是根据小学离校考试成绩再次分流后进入中学学习(即"小六分流")。在这次分流中,只有会考成绩最优秀的8%学生才有机会进入高级层次的特别双语班(EM1),兼修两种第一语文(英语和母语);会考成绩为中上等的31%学生进入快捷双语班(EM2),修读第一语文英语和第二语文母语;剩下约41%学生只能进入普通双语班(EM3),修读第一语文英语和层次最低的第二语文母语。双语教育分流制的实施结果表明,即使最优秀8%的学生中,也还有一部分人难以达到高级层次的双语水平,而选择改修快捷双语课程。

（二）兰伯特的态度—动机模式①

兰伯特（Lambert）的态度—动机模式（Attitude-Motivation Model）源于对个人性向和态度的研究。该模式认为，在双语学习方面，性向和态度是两个重要的、相对独立的影响因素；双语学习不仅需要某种认知能力，而且需要一种积极的态度；态度关系到动机，譬如工具性动机或综合性动机。因此，双语能力基于性向的程度、态度的程度、动机的程度以及态度与动机之间的关系。

兰伯特进一步指出，成为双语者将影响个体对待双语制度的看法；具有与其他语言群体进行交流的能力，也许会改变个体的自我形象。譬如，掌握英语的威尔士人也许会选择英语群体作为参照对象，形成新的行为准则。学习第二语言关系到文化适应的问题，双语者也许能成为双元文化者，从而产生新的渴望、新的国际视野、新的价值观念和新的信念。融入两种文化会影响自我概念的形成。譬如，学习威尔士语的英国人也许会进一步了解威尔士文学、艺术、音乐、体育、宗教、风俗等，从而修正原先的观点。当获得第二语言和第二文化，但又无须取代第一语言或降低第一语言的重要性时，即添加性双语制度。当获得第二语言和第二文化，但又面临压力，必须以第二语言取代第一语言或降低第一语言的地位时，即导致削减性双语制度。一般而言，当鼓励少数民族语言学生学习多数民族语言时，当他们只能通过多数民族语言接受教育时，当倡导文化认同而不是多元文化时，就可能阻断少数民族语言学生与少数民族文化和传统的联系，也可能使他们疏远自己所属的少数民族群体。

在新加坡获得自治以前，殖民地政府采用的就是削减性双语制度，鼓励华校增加以英语授课的科目和时间，主要目的是让华族学生

---

① 参见王斌华：《双语教育与双语教学》，上海：上海教育出版社，2003年，第56~57页；Colin Baker, *Key Issues in Bilingualism and Bilingual Education*, Philadelphia: Multilingual Matters Ltd., 1988, pp. 182-183.

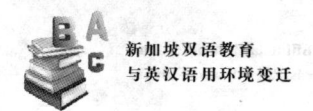

更容易转入英校。而英校完全以英语取代华语,倡导文化认同而不是多元文化,这在一定程度上阻碍华族学生与华族民族文化和传统的联系,使他们疏远自己所属的民族群体。华族学生出于英语功利主义的动机,在语言态度上也是重视英语,轻视华语。当他们转入英校后,置身于纯英语的环境,逐渐减少使用华语,结果大多数英校生毕业后完全不会华语,导致华族社会出现两大难以相容的阵营:受英文教育者和受华文教育者。受英文教育的华人,看起来还是华人,但已经完全英化,只会讲英语,而且认同英国文化传统以及英国的生活方式。这种语言和文化上的偏差一直到行动党政府执政后的数十年间才慢慢得以纠正。在行动党政府的双语教育政策下,当华校学生获得英语和英国文化时,无须取代母语。尽管后来母语的地位降低了,但换来的是对两种语文的习得和对两种文化的理解。1966年以后实施强制性双语教育,英校的华族生也必须学习华语,使完全英化的华人家庭重新开始学习华语,还有为配合双语教育而推广的讲华语运动,逐渐改变了受英文教育者对待华语的态度,不仅带动他们学习华语,也把他们带回到中华文化中来。

(三)加德纳的社会—教育模式①

加德纳(Gardner)的社会—教育模式(Social-Educational Model)可划分为四个阶段。第一阶段:社会和文化环境。儿童都生活在各自的、传统的社会和文化环境中。在英格兰的许多白人社区,传统的看法是:双语制度是不必要的,也是难以实现的;如果实行双语制度,必然以牺牲其他领域的成就为代价。在美国,传统的哲学一贯倡导以主流文化同化少数民族文化和少数民族语言。但是在加拿大,政府支持双语制度和双元文化的共存,积极改善学校的双语教育。第二

---

① 参见王斌华:《双语教育与双语教学》,上海:上海教育出版社,2003年,第57~58页;Colin Baker, *Key Issues in Bilingualism and Bilingual Education*, Philadelphia: Multilingual Matters Ltd., 1988, pp. 183-186.

阶段：个别差异。该阶段由四个主要变量组成，即智力、语言性向、动机和情景焦虑。其中，智力决定个体如何完整、迅速地理解各种任务的性质或所提供的各种解释；语言性向关系到学习语言的特殊才能；动机关系到努力、欲望和情感；情景焦虑将阻碍个体的学业，影响语言的习得。第三阶段：语言习得的语境，包括正规语境和非正规语境。正规语境指的是以语言学习为首要目的场景，譬如，课堂；非正规语境指的是不以语言学习为首要目的场景。譬如，出于娱乐需求观看外语电影，出于亲情关系或社交原因与亲人或朋友进行外语交流。尽管人们在这些活动中不知不觉地提高了外语水平，但这只是附带的收获，而不是这些活动的初衷。正规语境与非正规语境之间的界限有时是模糊的或重叠的。譬如，在课后请教老师，出于学习和娱乐的双重目的收听外语节目等。第四阶段：结果。最终的结果包括两个方面：一是双语能力的结果，如流利程度、词汇量、发音等；二是非语言的结果，如态度、自我概念的形成、文化意识、价值观念、信仰等。

  由上述四个阶段分析判断，新加坡的双语教育具有复杂多样性。在双语教育萌芽期，殖民地政府也开始重视双语教育，但所提倡的双语政策是在方言学校（华、巫、印校）实施双语教育。换言之，殖民地政府只要求三大民族的学校开设英语科，实施双语教育，而不要求英校教授民族语文。殖民地政府所谓的双语教育事实上是为发展英语单语教育服务的，也就是为"英化"方言教育服务的。殖民地政府真正关心的不是双语能力的提高和双元文化的共存，而是提高学生的英语能力，以便学生顺利转入英校，进而融入英国文化。为了达到"英化"华族语言文化的目的，殖民地政府利用学生和家长的英语功利主义的动机，把华族学生吸引到英校，但并不注重分析学生的个性差异，无视学生的智力、语言性向以及语言背景的不同，一味地用英语教学，结果有些华族学生从英校毕业后语言能力极为低下，没学好英语，又荒废了华语。在这样的双语教育下，学生不可能掌握双语，社会上也很难形成一个双语环境。

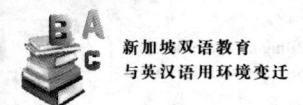

劳工阵线和行动党政府的双语教育政策都是以1956年《各党派报告书》为基础,实施平等的双语教育,无论是在实施"非强制性双语教育"阶段还是在"强制性双语教育"阶段都一律平等对待各民族语文,支持双语制度和双元文化的共存,并积极改善学校的双语教育。双语教育分流制度就是在充分考虑学生个别差异的情况下制定实施的。行动党政府的双语教育政策为各族学生提供了良好的语言习得环境,使精通双语的人口比例稳定上升,社会上的双语环境也逐渐形成。

(四)斯波尔斯基的双语教育评价模式①

斯波尔斯基(Bernard Spolsky)的双语教育评价模式涵盖双语教育评价的各个方面,如影响双语教育的历史因素、地理因素、政治因素、经济因素、社会因素、人口因素、宗教因素、文化因素、语言因素、心理因素等。这些因素彼此重叠,交互作用,双语教育则处于这些因素的中心。该双语教育评价模式又分为四个层次。第一层次:双语教育的社会环境。双语教育的社会环境可能是一个种族群体、一个国家、一个地区或一个单位。因此,应该从比较宽泛的政治、经济、社会、文化的角度审视双语教育。在双语教育的评价过程中,必须把实施双语教育的学校和课堂与周围的社会环境联系起来。第二层次:双语教育计划的目的。双语教育计划的目的包括明文规定的目的(显性的目的)和没有明文规定的目的(隐性的目的),体现了政府、地方管理部门、地方利益团体和家长的意愿。在双语教育计划目的方面,可能出现意见分歧或观念冲突。第三层次:双语课堂与双语学校的运作。应该对实施双语教育的课堂与学校进行评价。不难发现,在意图与结果或者在目的与实践之间,可能出现背离的情形。第四层次:双语教育的效果。双语教育的效果包括双语能力、双元文

---

① 参见王斌华:《双语教育与双语教学》,上海:上海教育出版社,2003年,第59页;Colin Baker, *Key Issues in Bilingualism and Bilingual Education*, Philadelphia: Multilingual Matters Ltd., 1988, pp. 187-188.

化、自尊、就业成功等。社会、政治家、教师对双语教育效果的期望可能不尽相同,各有侧重。

新加坡实施双语教育是出于多方面的目的,其中包括政治、经济、社会等。从国家层面来看,二战后殖民地政府实施双语教育是为了把华族学生吸引到英校,削弱甚至消灭华文教育,以此消除华校的政治活动。殖民地政府认为,只有这样才能够确保其在新加坡的经济利益。新加坡自治以后,行动党政府力求建设一个政治稳定、经济发展、社会和谐的新加坡,其双语政策逐渐以英语为主,就是要在建国过程中形成一个统一的新加坡国家意识,用英语来发展当时以国际贸易为主的经济领域,用英语作为语言桥梁沟通四大民族。正是围绕这一目的,1960年后新加坡开始设立混合学校。在以后的几年里,混合学校越办越多,规模越来越大,双语教育的推广也更加深入。

斯波尔斯基的双语教育评价模式的四个层次和加德纳的社会—教育模式的四个阶段所探讨的内容有重叠的部分,二者都把社会环境和双语结果作为主要考虑因素,笔者在上文中也对新加坡双语教育的社会环境和双语结果做了简要的评述。殖民地政府时期的双语教育是削减性双语教育,不利于双语环境的形成和双语能力的提高。劳工阵线政府和行动党政府的双语教育是添加性双语教育,其双语政策支持双语制度和双元文化的共存,有利于双语环境的形成和双语能力的提高。多次调查数据(包括笔者2006年的调查)显示,新加坡整体上的双语人口稳步增加,人们对政府的双语教育政策持肯定的态度并普遍支持和拥护。

(五)输入—输出—情境—过程双语教育模式[①]

1974年,邓金(Dunkin)和比德尔(Biddle)在总结双语教育研究

[①] 参见王斌华:《双语教育与双语教学》,上海:上海教育出版社,2003年,第59～62页;Colin Baker, *Key Issues in Bilingualism and Bilingual Education*, Philadelphia: Multilingual Matters Ltd., 1988, pp. 188-191.

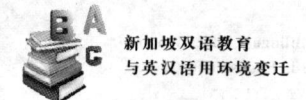

的过程中,提出了输入—输出—情境—过程双语教育模式。其中,输入指课堂内人的要素,即教师和学生不同的特征等;输出即结果;情景指学校教育所处的环境。在宏观层面,情景可能指种族群体或地方社区对教育的影响;在微观层面,情景可能指课堂环境,情景能够调整输入与输出之间的关系;过程即课堂实际教学。

1985年,柯林·贝克(Colin Baker)将上述模式引入双语教育领域。但是他认为,邓金和比德尔详细阐述了"常规学校教育"中的输入、输出、情景和过程,而双语教育中的输入、输出、情景和过程应该属于更高层次,涉及社会、情感、个性、认知、生物、性向、教学等诸多因素。贝克双语教育模式中的输入、输出、情感和过程可以理解为:输入为教师输入和学生输入两个方面。教师输入包括双语教师的语言知识和文化知识、运用两种语言和传递两种或两种以上文化的能力;学生输入包括语言性向、技能、态度、动机等。输出覆盖的范围尚未定论,但应该包括两种语言的熟练程度、双语知识、对待语言和文化的态度、自尊、融入不同语言和不同文化群体的状况等。

情景分为四个类别:社会性质、学校性质、课堂性质和课程性质。社会性质指一个社会的双语和双元文化程度,以及对待双语教育和双语制度的积极态度、消极态度或矛盾心理。学校性质指的是实施沉浸式双语教育还是实施过渡性双语教育?是正规学校中开设的双语班级还是少数民族语言地区的双语学校,或多数民族语言地区的双语学校?课堂性质指课堂中使用两种语言的比率和平衡性。课程性质指课程类别、视听设备、电脑、语法教学、创新活动等。过程指课堂教学过程中,教师对学生使用第二语言的鼓励与表扬,对使用第一语言的批评,学生使用两种语言的程度以及教师使用两种语言的程度,等等。

从情景和过程来看,新加坡对待双语教育和双语制度也有矛盾的成分,但态度是积极的。新加坡所实施的双语教育模式也比较复杂,其中穿插有沉浸式双语教育,也有过渡性双语教育和保留式双语教育。从新加坡双语教育发展的整个历程来分析,笔者认为,新加坡的双语教育是过渡式双语教育和保留式双语教育的混合体。所谓"过渡"是华、巫、印校由"母语为主、英语为辅"的双语教育逐渐过渡到以"英语为主、母语为辅"的双语教育;所谓"保留"是指,这种双语教育不是要以英语替代母语,而是要在一定程度上保持母语,并且要传承传统的母族文化,这是新加坡双语教育有别于其他国家的典型特征,可以称其为"过渡—保持双语教育"。

因为双语教育中的输入、输出、情景和过程属于更高层次,涉及社会、情感、个性、认知、生物、性向、教学等方面,在探讨新加坡双语教育的输入和输出时必须考虑到新加坡社会双语环境对学生语言输入、输出的积极影响。从其他学者和笔者的调查数据可以发现,新加坡自治后的双语教育政策不仅在教育领域实施双语教育,而且鼓励在社会上不同的领域和公共场所使用双语或多语。笔者在新加坡进行的实地调查包括针对新加坡大中小学生的问卷调查、在各路地铁中观察并记录乘客阅读不同语言类报纸的人次、连续统计最新出版的《联合早报》(华文报纸)中应用英汉双语的词汇、观察新加坡五个不同区域各条街道上采用英汉文字的公司及店面名称。上述调查数据显示,无论是在家庭、学校还是新闻媒体等社会领域基本上形成了一个以"英语为主、母语为辅"的双语环境,这样的环境为学生的双语输入和输出创造了非常便利的条件。

(六)卡明斯的双语教育理论框架[①]

吉姆·卡明斯(Jim Cummins)认为,少数民族语言学生的成功与失败取决于学校的四种状况。

第一,取决于少数民族语言学生的家庭语言和文化融入学校课程的程度。如果少数民族语言学生的家庭语言和文化受到排斥、降

[①] 参见王斌华:《双语教育与双语教学》,上海:上海教育出版社,2003年,第62~64页;Colin Baker, *Key Issues in Bilingualism and Bilingual Education*, Philadelphia: Multilingual Matters Ltd., 1988, pp. 192-196.

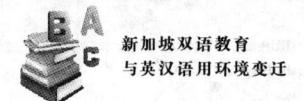

低到最低限度或逐步减少,则少数民族语言学生在学术方面可能遭到失败;如果少数民族语言学生的家庭语言和文化受到欢迎、鼓励,并获得一定地位,那么这些学生在学术方面获得成功的可能性就会增加。在学校课程中融入少数民族语言和文化的程度,可能会对少数民族学生的认知产生潜在的、积极的或消极的影响。

第二,取决于少数民族语言的社会和家长参与子女教育的程度。如果少数民族语言的社会和家长获得参与学校教育的决策权利和地位,他们的子女就可能获得成功;如果剥夺了少数民族语言的社会和家长参与学校教育的权利和地位,他们的子女就可能落后或不能取得进步。

第三,取决于儿童内在欲望方面,培养他们成为知识的积极追求者,而不仅仅成为被动接收者的程度。学习可能是积极的、独立的和出于内在动机的,也可能是被动的、依赖的和受到外力推动的。为此,卡明斯归纳了"灌输模式"和"交互作用模式"的概念。前者导致少数民族语言学生的失败,后者导致少数民族语言学生的成功。灌输模式认为,儿童是被动接受知识的容器,教师控制着输入的数量和速度。交互作用模式要求在学生与教师之间,以口头和书面的形式进行真正的对话;教师是学生学习的指导者和促进者,而不是控制者;教师鼓励学生在合作的学习情景中进行对话。该模式强调更高层次的认知技能,而不是事实的记忆;鼓励学生有意义地使用语言,而不是表面地纠正错误;主张把语言使用与语言发展有意识地与课程内容融为一体,而不是割裂地传授课程内容。

第四,取决于在评价少数民族语言学生时,避免在学生身上寻找问题的根源,而力求在社会制度、教育制度或课程方面寻找根源。长期以来,心理测试和教育测试总是试图在学生身上寻找问题的根源,如低智商、低动机等,以此解释少数民族语言学生学业失败的原因。在这种测试思想的指导下,人们已经很难看清存在于社会、经济、教育制度之中的根源所在。其实,落后的灌输模式、拒绝家长参与教学活动、贫穷家庭的社会经济背景等,都可能导致少数民族语言学生的学业失败。因此,评价和诊断应该考虑这些学生的社会环境和教育环境。

总的说来,卡明斯的双语教育理论框架是非常重要的理论。它不是单纯地把少数民族语言学生的学业失败归咎于学生个人,而是站在政治、经济、社会、教育、课程、教学法、心理、家长参与等角度,审视和探讨少数民族语言学生学业成败的根源。

卡明斯的双语教育理论框架

获得成功的少数民族语言学生		遭受失败的少数民族语言学生
第一维度	添加性:学校融入家庭语言和文化	削减性:学校排除家庭语言
第二维度	合作性:社会参与	排斥性:拒绝社会参与
第三维度	互动性课程	灌输性课程
第四维度	以咨询为目的的评价与诊断	只在学生身上寻找根源的评价与诊断

从卡明斯双语教育理论的四种状况分析,新加坡的双语教育是成功的双语教育。首先,新加坡各民族语言学生的家庭语言和文化基本上融入了学校的课程。这里以华族学生的双语学习为例。从1978年前双语教育实施的结果来看,双语教育的效果并不理想。1978年教育部报告书通过调查和检讨,认为双语教育效果不理想是因为85%的华族学生在家讲的不是学校里学习的语言。他们在学校里学习的是英语和华语,而在家里讲的却是方言,家庭语言与学校语言完全脱节,对双语教育产生较大的负面影响。为了解决这一矛盾,新加坡进行了双语教育改革,并于1979年开始推广讲华语运动。新加坡坚持几十年如一日的讲华语运动规模宏大,影响深远,效果显著。多项调查结果(包括笔者2006年的调查)表明,现在新加坡华人在家里极少讲方言,特别是年轻一代的家庭用语都以英语和华语为主。这样,家庭语言与学校学习的语言保持一致,增加了学生在学术

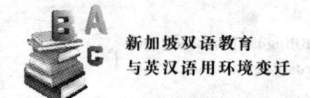

方面获得成功的可能性。其次,行动党政府的教育政策保障了社会和家长参与子女教育的权利,允许家长自由为子女选择进入哪种语言学校。华族家长可以选择让其子女就读于以"英语为主、华语为辅"的英校,或者是以"华语为主、英语为辅"的华校。再次,由于社会需要和双语政策都偏重于英语,而且英语能力强对学生的升学、就业、升职都带来极大的好处,大多数学生在双语的学习方面,基本上也是更加重视英语,对英语的课堂学习或课外补习都表现得更为积极主动。最后,新加坡教育当局在评价学生的双语能力时,虽然也分析学生本身的原因,但更主要的是力求在社会制度、教育制度或课程方面寻找双语教育不理想的根源。新加坡的双语教育经历了多次改革,而在每次改革前都认真调查了解学生的家庭语言环境、社会交际用语的变化以及学校课程方面的不足之处,以此分析学生的社会环境和教育环境,从而不断改进和完善双语教育制度。

二、国际双语教育典型模式概述

双语教育是一个非常复杂的现象,也是一个相当宽泛的概念。多年来,许多学者对双语教育的分类进行了长期、艰苦的研究,并引发了多场争论。1970 年,威廉·麦凯(William Mackey)依据家庭语言、课程语言、学校所在社区的语言、语言的国际地位和区域地位等维度,把双语教育划分为 90 种模式(类型)。1976 年,加德尔(Gaarder)把双语教育分为"精英双语教育"和"民间双语教育"(Elitist Bilingualism & Folk Bilingualism)两种。1976 年后,菲士曼(Fisherman)、约翰·爱德华兹(John Edwards)、杭伯格(Homberger)等人把双语教育划分为"过渡性双语教育"和"保留性双语教育"。① 1993 年,柯林·贝克在《双语教

---

① 参见王斌华:《双语教育与双语教学》,上海:上海教育出版社,2003 年,第 65 页;Colin Baker, *Key Issues in Bilingualism and Bilingual Education*, Philadelphia:Multilingual Matters Ltd. ,1988,p. 47.

育与双语制度的基础》一书中，把双语教育分为 10 种模式。他的分类方法得到了最广泛的认可。本节先对柯林·贝克 10 种双语教育基本模式进行比较详细的论述，以便在这些双语教育模式的大框架下通过比较鉴别后，自己尝试归纳出新加坡的双语教育模式。

柯林·贝克双语教育基本模式分类

弱 式 双 语 教 育				
双语教育模式	学生类别	课堂教学语言	社会目标与教育目标	语言目标
淹没式双语教育（包括结构浸入式双语教育）	少数民族语言学生	多数民族语言	同化	单语制度
淹没式双语教育（包括单设班/保护英语式）	少数民族语言学生	多数民族语言（包括设置第二语言课）	同化	单语制度
种族隔离主义双语教育	少数民族语言学生	少数民族语言（强制性、非选择性）	种族隔离	单语制度
过渡式双语教育	少数民族语言学生	从少数民族语言过渡到多数民族语言	同化	相对的单语制度
外语教学主流式双语教育	多数民族语言学生	多数民族语言（包括设置第二语言与外语课程）	有限度地提高语言水平	有限双语制度
分离式双语教育	少数民族语言学生	（经过遴选的）少数民族语言	分离/自治	有限双语制度

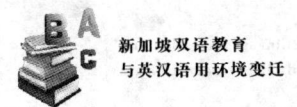

续表

	强式双语教育			
浸入式双语教育	多数民族语言学生	双语（初期注重第二语言）	多元制与提高语言水平	双语与双元文化
保持/传统语言式双语教育	少数民族语言学生	双语（注重第一语言）	保持/多元制与提高语言水平	双语与双元文化
双向或双语式双语教育	少数民族与多数民族语言学生混合	少数民族语言和多数民族语言	保持/多元制与提高语言水平	双语与双元文化
主流语言式双语教育	多数民族语言学生	两种多数民族语言	保持/多元制与提高语言水平	双语与双元文化

资料来源：王莉颖：《双语教育比较研究》，上海：华东师范大学，2004年，第86页以及王斌华：《双语教育与双语教学》，上海：上海教育出版社，2003年，第66页。

（一）弱式双语教育[①]

一般而言，在实施弱势双语教育模式的课堂教学过程中，学校只允许教师使用目标语（一般是多数民族语言或主流语言）进行各学科教学，或在开学初期非常短的时间内允许教师使用两种语言（目标语、学生的母语）进行各学科教学，但是，当学生达到一定水平时，教学语言逐渐过渡到只使用目标语一种语言。因此，这种双语教育实质上可以说是一种"单语"教育。在这种"弱式"双语教育模式的实施

[①] 参见王莉颖：《双语教育比较研究》，未刊博士学位论文，上海：华东师范大学，2004年，第87～94页；王斌华：《双语教育与双语教学》，上海：上海教育出版社，2003年，第67～74页。

过程中,两种教学语言的地位也有高低尊卑之分,往往目标语有着至高无上的地位与权利(譬如,英语在英国),而学生的母语或本族语不但没有任何地位,还有可能受到某种程度的歧视。显然,实施弱式双语教育模式的目的主要是促进学生快速习得目标语,不断提高目标语的水平,并且渐次以目标语替代学生的母语。其最终目的是以多数民族语言同化少数民族语言。依据柯林·贝克的观点,弱式双语教育有以下几种类型。

1. 淹没式双语教育

淹没式双语教育(Submersion Bilingual Education)针对少数民族语言学生,一开始就把学生完全置于目标语的学习环境中。这种仅仅以学生掌握目标语为最终目的的双语教育模式,常常被比拟为在深水的游泳池中学习游泳,因而被称为"淹没式"。淹没式双语教育属于最弱式的双语教育模式,其目的不仅是帮助少数民族语言学生尽快掌握多数民族语言(即目标语或主流语言),能够随主流班级学习,享受相对平等的教育权利,同时也是出于政治目的,即语言与文化的同化。因此,这种双语教育模式通常多用于针对移民与土著人而设置的双语教育体系之中。譬如美国、澳大利亚、英国、日本、新西兰等多移民国家一般采用这种双语教育模式。淹没式双语教育包括三种变式:结构淹没式双语教育(Structured Immersion Bilingual Education)、保护式英语淹没式和重新编班式/单设班式双语教育(Withdrawal Classes/Sheltered English Bilingual Education)。

2. 种族隔离主义双语教育

种族隔离主义双语教育属于一种"完全少数民族语言"的语言隔离式教育(Segregationist Language Education)。从严格意义上讲,它只能被看做是一种通过少数民族语言这种单一的教学媒介,进行各门学科的单语教育。也就是说,这种所谓的双语教育模式实施的对象是少数民族语言学生,学习这种少数民族语言是强制性的。这种双语教育其实是统治者精英阶层强加给被统治者阶层的一种强权

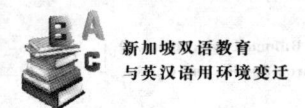

政策。这样,少数民族群体就没有机会习得多数民族语言,无法与多数语言民族交流、沟通,以致处于一个孤立无援的境地,也就决不会对多数语言民族的统治构成任何威胁。

3. 外语教学主流式双语教育

外语教学主流式双语教育(Mainstream with Foreign Language Teaching)模式就是外语教学或第二语言教学,属于一种比较宽泛的双语教育模式,即这种双语教育主要指在学校教育中使用两种语言,其实施的对象主要是多数民族语言学生。这种双语教育模式与把外语作为非语言类学科教学的最大区别在于,它把外语或第二语言作为教学的一门主要科目,要求学生必须掌握其内容。在加拿大,这种模式被称为"核心计划"(Core Program),而在威尔士等一些欧洲国家,该双语教育模式被称为"滴注式语言计划"(Drip-feed Language Program)。

尽管实施这种双语教育模式的国家很多,但实施的结果并不乐观。譬如在加拿大、英格兰等许多国家,虽然学生每天花费半小时时间,经过 2~5 年的外语教学主流式双语教育,但这些学生中几乎没有人能够精通所学的外语或第二语言。不过,在其他国家也有成功的例子。譬如,在斯堪的纳维亚(Scandinavia)地区,许多第二语言或外语学生通过这种外语主流式双语教育习得了流利的英语。这说明了这样一个原理:当这种第二语言或外语具有较高的经济价值,而且,语言学生具有强烈的学习动机时,外语主流式双语教育模式就可能产生良好的效果。

4. 过渡式双语教育

过渡式双语教育,就是指由一种少数民族语言教授非语言学科的各门课程,而逐渐过渡到用另一种语言(目标语、多数民族语言或主流语言)进行非语言学科的各门学科教学。具体地讲,在少数民族语言学生入学的初始阶段,教师授课的语言与学生交流的语言以及学生回答问题的语言,在大多数情况下使用少数民族语言学生的母语或第一语言。当然,其间会渗透少量简单的目标语词句,尔后逐渐过渡到全部使用目标语授课,最后使少数民族语言学生融入主流班级就读。可见,实施这种双语教育模式有两个主旨:一是利用少数民族语言学生的母语这一教学媒介语,少量渗透目标语,以帮助这些学生顺利过渡到适应完全的目标语教学环境,渐次提高运用目标语的水平,最终能够随主流班级学生一起学习。二是为了实现以多数民族语言同化少数民族语言的愿望。换言之,实施过渡式双语教育,是为了通过同化少数民族语言学生的母语,进而达到全面同化少数民族语言学生群体的目的。譬如在美国,对学生实施过渡式双语教育,就是使接受双语教育的学生尽早全部"美国化",成为真正的美国人。

过渡式双语教育所坚持的基本原则是:在双语课堂教学的过程中,应该首先通过少数民族语言学生的母语这一教学语言的使用,逐渐渗透目标语,尔后循序渐进地使学生自然过渡到使用目标语。在这个过渡阶段,要尽量避免突然地、大量地使用目标语。通常随着时间的推移,在过渡式双语教育实施的过程中,教师要一边逐渐增加目标语的使用比例,一边逐渐降低少数民族语言学生母语的使用比例。譬如,在少数民族语言学生上小学一年级时,其母语占教学语言的70%左右,目标语只占30%左右。当这些学生升到小学五、六年级时,少数民族语言的比例已经慢慢降到40%左右,而目标语已经逐渐上升到大约60%。

显而易见,实施过渡式双语教育模式不仅是为了帮助少数民族语言学生尽快地熟练掌握多数民族语言,让他们能够与多数民族语言学生一起学习,而且也是基于政治的需要。譬如,在美国这个移民国家,面对众多不同的种族群体和种族语言,学校扮演了"熔炉"的角色,成为形成共同语言、共同态度、共同文化、共同目标与共同价值观的教育场所;而过渡式双语教育历来被认为是帮助移民融入美国主流社会的重要途径。其实,所谓"熔炉",就是"同化"的代名词。如果只坚持实施过渡式双语教育模式,最终为了语言与文化同化的目的,实际上很难真正达到多民族之间的团结和友好,也不利于培养双语与双元文化人才,更不利于国家的发展。

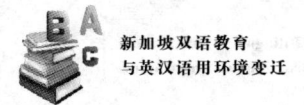

5. 分离主义少数民族语言双语教育

分离主义少数民族语言双语教育(Separatist Minority Language Education)又被称为"少数民族语言教育"(Language Minority Education),是一种非常狭义的少数民族语言教育,根本不能与真正意义上的双语教育相提并论。因此,斯格莫浩恩(Schermerhorn)将这种双语教育模式称为"隔离主义运动"。实施这种双语教育模式的目的是语言少数民族期望脱离语言多数民族群体,以求自身的独立生存与发展,并保护自身的文化与语言。该双语教育模式实施的范围比较狭小,对象也相对很少。

综上所述,大多数弱式双语教育模式虽然有助于少数民族语言学生在一定的时间内提高目标语水平,跟随主流班级就读并享受到相对平等的教育机会,但是,弱式双语教育的最大弊端以牺牲少数民族语言学生的本族语为代价,是"同化论"在双语教育中的具体体现,其目的是促使少数民族语言文化向多数民族语言文化迁移,最终使少数民族语言文化屈从于强权的、具有统治地位的多数民族语言文化。因此,弱式双语教育模式的实施不利于国家与民族之间的团结,也不利于多元文化与多元语言的发展,该模式与世界多元化发展潮流向悖。

(二)强式双语教育[①]

在实施强式双语教育模式的过程中,学校一般都强调在非语言学科教学中,始终坚持使用两种语言(一种是学生的母语或本族语,另一种为目标语)进行教学。而且,学生的母语(或本族语)与目标语在学校教学中的使用比例基本相等,这两种语言的地位也被学校公认为是平等的。显而易见,实施强式双语教育的目的在于保持或提

[①] 参见王莉颖:《双语教育比较研究》,未刊博士学位论文,上海:华东师范大学,2004年,第94~101页;王斌华:《双语教育与双语教学》,上海:上海教育出版社,2003年,第74~87页。

高学生的两种语言水平,培养双语双元文化人才。强式双语教育主要包括四种类型。

1. 浸入式双语教育

浸入式(或沉浸式)双语教育(Immersion Bilingual Education)是最强式的双语教育模式,用目标语(即第二语言或外语)作为双语课堂教学语言。在实施浸入式双语教育的过程中,学生在学校每个阶段(幼儿园、小学或中学)的几乎全部或一半时间都被"浸泡"在目标语的教育环境中。在学生"突击性"掌握了目标语后,就可以再继续其母语教育,或单语教育。在这样的双语课堂教学中,教师不仅只用目标语教学目标语,而且还用目标语教授部分非语言学科。换言之,目标语不仅是学生要学习的语言课程内容,同时也是学习其他学科的工具。这种教学模式促使传统上孤立的外语教学向外语与学科知识相结合的方向转变。该双语教育模式十分有益于学生目标语水平的提高,同时也有助于学生学术水平的提高。实践证明,浸入式双语教育模式受到全世界的推崇。

这种享誉全世界的双语教育模式,源于加拿大的"法语浸入式"双语教育实验。1965年,加拿大魁北克省蒙特利尔市的圣·兰伯特学校为满足讲英语家庭学生家长的要求开始实施法语浸入式双语教育。法语浸入式双语教育主要有四个目的:一是满足英裔学生家长呼吁学校为其子女教授英语和法语的要求;二是通过实施双语教育使学生有效地掌握法语听说读写能力,同时保持与提高学生的本族语水平;三是通过使用两种语言进行学科教学,提高学生学习学科知识的兴趣与积极性,使学生各门学科(包括英语)的学习成绩达到正常水平;四是通过双语教育,增进学生对多元语言与多元文化的了解与鉴赏,进而培养双语双元文化者。加拿大法语浸入式双语教育模式的大体做法是把以英语为母语的学生编在同一个班级上课,教师完全用法语进行非语言学科的各门学科教学,目的是在短期内使学生突击性地掌握法语。一旦学生的法语水平达到一定程度,学校接着用学生的母语进行常规的单语教学。

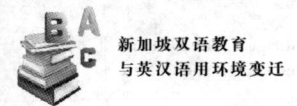

2. 保持/传统语言式双语教育

保持/传统语言式双语教育(Maintenance and Heritage Language Bilingual Education)模式也被称为"保留式双语教育"或"保持式双语教育"模式,是指在多数民族语言占主流地位的社会中,政府允许少数民族语言学生通过其母语接受教育。在实施保持式双语教育的过程中,教师既可以用学生的母语进行教学,也可以坚持使用学生的母语和多数民族语言进行双语教学。实施该双语教育模式的主要目的在于保持学生的母语,以强化学生的文化认同感,确认语言少数民族群体在一个国家中的地位与权利,或使学生成为双语双元文化人才。

保持式双语教育可分为"静态保持式"与"发展保持式(或提高式)"。静态保持式双语教育模式旨在保持少数民族语言学生母语或本族语的水平,以免他们的母语或本族语水平随着主流语言的学习与强化而弱化或消失,而不是为了进一步提高他们的母语或本族语水平。发展保持式双语教育模式旨在提高少数民族语言学生主流语言水平的同时,也发展他们的母语或本族语,以便使他们成为真正的双语双元文化者,实现多元文化共处与融合的理想。而且,学生是否接受保持式双语教育模式出于学生与家长的自愿,家长完全享有为他们子女选择学校与是否接受保持式双语教育的权利。学生接受保持式双语教育的主要原因是大多数家长希望子女通过该双语教育的学习,逐渐成为双语双元文化者。

与"淹没式"以及"过渡式"双语教育模式不同的是,保持式双语教育模式并非在牺牲少数民族语言的前提下,培养和提高学生的主流语言能力,而是强调在保持或提高少数民族语言学生母语(本族语)的同时,学习与提高主流语言的能力。美国实施保持式双语教育模式的实践充分证明,学校通过实施保持式双语教育,既可以保持或提高少数民族语言学生的母语,同时也提高了这些学生的英语水平。更为重要的是,由于这些学生的母语在学校得到认可与尊敬,从而增强了这些学生学习的积极性,提高了他们各科的学习成绩。因此,保持式双语教育更多地受到少数民族语言学生和家长的欢迎。

3. 双向式/双语式双语教育

双向式或双语式双语教育(Two-Way/Dual Language Bilingual Education)又被称为"双向浸入式"(Two-Way Immersion)双语教育模式。该模式是指把数量大致相等的少数民族语言学生与多数民族语言学生安排在同一间教室里接受相同的双语教育。譬如在美国实施双向式双语教育的班级里,50％左右的学生来自于英语家庭,另外50％左右的学生来自于西班牙语家庭。在这样的双语教学课堂中,英语与少数民族语言共同作为教学语言,具有同等的地位。实施双向式双语教育模式的目的是培养平衡双语者(Balanced Bilinguals)与双元文化者。

接受双向式双语教育模式的学生都是出于自愿。该模式一般从幼儿园开始,逐渐延伸到小学、中学,其年限一般至少达到四年。实施过程中,少数民族语言学生与多数民族语言学生始终一起上课,学校还努力营造双语教育的氛围,譬如,教室和走廊的布置、文娱活动、课外活动、标识语、通知等一般都会采用两种语言。目的是以多种方式尽可能保证学生完全习得两种语言,逐渐成为双语双元文化人才。虽然实施双向式双语教育的学区没有对教师使用两种语言的比例做出严格的规定,但总体上讲,少数民族语言的使用比例至少要达到50％左右。初始阶段,少数民族语言的使用比例高达60％～90％,尔后逐渐过渡到两种语言各占50％。

4. 主流双语教育

主流双语教育(Mainstream Bilingual Education),是指在学校同时使用两种主流语言(一般是两种多数民族语言或两种官方语言)进行双语教育,以培养双语与双元文化人才。在该模式的实施过程中,两种语言的地位完全平等。主流双语教育模式主要流行于卢森堡、比利时、意大利、德国、英国、荷兰、科威特、沙特阿拉伯、马来西亚、印度、文莱以及非洲诸国。譬如在卢森堡,卢森堡语主要作为日常口语,德语和法语为官方语言,英语的重要性略逊于上述三种语

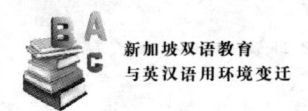

言。儿童出生后说卢森堡语,在4—6岁时通过卢森堡语接受教育。进入小学以后,德语很快列为一门科目并逐渐成为小学阶段的主要教学语言,六年级结束时,绝大多数课程采用德语为教学语言。在小学二年级时,法语也被列为一门科目。在中学阶段,法语逐渐成为主要教学语言。学生12岁以后还可以学习英语、意大利语等。在小学和中学阶段,语言学习占了近一半的课时。学生学习德语的时间在小学1—2年级达到每周8小时,3—6年级每周5小时。同时,德语一直作为其他学科的教学语言。在中学阶段的初期,学习德语的时间为每周4小时,到中学后期降为每周3小时。而法语的学习时间为:小学2年级每周3小时,小学其他年级每周7小时,中学1—2年级每周6小时。在更高的年级,学习法语的时间逐渐减少。

三、新加坡双语教育模式的归纳

通过与上述9种双语教育典型模式进行比较和鉴别,就会发现新加坡的双语教育要复杂得多。新加坡双语教育在其发展的不同阶段呈现出多种双语教育模式的特征,甚至在同一阶段也存在着两三种双语教育模式。为了清楚地梳理新加坡双语教育发展的脉络和特点,本书将分别阐述新加坡双语教育发展史上各个阶段的双语教育模式,以便凸现新加坡双语教育发展的总趋势,也就是新加坡双语教育的主导模式。

(一)双语教育萌芽期的双语教育模式

在双语教育萌芽期,殖民地政府实施的双语教育属于弱式双语教育模式,其主要目的是促进学生快速习得目标语英语,不断提高英语的水平,并且逐渐以英语替代学生的母语,最终目的是以英国语言与文化逐渐同化新加坡的民族语言与文化。从双语教育模式的类型来看,该时期有淹没式双语教育、外语教学主流式双语教育和过渡式双语教育。

淹没式双语教育模式实施的场所是英校,实施对象主要是在英校就读或从华校、马来学校和印度学校转入英校的华、巫、印族学生,采用的是以英语为教学媒介语的单语制度,以求达到同化的目的。殖民地政府通过多种方式把华、巫、印族学生,特别是华族学生,吸引到英文学校就读,对他们实施淹没式双语教育,也就是最弱式的双语教育模式,一开始就把学生完全置于目标语英语的学习环境中。具体来讲,英文学校的双语教育模式主要是保护英语的淹没式双语教育,以英语为唯一教学语言,在整个课堂教学与各种活动过程中,教师的授课语言与学生回答问题的语言一律是英语。这种双语教育模式忽略了接受双语教育的主体——新加坡民族语言学生的内心感受以及他们所面对的困难,不利于学生身心的健康发展,也不利于多元文化的并存与发展。

外语教学主流式双语教育实施的场所是华校、马来学校和印度学校,这一点与上述淹没式双语教育模式不同。外语教学主流式双语教育实施的对象分别是华校的学生、马来学校的学生和印度学校的学生。二战后,殖民地政府为了压制华文教育,扩大英文教育,要求华校开设英文科。最开始,华校的教学媒介语都是华语,英文只是一门外语课,殖民地政府希望在华校提高华族学生的英语水平,为他们以后转入英校打下良好的英语基础。也就是说,在华校实施外语教学主流式双语教育过程的第一阶段,主要教学语言与华族学生的母语完全相同,而英语一开始只是一门主要学科,后来变成了主要教学语言,这时,外语教学主流式双语教育也就转化成了过渡式双语教育模式。

过渡式双语教育实施的场所和对象与外语教学主流式一样,针对华校和华校生。过渡式双语教育的基本原则是:在双语课堂教学的过程中,首先通过少数民族语言学生的母语这一教学语言的使用,逐渐渗透目标语,尔后循序渐进地使学生自然过渡到使用目标语。通常随着时间的推移,在过渡式双语教育实施的过程中,教师要一边逐渐增加目标语的使用比例,一边逐渐降低少数民族语言学生母语

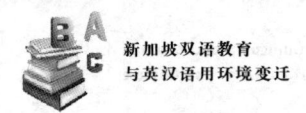

的使用比例。相比其他国家实施的过渡式双语教育模式,新加坡的过渡式带有自己的特点,其最大的不同点在于,新加坡华校的"过渡式"不是完全的过渡,而只是部分过渡,没有以英语完全取代华校的华语。在双语过渡的演变中,华校的课堂教学语言是由华语教授非语言学科的各门课程,逐渐过渡到用英语进行非语言学科的多门学科教学。具体地讲,在华族学生入学的初始阶段,教师授课的语言与学生交流的语言以及学生回答问题的语言,在大多数情况下使用华族学生的母语,尔后逐渐过渡到主要使用英语授课,最后吸引华族学生转入英校的班级就读。可见,新加坡殖民地政府实施过渡式双语教育模式也有两个主旨:一是利用华族语言学生的母语这一教学媒介语,少量渗透目标语,以帮助这些学生顺利过渡到适应完全的英语教学环境,逐渐提高运用英语的水平,最终能够随英校的班级一起学习。二是为了实现以英语同化华语的愿望。换言之,实施过渡式双语教育,是为了通过同化华族学生的母语,进而全面同化华族学生群体。简而言之,殖民地政府对华族学生实施过渡式双语教育,就是使接受双语教育的华族学生尽早转入英校,逐步"英国化"。

过渡式双语教育模式包括早期退出过渡式和晚期退出过渡式。前一种模式是指少数民族语言学生入小学开始,直到他们过渡到主流班级以前大约两年时间之内的低年级段,学校容许学生最大限度地使用母语,其间可以渗透一定量的目标语词句,目的在于通过学生的母语学习帮助学生尽快提高目标语水平,顺利过渡到主流班级学习。后一种模式是指在少数民族语言学生上小学的中高年级段,学校允许在课堂教学中使用 40% 左右少数民族语言学生的母语,直到小学 6 年级毕业。新加坡殖民地政府的过渡式双语教育模式主要是晚期退出过渡式。例如,在马来文小学的一至三年级,教学语言是马来语,同时也把英语作为一门语言科目来教导。从四年级开始改变教学媒介语,除了马来语文以马来语教授外,其他所有学科都以英语为教学媒介。而且,有关英语与母语这两种语言使用时间的长短以及使用范围,殖民地政府还有硬性规定。1953年,政府教育白皮书《华文学校——双语教育与增加津贴金》要求华校用英语教授其他科目的时间至少占到小学教学总时数的三分之一,初中的二分之一,高中的三分之二。小学的算术、中学的数学和科学都属于用英语教授的科目。①

综上所述,新加坡殖民地政府的双语教育属于弱式双语教育模式,以过渡式双语教育模式为主。该模式虽然有助于华、巫、印族学生在一定的时间内提高英语水平,然而,用该模式促进英语水平的提高是为了同化新加坡各民族语言学生,为了促使华、巫、印族语言文化向英国语言文化迁移,最终使新加坡各民族语言文化屈从于强权的、具有统治地位的英语语言文化,而全然不考虑双语学生母语水平的保持与发展,也不顾及多元文化的共存。殖民地政府实施弱式双语教育的最大弊端是以牺牲华、巫、印族学生的本族语为代价,是"同化论"在双语教育中的具体体现,因此,它不利于多民族之间的团结和友好,不利于培养双语与双元文化人才,也不利于多元文化与多元语言的发展。

(二)双语教育发展期的双语教育模式

在双语教育发展期,劳工阵线政府和行动党政府的双语教育政策主要以1956《各党派报告书》为原则,所采用的双语教育模式都是平等对待各民族语言,但由于英语的政治、经济和社会功能高于其他官方语言,所以,在双语教育的实施过程中还是更重视英语的学习与应用。该时期的双语教育模式有外语教学主流式、主流双语教育模式和过渡式双语教育。

---

① 参见 Gwee Yee Hean(ed.), 150 *Years of Education in Singapore*, Singapore:Teachers' Training College,1969,p. 92;Ting-Hong Wong,State Formation and Chinese School Politics in Singapore and Hong Kong,1945-1965,Unpublished Dissertation,University of Wisconsin-Madison,1999,pp. 193-194.

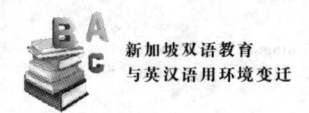
新加坡双语教育
与英汉语用环境变迁

外语教学主流式实施的场所是新加坡的所有学校,对象是各民族学生。具体说来,华、巫、印校都开设英语科作为第二语文,英校也给华、巫、印族学生开设各自的母语科为第二语文。1959年行动党执政后宣布了与双语教育有关的措施:(1)全新加坡英文源流学校都要把第二语文(华、巫、印文)看成与任何其他科目同等重要,采取必要措施,促进学生学习第二语文。(2)从1960年起各语文学校教员交换授课,以便锻炼学生讲多种语言。(3)宣布从1960年起,正式以英语作为各语文学校的共同教学媒介语。① 在随后的小学离校考试中,第二语文由选考科变为必考科,各语文源流学校都开始重视第二语文的教育。

主流双语教育模式实施的场所主要是混合学校,对象是混合学校的各民族学生,以英语和母语两种语言为课堂教学语言,以求达到双语与双元文化的语言目标。1960年1月11日,混合学校制度首先在两所政府中学实验性地实施。在这里,校长都大致通晓华英双语,学生的各种活动不分彼此,华文源流的华语教师到英文源流教授第二语文华语,英文源流的英语教师到华文源流教授第二语文英语。② 混合学校创立以来发展迅速,由1960年的4所发展到1963年24所、1967年84所、1968年105所,这些数字可以表明政府决心发展混合学校的趋势。政府实施华英混合学校的目标是希望从这些学校毕业出来的学生,至少也应该懂得华英两种语言。混合学校都把英语作为共同的教学媒介语,采用主流双语教育模式,总的目标是希望通过多种语言制度,以及熟悉与应用一种以上的语文,使各民族学生之间能更加相互了解,鼓励学生尊重各民族的语言和文化,培养

---

① 吴元华:《务实的决策——人民行动党与政府的华文政策研究》,新加坡:联邦出版社,1999年,第84~86页。
② Ang Beng Choo, The Reform of Chinese Language Teaching in Singapore Primary Schools 1974-1984: A Case Study in Language Planning and Implementation, Unpublished Dissertation, Singapore: National University of Singapore, 1991, p. 36.

学生形成高于本民族的新加坡国家意识。

　　从本阶段双语教育发展的总趋势来说,过渡式双语教育模式仍然是主轴。行动党政府出于以英语统一国家意识、发展经济的目的,宣布从1960年起正式以英语作为各语文学校的共同教学媒介语,而除英校以外最开始把英语作为共同教学媒介语学校的就是混合学校。事实上,华、巫、印校的外语教学主流式和混合学校的主流双语教育模式都是为了扩大英语的学习与应用,以便于把华、巫、印校的教学媒介语逐渐转为以英语为教学媒介语。当然,这个转变不是急流直下,而是循序渐进地朝向既定目标。在这个转变过程中,重要的是提高华、巫、印校学生的英语水平。针对华校,华文教育团体还成立了"研究华校小学提高英文水准小组委员会",提出在华校小学"增加英文科授课时间、以英文为教学媒介、尽量增加(英语)会话时间"等建议。

　　为了配合统一国家意识的形成,学校教育中必须统一教育制度。新加坡政府在学校实行统一课程与考试、创立混合学校以及统一教学媒介语都属于统一教育制度上的一环,其中,统一教学媒介语占有非常重要的地位。英语是双语教育中实质上的共同语,混合学校以英语为共同语可以说是统一教学媒介语的实验和尝试,政府最终要以英语统一各语文源流学校的教学媒介语,也就是要华、巫、印校由以母语为主要教学媒介语过渡到以英语为主要教学媒介语。

(三)双语教育成熟期的双语教育模式

　　在双语教育成熟期,新加坡开始实施强制性双语教育,更加突出英语的学习与应用。该时期的双语教育模式主要有浸入式双语教育和过渡式双语教育模式,以过渡式双语教育模式为主。

　　在实施浸入式双语教育的过程中,教师不仅只用目标语教学目标语,而且还用目标语教授部分非语言学科。换言之,目标语不仅是学生要学习的语言课程内容,同时也是学习其他学科的工具。新加

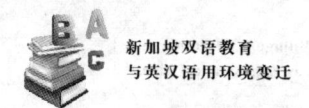

坡的浸入式双语教育模式被称为"浸濡计划"(Immersion Programme,IP),实际上就是"英语浸入式"双语教育模式,接受浸入式双语教育的对象是华文源流的学生,接受浸入式的场所就是英文学校。1979年,"浸濡计划"为中学1—2年级的华文源流学生开设浸入课程,要求学生每天完成本校的正常学习课时和学习任务后,到优秀的英校接受每周(一周5天,后改为4天)多达12节课的英语训练课程。浸入课程包括英语、英国文学和一两门其他用英语学习的课程,如历史、地理、科学、音乐、艺术和工艺课等。① 事实证明,这类双语教育模式十分有益于学生英语水平的提高,同时也有助于学生学术水平的提高。

在双语教育成熟期,过渡式双语教育模式加快了"母语向英语过渡"的速度,也加大了过渡的幅度。首先,教学媒介语由母语向英语过渡。双语教育由非强制性转向强制性双语教育,也就是转向以英语为主、以母语为辅的双语教育。在华、巫、印校,英语由一门学科变为教学媒介语。譬如,华文小学的数学和科学都以英文教导。而且,以英语教学的科目和时间也不断增加。从语言接触时间来看,华校由以华文为主变为以英语为主。在整个中学阶段,英语的总接触时间(包括用英语教授的科目)超过81%,而母语(包括用母语教授的道德课)接触时间不到19%。以华文为教学媒介语的南洋大学也从1975年开始以英语讲课,1977年教学及考试语文都改用英文。其次,对母语的要求由高级向低级过渡。在双语教育分流制度中所有学生都以英语为第一语文,对华文的要求不断降低,由高级华文降到华文,再降到华文B,再到基础华文。再次,华人社会用语由方言向华语和英语过渡。"讲华语运动"和"讲学校语运动"都是配合双语教育的重要措施,这两项语言运动的成功大大减少了方言的使用范围

---

① Chua Kwee Fah, A Review of Policy Statements and Research on Bilingual Education in Singapore Schools, Unpublished Dissertation, Singapore: National University of Singapore, 1984, pp. 80-81.

和使用人数,结果不仅提高了华语的使用率,同时也提高了英语的使用率。最后,由母语学校向英文学校过渡。1976年淡米尔文小学一年级开始没人登记注册,1982年马来文小学一年级也招不到新生,1984年登记注册华小一年级的新生只有260名,仅占全国小一新生的0.7%,而英校增加到99.3%。①

(四)双语教育定型期的双语教育模式

新加坡双语教育的最终目标,是形成"英语为主母语为辅"的统一教育体制。② 从1987年开始,新加坡统一国家教育体制,中、小学一律把英语作为第一语言学习,并以英语教导其他科目。但为了确保学生不会失去自己民族文化的根,政府规定母语为必修必考的科目,学生必须考获某个等级,才能升读大学先修班和大学。为了把华语保持下去,新加坡教育当局在1991、1998和2004年分别成立了三个华文教育检讨委员会,并于1992、1999、2004年发布了三个华文教学报告书。这些报告书虽然在教材、教学法、考试等方面不断降低对华语的要求,但也是出于保留华语的目的,希望保住大多数华族学生坚持学习华语,后来提出用英语教授华文科的教学法也是出自同一目的。本阶段的双语教育模式兼有过渡式双语教育与保留式双语教育的主要特征,最终发展成为具有新加坡特色的"过渡—保持式双语教育"模式。

新加坡的"过渡—保持式双语教育"模式是"过渡式"与"保持式"的混合体,与世界上其他国家的过渡式双语教育模式和保持式双语教育模式都有较大的不同。首先,新加坡双语教育模式中的"过渡"

---

① Chua Kwee Fah, A Review of Policy Statements and Research on Bilingual Education in Singapore Schools, Unpublished Dissertation, Singapore: National University of Singapore, 1984, pp. 68-69.

② 陈楚湘:《南大华族英校生的华语学习活动》,未刊学位论文,新加坡:南洋大学,1978—1979年,第29页。

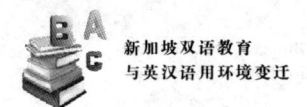

并不是为了要以英语同化或取代学生的母语。在整个以母语教育为重点过渡到以英语教育为重点、再到极力突出英语的主流趋势下,虽逐渐适当地降低对母语的要求,但没有以英语取代母语或放弃母语,而是同时坚持保留母语的学习与应用。其次,新加坡双语教育模式中的"保持"也不是强调把母语保持或提高到与英语同等的程度,而是在"英语为主"的前提下把母语保持在一定的程度上,如注重母语的听说能力。该模式的主要目的是保持华语的水平,以免华语随着英语的学习与强化而弱化或消失。在双语教育成熟期,英文学校实施的双语教育基本上也属于"过渡—保持式双语教育"模式。实践证明,这种模式既可以保持华、巫、印族学生的母语,同时也提高了他们的英语水平。更为重要的是,由于这些学生的母语在学校得到认可与尊敬,从而增强了这些学生学习的积极性,因此,该双语教育模式更加受到华、巫、印族学生和家长的欢迎,这也是几乎所有华、巫、印校学生最终都转向英校就读的主要原因之一。

综合起来看,新加坡所谓的"过渡—保持式双语教育"模式,就是过渡与保持兼顾,而不是完全的过渡或替代。该模式的最大特征是在保持中过渡,过渡也一直伴随着保持,也就是在保持中由母语过渡到英语,在过渡中也保持母语的学习与应用。新加坡的"过渡—保持式双语教育"是以"过渡式"为主,"保持式"为辅。比如,在华校的发展历程中,从华语作为主要教学媒介语逐渐过渡到用英语教授非语言学科的大多数课程经历了四个变化阶段。在第一阶段:以华语教授非语言学科的各门课程;第二阶段:以华语教授非语言学科的各门课程,增加英语为一门语言科目;第三阶段:以华语教授大多数科目,英语教授少部分科目;第四阶段:以英语教授大多数科目,华语教授个别科目。这样,英语逐渐过渡成为学校的主要教学媒介语,华语变成次要的教学语言。

新加坡"过渡—保持式双语教育"模式的形成经历了一个"过渡式"与"保持式"相互交叉重叠的复杂过程,在其"过渡"中,华校逐渐消亡,华文程度不断降低;在该模式的"保持"中,华语得以保留,而且学习和使用华语的人更多,讲华语的现象更为普遍。新加坡实施的双语教育中如果没有"过渡式",要统一新加坡的国家意识将无从谈起,如果没有"保持式",华校消亡后,华语也会随之消亡。新加坡的"过渡—保持式双语教育"模式二者兼得,为新加坡国家的建设和发展铺平了畅通的道路,也为母语保留了一定的发展空间。

第四节 关于本书的研究

本书的研究主要包括:研究思路、研究方法、基本框架、创新尝试、相关概念的界定以及使用资料说明。

一、研究思路

本书属于多领域交叉研究,包括历史、社会、教育和语言等,重点在于语言教育方面,也就是二战后新加坡的双语教育。本书首先从双语教育概念着手。某些概念在新加坡特定的环境下会有不同或不一致的含义,所以有必要做出具体的界定。其次,结合新加坡实施双语教育的实践,阐述有关双语教育理论以及双语教育的主要类型,以此对新加坡双语教育政策的历史发展脉络进行梳理,从而找出其双语政策在各个时期的不同特点。最后,根据笔者在新加坡进行的最新语言使用情况实地调查,分析新加坡双语教育对华人英汉双语语言使用的影响。

二、研究方法

依据本研究内容需要,结合自身的专业特点,本书主要参用了以下3种研究方法:(1)历史文献研究方法,即通过多种渠道,譬如图书馆借阅、查阅各种期刊、网络搜集资料等手段广泛、全面地收集第一

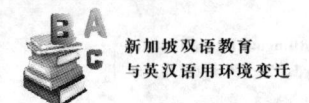

手国外原版文献资料以及新加坡政府的相关政策文件,并进行认真的阅读、梳理、分析。(2)田野调查研究法。2006年8—9月份,笔者在新加坡对几所大中小学学生的双语应用情况、街面用语的双语应用情况、中文报刊的双语应用情况以及地铁中乘客阅读不同语言类报刊的情况分别做了问卷调查和观察统计记录。同时,还对新加坡的语言专家、教师、学生、家长进行访谈。(3)比较研究法。即对各种中英文文献资料、实际调查情况进行比较研究,同时运用国际双语教育理论模式,对新加坡的双语教育政策进行剖析。

三、本书的基本框架

本书共分5章,另有导论和结论两部分。导论包括选题的目的和研究意义、国内外文献综述、研究思路与研究方法、本书的基本框架、创新之处、相关概念的界定以及使用资料的说明等,其中有一节专门介绍了学术界公认为比较成熟且影响力较大的几种双语教育理论及其对本课题研究的启示,同时对双语教育的主要类型作了评述,包括强式双语教育和弱式双语教育。第一至第四章对新加坡双语教育发展的历史时期作了新的划分。其中,第一章为双语教育萌芽期,主要内容分为三节。第一节回顾新加坡的人口构成与语言传统;第二节分析新加坡传统上的四大语文教育状况,即英文教育、华文教育、马来文教育和淡米尔文教育;第三节讨论殖民地政府的语言政策。第二章为双语教育发展期,也有三节内容。第一节剖析双语教育与共同语文的关系;第二节阐述教育制度的统一,包括课程、考试、学制的统一以及统一教学媒介语的开始;第三节分析学生选择就读英校的大趋势以及华校学生人数锐减的主要原因。第三章为双语教育成熟期,其中,第一节讨论以英语为主的强制性双语教育;第二节为双语教育分流制度;第三节论述特选中学,具体分为特选双语学校的背景、特选双语学校的实施和特选双语学校的变化;第四节论述讲华语运动;第五节讨论各语文源流如何开始统一。第四章为双语教育定型期，其中的第一节叙述语文源流正式统一；第二节讨论双语教育分流制度改革，包括小四分流、小六分流和中学毕业分流；第三节关于教育部报告书与华文教学改革，分析影响华文教学的主要因素及报告书的主要建议；第四节讨论讲标准英语运动。第五章是笔者在新加坡进行的语用环境实地调查，其中，第一节论述了研究目的、调查方式和研究方法；第二节全面分析了受调查学生的语言背景与语言能力，并探讨了家庭语用环境的变迁、学校语用环境的变迁、社会语用环境的变迁以及学生语言态度的变化。本书的结论包括新加坡双语教育模式的主要特征；双语教育对语言使用、语言态度及语言环境的影响；新加坡华人最常用语的未来发展趋势；新加坡双语教育对我国提高学生英语应用能力的借鉴意义。

四、本书的创新尝试

1. 填补了当前华侨华人研究在语言教育课题上，尤其是新加坡双语教育课题上的空白。关于新加坡华人社会的变迁，过去主要侧重于研究二战后新加坡的社会变迁对华人社会的巨大影响，包括对华文教育的冲击，多是站在华人族群角度的负面论述和担忧。实际上，在新加坡历史和社会发展的进程中，新加坡华人因接受英文教育或华文教育分为两大阵营，造成严重的隔阂，而这种隔阂正是随着双语教育的实施才逐渐消除的。可以说，双语教育对新加坡华人社会的影响丝毫不亚于其他因素对社会历史变迁所带来的影响。本书站在新加坡国家利益和族群利益相统一的立场上，全面论述新加坡双语教育的发展历程，并予以积极评价。同时，也试图预测新加坡华人最常用语的未来发展趋势。

2. 尝试以双语教育理论模式研究新加坡的双语教育。目前尚未见国内外学术界把双语教育理论模式用来系统分析新加坡的双语教育，本书是首次尝试在几种比较成熟、被共同认可的双语教育理论模式的框架下对新加坡的双语教育进行分析研究。

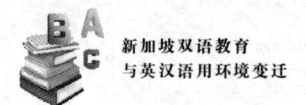

3. 首次提出新加坡的双语教育模式及其主要特征。新加坡的双语教育模式与世界上其他国家的双语教育存在着很大的差异,但目前国内外学者中还没有人从新加坡双语教育的实践中归纳提炼出带有新加坡特色的双语教育模式。本书对国际上最广泛认可的9种双语教育基本模式进行了比较详细的论述,并在这些双语教育模式的大框架下通过比较鉴别后,尝试归纳出新加坡的双语教育模式。

4. 对新加坡双语教育发展的历史阶段进行了新的划分(参见本章第二节、四),该分期能够比较清楚地反映各阶段的时代特色和双语教育发展过程中的突出特征。

5. 在研究方法上,采用历史学、社会学、语言学和文化人类学相结合的方法,并联系笔者在新加坡进行的实地调查以及访谈所获得的第一手资料,比较全面、系统地分析和反映新加坡华人语言转移的过程和现状。所获得的实地调查资料包括针对新加坡语言教育专家、教师、学生、家长等数十人的访谈;434名大中小学生关于语言使用和语言态度的调查问卷;1098人次地铁乘客阅读不同语言类报纸的统计记录;最新一周出版《联合早报》(华文报纸)中4227个英汉双语词汇和3486个英语单语单词;五个不同街区339个使用英汉双语、英语单语文字的公司及店面名称。

五、相关概念的界定

与双语教育有关的概念相当多,许多学者因研究角度不同所探讨的双语教育概念也有所不同,本书根据研讨重点的需要,对下列与新加坡双语教育有关的概念做出具体的界定。

1. 国语:1959年新加坡自治以前,新加坡华人以及相关的研究文献皆把中国的标准汉语(即普通话)称为"国语",为了区别,本书称之为"中国国语";自治以后新加坡政府把马来语定为国语,本书直接称之为"国语"。

2. 母语:一般来说,母语即本族语,指在家里学会的第一语言。

依语言学的定义，母语（Mother Tongue）、第一语言（First Language）和本族语（native language）通常是相同的概念，是指在幼儿时期通过和同一语言集团其他成员的接触而正常掌握的第一语言。但是，新加坡所谓的"母语"，不一定是学生童年在家庭里所学得的第一语言，而是政府指定的、代表学生种族的"民族语言"（Ethnic Language），同时也是官方语言。新加坡的母语有三种：代表华族的华语、马来族的马来语和印度族的淡米尔语，而华、巫、印族以外的民族必须从上述三种母语中选择一种作为自己的母语。

3. 华语：在新加坡自治以后把中国的标准汉语（即普通话）称为华语。

4. 外语：外语是不属于一个国家本族语的语言，而是指其他国家的语言或外国的语言。新加坡的双语教育中涉及英语、华语、马来语和淡米尔语四种语言。其中，华语、马来语和淡米尔语是新加坡三大民族的语言，而英语是殖民者带到新加坡来的语言，在殖民地时代应该是外语，但新加坡自治后根据建国的需要把英语和三大民族语言一起定为官方语言，至此，英语由外语变成了新加坡的国家语言之一。

5. 民族语文：本书中的"民族语文"指华文、马来文和淡米尔文。

6. 多数民族语言：一般而言，多数民族语言即主流语言，是指一个国家中多数民族、主流群体或大多数人的语言。如汉语、英语、日语分别是我国、美国和日本的多数民族语言。在这一点上又可以看出新加坡的语言复杂性。新加坡有四大民族：华族、马来族、印度族和其他族。华族人口虽然最多，约占全国总人口的75%，但华语不是主流语言。新加坡的多数民族语言是沟通四大民族的共同语，也就是英语。

7. 少数民族语言：少数民族语言，是指一个国家中少数民族、非主流群体或少数人的语言，如我国的藏语、维吾尔语等。新加坡的少数民族语言是除英语以外的三大官方语言，即华语、马来语和淡米尔语。

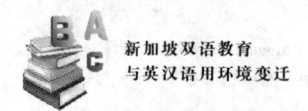

8. 第一语言:从一般意义来讲,第一语言即本族语,指一个人的母语或最先习得的语言。通常,第一语言与母语同义。譬如,汉语既是我们中国人(少数民族除外)的第一语言,也是我们的母语,汉语教育既是我们的第一语言教育,也是我们的母语教育。但新加坡所谓的"第一语文(语言)"是指在学校里学习的第一语文(First School Language),也就是学校的主要教学媒介语,如,英校的英语、1987年前华校的华语、马来族学校的马来语、印度族学校的淡米尔语。

9. 第二语言:与第一语言相对而言,指在掌握母语后,通过学习而获得的第二种语言。而新加坡所谓的"第二语文(语言)",却是指在学校里学习的第二语文(Second School Language),也是学校次要的教学媒介语,如,1987年前华校、巫校和印校开设的英语课以及英校学生学习的各自的母语。1987年后,华语(特选学校除外)、马来语和淡米尔语都变成了第二语言。

10. 华文第一语文:华文第一语文主要有两种含意:20世纪60年代初以前华校的教学媒介语是华文,英语只是一门学科。当时的华校把华文称为"第一语文",英语称为第二语文。后来实施双语教育分流制,把学生分到三种双语课程,华文科也被分为几个等级。其中"华文第一语文"是难度最大的华文课程,也被称为"高级华文"。

11. 华文第二语文:是指新加坡原英文学校和后来的所有学校(特选学校除外)为华族中小学生提供的华语课程,难度低于华文第一语文,也称"华文"。

12. 华文B:新加坡实施双语教育分流制以后为华文能力较差的华族学生而设,难度低于华文第一语文和华文第二语文。

13. 基础华文:双语教育分流制度把华文科分为几个等级,按难度从高到低的依次顺序分为高级华文、华文、华文B和基础华文。基础华文是要求最低的华文课程,主要练习华语口头会话。

14. 方言、方言学校:本书中的"方言"是指中国南方的汉语方言,如闽南话、潮州话、广东话等。但是,"方言学校"不仅仅指华族学校。研究新加坡教育的文献(包括殖民地政府的教育文件)中常把华校、巫校和印校三大民族语言的学校统称为"方言学校",以区别英文学校。

15. 华校生:泛指1987年新加坡统一教育源流以前,接受华文为主要教学媒介语的学生。

16. 英校生:泛指1987年新加坡统一教育源流以前,接受英文为主要教学媒介语的学生(包括新加坡各个民族的学生)。

17. 语用环境:本书主要指家庭用语环境、学校用语环境和社会用语环境(包括政府机构、新闻媒体等各行各业以及公共场合用语环境)。

18. 新加坡双语教育:对新加坡双语教育的界定相对更为复杂,新加坡的双语教育实际上涉及四种官方语言,即英语、华语、马来语和淡米尔语。1987年前新加坡有4种语文源流学校,即英校、华校、巫校(马来文学校)和印校(淡米尔文学校),在新加坡自治以后各语文源流学校都教授四种语文(英文、华文、马来文和淡米尔文)中的两种语文,但华、巫、印校都以各自的民族母语为第一语文、英语为第二语文。具体说来,华校教授华文和英文,以华语为第一语文;巫校教授马来文和英文,以马来文为第一语文;印校教授淡米尔文和英文,以淡米尔语为第一语文。而英校以英语为第一语文,同时教授各民族学生的母语(如,英校的华族学生学习英文和华文)。1987年统一语文源流后所有学校都以英文为第一语文、母语(华语、马来语、淡米尔语)为第二语文。概括来讲,新加坡的双语教育就是"英语+母语"。具体来说,针对华族学生的双语教育就是"英语+华语",马来族学生是"英语+马来语",印度族学生是"英语+淡米尔语"。

六、使用资料说明

本书所采用的资料主要包括以下几大类:

1. 文献资料:文献资料以国外资料为主,主要包括海外学者的专著、论文、论文集、新加坡教育部报告书等,同时也参考了我国学者

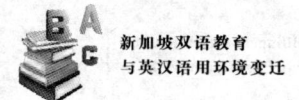

研究新加坡的有关资料。

2. 调查资料：笔者在新加坡进行的有关语言使用方面的实地调查数据。

3. 访谈资料：在新加坡调查期间，笔者对数十人进行了访谈，其中包括新加坡著名语言教育专家周清海教授在内的双语教育研究学者、语文教师、大中小学生、家长以及市场里的工作人员。

4. 报章资料：报章资料主要有新加坡出版的报纸《联合早报》、《联合晚报》、*The Strait Times*。此外，新加坡国立大学图书馆把多年来与语言教育有关的各报刊文章经过裁剪、收集并装订成册，分为华文版"剪报"和英文版"剪报"。这两种剪报也为本研究提供了珍贵的资料。

第一章 双语教育萌芽期

(1946—1955)

新加坡是一个位于太平洋和印度洋交汇处的小岛国,由于其特殊的地理、历史、政治、经济和文化等因素形成了极为复杂的社会结构,导致新加坡社会具有以下主要特征:第一,新加坡是个典型的移民社会,其人口几乎都是在这一百多年间由东亚、南亚、欧洲及东南亚其他地区迁移来的移民及其子孙所构成。移民社会的缺点就是移民一般把侨居地当做暂时性、过渡性的居所,不容易对当地产生强烈的认同。这种情形,在殖民地时期,问题尚不大,可是在新加坡获得自治、独立之后,这种缺乏与居住地之间认同的现象,便发生了问题。第二,新加坡是个多元种族社会,这是移民的结果。移民来自四面八方,结果造成多元种族、多元宗教、多元语言、多元文化的复杂社会。在这样的社会里,如果各种族彼此缺乏了解和尊重,或各自带有狭隘的种族中心主义或文化中心主义,就容易产生不同种族之间的误会与不谅解,从而导致种族间的摩擦与冲突。第三,新加坡是个工商业社会。新加坡一开始便是以转口贸易为中心的商业城市,后来发展成工商业社会。据1973年统计,在总就业人口中,绝大多数人从事工业、商业、交通运输以及各种服务业。在这种社会,经济收入是其成功与否的主要标志。第四,新加坡是个开放、竞争的社会,这样的社会是"成就取向"(Achievement Oriented),而不是"身份取向"(Ascription Oriented)的。一个人的社会地位之高低,不凭其出身的高低贵贱,而决定于个人的努力和成就。在新加坡,每个人,特别是华族的子女,自小便被鼓励与他人竞争,力争上游,以期功成名就、光

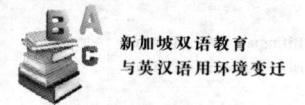

宗耀祖。① 可以说,人人从上学时就开始了爬阶级阶梯的竞争,语言也成为参与竞争的重要工具。

第一节 人口构成与语言传统

一、人口构成

二战前新加坡的经济经过不断发展,使新加坡逐渐变为东南亚重要港口和一大商埠,也是大英帝国当时的"黄金库",这一切成就与新加坡华人的辛苦开发密不可分。在华人先辈来到新加坡参与开发以前,这里只不过是一个沼泽密布、野兽出没的荒岛。华人勤劳,工资低廉,而且没有政治上的野心,是殖民主义者最理想的廉价劳动力。19世纪初,英国人急欲开发海峡殖民地,在贸易方面采用极端自由贸易政策;在产业方面,鼓励华人移入,开拓荒地。1819年英国殖民者莱佛士"开埠"新加坡时,全岛居民只有150人,其中中国人30人。以后,莱佛士宣布新加坡为自由贸易港,招徕移民和生意,大批马来人、华人被招募到新加坡从事开垦,还有为数不少的马六甲华商、华裔涌入新加坡。如此一来,华侨每年涌入新加坡的人数,远远超过涌入荷菲等属地的人数。到1824年,新加坡人口猛增到10683名,其中华人3317名、马来人4580名、印度人756名,三个不同民族集团所形成的新加坡社会雏形便在开拓初期出现了。在华(华人)、巫(马来人)、印(印度人)三大移民中,华人移民增加尤其迅速。到了1840年,新加坡总人口达到35389名,其中华人17704名,占了近半数。1891年,新加坡华族人口达到121908名,占当地总人口的65%左右,而在1919年新加坡"开埠"100周年之时,总人口35万人中,

---

① 宋明顺:《新加坡青年的意识结构》,新加坡:教育出版社,1980年,第1~6页。

华族人口已占70%,①到1931年,华人已占新加坡总人口的75%。从那时起直到1949年之前,大量华人南渡,一直是新加坡人口增长的一个主要因素。

表1-1　新加坡华侨人口增长数据(1819—1957)

年份	总人口	华人	%	年份	总人口	华人	%
1819	210	30	14.3	1891	184554	121908	67.1
1824	10683	3317	31.0	1911	303321	219577	72.4
1836	29984	13749	45.6	1931	550756	421821	75.1
1849	59043	27988	52.9	1947	938079	927863	77.8
1871	97111	54572	57.6	1957	1445929	1090595	75.4

根据许苏吾:《新加坡华侨教育全貌》,新加坡:南洋书局,1949年,第6页和云惟利:《语言环境》,云惟利编:《新加坡社会和语言》,新加坡:南洋理工大学中华语言文化中心,1996年,第3页整理。

　　1949年新中国成立后,殖民地政府开始严格控制中国人移民新加坡,大批移民涌入新加坡的现象中止了。从马来亚统计注册局1949年发表的户口调查数据看,自1819年新加坡开埠到1947年,新加坡华人人数一直保持快速增长,之后到现在,新加坡华人占全国人口的比例基本上没有大的变化,约占75%。1950年以后,新加坡岛内居民人口基本上属于自然增长。1959年新加坡成为英国属下的一个自治邦,1963年脱离英殖民统治,加入马来西亚联邦,1965年脱离联邦,建立新加坡共和国。1980年华族人口为新加坡总人口的76.8%,1990年为77.7%。② 根据2000年最新统计数据,新加坡人

---

　　① 郭梁:《东南亚华侨华人经济简史》,北京:经济科学出版社,1998年,第70页。

　　② 陈松岑、徐大明、谭慧敏:《新加坡华人的语言使用和语言态度调查》,陈照明主编:《二十一世纪的挑战——新加坡华语文的现状与未来》,新加坡:联邦出版社,2000年,第19页。

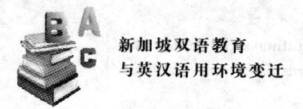

口约 320 万,华族约占总人口的 76.8%、马来族 13.9%、印度族 7.9%、其他族 1.4%。①

二、语言传统

新加坡是一个多元种族的社会,人口构成复杂,不仅多族群,而且多族群内部因籍贯地不同分成不同帮派,而通行的语言也是五花八门、种类繁多:华人中有 11 种母语、马来人 7 种、印度人 9 种。②来自中国的华人,说闽南话(即厦门话)的最多,其次是潮汕话、福州话、广州话、海南话或客家话。此外,也有少数华人说包括上海话在内的其他汉语方言。马来人大多说马来语。印度人说的语言种类也很多,讲淡米尔语的约占该族人口的 63%。少数欧亚混血人、欧洲人和其他亚洲人则以说英语、马来语的居多。③

据 1957 年人口普查,新加坡华、巫、印族内部大大小小的地域方言群体共有 25 个(见表 1-2)。这么多的语言和方言,加上英文,形成了新加坡复杂的语言环境。这种语言环境不但造成不同民族之间无法有效地交往,同一民族之间也往往因为方言的阻隔而难以顺畅沟通。在殖民地时代,英文是上层社会和官僚体制唯一的正式语言,民间则大都说各自的方言。

---

① Antonio L. Rappa and Lionel Wee, *Language Policy and Modernity in Southeast Asia*, New York:Springer Science+Business Media,Inc. 2006,pp. 77-78.

② Chiew Seen-Kong, Bilingualism and National Identity:A Singapore Case Study,in Evangelos A. Afendras and Eddie C. Y. Kuo,*Language and Society in Singapore*,Singapore:Singapore University Press,1980,p. 234.

③ 陈松岑、徐大明、谭慧敏:《新加坡华人的语言使用和语言态度调查》,陈照明主编:《二十一世纪的挑战——新加坡华语文的现状与未来》,新加坡:联邦出版社,2000 年,第 20 页。

表 1-2　新加坡的种族和语言（1957 年）

		人口	占本族(%)	占全国(%)			人口	占本族(%)	占全国(%)
华族语	福建	442707	40.6	30.6	印度族语	淡米尔	81682	63	5.6
	潮州	245190	22.5	16.9		马拉亚里	21783	16.8	1.5
	广东	205773	18.9	14.2		旁遮普	7757	5.9	0.5
	海南	78081	7.2	5.4		锡克	3405	2.6	0.2
	客家	73072	6.7	5		孟加拉	2405	1.8	0.1
	福州	16828	1.5	1.1		僧加罗	1379	1	—
	上海	11034	1	0.7		吉吉拉特	911	0.7	—
	兴化	8757	0.8	0.6		泰卢固	581	0.4	—
	福清	7614	0.7	0.5		帕坦	316	0.2	—
	广西	292	—	—		其他	9291	7.1	—
	其他	1248	0.1	—		合计	129510	100	8.9
	合计	1090596	100	75.4	其他族语	欧亚混血	11382	33.2	0.7
马来族语	马来	135662	68.8	9.3		欧洲	10826	31.6	0.7
	爪哇	36009	18.3	2.4		阿拉伯	3471	10.1	0.2
	波亚	22167	11.3	1.5		尼泊尔	786	2.2	—
	武吉	1069	0.5	—		犹太	729	2.1	—
	班加	364	—	—		菲律宾	663	1.9	—
	米南卡包	161	—	—		泰国	297	0.8	—
	其他	2152	1.1	0.1		日本	194	0.5	—
						缅甸	136	0.3	—
						其他	280	0.8	—
	合计	197059	100	13.6		合计	34190	100	2.3

资料来源：云惟利：《语言环境》，云惟利编：《新加坡社会和语言》，新加坡：南洋理工大学中华语言文化中心，1996 年，第 5 页整理。

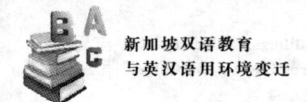

新加坡长期受英国殖民统治,殖民政府的语言政策自然是以英语为基干,英语一直是政府行政管理的主要语言,凡是与政府施政有关的立法、行政、公告、文书无不以英语为本,坚持英语的绝对强势地位。新加坡的独立并没有经过与殖民者的流血斗争,因此独立后,反殖民文化的倾向并不强。由于英语不是任何主要民族的母语,具有"中立"语言的功能,所以在新加坡共和国建立时,宣布英语为官方语言之一,保留了英语的优势地位,并且继续把它作为政府的工作语言。

把英语作为工作语言显示了政府对国内各民族一视同仁、无所偏袒的公正态度,有利于新加坡各族人民的团结。而且,新加坡也可以通过英语吸收世界的先进科技成果,与发达的西方社会保持密切的联系。①

直到 1965 年新加坡独立的时候,以华语(中国普通话)为母语的居民人数依然十分稀少,绝大多数华人的母语是上面提到的几种汉语方言。但是,华校教育在新加坡历史悠久而且发展迅速,1829 年前就有 3 所华校,1884 年增加到 51 所,②1917 年就有学校开始用华语教学,如新加坡南华(Nanhua)女子学校,③随后的华文教育蓬勃发展了数十年。华校教育使华语在华人中间传播开来,多数华人对于华语都有一种文化上的认同。因此,后来行动党政府将华语作为新加坡华人的母语列入官方语言具有文化和传统方面的合理

---

① 陈松岑、徐大明、谭慧敏:《新加坡华人的语言使用和语言态度调查》,陈照明主编:《二十一世纪的挑战——新加坡华语文的现状与未来》,新加坡:联邦出版社,2000 年,第 20 页。

② Lee Ah Chai, Policies and Politics in Chinese Schools in the Straits Settlements and the Federated Malay States(1786-1941), Unpublished Dissertation, Singapore: University of Malaya, 1957, p. 1.

③ Lee Ah Chai, Policies and Politics in Chinese Schools in the Straits Settlements and the Federated Malay States(1786-1941), Unpublished Dissertation, Singapore: University of Malaya, 1957, p. 56.

性。此外,从语音、语法、词汇的标准看,以中国"普通话"为基准的"华语",也具有国际标准化和在国际范围内流通的优越性。而且,消除方言隔阂,建设和谐一致的华人社区也被认为是华语需要发挥的历史功能。

第二节 英文和华文教育的状况

新加坡人口构成复杂,语言文化多元化,在语言教育上就呈现出五彩缤纷的现象。新加坡从开埠后不久就有英文、华文、马来文教育,后来又有了淡米尔文教育,很快发展成为四大语文源流学校。英国殖民地政府只重视英文教育,二战前对华、巫、印文教育放任自流,战后采用歧视民族教育的"同化"政策而不得民心,以至于四种语文源流学校教育一直并存,到20世纪80年代末才汇合一起融入统一源流。从新加坡人口总数来看,华族人口占绝大多数;从学校教育规模来说,英文教育和华文教育占有绝对的优势地位,马来文和淡米尔文教育相对发展较慢,规模也小。马来文教育一直到战后初期还只局限于初等小学,在一至三年级,教学语言是马来语,同时也把英语作为一门语言科目来教导。从四年级开始改变教学媒介语,除了马来语文以马来语教授外,其他所有学科都以英语为教学媒介。[①] 印度人在新加坡人口中所占比例很小,淡米尔文学校学生人数也一直很少,许多印度学童进英校读书。正是由于英文教育和华文教育在新加坡占有绝对的优势地位,新加坡殖民地政府、劳工阵线政府以及行动党政府的教育法令、双语教

---

① Bibi Jan Mohd Ayyub, Language Issues in the Malay Community, in S. Gopinathan, Anne Pakir, Ho Wah Kam & Vanithamani Saravanan, *Language, Society and Education in Singapore: Issues and Trends*, Singapore: Times Academic Press, 1994, p. 208.

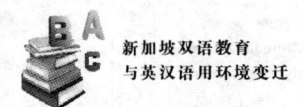

育政策的重点都是英文教育和华文教育。不同的是,殖民地政府独尊英文教育、压制华文教育,而自治后的政府在重视英语的前提下也为华文教育保留一定的发展空间。本书主要研究英汉双语教育在新加坡双语教育政策下的发展与变迁,对马来文教育和淡米尔文教育只是附带的叙述,而把讨论的重点放在英文教育和华文教育上面。

一、初中等教育

(一)英文教育概述

英文教育与新加坡的渊源可以追溯到19世纪初期。在1823年,莱佛士便建议设立"新加坡学院",以便为当时社会各层人士的子女提供适当的教育。然而,英国殖民地政府却否认这一主张,而坚持认为当时教育的主要目的,只是在于培养一群拥有基本英文基础,能够用英语为政府和商业机构服务的人才。在这样一个指导方针下,1834年政府成立了一所以英语为主要教学媒介语的"新加坡自由学校"(Singapore Free School),后来改名为莱佛士书院(Raffles College)。在早期,莱佛士书院是一所以英语教学的小学。继莱佛士书院设立以后,其他由教会资助的英校也如雨后春笋般纷纷成立,大大加速了英文教育在新加坡的传播。这些英校培养了当时首批受英文教育的人才,他们毕业后一般都到政府部门以及对外贸易的商业机构任职。①

1887年,殖民地政府实施教育津贴制,并使英文教育跨前了一步。英文教育由原先的小学教育扩大到中学,英校生的人数也日渐增加。第一次世界大战之后,政府为了削弱中国对华校的影

---

① 潘秋华:《新加坡华人英校生的文化认同(1979—1999)》,未刊学士论文,新加坡:新加坡国立大学,2001年,第10~11页。

响,努力推广英文教育以加强他们对英国政府的效忠,这种情况一直持续到20世纪40—50年代。虽然二战后华校注册总人数每年不断上升,从1946年的46499人增加至1959年的140231人,再升到1965年的167604人,但数据也显示同一时期的英校生总注册人数每年取得更快速的增长率,并导致华校生在四大源流总数中所占百分比迅速下降,英校生人数从落后华校生30%的劣势提升到1954年超越后者1.5%。新加坡自治后实施双语教育,英文学校以"英语为主、母语为辅"的双语教育兼顾了各民族对英语的"工具性依附"和对母语的"感情性依附"而受到各族学生的欢迎,加快了各族学生涌向英文学校的趋势,结果英校生人数从1959年超越华校生4.7%扩大到1974年的39.7%,再到1982年的77.1%。到1983年,英校生占了全国学生人数的98%。同年,新加坡教育部宣布从1984年开始,各源流学生将逐渐转换成统一源流,并且以英语为第一语文、母语为第二语文。这项统一工作在1987年正式完成。①

(二)华文教育概述

二战前殖民地政府对华文教育放任自流,毫不关心,战后采用英化华文教育、压制华文教育的政策。尽管处处遭受限制,华文教育仍在华社不屈不挠的努力下迅速发展,特别是在1912年至20世纪50年代初期的40年间,靠华人自己创办和资助的华校比政府全力资助的英校有更大的发展规模。

1. 旧式华文教育

旧式的华文教育是从私塾开始的。新加坡最早的私塾始于何年,目前还没有定论。在新加坡开埠之际(1819),牧师弥尔敦(Samuel Milton)在勿拉巴沙律(Bras Basah Road)创办一间学堂,供华、巫儿

---

① 潘秋华:《新加坡华人英校生的文化认同(1979—1999)》,未刊学士论文,新加坡:新加坡国立大学,2001年,第11页。

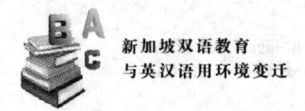
新加坡双语教育
与英汉语用环境变迁

童就读。在开埠之前,岛上已有"马来古兰经学堂"(Malay Koran Schools),也有不少华人私塾(Chinese Writing Schools)。① 另据德籍教士汤臣氏(Rev G. H Thomson)的传述,1819年新加坡已有三间私塾,其中一间为闽侨所办,位于北京街(Pekien Street),有22名学生。另外两间皆为粤侨所办,一间在甘光格南(Kampong Glam),学生12名;另一间也在北京街,学生8名。② 但据有史可考的记载,新加坡的坚夏书院与马六甲的英华书院(建于1815年)属于同一时期,他们分别是英国人及美国人学习中文的地方,他们的老师都是闽粤人。而据魏源的文字,这两所书院都是英汉双语性质的学堂,学生既有唐人、土人,也有外国人。③ 由此看来,坚夏学院虽不是华人创建的学堂,但很可能是新加坡最早传授华文的学校。

在新加坡旧式教育的众多私塾中,崇文阁是目前所知能叫出校名的最早的一间。崇文阁于1849年为陈金声(巨川)所创办,坐落在直落亚逸街天福宫的西侧。也许因为天福宫是座神庙,在发展教育方面有些局限,所以,五年后陈金声又创办了萃英书院。根据郑良树推测,崇文阁和萃英书院的教学课程中,也许有些英文科目。到19世纪70年代,新加坡的华人私塾渐渐多了起来。根据海峡殖民地政府(Government of the Straits Settlements, Malay)1884年的海峡教育年报(*Straits Settlement Annual Education Report*, PP. C176-8),新加坡有私塾51所。从当时的史料可以发现,华族在教育方面已经趋向于两极化:或偏学中文,或全学英文,其中,"只西不中"的现

---

① 郑良树:《马来西亚华文教育发展史》(第一分册),吉隆坡:马来西亚华校教师会总会,2001,第10页。
② 参见许苏吾:《新加坡华侨教育全貌》,新加坡:南洋书局,1949年,第7页;林蒲田:《华侨教育与华文教育概论》,厦门:厦门大学出版社,1995年,第29页。
③ 郑良树:《马来西亚华文教育发展史》(第一分册),吉隆坡:马来西亚华校教师会总会,2001年,第7~9页。

象当然高过"只中不西"。①

2. 新式华文教育

经过19世纪末到20世纪初数十年的不断发展,新加坡的华文教育逐渐脱离私塾的形式,而以学堂的形式出现,并形成了新式教育的雏形。正如新加坡提学司菲力斯比氏(Mr. A. W. Frisby)所言"华侨教育在1911年以前,马来西亚各地华校系华侨社会所主办扶持者,多类似中国之私塾,中华民国成立后,现代式华校,始纷纷设立"。② 华文学校在新加坡迅速发展有五大主要原因:清朝政府的劝学政策、康有为及其保皇党的鼓吹提倡、孙中山及其革命党的推波助澜、本地华社及领导人物的不懈努力、国民政府的大力支持。

(1)清朝政府的劝学奖学

清朝后期,清廷决心保护、怀柔及争取海外华侨,开始在国外设立领事馆,而第一个就设在新加坡。1898年,清廷又颁赐皇帝的"国是下诏",除国内各省、府、州县加速设立学堂之外,也命令出使各国大臣必须督同当地领事,就寓居海外华侨劝办学堂。以下是清廷参与新加坡华文教育事务记录的几个主要方面:第一,派员到新加坡视察华教;第二,奖励华教有功人士;第三,新加坡领事鼓励办学;第四,创办暨南学堂。暨南学堂的设立,对海外华文教育而言,无疑是一个重要的里程碑,③它既是海外华侨子弟升学的理想殿堂,也是海外华人与祖国、与中华文化相联系的一座重要桥梁。从清廷参与新加坡华文教育事务的记录可以看出,清廷中央政府、地方政府、朝廷大臣以及新加坡各任领事对新加坡华文教育都持有积极支持的态度,而且也付出了巨大的努力,为新加坡新式教育的蓬勃发展打下了良好的基础。

---

① 参见林蒲田:《华侨教育与华文教育概论》,厦门:厦门大学出版社,1995年,第29页;郑良树:《马来西亚华文教育发展史》(第一分册),吉隆坡:马来西亚华校教师会总会,2001年,第17~36页。

② 许苏吾:《新加坡华侨教育全貌》,新加坡:南洋书局,1949年,第7~8页。

③ 郑良树:《马来西亚华文教育发展史》(第一分册),吉隆坡:马来西亚华校教师会总会,2001年,第84~86页。

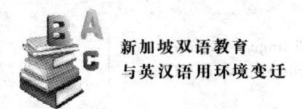

(2) 康有为及其保皇党的鼓吹提倡

保皇党的代表人物康有为得到光绪皇帝的赏识和信赖,在1898年推行改革维新运动,建议教育改革。1898年9月维新运动失败后,康有为于1899年抵达新加坡,同时也带来了他的教育改革措施,其中一部分后来成为新马华教的一种新模式。在康有为到达新加坡之前,清廷已经拥有了新马地区的华人社会,尤其是上层社会的拥戴及效忠。康有为作为皇帝及清廷的替身代表,更是中国传统历史和文化的化身,在南下宣扬他的维新政纲及改良主义时,立即获得众多的回响和支持。这样,康有为及其保皇党几乎取代了清廷的地位,成为华社文教最强的新动力。康有为对新加坡华文教育的贡献主要包括:直接参与创办华文学校、由弟子参与、由其信徒参与以及创立孔教会。由于康有为的特殊身份,很多中上层华族人士都容易接受康有为的思想和劝说,或捐款办学,或鼓吹爱国,也就变成了保皇党的信徒。康有为及其保皇党的这些活动,无疑是新马地区华教的新动力,使本区华教往前又迈进了一大步。①

(3) 孙中山及其革命党的推波助澜

康梁发动变法维新失败之日,正是孙中山先生所领导的革命运动进入实践阶段之际,革命党人自第一次革命失败以后,相继到南洋,奔走呼号,为提高民智,响应革命,纷纷创办书报社和学校。② 孙中山及其革命党对新马华文教育有着很大的贡献,主要表现在一系列的宣传活动方面:第一,办报章。1907至1911年间以新加坡为基地所办的报章有十种。第二,出版书刊。在各地出版了五十种杂志、上百种图书。第三,办书报社。孙中山抵达新加坡以后至辛亥革命为止,新马地区成立了58所书报社。第四,演讲与聚会。孙中山、汪

---

① 参见林蒲田:《华侨教育与华文教育概论》,厦门:厦门大学出版社,1995年,第22~28页;郑良树:《马来西亚华文教育发展史》(第一分册),吉隆坡:马来西亚华校教师会总会,2001年,第115~129页。

② 许苏吾:《新加坡华侨教育全貌》,新加坡:南洋书局,1949年,第8页。

精卫以及胡汉民等人在新马地区做过多次公开性演讲。第五,戏剧表演。革命党人在新马地区自行组团,包括新加坡汎爱班剧团、怡保劈沥福利剧团、吉隆坡振武社和槟城警世班等。通过上述方式,革命党人掀起的民族意识、国家认同非常成功,已成为华侨的主要思潮。在这样的气氛和形式下,兴办学校借以教育下一代,作为向自己民族、国家、文化认同的文化基地,就成为一种必然出现的结果。于是,在辛亥革命前后的数年里,一些革命活动份子在本区办学约 20 所,其中有 4 所在新加坡。其创办人或通过革命组织、书报社,或以个人名义联合同志合办学校,成为本区华文教育的新动力。①

(4)本地华社及其领导人物的不懈努力

清朝政府、康有为和孙中山及其党人是新加坡华文教育的重要播种者,而更重要的播种者、培育者还是本地华社的各类会馆、社团及领导人物,是他们的不懈努力使华文教育的种子在新加坡发芽、成长,焕发出勃勃生机。对于会馆而言,创办学校就是一项大工程,资助学校更是一项任重道远的历史事务,如福建、广州及潮州等社团。对华教有过重大贡献的人士很多,如张振勋、戴欣然、陈嘉庚等。张振勋于 1894 年任新加坡总领事,也是新加坡中华总商会的发起倡建者,1905 年考察新加坡的华教,倡言改革,提出"不分畛域、通力合作"的办学思想。1906 年开办的应新学校是新加坡最早的新式学校,也是张振勋鼓吹提倡的结果。戴欣然除了在广东、槟城和新加坡创办及资助 10 余间学校之外,还出巨款设立助学金和教育慈善基金。陈嘉庚先生一生倾资兴学令世人景仰,可作为海外华人的代表,这笔大功绩,是千古不能磨灭的。② 其他为华文教育出钱出力的新

---

① 参见王秀南:《新马教育泛论》,香港:东南亚研究所,1970 年,第 124 页;郑良树:《马来西亚华文教育发展史》(第一分册),吉隆坡:马来西亚华校教师会总会,2001 年,第 130～144 页。

② 参见刘士木、钱鹤、李则刚:《华侨教育论文集》,上海:国立暨南大学南洋文化事业部,中华民国十八年,第 383 页;郑良树:《马来西亚华文教育发展史》(第一分册),吉隆坡:马来西亚华校教师会总会,2001 年,第 148～158 页。

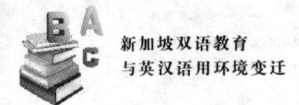

加坡华人更是数不胜数。

(5) 国民政府对华教的大力支持

中华国民政府的成立,不啻为中国历史掀开了新的一章,也为海外炎黄子孙铺出一条新的路子。通过各种报刊的报道和宣传,华族社会所获得的鼓舞与振奋,对民族自尊的恢复,对历史文化的自信,对新时代的期许和认同,立刻成为一股锐不可当的气势,充满了整个华社。国民政府支持华侨办学,制定许多华侨教育法令,使华侨教育逐步走上正轨,①华族以破旧立新的态度迈出新脚步——或将旧式学塾改为新式学校,或将中国现代化的学制引进华文教育,在这片蒙昧未醒的土地上,传播现代化的中华文化。国民政府将海外华教视为中国教育的一个重要环节而大力支持,主要可以分三方面来论述:第一,派员视察。1912 至 1936 年间,中央政府及两广、福建地方政府至少 15 次派员正式考察南洋各地的华文教育,②非正式的访问更加频繁。第二,国民政府多次发布有关管理侨校的政府文件以推动侨校管理。③ 第三,复办暨南,为新马地区解决中等、专科及师范教育问题。暨南复办后还举办了很多与海外华族有密切关系的学术活动,包括:创办《中国与南洋》刊物、访问南洋、为南洋侨校介绍人才、在南洋设立商务补习学校、多次召开南洋华侨教务会议。④ 除了暨南,敞开大门欢迎海外华族子弟到中国升学的还有清华、北大、厦大等校。国民政府的支持,在海外华教史上有着深远的意义和作用。

如果将辛亥革命前后办学的情况对比的话,就会发现,辛亥革命

---

① 林蒲田:《华侨教育与华文教育概论》,厦门:厦门大学出版社,1995 年,第 25 页。

② 郑良树:《马来西亚华文教育发展史》(第一分册),吉隆坡:马来西亚华校教师会总会,2001 年,第 163~262 页。

③ 郑良树:《马来西亚华文教育发展史》(第二分册),吉隆坡:马来西亚华校教师会总会,2001 年,第 376~381 页。

④ 郑良树:《马来西亚华文教育发展史》(第一分册),吉隆坡:马来西亚华校教师会总会,2001 年,第 279~287 页。

是一条非常明显的分水岭。在此之前,办学的情况只是一个"序幕"或"热身"。辛亥革命后,华社热身顿时达到巅峰状态,新马华社完全进入一个空前的全民办学热潮。新加坡是华族人口最稠密的地方,随着新生代华人的急速暴增,办华校的声势更是轰轰烈烈。从1912至1939年27年的时间里,新加坡华社新创办的小学就多达245所(见表1-3,还有一些小学因创办年代不明而未录入表中)。在这股热潮中兴办的学校有两大特点:(1)以小型学校为主,五位教员、一百名学生以下的学校占很大的比例。(2)以公立学校为主,绝大多数学校由华社领袖倡议、众人合办而成。①

表1-3 新加坡华社创办小学(所)统计表(1912—1939)

年代	学校	年代	学校	年代	学校	年代	学校
1912	3	1920	3	1927	10	1934	13
1914	2	1921	3	1928	14	1935	19
1915	2	1922	9	1929	17	1936	15
1916	5	1923	8	1930	11	1937	19
1917	6	1924	8	1931	17	1938	9
1918	2	1925	6	1932	18	1939	7
1919	5	1926	9	1933	5		

资料来源:根据郑良树:《马来西亚华文教育发展史》(第一分册),吉隆坡:马来西亚华校教师会总会,2001年,第163~164页整理。

中学是小学教育的延伸,当区域内新式学校迅速遍及各个角落时,中等教育就迫在眉睫了。最早提倡开办中学的是陈嘉庚,1918年6月5日,以中华总商会的名义召开筹办中学的会议。陈嘉庚在会上强调教育是救国救民的一种手段并解释了创办华文中学的需要

---

① 郑良树:《马来西亚华文教育发展史》(第一分册),吉隆坡:马来西亚华校教师会总会,2001年,第170~172页。

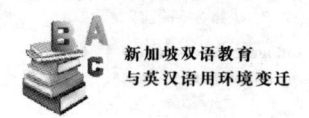

和对小学教育发展的重视。大会通过了中学设置地点、中学名称、筹办处地址,选出正副总理及校董等。1919年3月21日新加坡华侨中学开校上课,对华文教育及华族文化而言,这是个重要的里程碑。新加坡华侨中学成功创设的壮举,在东南亚华社里立刻引起很大的回响,槟城也创办了华侨中学、钟灵中学,育才、端蒙增设中学部,另外还有麻城中化、吉隆坡尊孔、马六甲培风、坤成等中学。①

如果从华校总数来看,自20年代初开始新加坡华校逐年增长的趋势更为明显:由1921年的32间增加到1941年的370间。至于学生,除了1931年因经济萧条出现负增长外,其他各年都维持稳健增长(见表1-4)。

表1-4 新加坡华校历年统计表(1921—1941)

年份	间数	学生数	教员数	津贴校	年份	间数	学生数	教员数	津贴校
1921	32				1934	269	16693	824	10
1924	181	9735	485		1935	286	18610	943	10
1927	189	13994	551		1936	285	21821	1047	34
1928	205	14321	603		1937	308	24091	1119	43
1929	204	14531	636	1	1938	329	28011	1295	44
1930	209	14642	684	3	1939	340	30185	1381	45
1931	190	12336	644	7	1940	351	34947	1452	47
1932	215	13315	698	10	1941	370	37500	1563	49
1933	240	14231	705	10					

资料来源:郑良树:《马来西亚华文教育发展史》(第二分册),吉隆坡:马来西亚华校教师会总会,2001年,第248~249页。

1920年后殖民地政府颁布学校注册条例及普通章程等教育法

---

① 郑良树:《马来西亚华文教育发展史》(第二分册),吉隆坡:马来西亚华校教师会总会,2001年,第319~328页。

令排斥和压制华文教育,但这并没能阻碍新加坡华社全民办学的热潮。政府划拨津贴金给接受视察及管制的华校时,其原则为:(1)以学童熟悉的方言为教学媒介语,鼓励及资助华族学童的教育。若本地出身的华人本身没有母语,则英语应作为其语言,并可直接进入英校。(2)华校可进行华语或英语(科)教学,不能作为要求津贴的科目。(3)补贴华校课程,尽量补贴作为进入英校准备的课程。由此可见,当局补贴华校,只是将华校作为英文教育的准备。对于华校的英语教学,则在补贴之外:一面排斥华校的英文,一面鼓励华童转入英校,津贴金不是鼓励教育的神圣津贴,而是沦为挫败华校以达到某种政治目的的工具。此外,鼓励华校采用方言作为教学媒介语,以分裂华社。因此,在津贴金开始推行的最初几年,申请而且获得津贴的华校少之又少。① 比如,1929年,新加坡的204间华校中只有一间学校获得津贴。对比政府对华校及其他语文学校的津贴情况,就容易理解华校对津贴金的犹豫、顾虑,以及当局对华校接受津贴金的严苛要求了。显而易见的是,学校注册条例和津贴金制度是对华校进行威逼利诱,而不是出于对教育的考虑。②

表 1-5　海峡殖民地各类学校津贴金分配表(1928—1929)

	学校类型	学校数	学生数	津贴金(元)	每生(元)
1928	官立英文学校	20	8717	1032806	118.5
	补助英文学校	29	15255	831716	54.5
	官立马来学校	215	19421	454611	23.4
	补助马来学校	19	2751	7794	2.8
	补助中文学校	14	22590	19607	0.8

---

① 郑良树:《马来西亚华文教育发展史》(第二分册),吉隆坡:马来西亚华校教师会总会,2001年,第290～291页。

② 孙一尘:《战后新加坡的社会变迁与教育制度的关系(1945—1983)》,未刊博士学位论文,台湾师范大学教育研究所,1987年,第68页。

续表

	学校类型	学校数	学生数	津贴金(元)	每生(元)
1929	官立英文学校	22	9577	1064772	111.2
	补助英文学校	28	15289	937691	61.3
	官立马来学校	113	20459	490429	24
	补助马来学校	28	3170	10043	3.2
	补助中文学校	15	23518	22598	0.9

资料来源:郑良树:《马来西亚华文教育发展史》(第二分册),吉隆坡:马来西亚华校教师会总会,2001年,第296页。

　　津贴金分配表显示,华校学生所得津贴金实在少得可怜,和英校相比更是天壤之别。当局对华校的歧视,由此可见一斑。英文学校在政府大量补贴之下,发展迅速,无形之中成为华校的劲敌,给经济贫乏的华校极大的压力,许多华文学校需要依赖四五个经济来源才能勉强维持教学工作的运转,大多数华校仍然依赖传统的支持者——华社的普罗大众和华社。据1938年《星州日报》调查,新加坡华校的主要经济来源依次是学费、政府津贴、年月特别捐、商会会馆。①

　　当然,殖民地政府补给华校的津贴金虽然是杯水车薪,但对于许多没有稳定经济来源的华校来说毕竟是聊胜于无。还有,如果说学校注册条例及普通章程通过后,华校就大祸临头也不是事实。实际上,条例对准的主要是华校的政党、政治活动以及强烈的中国意识,章程对准的是华校设备的不足、卫生的欠缺、管理的落后等。华校的政党、政治活动确实给华文教育本身以及华社带来了一些负面影响,特别是在兴办中等教育的过程中,华社遇到许多挫折和困难,其中最令华社穷以应付的莫过于学潮了。在注册条例的颁布、修订及增补

---

① 郑良树:《马来西亚华文教育发展史》(第二分册),吉隆坡:马来西亚华校教师会总会,2001年,第310页。

过程中,从事政党、政治宣传活动以及一些池鱼之殃的学校被禁,其他华校有过一段相当艰苦的经历,不过,华校依然能站稳脚步,一面调整自己的步伐,适应不太恶劣的新环境,一面以顽强的生命力,巩固自己,发挥力量,为教育新生一代而做出贡献。①

二战后,新加坡的华文教育遭到更多困难或问题。一方面,华文教育被政府歧视,受到不平等待遇,包括压制华校的一系列教育法令、微薄的辅助金以及菲薄的教师薪金等。另一方面,政府扩充英文教育,吸收华校学生,采取"英化"华文教育政策。以学生从事政治性活动为由对华校加紧控制以及实施不平等的双语教育,使华校有被消灭之虞。因此造成华校与政府间长期的纠纷。② 经过多年的苦难和挣扎后,华文学校学生人数远超英文学校的局面开始转变。从华文学校和英文学校新生人数统计数字可以看出,1946年华文学校学生人数是英文学校的两倍,在随后的几年里华校和英校学生人数的差距逐渐缩小,到1954年英校学生人数开始超过华校(见表1-6)。1954年以后,英校新生人数每年都比华校新生人数遥遥领先,而且距离越来越大。这一现象表明,华族学生进入英校的人数比率逐年快速增加。

表1-6　新加坡华校和英校学生人数比较表(1946—1955)

年	华校	英校	年	华校	英校
1946	46999	23821	1951	75974	55292
1947	53478	29095	1952	74104	63386
1948	58096	33322	1953	79272	71118
1949	64434	37655	1954	81605	84418
1950	72951	49690	1955	94244	97057

---

① 郑良树:《马来西亚华文教育发展史》(第二分册),吉隆坡:马来西亚华校教师会总会,2001年,第248~249页。

② 孙一尘:《战后新加坡的社会变迁与教育制度的关系(1945—1983)》,未刊博士学位论文,台湾师范大学教育研究所,1987年,第223~224页。

资料来源:根据 Gwee Yee Hean(ed.),150 Years of Education in Singapore,Singapore:Teachers' Training College,1969,p. 147.和孙一尘:《战后新加坡的社会变迁与教育制度的关系(1945—1983)》,未刊博士学位论文,台湾师范大学教育研究所,1987年,第224页数据整理。

二、高等教育

二战前,新加坡只有两所高等院校,一所是爱德华七世医学院,创办于1905年;另一所是莱佛士学院,创办于1925年。1949年,这两所学院合并组成马来亚大学(University of Malaya),①以英语为教学媒介语,招收英校的中学毕业生。20世纪50年代以前,新加坡和马来西亚没有华文大学,凡有志深造者都到中国的大学求学。1949年新中国成立后,新马高中毕业生不能继续到中国读大学,也因语文的关系,不能在本地上大学。新加坡福建会馆会长陈六使于1953年提议由华人自己创办华文大学,为新马两地华校高中生提供高等教育,同时为中小学培养华文教师,以延续中华文化。但是殖民地政府、马来西亚政府和马来人都强烈反对华人建立华文大学。因为他们认为华文大学只能促进受华文教育者的地位,而有碍利用马来语为教育媒介的制度,有违将华人同化到马来社会的目的。政府也恐怕华文大学扩大种族主义的影响而妨碍新马教育政策扮演其建国的角色。更重要的是,新加坡殖民地政府深恐南大培养的领袖人才,有朝一日会获取新加坡的政权,危害英国既得的经济和战略性权益。②

在新加坡中华总商会正副主席陈锡九和高德根的领导下,华文

---

① 李大光、刘力南、曹青阳:《今日新加坡教育》,广州:广东教育出版社,1996年,第26页。

② 孙一尘:《战后新加坡的社会变迁与教育制度的关系(1945—1983)》,未刊博士学位论文,台湾师范大学教育研究所,1987年,第230页~231页。

大学(后来定名为"南洋大学",简称"南大")的筹办工作受到新加坡华人群起响应,随后马来亚华人商会也议决支持。南大于1953年获准在"注册公司法令"下注册为"南洋大学有限公司",1956年3月15日正式开学,其宗旨是为中学毕业生提供深造机会,为中学培养师资,为国家造就专才,以符合高等教育发展的需要。

三、师范教育

师范教育的兴办,和小学教育的兴衰有密切的关系。师范班是小学教育之母,有了师范班,小学教育才有来源。19世纪以前新加坡并没有创办任何独立的师资训练机构。直到1906年,政府才开始在莱佛士书院(Raffles Institution)开办师范班,训练本地人士为英校小学教师。1929年,莱佛士学院(Raffles College)开办教育文凭班,开始训练当地人为英校中学教师。1942年2月至1945年9月日军占领新加坡期间,各民族教育为日文教育所取代,师范教育被迫停止。1946至1949年期间,所有英校和印度学校的中小学教师训练,都由新加坡教育局(Department of Education, Singapore)策划办理。马来文学校的教师和以前一样到马来联邦受训。1950年马来亚大学开办教育文凭班,开始为英文源流学校培养中学教师。同年,新加坡首个师范训练学院(Teachers' Training College, Singapore)(简称为"师训学院")成立,采用英国师范教育制度、组织及课程。开始时,师训学院只为英文小学培育师资。1956年,新加坡首创马来文师范班。同年,南洋大学仿美国学制,设立教育系。[①]

华校方面,在华校初办之际,大部分教员校长都来自中国内地。据赵敦伟1932年的分析,侨校师资来源主要有五种:(1)由学校当局特地从中国选聘而来;(2)带着毕业文凭,立意来找教员职位;(3)清党后从中国逃亡而来的一班青年;(4)憧憬南洋美好生活,到南洋后

---

① 宋哲美:《新马教育研究集》,香港:东南亚研究所,1974年,第89～92页。

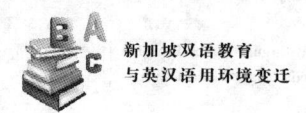

曾任商店财副,转当教师的;(5)华侨子弟由中国学校毕业回来的。前四种都是来自中国,第五种虽是本区土生华人,实际上也是"中国国内毕业生"。其中,暨南学堂(后来发展为暨南大学)开办师范科20多年,专为东南亚侨校培养的教师遍布(包括新加坡)南洋群岛。①

师范教育无法在新加坡落地生根,对本区华教本地化是一个挫折。换句话说,本区教育界无法为自己提供师资培训,无法为自己解决教员来源问题,就无法摆脱华教"中国化"全面笼罩的局面。在新式学校迅速发展的过程中,新加坡不少华文学校也兼办一些师范班,都仿效中国的制度和课程,并采用中国编纂发行的教科书。1912年以来,新加坡兼设师范班的华校大约有以下几所:(1)南洋女校:1917年设师范讲习科,学制一年。1930年办高中师范班,三年制。1934年废师范班,改办中学。(2)南华女校:1918年开办师范班,二年制。1921年停办。1928年复办,改为三年制,1932年改为四年制,一共毕业12届。(3)养正学校:1923年附设师范班,三年制。1936年经费困难而停办。(4)静方女校:1928年开校时,即设师范班,三年制。1937年改为四年制。(5)中华女校:1934年办简易师范班,1940增办高师班。② 此外,还有圣尼各拉等女校也开办过师范班。③ 从1912年至二战前夕,师范培训班到处都在兴办,然而,出于种种原因,这些师范班大多数没有连续性,时开时停。所以,效果欠理想,是可想而知的。1941年8月在陈嘉庚的倡议下开办的南洋华侨师范学院正式开学,这是为华教造就师资人才的最高学府,首届招收230多名学生。然而,开学不到半年,日本挥兵南下,南洋华侨师范学院不得不停办。在本区师范教育步向高峰的时候,突然结束,是华教的

---

① 参见刘士木、钱鹤、李则刚:《华侨教育论文集》,上海:国立暨南大学南洋文化事业部,中华民国十八年,第241页;郑良树:《马来西亚华文教育发展史》(第一分册),吉隆坡:马来西亚华校教师会总会,2001年,第334页。

② 郑良树:《马来西亚华文教育发展史》(第一分册),吉隆坡:马来西亚华校教师会总会,2001年,第328~330页。

③ 王秀南:《新马教育泛论》,香港:东南亚研究所,1970年,第125页。

莫大损失。①

战后新加坡的师范教育虽然有长足的发展,但也发生了不少问题。其中,主要问题为承袭英制,采用英国师范教育制度、组织及课程。华校方面,1952年政府辅助的华文中学所办的简师班一律停办,1953年官方开始为华文小学举办高师班。到了1954年,师训学院成立华文部,开始为华文初级中学培植教师。但是,从1959年新加坡获得自治到1970年,师范教育的体制仍没有根本的变革。②

四、课程课文及中国国语运动

在学校教育中,教师和教材是两个重要的因素。教师每天用语言及行动来影响、主导学生,是整个教学过程的"前线人物",而课程及课文却"操纵"及"主宰"了教师,课文的内容和思想不但左右了教学的空间和学习的取向,而且潜移默化地影响了学生的思想意识。民国开元,新加坡华文教育展开了新的一页,表现出生机勃勃的全民办学热潮。就课程而言,民国以后的几个方案都深深地影响了本区。在民国以前,因师资缺乏,一般课程均以粗浅应用为主,民国以后才开始改进。民国三年三月(即1914年3月)华侨学务总会成立,各校课程乃渐一致。迨民国四年(1915年),各侨校纷纷请求驻新加坡总领事转呈(中国)教育部立案,课程开始逐渐与国内学校相符。十二年(1923年)以后,采用新学制课程标准。但为了适用新加坡的环境,特注意英语一科。③ 1923、1928和1929年,民国政府分别三次颁布有关小学课程暂行标准,新加坡侨校亦步亦趋,一致遵行。④ 到了30年代,新加

---

① 郑良树:《马来西亚华文教育发展史》(第一分册),吉隆坡:马来西亚华校教师会总会,2001年,第356～357页。
② 宋哲美:《新马教育研究集》,香港:东南亚研究所,1974年,第91～97页。
③ 许苏吾:《新加坡华侨教育全貌》,新加坡:南洋书局,1949年,第62页。
④ 孙一尘:《战后新加坡的社会变迁与教育制度的关系(1945—1983)》,未刊博士学位论文,台湾师范大学教育研究所,1987年,第68页。

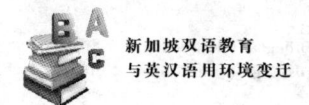

坡华文小学所编排的学科是对上述三个方案折中、综合而成的。

民国开元至30年代,中国几乎每年都出版多种最新系列的课本,教科书时常更替重编,呈现出一种繁荣的景象,也为新加坡华校提供了足够的课本。作为中国小学课本,它们的共同点及特色在于,教材中充满中国文化、"党国"意识和北国风光,教导学生热爱中国热爱国民党,如"国旗飘飘,党旗飘飘,我上学校去",但这些课本中的许多内容并不适合南洋的华文教育。1917年黄炎培考察南洋教育时说,"现行教科书之不适用于南洋"。① 由此可见,黄炎培完全赞成南洋教科书需要根据当地华人社会的特殊环境改革重编。但由于殖民地政府对华教"束手不理",华社本身又没有足够的资金、知识分子和办学经验,唯一可以"取经"的对象就只有自己的祖国。于是,华校的学制、课程以及课本,都只能追随中国了。华文教育向中国"取经",当然意味着华文教育向中国教育接轨,自然应和着中国社会的节奏,跳着同样的血脉,结果是华族全面中国化,包括意识形态、精神面貌、社会结构和文化教育的建设;而以当时中国政治背景及社会背景而言,教育全面中国化,就意味着教育全面中国民族化以及全面中国政治化。在这样的形式下,华教介入中国政治活动也是必然的发展了。为了清除华校的政治活动,1920年殖民地政府颁布学校注册法令,此后至二战前就成了华校最为动荡不安的年代。造成这种动荡不安的最大原因是中国的政局直接影响了新加坡华族的民族情感和情怀,使华校出现了过分的反应,因而触犯了学校注册法令,最后,导致教员学生被扣留驱逐,学校被搜查封禁。琼侨华校的经历,就是华教艰辛适应学校注册法令的一个典型例子。1925至1928年间,琼侨有夜学(或兼办日校)24所,其中19所因查封停办。②

---

① 郑良树:《马来西亚华文教育发展史》(第一分册),吉隆坡:马来西亚华校教师会总会,2001年,第336～369页。

② 郑良树:《马来西亚华文教育发展史》(第二分册),吉隆坡:马来西亚华校教师会总会,2001年,第174～177页。

推广中国国语运动对新加坡华文教育的健康发展具有积极意义。1918年11月23日中国教育部颁布注音符号(注音字母),新加坡华校立即响应这种号召,把"中国国语"当做华族团结的语言。新加坡华侨中学是展开国语教学的先锋,1919年3月就从中国内地请来校长及北方教师用国语上课。1920年以后,新加坡众多的学校和组织设立注音字母传习所,专门教导注音字母及国语,"来就学者,络绎不绝,大有人满之盛"。另外,1929年9月中国通令各侨校一律采用中国国语为教学媒介语,侨校也一致推行,[①]中国驻新加坡领事唐榴在20年代末及30年代初期推动国语为教学媒介语,1933年甚至赞助华校校际国语演讲比赛,19所华校参加。从华校内的情况看,国语的推行和传播还是成功的,大多数学校都用中国国语教学,小学三年级以上的学生大都能说很好的国语。而且,在新加坡的市面上中国国语也可通行。[②] 1939年广东省政府派曾同春至南洋宣慰华侨,回去后发表谈话说:"南侨各学校师资缺乏,不甚健全……唯有一良好印象,即南侨各校皆授国语,虽数龄稚童,亦能操极纯正而流利之国语,想十年以后,全南洋华侨语言必能统一。"[③]中国国语运动不仅有利于华校教学语言的统一,而且有利于淡化帮派观念,促进华社齐心协力发展华文教育。在20世纪初期以中国国语作为教学媒介语被普遍接纳及广泛被采用之前,华文学校大部分还是以方言教学,而且帮派观念严重。许多方言会馆为自己方言群内子女创办学校,办学就成了各方言帮派互相竞争的事项。当各校逐渐采用普通话教学时,这种"恶性竞争"立刻转为一种"良性发展"。各帮的学校门户敞开,所有学校一律以普通话教学,原本为自己方言群子女办的学

---

① 孙一尘:《战后新加坡的社会变迁与教育制度的关系(1945—1983)》,未刊博士学位论文,台湾师范大学教育研究所,1987年,第68页。

② 刘士木、钱鹤、李则刚:《华侨教育论文集》,上海:国立暨南大学南洋文化事业部,中华民国十八年,第19~20页。

③ 郑良树:《马来西亚华文教育发展史》(第二分册),吉隆坡:马来西亚华校教师会总会,2001年,第385~387页。

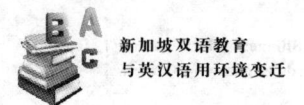

校,现在面向全体华族子女。①

第三节 双语教育萌芽

一、新加坡双语教育概念的产生

新加坡是一个多元民族、多元语言的国家,互不相通的多语障碍一直阻碍族群与族群之间顺利交流沟通。为了改变这一局面,在新加坡历史早期许多有识之士就曾提出双语教育的概念,他们希望从教育着手,培养学生自小就懂得两种语言,架起沟通各民族不同语言的桥梁,以便各民族顺利沟通、相互了解,在了解与沟通的基础上相互尊重并和谐相处。

双语教育概念在新加坡是由来已久。最先提出建立双语学校的先贤当属莱佛士。1819年,莱佛士开拓新加坡港口后不久便开始规划自小学到高等教育的远大宏图。教学语言方面,莱佛士主张"母语+英语"的双语教育,为华、巫、印各民族子弟提供母语和英语教育。他认为教育不仅要传授语言和文化本身的价值,教育还必须跟上商业的发展以发挥教育的经济价值。② 和莱佛士一样主张双语教育的人士还有很多,其中一些人身体力行地开办双语学校或者对双语教育进行研究。早在1875年,一位华人Cheang Hong Lim开办Cheang Hong Lim School,也教授英文。1885年,颜永成(Yen

---

① 郑良树:《马来西亚华文教育发展史》(第一分册),吉隆坡:马来西亚华校教师会总会,2001年,第215~216页。

② S. Gopinathan, Language Policy in Education: A Singapore Perspective, in Evangelos A. Afendras and Eddie C. Y. Kuo, *Language and Society in Singapore*, Singapore: Singapore University Press, 1980, p. 175.

Yung-ch'eng、Gan Eng Seng)开办英汉双语学校"颜永成义学",教授英语和汉语。① 1899 年,新加坡创立第一所女子学校"新加坡华人女子学堂",也是教授华英文双语。② 1940 年,本地一位开明的牧师切利亚(D. D. Chelliah)就在他的博士论文《海峡殖民地教育政策简史——以方言为新制度基础的建议》(*A Short History of the Educational Policy of the Straits Settlements*)中,提出以母语为小学四年教育媒介语的双语制度(母语+英语)。他认为在新马多元民族的社会里,这样的教育制度比较适合社会的环境。不过他同意在社会上需要一种共同的语言,"而英语是明显的共同语言"③。1949 年,Dr Ho 在其博士论文《教育与马来亚的统一》(*Education for Unity in Malaya*)中也提出双语教育的观点:在小学一开始就用英语为教学媒介语,在起始年级也教授母语,以帮助学生了解并欣赏母族文化。④ 当时教育界普遍接受的观点是,孩童早期应该先受母语教育,再受外语教育。不过,对双语教育的争论也是由来已久。二战前一些有关改善教育制度的报告书也曾提起所谓的双语教育,但都不受殖民地政府重视。一方面,殖民地政府认为在所有民族学校(华、巫、印校)实施双语教育(英语+母语)可行且必要,另一方面,英校混合有各民族学生,不可能采用双语教育。⑤ 这种要求母语学校教授英

---

① Lee Chong Kau, Choice of Education Among the Singapore Chinese: A Study of the Factors Which Contribute to the Choice of Education Medium Among Chinese Parents in Singapore, Unpublished Dissertation, Singapore: University of Singapore, 1967, p. 2.

② 王秀南:《新马教育泛论》,香港:东南亚研究所,1970 年,第 125 页。

③ 参见 Gwee Yee Hean(ed.), 150 *Years of Education in Singapore*, Singapore: Teachers' Training College, 1969, p. 51;吴元华:《务实的决策——人民行动党与政府的华文政策研究》,新加坡:联邦出版社,1999 年,第 242 页。

④ Gwee Yee Hean(ed.), 150 *Years of Education in Singapore*, Singapore: Teachers' Training College, 1969, pp. 51-52.

⑤ Gwee Yee Hean(ed.), 150 *Years of Education in Singapore*, Singapore: Teachers' Training College, 1969, pp. 23-35.

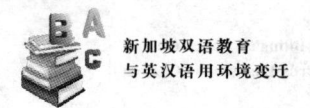

语而英校不能教授母语的政策对母语教育非常不利,自然遭到各民族特别是华族的反对。

二、殖民地政府的双语教育政策

二战前,殖民政府的语言政策完全是独尊英语。行政上坚持英语的绝对强势地位,把英语作为政府行政管理的唯一工作语言,凡是与政府施政有关的立法、行政、公告、文书无不以英语为本。在语言教育政策上,殖民政府允许多种语文源流的学校并存,实际上是"为了把不同民族和不同籍贯的人民分隔开来"。① 譬如,早期华校与英校的界线划分得很清楚,英校不读华文,华校不读英文,完全是单语教育。这种"分而治之"的结果使各民族学生大体上只懂得一种语言,以致社会上分为许多单语社群,在这个小岛上过着互不相干的生活。各民族之中,只有少数人兼通英语或其他民族语言。当时整个社会的语言状况,接近于费许曼(Fishman)所称的"多种语言,互不相通"(Diglossia Without Bilingualism)的形态。② 李光耀先生把这种语言状况形容为"南腔北调,各说各话"(A Tower of Babel)。③

二战后,殖民地政府一方面继承战前的教育政策,不平等地对待方言教育;另一方面,大力发展英文教育,试图"英化"新加坡教育。殖民地政府"英化"民族教育的具体措施主要有两点:一是在招收新生时以少收学费等方式鼓励家长把子女送入英校就读;二是在华、巫、印校实施双语教育,提高学生的英语能力,为他们以后转入英校打好英语基础。为此,殖民地政府开始重视双语教育,但要求实施双

---

① 吴元华:《华语文在新加坡的现状与前景》,新加坡:创意出版社,2004年,第47页。
② 云惟利:《新加坡社会和语言》,新加坡:南洋理工大学中华语言文化中心,1996年,第57页。
③ 吴元华:《华语文在新加坡的现状与前景》,新加坡:创意出版社,2004年,第46页。

语教育的学校只是华、巫、印校,而不是英文学校。换言之,殖民地政府所谓的双语教育事实上是为发展英语单语教育服务的,是殖民地政府继续重视英文教育、歧视民族语文教育的具体表现,也就是为"英化"方言教育服务的。所以,这种双语教育是不平等的双语教育。从二战后的教育法令看,殖民地政府的最终目的是要以英文教育取代民族语文教育,①以英语作为全体人民的唯一语言,向新加坡人灌输英国人的文化和价值观,以确保殖民地政府的"千秋大业"。该时期的教育目的是培养"共同公民",增进自治能力,效忠殖民地政府。这样的奴化教育将使新加坡华人忘掉本身的民族语言与文化,成为殖民地政府的顺民。②

殖民地政府为了实现独尊英文教育的最终目的,曾经接二连三地制定了名目繁多的教育法令,直接或间接地缩减华文教育的生存空间。其实,政府对华校的"英化"政策早在二战前就开始了。1932年3月11日,殖民地政府的一次会议上提出,不应该为华校提供任何资金,也不鼓励华族增建华校,尽力促使华文教育转向英文教育。③ 二战后,主要教育法令以及与语言政策相关的主要内容有:

---

① Ting-Hong Wong, *State Formation and Chinese School Politics in Singapore and Hong Kong, 1945-1965*, Unpublished Dissertation, University of Wisconsin-Madison, 1999, pp. 183-186.

② 参见 Soon Teck Wong, *Singapore's New Education System: Education Reform for National Development*, Singapore: Institute of Southeast Asian Studies, 1988, p. 5;吴元华:《务实的决策——人民行动党与政府的华文政策研究》,新加坡:联邦出版社,1999年,第17页。

③ Philip Loh Fook Seng, *Seeds of Separatism Educational Policy in Malaya 1874-1940*, London: Oxford University Press, 1975, p. 131.

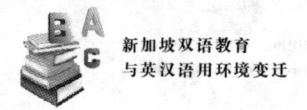

(一)《十年教育计划》

《十年教育计划》是最早提出实施双语教育的官方教育文件。①1948年的《十年教育计划》要求华、巫、印学校从小学三年级开始教授英文;废除以前只允许讲英语家庭子女就读英文小学的规定,让所有家长都可以为其子女选择英校。②当时的提学司尼尔逊既重视英语教育,也重视母语教育,在其起草的《十年教育计划》中提出双语教育,包括后期小学实行以英语为媒介语而兼授母语,或以母语为媒介语而兼授英语。但尼尔逊重视双语教育的观点遭到其他殖民地官员的反对,他们想要的只是英文教育,认为"英文教育发展到最高峰,才是各族团结所自来"。③结果,十年教育计划在实施过程中演变成了吸引各民族学校学生转入英校,特别是要吸引华族学生到英校就读。④

(二)《五年补充计划》和《学校注册条例》

尼尔逊的继任者菲士美(Frisby)基于对英文教育的偏爱,几乎凡有华校的地方,英校也跟着建立,而以低廉的学费,吸引一般贫苦的华人家长。1950年的《五年补充计划》和《学校注册条例》(1920年《学校注册条例》的修订版)都极力压制非英文教育,采取降低学费以及为非英文源流学生顺利转入英校开设特别课程等手段,吸引家长

---

① Ong Kian Choon, Relationships Between Achievement in Chinese as a Second Language and Home Background, Motivation and Peer Influence, Unpublished Dissertation, Singapore: National University of Singapore, 1986, p. 2.

② Gwee Yee Hean(ed.), 150 *Years of Education in Singapore*, Singapore: Teachers' Training College, 1969, p. 47.

③ 王秀南:《东南亚教育史大纲》,新加坡:新加坡东南亚教育研究中心,1989年,第95页。

④ Francis Wong Hoy Kee and Gwee Yee Hean, *Perspectives: the Development of Education in Malaysia and Singapore*, Kuala Lumpur: Heinemann Educational Books(Asia)Ltd., 1972, p. 26.

把孩子送入英校。殖民地政府认为,英校能融合各民族学生,而华校不利于培养热爱新加坡的忠心公民。①

(三)《巴恩报告书》与《方吴报告书》

1951年,《马来文教育委员会报告书》(巴恩报告书)是以牛津大学社会科主任巴恩为主席组成的13人委员会(4名英国人和9名马来人)草拟的,1951年出版。该报告书提出建立马来语和英语的双语教育体制,也讨论了是否允许华校继续存在的问题。同年,马来亚联合邦政府邀请著名教育家方威廉博士和联合国官员吴德耀博士成立一个委员会调查联合邦的华族教育问题并发表报告书(即《方吴报告书》)。该报告书与巴恩报告书的建议相反,所建议的双语教育为:马来人和印度人学习双语,而华人需要懂得三语(华语、英语和马来语)。方吴报告书对1956年《新加坡各党派委员会报告书》具有积极的影响。②

(四)《双语教育白皮书》

1953年,殖民地政府以增加津贴金为条件,实施双语教育。在政府教育白皮书《华文学校——双语教育与增加津贴金》中,要求华校用英语教授其他科目的时间至少占到小学教学总时数的三分之一,初中的二分之一,高中的三分之二。小学的算术、中学的数学和科学都属于用英语教授的科目。③ 该报告书深受《巴恩报告书》的影

---

① Gwee Yee Hean(ed.), 150 *Years of Education in Singapore*, Singapore: Teachers' Training College, 1969, pp. 48-50.

② 李金生:《新加坡华文教育原始文献续录简编》,《亚洲文化》,新加坡:新加坡亚洲研究学会,2003年第27期,第194页。

③ Gwee Yee Hean(ed.), 150 *Years of Education in Singapore*, Singapore: Teachers' Training College, 1969, p. 92; Ting-Hong Wong, State Formation and Chinese School Politics in Singapore and Hong Kong, 1945-1965, Unpublished Dissertation, University of Wisconsin-Madison, 1999, pp. 193-194.

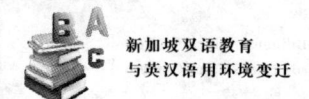

响,突出英文教育,限制华文教育,其增加津贴金的目的并不是希望提高华文教育的教学质量,而是加强对华校的控制。殖民地政府认为,解决民族间教育问题的唯一办法就是扩展英文教育,所以早在1946年就曾要求非英文源流学校教授英语为共同语文,还要把英语作为所有学校的主要教学媒介语,其最终目的是把三大民族教育混合起来融入英文教育。① 因此,殖民地政府推行的双语教育就是要求华校不断增加用英语教学的科目和时间,而不要求英校重视华文。这种双语教育由不平等的教育政策衍生而来,自然是不平等的双语教育,受到了华族各界人士的强烈反对。新加坡华校联合会(Singapore Chinese School Conference)提出,如果双语政策要求华校加强英文教育,英校也应该重视华文教育。华文报《申报》指出,殖民地政府的教育政策并不是教导学生认同新加坡而是英国,②也就是扩充英文教育、"英化"新加坡教育的一种手段,是为实现独尊英语的教育目的服务的。可以说,这种不平等的双语教育与以上教育法令相配合,成为方言学校式微的起因,掀开了方言教育式微的序幕。③ 从英校和华校学生人数的变化情况可以看出,"英化"政策效果显著。1953年推行双语教育政策后,正式以行政措施全力发展英文教育,极力压制民族语文教育(尤其是华文教育),英语更有地位,英文教育从此发展神速。到了1954年,英校生总人数达到84418名,首次超过华校生总人数(81605名)。④(见表1-6)

---

① Tan Liok Ee, Politics of Chinese Education in Malaya 1945-1961, Unpublished Dissertation, University of Malaya, 1985, pp. 35-69.

② Ting-Hong Wong, State Formation and Chinese School Politics in Singapore and Hong Kong, 1945-1965, Unpublished Dissertation, University of Wisconsin-Madison, 1999, p. 194.

③ 孙一尘:《战后新加坡的社会变迁与教育制度的关系(1945—1983)》,未刊博士学位论文,台湾师范大学教育研究所,1987年,第267页。

④ 吴元华:《务实的决策——人民行动党与政府的华文政策研究》,新加坡:联邦出版社,1999年,第283~284页。

（五）《学校注册（修正）法案》

为了配合1953年的双语教育白皮书,1954年殖民地政府制定《学校注册（修正）法案》,继续扩充英文教育,鼓励方言学校的学生转入英校,加紧管制华校,以"英化"教育同化方言教育。更为露骨的是,该法案赋予教育注册官以扼杀民族学校（尤其是华校）的生死大权。政府可以不必通知学校而随时宣布其为非法组织,教师不得继续执教、学生失学,也不得举行集会。这些苛刻的教育法令体现了殖民地主义的哲学:要消灭一个国家,先要消灭其民族,要消灭其民族,先要消灭其文化,要消灭其文化,先要消灭其语文教育,要消灭其语文教育,就先要消灭其学校。[①] 许多华校在殖民地教育条例的严厉管制下被迫关闭。

综上所述,殖民地政府在新加坡实施的双语教育不可能维护新加坡人的切身利益,而是为了保护英国殖民者的政治、经济地位。殖民地政府的双语教育政策是要英化华、巫、印族学生的语言文化,教导他们认同英国,以达到消灭华、巫、印文教育的最终目的。从这个目的来看,殖民地政府在新加坡实施的双语教育只能算是"英国的双语教育"而不是"新加坡的双语教育",因为新加坡的双语教育只能为新加坡各族人民的利益服务。新加坡的双语教育是在自治政府（1955年新加坡获得局部自治）执政后真正开始萌芽的,到1959年完全自治后才得到进一步发展。当然,殖民地政府实施的双语教育,毕竟在华、巫、印学校教育中撒下了双语教育的种子,为新加坡的双语教育拉开了序幕,并使双语教育概念深入到华、巫、印学校和新加坡的社会之中,促使了人们对双语教育意识的觉醒。于是,新加坡华族最先开始为在立法议会采用多语政策以及在教育上实施平等的双语教育而奋起抗争。

---

① 孙一尘:《战后新加坡的社会变迁与教育制度的关系(1945—1983)》,未刊博士学位论文,台湾师范大学教育研究所,1987年,第229～230页。

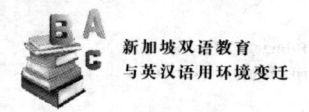

三、自治政府双语政策的形成

1953年,新加坡一个联合行动理事会(The Council of Joint Action)逼促林德宪制委员会在新加坡立法议会推行多种语言制,使不讲英语的工会代表参与选举和从事公共事务活动。同年,新加坡中华总商会也力倡立法议会采用多种语言政策。但殖民地政府担心激起邻国马来人的情绪而加以反对。其次,政府也怀疑多语制的可行性,[①]不希望当地民族语言的地位得到提升,以缩小其使用空间。

殖民地政府独尊英语的政策引起华族各界人士的强烈不满,也激发了他们为争取多语政策的实现而不断抗争。1955年4月,在印尼万隆市召开的亚非会议上,行动党发表声明说:(殖民地)政府的教育政策,予英语以绝对的优先权,华文及印度文被认为不重要,马来文只被允许留在较高的一点上。英政府正实施的"国民学校"计划,不仅对马来文教育是一种严重威胁,对华文和印度文也是。1955年5月30日晚,行动党立法议员林清祥主持了新加坡各业工厂商店职工联合会等20余工团联席会议,讨论华文教育问题。会议决定致函中华总商会,对召开全新加坡华人社团大会要求殖民地政府尊重母语教育提出以下意见:(1)要求当局尊重《联合国宪章》赋予各民族自由发展其文化及母语教育之权利与机会。(2)废除一切不合理之殖民地教育政策与法令。(3)华文教育应得到"建制"上的地位,当局应在法律上明文规定各民族学校的地位一律平等,华族语言应该被列为官方语言之一。(4)各民族学校应享有相等之经费。(5)在民主政治基础上保存且发扬华校之优良传统。(6)要求九人调查小组(即新加坡立法议员各党派华文教育调查委员会)定期接见各阶层代表,以

---

① 孙一尘:《战后新加坡的社会变迁与教育制度的关系(1945—1983)》,未刊博士学位论文,台湾师范大学教育研究所,1987年,第220页。

便各阶层代表当面提供对华校的意见。(7)要求九人调查小组扩大调查范围,除调查华校外,应进一步调查巫、印学校之状况。(8)大会应成立一个由各阶层代表组成的"维护华文教育委员会",并号召巫、印族组织同一性质委员会,以便维护各民族文化。①

1955年6月9日,《星洲日报》社论以《地方教育的新纪元》为题,赞扬行动党代表林清祥等人为维护华文教育而通过的5项决议:(1)请政府根据诺言,废除殖民地教育政策及不合理教育法令,迅速制定配合民族精神之教育政策。(2)保存华文教育之优良传统制度,并注重其母语教育。(3)建设学校应有平等之办法,政府应拨款资助华校董事部建设及解决校舍困难问题,特别是乡村学校。(4)华校教师待遇应与英校教师待遇平等。(5)华校学生应享有六年免费教育。在1955年,行动党还是一个新的政党,该党对华文教育的支持一开始就体现在其政纲中:"注重华文教育与文化,争取华文成为官方语言,以及放宽对中国出生之华侨享有公民权的条件。"②

新加坡于1955年获得局部自治,劳工阵线政府虽然仍沿袭殖民地教育政策,注重英语教育,但其教育政策有了较大的改变,最突出的是平等对待四大语文源流教育和正式确立自治政府的双语教育政策。事缘1955年政府逮捕了数名涉嫌罢工暴动的华校中学生并开列了70名学生名单,要学校开除他们并改组学校,否则将封闭有关的三间华文中学。于是,约2000名学生占住校舍,要求政府废除殖民地的教育政策和学校注册条例,释放被捕学生及撤销改组学校的通牒。事经工会的声援,并威胁政府,如果封闭华校,即将发动总罢工。劳工阵线政府迫不得已,于5月委任一个"立法议会各党派华文

---

① 吴元华:《务实的决策——人民行动党与政府的华文政策研究》,新加坡:联邦出版社,1999年,第17~22页。

② 吴元华:《务实的决策——人民行动党与政府的华文政策研究》,新加坡:联邦出版社,1999年,第22~54页。

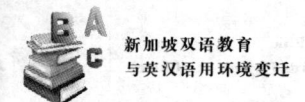

教育委员会"调查华文教育并于1956年发表《新加坡立法议会各党派华文教育委员会报告书》(简称《各党派报告书》)。① 在其建议下,政府发表教育政策白皮书,主要内容有:平等对待各语文源流的学校,包括对各语文源流学校提供资助和统一学制、教材、课程、考试以及师资等;②小学实施双语教育,中学教导三种语文;采用共同的课程标准以及建立混合学校。③ 而且,政府以实际行动矫正过去重视英校而冷落华校的积习,1956年一口气开办5间政府华文中学。尤其轰动新马的,是以华文大学姿态出现的南洋大学也于1956年正式开学。④

第四节 本章小结

在新加坡教育发展史上,众多有识之士意识到在多元民族、多元语言文化的新加坡发展双语教育的重要性,他们或倡导支持或身体力行开办双语学校。殖民地政府在二战前与二战后对待双语教育的两种不同态度,看起来似乎前后矛盾,实质上都是独尊英语、歧视民族教育。二战前,殖民政府允许四种语文源流学校并存,实际上是为了"把不同民族和不同籍贯的人民分隔开来",导致英校不读华文、华校不读英文的现象。殖民当局津贴华校,只是将华校作为英文教育

---

① 孙一尘:《战后新加坡的社会变迁与教育制度的关系(1945—1983)》,未刊博士学位论文,台湾师范大学教育研究所,1987年,第192页。

② Mark Bray & W. O. Lee, *Education and Political Transition: Themes and Experiences in East Asia*, Hong Kong: Comparative Education Research Centre, 2001, p. 25.

③ Gwee Yee Hean(ed.), 150 *Years of Education in Singapore*, Singapore: Teachers' Training College, 1969, pp. 52;93.

④ 王秀南:《东南亚教育史大纲》,新加坡:新加坡东南亚教育研究中心,1989年,第98页。

的准备,对于华校的英语教学,更在津贴之外:一面排斥华校的英文,一面鼓励华童转入英校。此外,鼓励华校采用方言作为教学媒介语,也是为了使华族的众多帮派一直分裂开来。这种"分而治之"的结果使各民族学生大体上只懂得一种语言,在这个小岛上过着互不相干的生活。二战后,殖民地政府在华校实施双语教育,要求华校逐步增加以英语教授的科目和时间,也是为华校生提高英语水平后顺利转入英校创造便利条件,事实上是为发展英语单语服务的,是继续重视英文教育、歧视民族语文教育的具体表现。殖民地政府的最终目的是要英化民族语言,向新加坡人灌输效忠殖民地政府的英国文化价值观,以确保殖民地政府的"千秋大业"。这样的奴化教育将使新加坡人忘掉本身的民族语言与文化,成为殖民地政府的顺民。概括来讲,本章对双语教育萌芽期的论述与分析可以归纳为下列几个要点:

第一,殖民地政府实施的双语教育属于弱式双语教育模式,包括淹没式双语教育、外语教学主流式双语教育和过渡式双语教育。淹没式双语教育模式实施的场所是英校,实施对象主要是在英校就读或从华、巫、印校转入英校的学生,采用英语为唯一教学语言,以求达到同化华、巫、印族学生的目的。外语教学主流式双语教育实施的场所是华、巫、印校,要求他们开设英文科,为学生以后转入英校打好英语基础。后来又要求用英文教授其他学科,外语教学主流式双语教育也就转化成了过渡式双语教育模式。过渡式双语教育实施的场所和对象与外语教学主流式一样,针对华族就是华校和华校生。该过渡式双语教育模式主要是晚期退出过渡式,在华族学生入学的初始阶段,教师授课的语言与学生交流的语言以及学生回答问题的语言,在大多数情况下使用华语,尔后逐渐过渡到主要使用英语授课,如,要求华校用英语教授其他科目的时间至少占到小学教学总时数的三分之一,初中的二分之一,高中的三分之二,同时吸引华族学生随时转入英校的班级就读。显而易见,殖民地政府实施过渡式双语教育,只求提高各民族学生的英语水平,使他们逐渐融入以英语为主流语

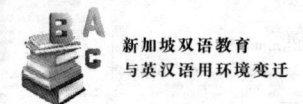

言的社会,而全然不考虑他们母语水平的保持与发展,也不顾及多元文化的共存。

第二,殖民地政府的教育政策与二战后华文教育逐渐式微有密切的关系。首先,殖民地政府不断扩充英文教育,凡有华校的地方都建立英校并以低廉的学费吸引华族新生就读英校。其次,要求华校从小学三年级开始教授英文,逐年级增加用英语教授的科目和时间,为学生提高英文水平后转入英校做准备。同时采取降低学费以及为华族学生顺利转入英校开设特别课程等手段吸引华族家长把子女转入英校。再次,在鼓励华族学生转入英校的同时加紧管制华校,政府不必通知学校而随时宣布其为非法组织,使许多华校师生难以安心教学。正是这些歧视华文教育的政策法令与上述过渡式双语教育相配合,构成华文学校式微的起因,掀开了华文教育式微的序幕,至1954年英校生总人数首次超过华校生。从此以后,华文教育的形势每况愈下。

第三,殖民地政府的双语教育政策在创造双语环境方面效果并不显著。由于殖民地政府实施不平等的双语教育,在英校没有开设三大民族学生的本族语课程,英校的语用环境只能是单一的英语环境。而在华校、马来学校和淡米尔学校却采用过渡式双语教育模式,企图逐渐以英语取代各民族学生的本族语。这种以"同化"方式来消灭民族语文教育的不平等政策,自然受到各民族的强烈反对和抵制。虽然这种双语教育与政治、经济手段相结合,把大量的学生吸引到英校就读,但该双语教育不可能提高学生的双语能力。总体看来,双语教育萌芽期的语言环境还是单语环境。

第四,殖民地政府的双语教育政策加速了新加坡双语教育的萌芽。一方面,殖民地政府在新加坡实施的双语教育政策是要英化华、巫、印族学生的语言文化,教导他们认同英国,以达到消灭华、巫、印文教育的最终目的,因此只能算是"英国的双语教育"而不是"新加坡的双语教育"。不过,该双语教育在华、巫、印学校教育中撒下了双语教育的种子,为新加坡的双语教育拉开了序幕,并使双语教育概念深入到在华、巫、印学校和新加坡的社会之中。另一方面,殖民地政府独尊英语的语言政策引起华族各界人士的强烈不满,也激发了他们为争取实现多语政策及平等的双语教育而不断抗争。首先,他们争取在新加坡立法议会采用多种语言政策。然后,要求殖民地政府废除一切不合理的教育政策与法令并规定各语文源流学校一律平等、重视母语教育等。也正是由于华族各界人士的不断抗争和努力,1955年新加坡获得局部自治后,劳工阵线政府于1955年5月委任一个《立法议会各党派华文教育委员会》调查华文教育,随后发表《新加坡立法议会各党派华文教育委员会报告书》。在其建议下,政府发表教育政策白皮书,决定平等对待四大语文源流学校,实施平等的双语教育。至此,新加坡人自己制定的双语教育政策正式开始。

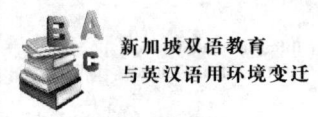
新加坡双语教育
与英汉语用环境变迁

第二章 双语教育发展期(1956—1965)

1956—1965年期间,劳工阵线政府和行动党政府的双语教育政策都以1956年《新加坡立法议会各党派华文教育委员会报告书》(简称《各党派报告书》)为基本原则,实施非强制性双语教育,平等对待四大语文源流,而语言平等是族群平等的一个重要内容和重要标志。而且,教育当局在不断探索与尝试中,对双语教育进行了多次调整。在此阶段,双语教育有了一定的发展。尽管行动党政府在执政前夕和执政初期,为了与马来亚合并,政治理想上希望把马来语的地位放在首位,如,定马来语为国语,试图以马来语作为沟通各民族的共同语,提出以马来语为主的双语教育,等等,但在1959年后的完全自治初期,马来语难以起到共同语的作用。为此,行动党政府也提出以英语为共同语,实施以英语为主的双语教育。结果,马来语在某种程度上只是名义上的共同语,而英语是新加坡的国家共同语和工作语言,也是学校教育中实际的共同语。从实施平等的双语教育政策以及对双语教育中共同语文的调整可以发现,自治后的新加坡政府在语言问题上不是从狭隘的族群感情出发,而是在国家政治稳定、经济发展的大前提下发展各族群的语言文化,在语言政策上采取了积极和务实的态度。

第一节 双语教育与共同语文

美国教育学教授克拉谟(J. F. Cramar)在其《比较教育》一书中

特别指出影响国家教育制度的七大基本因素:民族统一意识、一般的经济状况、基本信仰与历史传统、进步的教育思想、语文问题、政治背景、对于国际合作的态度。在殖民统治时代,新加坡各族学校教育分家,生活隔阂,习俗歧异,更需要通过教育促进了解,加强团结,以期建立一种综合的马来亚新文化。① 为此,新加坡的教育制度实施双语教育,也是基于三个主要因素:一个国家或地区语言的异质性、特定的社会和宗教态度以及国民对国家的认同感。② 新加坡的华、巫、印三大族群和四大官方语言与上述三个因素都有密切的关系,从语言角度来看,新加坡就属于一个语言高度异质性的国家。实施双语教育是出于新加坡多元种族的社会需要,而语言的高度异质性在建国初期不利于形成统一的国家意识,这就需要在四大官方语言中选择一种为国家共同语文,以沟通其他语文并灌输统一的国家意识。同时,这个国家共同语文也将是学校双语教育的共同语。

新加坡获得完全自治后,出于与马来亚合并的政治目的,总理李光耀要借双语教育把多元民族融合为马来亚人,建立统一的马来亚意识。在学校确立双语教育,最重要的是确立哪种语言作为学校的共同语。有关四种语文源流学校的双语教育以及共同语的重要性,李光耀指出:"如果利用四种不同的教学媒介语,教授学生四种不同辨别是非的标准、为人处世哲学及道德行为,那么我们将会教出四种不同的人,而不可能有一个统一融洽的社会,所以新加坡必须在三种主要的母语和一打方言中,决定推行两种语文:母语和英语的政策。"③李光耀提出"母语和英语"的双语教育与殖民地政府的双语教育有着本质的区别。殖民地政府以津贴金为诱饵在华校实施双语教

---

① 王秀南:《新马教育泛论》,香港:东南亚研究所,1970年,第2~3页。
② Christina Bratt Paulston and G. Richard Tucker, *Sociolinguistics: The Essential Readings*, Oxford: Blackwell Publishing Ltd, 2003, p. 464.
③ 孙一尘:《战后新加坡的社会变迁与教育制度的关系(1945—1983)》,未刊博士学位论文,台湾师范大学教育研究所,1987年,第210页。

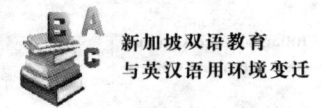
新加坡双语教育
与英汉语用环境变迁

育,旨在利诱华校,借以扩展英文教育、英化华文教育。而李光耀是要以双语教育融合多元民族、统一国家意识。当时的教育部长王邦文也指出,"(两种语文教育政策)这一个问题是关系到我国生死存亡的基本问题"①。

　　新加坡自治后的语言政策,有人称之为多语政策,也有人称为双语政策。其实,该时期的双语政策也可以说是多语政策,二者是同一概念的两个层面。多语政策是指新加坡国家层面的四大官方语言:英语和华、巫、印三大民族母语,该四种语言平等并行。双语政策是针对各民族而言,也涉及同样的四种语言,每个民族都学习两种语言,即"共同语+母语"。新加坡实施双语教育不仅是为了沟通不同民族,协调价值观念,灌输东方传统价值,统合文化,也是为了学习西方科技,发展经济以及与国际文化交流,所以该双语教育实际上以英语为共同语,也就是以"英语+母语"的双语教育,如:华族学生学习英语和华语、马来族学生学习英语和马来语、印度族学生学习英语和淡米尔语。但是,在新加坡双语教育发展期的初始阶段,共同语的确立有时不够明确甚至充满矛盾。

一、《各党派报告书》以英语为共同语的主张

　　如前所述,《各党派报告书》是自治后的政府制定双语教育政策的基石,为新加坡双语教育的发展奠定了基础。该报告书于1956年2月公布,它是新加坡教育史上最重要的一份文件,②被称为"教育改革的大宪章",它为未来的建国大计奠下了颠扑不破的基石。③ 报告书中影响双语教育的主要建议有:第一,平等对待各语文源流的学

---

　　① 宋哲美:《新马教育研究集》,香港:东南亚研究所,1974年,第157页。
　　② 李金生:《新加坡华文教育原始文献续录简编》,《亚洲文化》,新加坡:新加坡亚洲研究学会,2003年第27期,第194页。
　　③ 宋哲美:《新马教育研究集》,香港:东南亚研究所,1974年,第34页。

校。平等对待不仅仅指对各语言流学校提供资助和帮助，也表明新加坡教育部需要统一各语文源流学校的学制、教材、课程、考试以及师资等。① 第二，小学实施双语教育，中学教导三种语文。第三，各源流学校采用共同的课程标准。② 第四，建立混合学校。③《各党派报告书》标志着新加坡语言与教育政策最重大变化的开始，它为新加坡国家语言教育计划正式拉开序幕，也是行动党 1959 年执政后制定教育政策的基石。④ 报告书中平等对待四大语文源流教育的概念，奠定了国家教育政策的基础，为新加坡教育史掀开纪元。⑤ 报告书建议学校至少教导英语和母语两种语文，肯定了母语教育的地位和双语教育的重要性，对新加坡的双语教育有着深远的影响，⑥标志着新加坡双语教育的正式确立。

值得注意的是，《各党派报告书》虽然提倡各民族的语文教育一

---

① Mark Bray & W. O. Lee, *Education and Political Transition: Themes and Experiences in East Asia*, Hong Kong: Comparative Education Research Centre, 2001, p. 25.

② T. Nevill Postlethwaite and R. Murray Thomas, *Schooling in the ASEAN Region*, Oxford: Pergamon Press Ltd., 1980, p. 197.

③ Gwee Yee Hean(ed.), *150 Years of Education in Singapore*, Singapore: Teachers' Training College, 1969, p. 52; 93.

④ Dudley de Souza, The Politics of Language: Language Planning in Singapore, in Evangelos A. Afendras and Eddie C. Y. Kuo, *Language and Society in Singapore*, Singapore: Singapore University Press, 1980, p. 205.

⑤ Janet Shepherd, *Striking a Balance: The Management of Language in Singapore*, Frankfurt am Main: Peter Lang GmbH Europaischer Verlag der Wissenschaften, 2005, p. 117; 孙一尘：《战后新加坡的社会变迁与教育制度的关系(1945—1983)》，未刊博士学位论文，台湾师范大学教育研究所，1987 年，第 270 页。

⑥ 谢泽文：《新加坡的双语教育与华文教学》，新加坡华文研究会：《新加坡华文教学论文二集》，新加坡：SNP Pan Pacific Publishing Pte Ltd, 2001, p. 2；林保圣：《数码时代的华文教学》，新加坡华文研究会：《新加坡华文教学论文四集》，Singapore: Panpac Education Private Limited, 2006, p. 293.

视同仁,但是基于新加坡社会的现实环境,它认为英文应该成为全民的共同语文。报告书在第(1)节《官方语文与必修语文之问题》里说,鉴于新加坡是一个多元民族的地方,通用之语文繁多确在某种程度上使问题更复杂。倘若新加坡必须选择一个"最广泛运用之语文"作为共同语言,则非英文莫属。不仅如此,报告书进一步指出,新加坡要成为商业国家,或者工业国家,那么教授英语是极为有利的。"尤有进者,吾人与印度、锡兰、巴基斯坦等英联邦之关系,更使英语成为吾人在各方面共同致力于共同利益上的宝贵沟通媒介,诸如(进行)技术合作计划。"①所以,报告书建议所有学校必须至少开设两种语文(英语和母语),在不影响学校教学的情况下,可以互调教师,以解决英校华文师资问题。该报告书提出的建议很快就被劳工阵线政府采纳。1957年,第二语文成为必修科。华、巫、印校学生要修英文作为第二语文,英校的各民族学生分别要读华文、马来文或淡米尔文作为第二语文。② 这样,英语被定为共同语文,而且在课程安排上年级越高越偏重英语,如规定华文中学每周各科授课节数为:英文9节、中文8节、数学5节,英文所占课时为各科之冠。③ 总的看来,劳工阵线政府毅然接受了《各党派报告书》的主要建议,扬弃了殖民地政府一百余年的教育政策,是对新加坡教育的一大贡献。④

《各党派报告书》对行动党政府的教育与语文政策同样产生了重要影响。该党1959年执政后即刻宣布该报告书的建议,其中许多建

---

① 吴元华:《务实的决策——人民行动党与政府的华文政策研究》,新加坡:联邦出版社,1999年,第271~272页。

② 黄燊辉:《新华文学研究的分期应与语文教育制度的转变挂钩》,新加坡华文研究会:《新加坡华文教学论文四集》,新加坡:EPB Pan Pacific,2006,p. 404.

③ 丁莉英:《新加坡华校课程及教科书的演进初探》,未刊学位论文,新加坡:南洋大学,1972—1973年,第8页。

④ 孙一尘:《战后新加坡的社会变迁与教育制度的关系(1945—1983)》,未刊博士学位论文,台湾师范大学教育研究所,1987年,第192页。

议后来演变成行动党政府的语文教育政策。尤其是平等对待各语文源流的学校、采用共同的课程标准以及实施双语教育的建议,直接影响了行动党政府的双语教育政策。① 然而,针对双语教育中的共同语,行动党政府在执政初期显得不够明确甚至矛盾:一方面出于与马来亚合并的目的希望以马来语作为沟通各民族的共同语文,另一方面又把英语作为各民族学校的共同语文。

二、行动党政府确立共同语的主要考虑因素

语言是一种社会现象,语言的这种"社会性"说明,语言系统不可能是一种存在于真空中独立发展、自生自灭的系统,人们的言事表现形式受存在于语言之外的社会要素的制约。语言问题与政治、经济、历史、地理、文化、宗教等诸方面有着密切的联系,这种联系不是简单的对应,而是纵横交错、全方位的联系。因而只有把语言系统放在社会大系统中加以考察,才能更有效地揭示语言的本质以及语言的内在规律。② 同样,要揭示新加坡多元语言的本质,首先需要考察新加坡的社会大系统。

上世纪 50 年代,新加坡的政治、经济、教育以及其他领域都面临严峻的考验,社会动荡不安、非常混乱、罢工、罢课更是司空见惯。③ 新加坡虽是个小岛城市,但在 50 年代末至 60 年代初每年的罢工事件都有 30 次左右,其中,1959 年有 40 次罢工、1960 年 45 次、1961

---

① 吴元华:《务实的决策——人民行动党与政府的华文政策研究》,新加坡:联邦出版社,1999 年,第 25 页。
② 胡光明:《"新经济"时代新加坡华语生存环境及前景展望》,《东南亚》,2003 年第 4 期,第 59 页。
③ Wong Kian Kei, 1956 Singapore Student Movements—The Political Environment and Chinese Education Politics, Unpublished Dissertation, Singapore: Department of Chinese Studies, National University of Singapore, 1998-1999, pp. 1-2.

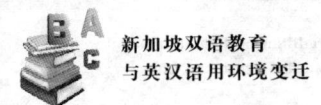

年116次。① 行动党政府要扭转这一混乱的局面,首先要考虑的是建国大计。研究语言与国家的关系的学者(如 Herderian、Blommaert 和 Verschueren 等)认为,过于多元化的语言不利于建立统一的国家意识。② 为了消除或减轻过于多元的语言造成的不利因素,确立沟通多元民族的共同语显得尤为重要。1959年5月19日,行动党四名候选人分别以华语(王永元)、英语(李绍祖)、马来语(阿立夫)和淡米尔语(拉玛三美)在新加坡广播电视台发表《论建国问题》的三项任务,其中特别强调共同语的重要性。该三项任务的具体内容为:

第一,培养马来亚意识,在各民族各阶层之中培养一种对国家效忠的意念。在这一方面,教育制度将负起特别重要的任务,因为学校是民族的摇篮。行动党主张,教育制度应该适合于马来亚的政治、经济、社会和文化等方面的需要。③ 第二,必须有一种通用的语言。如果语言障碍不加以摧毁,那么人民由于不能互相通话,都保留在个别的圈子里;如果两个语言集团的人都不能相互交谈,投机的政客就可从中制造猜疑和仇恨;没有共同语言,不同民族的人民就不能互相往来。④ 如果政策和学校没有培养共同语的形成,在各民族中形成统一的新加坡意识的理想就不可能实现。⑤ 为此,行动党政府主张

---

① Ong Yen Her, The Politics of Chinese Education in Singapore During the Colonial Period(1911-1959), Unpublished Dissertation, Singapore: Department of Political Science, University of Singapore, 1974, p. 119.

② Antonio L. Rappa and Lionel Wee, Language Policy and Modernity in Southeast Asia, New York: Springer Science+Business Media, Inc. 2006, p. 80.

③ 吴元华:《务实的决策——人民行动党与政府的华文政策研究》,新加坡:联邦出版社,1999年,第189~190;263页。

④ 吴元华:《务实的决策——人民行动党与政府的华文政策研究》,新加坡:联邦出版社,1999年,第190页。

⑤ Dudley de Souza, The Politics of Language: Language Planning in Singapore, in Evangelos A. Afendras and Eddie C. Y. Kuo, Language and Society in Singapore, Singapore: Singapore University Press, 1980, p. 206.

以马来文为共同语言,并将设法使每一个人都有机会学习马来文。第三,必须在不太长久的时间内达成新马合并。行动党向联合邦领袖保证"(我们)用文字来表达我们的忠心……通过行动和自我牺牲来证实我们的信念……我们可以领导新加坡人民走向独立统一的马来亚"①。

　　为了平息当时动荡的社会局面,建国中首要的问题不仅是稳定政治,还必须发展经济以及摆正教育与政治和经济的相互关系。1959年竞选期间,行动党领导人多次阐明,该党的教育政策是依照它的政治思想,配合新加坡的特殊环境而制定的,在制定教育政策时首要考虑的就是实现政治和经济目标。② 政治目标是通过学校教育,消除民族之间的藩篱与不同语文之间的壁垒,促进民族大团结和塑造共同的马来亚意识;经济目标则是学以致用。教育不仅是教导新加坡的孩童认识社会,也要教导他们怎样谋生;教育不但要促进文化的发展,也要促进经济的发展。③ 下面从行动党政府在执政初期的教育政策中可以清楚地发现该党重视政治和经济的议程:第一,培养国家意识,消除种族歧视。第二,加速造就发展经济所需要的科技人才。第三,教育机会均等,实施英才教育。第四,实施双语教育。④ 其中,"培养国家意识,消除种族歧视"、"机会均等"属于政治议程,强调各民族人人平等、和谐相处,为的是把当时四分五裂的民族意识(也被看做是外国意识)凝聚成一个新的热爱新加坡的国家意识和民

---

　①　吴元华:《务实的决策——人民行动党与政府的华文政策研究》,新加坡:联邦出版社,1999年,第190页。

　②　Eddie C. Y. Kuo, The Socialinguistic Situation in Singapore: Unity in Diversity, in Evangelos A. Afendras and Eddie C. Y. Kuo, *Language and Society in Singapore*, Singapore: Singapore University Press, 1980, pp. 40-45.

　③　吴元华:《务实的决策——人民行动党与政府的华文政策研究》,新加坡:联邦出版社,1999年,第265页。

　④　孙一尘:《战后新加坡的社会变迁与教育制度的关系(1945—1983)》,未刊博士学位论文,台湾师范大学教育研究所,1987年,第192～193页。

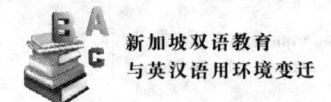
新加坡双语教育
与英汉语用环境变迁

族意识,建立马来西亚民族,争取与马来亚合并。经济议程主要是"加速造就发展经济所需要的大量科技人才"、"实施英才教育",尽快发展经济,繁荣新加坡。行动党政府希望双语教育能配合国家的政治和经济议程,不负历史重任。如此一来,新加坡的双语教育不能是四大官方语言中的任意两种,而必须是一种共同语和另一种官方语言,具体来说就是"共同语+母语"。这样,双语教育中共同语的作用至关重要。当然,一个国家的教育必须服务于国家的政治和经济发展,新加坡的双语教育要配合新加坡的政治和经济议程,其双语教育中的共同语也必须与新加坡的国家共同语一致。

通常情况下,一个国家的官方语言、国语、行政语言(工作语言)和共同语都是同一种语言,但新加坡的情况比较特殊。新加坡的语言和文化传统,属于费许曼(Fishman)所谓的"多元模式国家"(Multimodel Nation)。根据费许曼的分析,这类国家的语言政策,特别是"国语"(也是工作语言和共同语)的选择,常有困难。为了避免现有的主要语言之一获得优势地位,同时避免各种语言彼此之间为了争取优势地位而长久斗争,这类国家常常选择一个具有国际通用语地位的外国语,作为全国法定的或实质的官方语言或工作语言(有时候同时选择一本土语言作为国语,并行不悖;不过这本土语言可能根本未为当政者所用。)① 在新加坡,确立官方语言、国语和工作语言相对比较容易。规定英语、华语、马来语和淡米尔语为四大官方语言,符合新加坡各民族和国家的利益。建国初期,为了与马来亚合并,建立统一的马来亚民族,出于政治上的考虑而指定马来语为"国语",没有遇到什么阻力或实际困难。英国统治新加坡约140年,英语一直是殖民政府和司法、金融、商贸等重要部门的工作语言。为了行政工作的延续性,继续使用英语为政府的工作语言也顺理成章。1965年,李光耀曾解释为什么新加坡必须保留英文的原

---

① 郭振羽:《语言政策和语言计划》,云惟利编:《新加坡社会和语言》,新加坡:南洋理工大学中华语言文化中心,1996年,第64~65页。

因:新加坡继续使用英文是有好处的,因为它为记录、行政及法律提供连续性;此外,它也是所有民族公平竞争的中立语言。假如我们以华文作为公务员考试的语文,那么印度人和马来人将感到极为恼怒,因为这对他们很不利。又假设我们的法庭改用另一种工作语文,我可以预见在法律、立法与诉讼及解释法律方面将会面对巨大的困难。①

在理论上,一个国家的行政语言应该是这个国家当然的共同语,但在新加坡确立共同语却相对困难。因为,新加坡是一个多民族多语言的国家,共同语不仅是沟通各民族的桥梁语言,是政府部门、司法、金融、商贸和教育等重要领域的工作语言,在新加坡的双语教育政策中,共同语也是各民族学生都必须学习的共同语文,它负有培养国家意识、消除民族歧视、保障各民族机会均等和快速发展经济等多项重任。在学校实施以"马来语为主"还是以"英语为主"的双语教育就取决于以马来语还是英语作为共同语。毫无疑问,共同语的实用价值和重要性自然凌驾于其他官方语言之上。而从上述政治和经济议程来看,华语和淡米尔语首先被排除在共同语之外,剩下的只有马来语和英语。

(一) 以马来语为共同语的主要考虑因素

1. 政治因素

双语教育不仅仅是个教育问题,它与国家政治密切相关,只有把双语教育放入国家政治框架下才能理解其双语政策,而语言规划也就是语言政治。② 1959 年新加坡获得自治后由人民行动党执政,李光耀先生担任第一任总理。行动党政府在执政前夕和执政初期都特

---

① 吴元华:《务实的决策——人民行动党与政府的华文政策研究》,新加坡:联邦出版社,1999 年,第 239 页。

② Robert B. Kaplan, *The Oxford Handbook of Applied Linguistics*, New York:Oxford University Press,2002,pp. 229;237.

别强调马来语的重要性,并确立马来语为国语,这一点是基于历史、地理和政治因素,以政治因素为主。历史上,无论本地人民还是殖民政府都把新马看做是一个整体。在地理位置上,新加坡周围两个大国——马来西亚和印尼,都以马来语为国语。新加坡以马来语为国语,具有认同于周围马来世界的象征意义。① 政治上,行动党政府为了谋求与马来亚联邦(Federation of Malaya)合并,成立马来西亚联邦(Federation of Malaysia),自然要把马来语的法律地位置于其他官方语言之上。因此,在语言政策方面,提出以马来语为主的双语政策,以配合与马来亚合并的政治目标。1959 年,行动党出版的《五年计划书》强调指出,新加坡的双语教育应以马来语为共同语,"(使马来语)成为沟通四种语言源流学校的桥梁,而且帮助我们跨过柔佛海峡,加入马来亚联邦"。人民行动党《宣言》更明白地指出"我们需要一个共同语,而基于道德上、政治上和实用上的考虑,马来语乃是显然的选择"。② 吴庆瑞也指出,"各民族之间的语言障碍将会拆除……人们将用共同语——马来语,顺畅交流沟通"。③

2. 提高马来语地位的政策与措施

新加坡获得自治后,自治帮宪法宣布马来语为"国语",国歌的歌词使用马来语,以国语为操练兵士的口令。行动党政府深信马来语是沟通四大语文源流教育的桥梁,团结不同的种族,消灭不同种族间的疑忌和偏见,统一对国家的效忠。政府当局以各种措施,推广并提高马来语的地位。如,凡申请为新加坡公民者,必须具有国语第一级证书的资格等。为了推广马来语,不仅加强学童学习马来语,开办大

---

① 郭振羽:《新加坡的语言与社会》,台北:正中书局,1985 年,第 15 页。
② 云惟利:《新加坡社会和语言》,新加坡:南洋理工大学中华语言文化中心,1996 年,第 58~59 页。
③ *The Straits Times*:Singapore:June 4,1959;Janet Shepherd, *Striking a Balance*:*The Management of Language in Singapore*,Frankfurt am Main:Peter Lang GmbH Europaischer Verlag der Wissenschaften,2005,p. 117.

量的马来语成人班,为教师开设马来语特别课程,而且一些学校开始改用马来语为教学媒介语。在政府学校,马来语考得一级证书的教师才有资格任教,公务员必须考到二级证书。① 1963 年新加坡加入马来西亚。同年,新加坡成立了许多与马来亚语言文化相关的组织,如:"国语行动理事会"(National Language Action Council)、"马来语教育咨询委员会"(Malay Education Advisory Committee)、"马来语言与文化学会"(Malay Language and Culture Institute)等。同时还采取许多语言措施,如:发动各社团组织使用并推广国语,为公务员举办马来文课程,政府公告及公文开始用马来文,举办马来语言与文化活动如"马来语周",在《海峡时报》上定期开设马来语栏目,在电视和广播中增加马来语节目时间,等等。②

在推行并加强马来语文之际,新加坡政府在教育方面仍然坚持四种语文源流学校平等的政策。尽管新加坡的政策力求和马来西亚联邦一致,但是,在基本语言政策上,二者之间仍然有不可弥补的分歧。马来亚的语言政策,只承认一种国语,一种官方语言——马来语,以马来语为全民统一和国家认同的基础。然而,新加坡的情况特殊,不能不顾及绝大多数非马来族人口(特别是受华文教育者)的感情反应。也就是说,新加坡必须坚持多语政策。语言政策所反映的歧异,也是新加坡和马来西亚联邦在民族和文化政策上的基本分歧,也可以说是造成 1965 年新加坡被迫脱离马来西亚联邦的重要因素

---

① Janet Shepherd, *Striking a Balance*: *The Management of Language in Singapore*, Frankfurt am Main: Peter Lang GmbH Europaischer Verlag der Wissenschaften, 2005, p. 118.

② Janet Shepherd, *Striking a Balance*: *The Management of Language in Singapore*, Frankfurt am Main: Peter Lang GmbH Europaischer Verlag der Wissenschaften, 2005, pp. 117-119;云惟利:《新加坡社会和语言》,新加坡:南洋理工大学中华语言文化中心,1996 年,第 60 页。

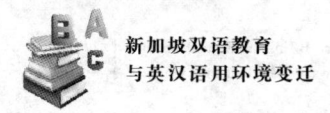

之一。①

1965年8月9日，新加坡脱离马来西亚成为独立自主的共和国。同年10月1日，总理公署发表一篇文告，重申国家的语言政策："在新加坡，四种官方语文——即马来文、华文、淡米尔文和英文都是同等地位的官方语文。……新加坡的宪法将重新规定各语文向来所享有的地位，即新加坡有四种官方语文……而以马来文作为共同语文和国语。"②从独立初期的政策内涵看来，语言政策大致上承续独立前的大原则——多语并重而以马来语为尊。因为如此，独立初期政治上的巨变，并没有立即导致语言政策的转变。最明显的例子，是独立后三个月（1965年11月），当局仍然依照原定计划，全面展开"国语（马来语）月"运动。③

（二）以英语为共同语的主要考虑因素

为了可以保证制度的延续性，新加坡独立后仍然沿用英语为行政语言。同时英语也是各种族平等竞争的语言、现代化的语言、走向国际的语言，④这也是新加坡选择共同语所必须考虑的因素。虽然行动党在执政前曾经鼓吹重视民族语文教育，可是它也强调重视英文的实用价值。1955年6月10日，该党向新加坡立法议会各党派华文教育委员会所提呈的备忘录里指出，解决语文问题必须"调整英文在各民族语文教育中所占据的畸形特殊地位"。可是，"如果说英语不再在本国的教育途径上占有地位，那是偏窄的

---

① 云惟利：《新加坡社会和语言》，新加坡：南洋理工大学中华语言文化中心，1996年，第61页。
② 郭振羽：《新加坡的语言与社会》，台北：正中书局，1985年，第109页。
③ 云惟利：《新加坡社会和语言》，新加坡：南洋理工大学中华语言文化中心，1996年，第62页。
④ 周清海：《多语环境里语言规划所思考的重点与面对的难题——兼谈香港可以借鉴些什么》，《普通话教育的发展和推广国际研讨会（2002）论文集》，香港：香港大学教育学院普通话培训测试中心，2003年，第9～10页。

民族意识"。所以,研究英语将会受到鼓励,因为它有世界语的价值。① 二战后,无论是政治或经济,新加坡受西方的影响都越来越大,英语的地位也就越来越高。执政初期,尽管行动党政府把马来语的地位抬高到顶点位置,如宣称以马来文作为"共同语文"和"国语",双语政策以"马来语为主"并策划适当措施以使得国语成为新加坡的"唯一官方语言",但以新加坡的实际情况而言,国语只是代表国家意识的语言,是作为国家独立与民族团结的象征,而英语才是建国施政和促进经济发展的语言。② 就新加坡的具体情况而言,采用英语为共同语也有多方面的因素,可说是一种必然的选择。

1. 历史因素

自殖民时代以来,英语一直是新加坡社会中占优势地位的工作语言(Dominant Working Language),是政府公务文书使用的文字,是法规和法律用语,也是最高学府的教育用语。这样看来,英语就是使新加坡这台"国家机器"正常运转的"指令语言",虽然它不具国语之名,却有国语之实,有人称之为"实际上的国语"(De Facto National Language)。英语成为官方语言之一,主要是因为英国殖民时代遗留下来的传统。新加坡独立之后,政府行政制度未有重大改变,行政用语也就一脉相传,保留了英语作为"指令语言"的地位,使得新加坡的社会和经济成长,平稳安定,毫无中断。

2. 政治因素

在新加坡自治以后,政治稳定是摆在第一位的。行动党政府明白,要在新一代新加坡人中培养国家意识、民族和谐,需要一种共同语作为语言工具。在四种官方语言中,英语是唯一中立而不代表任

---

① 吴元华:《务实的决策——人民行动党与政府的华文政策研究》,新加坡:联邦出版社,1999年,第272页。

② 孙一尘:《战后新加坡的社会变迁与教育制度的关系(1945—1983)》,未刊博士学位论文,台湾师范大学教育研究所,1987年,第221~254页。

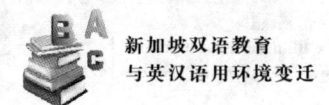

何主要民族的语言,也是国家统一的行政用语,以英语为共同语有利于各民族相互沟通,①以消除种族摩擦以及互相隔绝的文化与语言的对抗,起到团结各民族的桥梁作用。1959年12月8日,李光耀向新加坡的教师们强调教育对改革社会与塑造共同意识的关键性作用:"这与我们社会的基石、根基存亡攸关。如果我们要避免在由于互相隔绝的文化与语言的对抗与偏见所造成的混乱中灭亡,那么你们必须在学校里教导年轻人正确的思想意识。"②在沟通互相隔绝的文化和语言的对抗方面,英语的作用自然胜于华语、马来语和淡米尔语。

1959年行动党发表的教育政策宣言《我国青春的泉源》,清楚地表明它要以英文作为学校的共同语文,以达到政治目标的策略。以下这段宣言可以说是行动党为未来的政府以英文统一教学媒介语埋下了伏笔:"如果我们大多数学生都是属于同一类型的学校,那么在我们制定一个单一的教育政策时,所面对的种种复杂问题和困难,都可以迎刃而解。如果这四股教育源流能够汇合为一,在我们建国工作中所面对的顾虑和摩擦就会很容易消除。目前,华校、巫校和印校都是带有种族性的,所以,它们都互相孤立起来,不相闻问。只有在英校,我们三个种族的儿女才有可能在同一个教室里研读,在同一个操场上游戏,并且到头来能够接受同样的一种人生价值。"③《我国青春的泉源》也可以说就是后来双语教育政策的蓝本,新加坡自治后的统一学制向英校靠拢、混合学校以英语为共同的教学媒介语都是以该宣言为指导。

---

① Antonio L. Rappa and Lionel Wee, *Language Policy and Modernity in Southeast Asia*, New York:Springer Science+Business Media, Inc. 2006, p. 87.

② 吴元华:《务实的决策——人民行动党与政府的华文政策研究》,新加坡:联邦出版社,1999年,第265页。

③ 吴元华:《务实的决策——人民行动党与政府的华文政策研究》,新加坡:联邦出版社,1999年,第272~273页。

新加坡独立之后，便极力树立"新加坡人"的形象和观念，这主要也是基于政治原因。二战后至20世纪70年代是东南亚土著排华运动的高涨时期，华社、华报和华校因而饱受摧残，各国华人在不同程度上被迫放弃中国化，新加坡华人陷入孤立的境地。新加坡在处理华人语言文化或跟中国有关的事务时，都必须谨慎从事，以免招惹邻国猜疑。新加坡领导人非常清楚，新加坡必须在本地区保持"中立"，以求生存，所以不能崇尚华语和华族文化，并极力以中立的姿态消除此先天影响。为此，新加坡力求突出英语，使英语的地位越来越高，使用范围越来越广。

3. 经济因素

新加坡是个地少人多的小岛国家，天然资源极为贫乏，新加坡要生存必须发展经济和培养经济与科技人才。新加坡当时的经济主要是依赖其天然港口经营国际转口贸易，所以发展经济就要重视英语。[1] 英语的功能在于它是最占优势的国际语言，是联合国的官方语言之一，是国际贸易的主要用语，也是当今科学和技术资讯传播的主要语言。英语的这些功能，都符合新加坡极力谋求科技与经济发展的需要，助长新加坡在国际贸易方面的成长，并且谋求达到新加坡成为一个国际都会的目标。行动党政府相信英语在世界经济领域的重要作用，[2]为了经济发展而重视英文教育向来是公开的策略，这就使英文逐渐发展成为一枝独秀的语文。政府虽然不断强调平等对待四大语文源流的教育，可是它一开始就强调英文对新加坡的现代化与工业化继续起着关键性的作用。1959年，新加坡自治后所面临的主要问题之一是教育不发达、失业率高。旧的职业机构无法提供足

---

[1] Larry Ser Peng Quee, Socio-cultural Factors and Attitudes of Chinese Singaporeans Towards English and Mandarin, Unpublished Dissertation, Singapore: National University of Singapore, 1987, p. 3.

[2] Antonio L. Rappa and Lionel Wee, *Language Policy and Modernity in Southeast Asia*, New York: Springer Science + Business Media, Inc. 2006, p. 81.

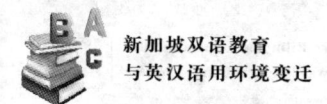

够多的工作岗位,因经济发展而出现的新工作岗位需要受过良好教育的人员。① 为此,发展经济、改善民生是政府的当务之急。在亚太地区仍然处于政治混乱的年代,世界经贸活动主要是说英语的西方国家,要做生意就得跟西方国家打交道,而英语则是不可或缺的媒介语。正如李光耀总理所说,"我们意识到必须把英语作为工作语和共同语。新加坡以国际贸易为主,如果我们以马来语、华语或淡米尔语为工作语和共同语,我们将无法谋生。而且,以英语为共同语,各民族都没有语言优势,可以平等竞争"。②

如前文所述,行动党政府希望以双语教育来实现建国过程中的政治和经济目标,不仅把双语教育作为谋求国家生存的重要手段,而且认为双语教育也是个人谋生和保留传统文化的工具。如此看来,只有"英语+母语"的双语教育才能达到上述目的。有关个人的经济发展与英语以及双语教育的重要关系,李光耀总理也多次公开发表看法。其中一次是1978年,他在一个座谈会上谈到双语教育时说:"两种语文的精义,在于一方面赋予一个人一种谋生的工具,另一方面保留传统的优良文化和价值观。"③事实上,双语教育"谋求生存"的工具性和"保留文化"的感情性对于个人是如此,对于新加坡也是如此。当然,无论是对于国家还是个人,当时"谋求生存"的要求显得更为迫切、更为现实、更为重要。新加坡要生存,要发展经济,不但要吸引西方跨国公司的投资,而且要派大量学生去西方国家受教育,学习掌握先进的科学技术与管理知识。所以,在学校里加强教导英文成为振兴经济、改善民生的必要措施,完全符合行动党政府的教育哲

---

① Soon Teck Wong, *Singapore's New Education System: Education Reform for National Development*, Singapore: Institute of Southeast Asian Studies, 1988, p. 6.

② Rita Elaine Silver, The Discourse of Linguistic Capital: Language and Economic Policy Planning in Singapore, *Language Policy*, No. 4(2005), p. 53.

③ *Mandarin: The Chinese Connection*, Singapore: Promote Mandarin Council, 2000, p. 56.

学与政治目标,也符合国家现实情况的需要,更符合家长要孩子有较光明前途的心愿。在这方面,英语是否是殖民地政府遗留下来的语文并不重要,重要的是,它能协助新加坡跟发达的西方经济体接轨并从中获取巨大利益。① 在这种形势下,英语在新加坡的经济地位快速升高。

4. 提高英语地位的政策与措施

执政前夕,行动党纪念特刊上刊登《教育政策问题的国家路线》指出,在未来的一个长时期里,特别是在马来语能负起国语的任务之前的过渡时期里,英语应继续在本国的文化和科学的进步上,特别是有关马来人文化的发展上,担任重要的角色。同样,华、英、淡米尔语在国家教育政策目标达到,以及国语成为各校的主要教学媒介语之前,将继续负起他们的任务。② 这表明,在这个"长时期"的过渡时期,英语继续在学校教育方面发挥主要作用。这一点也明确体现在自治初期的双语教育政策之中。1959年行动党政府执政后宣布了许多教育措施,与双语教育有关的主要包括:(1)全新加坡英文源流学校都要把第二语文(华、巫、印文)看成与任何其他科目同等重要的科目,采取必要措施,促进学生学习第二语文。(2)从1960年起各语文学校教员交换授课,以便锻炼学生讲多种语言。(3)宣布从1960年起,正式在学校里实施三种语文教育,正式以英语作为各语文学校的共同教学媒介语。有关马来语的作用,政府政策中指出,接受马来语为国语,它将来不但是所有学校的共同应用语言,且将是人民之共同语言。③

尽管行动党政府早在1959年宣布要"变更殖民地时代注重英

---

① 吴元华:《务实的决策——人民行动党与政府的华文政策研究》,新加坡:联邦出版社,1999年,第268页。

② 吴元华:《务实的决策——人民行动党与政府的华文政策研究》,新加坡:联邦出版社,1999年,第189页。

③ 吴元华:《务实的决策——人民行动党与政府的华文政策研究》,新加坡:联邦出版社,1999年,第84~86页。

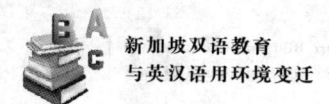

语的教育政策",但事实上,其注重英语的程度、措施与努力,比殖民地时期有过之而无不及。在学校双语教育中,英语是英文源流学校的教学媒介语和非英文源流学校的第二语文。换句话说,英语是全新加坡53.52%的学生的教学媒介语,是其余46.48%的学生的必修课目,①也只有英语是所有语文源流、所有学生都必须学习的语文。

1963年新加坡与马来亚合并后,在教育政策上保持自主权。同年,行动党政府发表《林溪茂报告书》,一方面要求加强马来语的学习与应用,但仍然特别强调为了新加坡的利益而学好英语的重要性:第一,英语已经是新加坡各民族沟通交流的共同语,其跨民族交流的使用率大于其他语言。第二,新加坡是世界金融、商贸中心,新加坡人掌握好英语有百利而无一害。第三,英语是新加坡和其他英联邦国家在众多领域联系、合作的重要媒介。②为了在学校教育中突出英语作为第二语文的重要性,从1963年开始第二语文成绩在考试成绩记分时加倍记分。③ 另一方面,在非马来文学校推广国语(马来语)教学的效果相对有限。1960年,推广国语计划中提出为政府及政府津贴的非马来文源流学生教导初级马来语,但因为初级和中级学校都缺乏合格的国语教师,到1962年该计划也未能充分地执行。④

---

① 新加坡教育调查委员会:《新加坡教育调查委员会报告书》(Commission of Inquiry into Education of Singapore—Final Report),新加坡:新加坡教育部,1966年,第57页。

② Chua Kwee Fah, A Review of Policy Statements and Research on Bilingual Education in Singapore Schools, Unpublished Dissertation, Singapore: National University of Singapore,1984,p.14.

③ 郭振羽:《新加坡的语言与社会》,台北:正中书局,1985年,第148页。

④ 新加坡教育调查委员会:《新加坡教育调查委员会报告书》(Commission of Inquiry into Education of Singapore—Final Report),新加坡:新加坡教育部,1966年,第55页。

总的看来,马来语除了有利于配合新加坡加入马来亚的政治目标外,在其他方面的作用大大不如英语。特别是在发展以转口贸易为主的新加坡经济、培养经济与科技人才、和西方发达国家接轨以及统一多民族对新加坡的国家认同方面,英语的作用是无可替代的。但以英语为双语教育中的共同语又与加入马来亚的政治目标不大协调,所以,行动党执政初期的双语政策,在对待学校共同语文的态度上有时是矛盾的。权宜的结果就是在双语教育中兼顾两种共同语(英语和马来语)的学习。在小学阶段学生学习英语和母语,中学阶段在学习英语和母语的前提下,有马来语教师的学校另外开设国语课(马来语)。或者可以说,以马来语为共同语的政策和以马来语为"国语"的政策一样,更多地体现在名义上。结果,马来语虽是新加坡的国语,国歌的歌词也是以马来语写的,但由于马来语不是非马来族学生的必修语文,新加坡多数学生对于马来文的国歌内容都不甚了解。[①] 以上分析可以看出,行动党政府在自治期间为了加入马来亚而主张以马来语为国语和共同语,1965年脱离马来亚独立后依然坚持以马来语为国语并提出以马来语为共同语,主要是需要马来语的象征意义。以下的事实也可以证实这一点。1965年10月1日,虽然总理公署正式宣布共和国的语言政策"以马来语作为共同语和国语",但一个月以后的11月12日,教育部长王邦文宣布两种语言制度正式成为共和国的教育政策,也就是母语与英语的双语教育政策。[②] 还有,双语政策在学校具体实施时主要是把英语作为各语文源流共同学习的语文,这一点从自治后统一教育制度和创立混合学校制度(本章第二节)中也能得到佐证。譬如,在政府大力推广的混合学校,不论是双语型或三语型,都把英语作为共同语。

---

① 郭振羽:《新加坡的语言与社会》,台北:正中书局,1985年,第15页。
② 吴元华:《新加坡的社会语言》,新加坡:教育出版社,1978年,第42～43页。

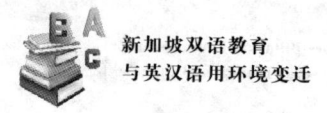

第二节　教育制度的统一

　　所谓教育制度,从教育学的角度解释有两种:一是根据国家的性质制定的教育目的、方针和设施的总称,二是各种教育机构的系统。其范围大小有两种涵义:一是泛指有组织的教育和教育机构,包括学前教育机构、各级各类学校教育机构、成人教育机构、少年儿童校外教育机构,二是专指各级各类学校教育的制度,简称学制。① 对于一个独立自主的国家来说,教育制度需要统一。但是在1959年建立国家教育制度之前,新加坡的教育,在意识形态和制度上仍深深地受历史残余势力所影响。在教育制度方面,华校和印校都追随各自的祖国,马来文学校倾向于其民族的回教导向,英校实行英国教育制度,导向忠顺英国。②

　　由于民族复杂、学校源流众多,不同学校之间、不同民族或不同语言流学生之间很少接触,彼此互不了解,甚至滋生出不同的国家意识。新加坡有英校、华校、巫校和印校四大语言流学校,各民族学生又分为两大派,一部分学生上英校,另一部分上本族语言学校,比如华族,就分华校生和英校生。两大语文主流的华文学校与英文学校几乎是老死不相往来,彼此互不相关。英校毕业生多数不懂华文,华校毕业生虽然读过数年的英文,大多数人的书写能力与表达能力不够理想。换句话说,华族中多数英校毕业生和华校毕业生几乎都是单语人。③ 更为严重的是,不同源流的学生有不同的政治认同,仅华

---

　　①　王学风:《新加坡基础教育》,广东:广东教育出版社,2003年,第32页。
　　②　孙一尘:《战后新加坡的社会变迁与教育制度的关系(1945—1983)》,未刊博士学位论文,台湾师范大学教育研究所,1987年,第263页。
　　③　吴元华:《务实的决策——人民行动党与政府的华文政策研究》,新加坡:联邦出版社,1999年,第371页。

校生就有三种:受英文教育者认同英国,受华文教育者认同中国大陆或中国台湾。新加坡总人口中华族约占75%,受英文教育者和受华文教育者之间的严重分歧对于建立一个新的国家和新的国家意识极为不利。1956年《各党派报告书》特别担忧的问题就是:如果不能消除或减少两大主要教育源流——受英文教育者和受华文教育者之间的分歧,恐怕不可能建立统一的新加坡意识。① 为了统一新加坡意识,行动党政府在学校教育制度方面采取与双语教育相辅相成的主要措施还包括:统一课程与考试、统一学制、创立混合学校、统一教学媒介语。

一、课程与考试的统一

1959年行动党执政后,开始着手统一学制,建立划一的国家教育制度,采取共同课程和大纲。有关教材和考试方面,过去的华校、英校与印校各自承袭中国、英国与印度的教学制度,从文字到精神都是外国的。吴庆瑞曾举华校新编的高小《国语》(这里指汉语)课本为例,其第一课是"咱们都是中国人"。他说课本的内容要新加坡人自称为中国人,这种倾向是错误的,可能引起学生效忠中国。② 为了改变这一状况,在1959—1963年间,新加坡进行了多项统一课程和统一考试的改革。③

关于统一课程的主要措施有:1960年,教育部长杨玉麟宣布采用共同的课程与内容,所有的课本应该以马来亚为背景,规定第二语

---

① Ong Yen Her, The Politics of Chinese Education in Singapore During the Colonial Period(1911-1959), Unpublished Dissertation, Singapore:Department of Political Science, University of Singapore, 1974, p.135.

② 吴元华:《务实的决策——人民行动党与政府的华文政策研究》,新加坡:联邦出版社,1999年,第264~265页。

③ Gwee Yee Hean(ed.), 150 Years of Education in Singapore, Singapore:Teachers' Training College, 1969, pp.75-77.

文为小学必修科目。① 同年,政府首次统一办理全新加坡政府及补助的华、英、巫小学一年级新生报名登记工作,拟定中小学语文课程标准,英校也开始有共同的华文课程。② 1961年起,四种语文源流学校将采用共同课程标准,同时为非英文源流学校的英语课程教学标准确定两个宗旨:第一,华、巫、印校教导英语,主要强调英语作为一种日常生活与商业表达、传达与了解的工具,所以它是实利的。因此,本课程的实际目标是让在不同语言背景的学童之中达到一项语言之间的了解,以及随时利用英语作为通过语言障碍的最大双程了解。第二,为学生打下良好的英语基础,当他们在完成小学教育之后,还能在工厂、技术学校或中学里通过英语书籍取得额外的有用知识。这说明行动党政府一开始就表明,在多元社会里,英语是各民族共同沟通的语言,也是获得额外知识的语文。

关于统一考试的主要措施有:第一,统一小学离校会考。1960年,教育部首次主办四种语文源流小学离校会考的统一考试。③ 第二,统一中学会考。1961年政府举办中英文中学会考;④1962年华文高三会考由政府的中四会考取代,华校的高中从三年减成两年,以

---

① S. Gopinathan, Language Policy in Education: A Singapore Perspective, in Evangelos A. Afendras and Eddie C. Y. Kuo, *Language and Society in Singapore*, Singapore: Singapore University Press, 1980, pp. 180-183;吴元华:《务实的决策——人民行动党与政府的华文政策研究》,新加坡:联邦出版社,1999年,第372~373页。

② 黄燊辉:《新华文学研究的分期应与语文教育制度的转变挂钩》,新加坡华文研究会:《新加坡华文教学论文四集》,新加坡:EPB Pan Pacific,2006,pp. 404-405.

③ 新加坡教育部:《一九七八年教育部报告书》,新加坡:新加坡教育部,1978年,第二章第3页。

④ Wong Kian Kei, 1956 Singapore Student Movements—The Political Environment and Chinese Education Politics, Unpublished Dissertation, Singapore: Department of Chinese Studies, National University of Singapore, 1998-1999, p. 62.

便和英校的大学先修班保持一致;1971年各语文源流的中四学生首次参加共同的普通教育文凭(普通)水平考试。① 当时的《南洋商报》发表社论说:"这在新加坡的教育史上是破天荒的盛事。从今以后,四种语文的学校,在思想上、行为上、日常生活上,慢慢采取同一步骤。全国上下,万众一心,由教育制度的统一,形成全国的统一,这的确是天从人愿的盛事。""不同语文源流学校的课程(和考试)内容完全一致,这一点已经造成强大的向心力,使每个学生以储才国用。从前英校不必授华文课程,现在华文课程则是必修科;从前华校的英文课程,教得不大起劲,现在则加强英文的教学,使学生能够养成高度的阅读能力、表达能力。经过课程内容及语文训练的大力改革后,华校和英校便可合流了。"②

二、学制的统一

殖民地时代,新加坡的教育制度大体上分为两类:一是英国式的,即英文源流的6-4-2-3制;另一类是美国式的,即华文源流的6-3-3-4制,其差别是中学和大学的年限:英校中学为4年,另2年是大学先修班,大学3年;华校中学6年(初中升高中不用考试),大学4年。行动党政府统一学制主要涉及华文中学,也就是把六年制华文中学由3-3制改为英校的4-2制。表面上看,把原本三年初中、三年高中的制度改为初中四年、高中二年似乎没有多大区别,其实不然。改制前华校学生经过各小学的毕业考试后,直接升入中学(初高中六年制)连续学习六年,中间没有初中毕业再升高中的考试。从1960年起,小学升入中学,必须经过政府主办的统一考试,及格者才能升入

---

① 新加坡教育部:《一九七八年教育部报告书》,新加坡:新加坡教育部,1978年,第二章第3~4页。

② 吴元华:《务实的决策——人民行动党与政府的华文政策研究》,新加坡:联邦出版社,1999年,第371~374页。

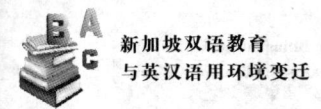

中学(即初中)就读,而1962年开始的中四毕业生,也必须在政府主办的统一会考中及格了才能进入高级中学(即高中)。① 如此一来,华文高中的生源就会减少,华文高中的教学规模也会随之萎缩。

华文教育界对华中改制提出许多疑问,甚至怀疑那是政府企图"使华校英校化"的措施。而且,把原本完整的六年中学教育缩短为四年,使中学生少受两年教育。当然,初中毕业生不能报考南洋大学。这样一来,南洋大学的新生人数将逐年减少,南大的教学规模当然也要随之萎缩。此外,他们也关注华校中四毕业生面对失业的困境。政府虽说华校中四毕业生的资格跟英校九号文凭毕业生相等,不过事实上,华校毕业生除了当华文教师之外,在其他方面的就业机会不能与英校生相提并论。这是因为政府部门仍是以英语为行政用语,英校九号毕业生的出路无论如何比华校中四毕业生要好得多。

南大学生会对华文中学改制也不能接受。1961年7月29日,南大学生会向当时的教育部长杨玉麟提出《新加坡中学改制弊端及补救建议》,认为:"华校改制以英校为蓝本,使华校完全符合英文源流,这岂不是有意无意之间,要将华文教育源流并于英文教育源流?""更重要的是,中四改制的结果,大大地限制了南洋大学的发展。这无形中在限制华文教育向最高阶段发展,因为中学四年制的学生是不能投考南大的。他们有理由怀疑先修班是为马大而设,南大的发展可虑。"②

改革华文中学的学制是行动党政府对华文教育影响最深远的教育措施之一。毫无疑问,改革华校学制是新加坡双语教育的一部分,自然也包含有政治因素。行动党政府认为,要通过教育培养当地华

---

① Gwee Yee Hean(ed.), 150 *Years of Education in Singapore*, Singapore: Teachers' Training College, 1969, pp.75;76;吴元华:《务实的决策——人民行动党与政府的华文政策研究》,新加坡:联邦出版社,1999年,第90~91页。

② 吴元华:《务实的决策——人民行动党与政府的华文政策研究》,新加坡:联邦出版社,1999年,第96~97页。

人对新加坡的国家意识和效忠感,首先要消除他们对中国的效忠感,淡化他们的中国意识。其实,自20世纪50年代起,自治政府就锐意加深马来亚化的色彩,实施马来亚化之教育,淡化华人对中国的认同。① 具体到华文教育来说,行动党政府认为要淡化华校的中国意识,最简单有效的解决办法就是把华文教育融入英文教育,其中最重要的是以英校学制为统一的学制,以英语为统一的教学媒介语。通过对华文中学改制的成功,统一了学制,接下来就是统一教学媒介语。不过,和统一学制相比,统一教学媒介语的历程却要复杂、曲折得多。行动党政府对此采取了三个步骤:第一步在混合学校试行以英语为共同语,第二步把南洋大学的教学媒介语改为英语,第三步把所有中小学的教学媒介语改为英语。

三、混合学校与双语教育

在新加坡的教育史上,殖民地政府主要采取分而治之的教育政策,使华英文两大主流的学生很少有互相接触的机会,使他们在思想上及生活方式上都有很大的距离,造成彼此之间存在一大鸿沟,这对国家的统一是有害的。早在1956年,《各党派报告书》提出建立混合学校,把英文源流与非英文源流学校的学生融合在一起,消除各源流学生之间孤立、隔阂与不相往来的现象。② 同样,也要打破不同语文源流教师之间彼此隔阂的积习,比如,可以让华校的优秀教师与英校的优秀教师对调任教。为了通过教育促进民族和谐与顺利建国,1959年底,教育部开始尝试把不同语言流学校混合到一起,采用双

---

① Lim Ling, The Transformation of Chinese Education in Singapore (1945-1955), Unpublished Dissertation, Department of Chinese Studies, National University of Singapore, 1999-2000, p. 37.
② 宋哲美:《新马教育研究集》,香港:东南亚研究所,1974年,第155页。

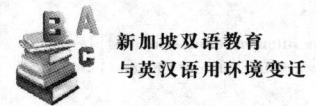

语教育。①

新加坡的社会特点就是社会多元化,针对在多元社会中建立一个非多元化的国家,郝格(Haug. M.)与莫瑞兹(Muzrui. A.)提出两个办法:同化与混合。前者为文化转变,后者为结构转变。混合过程可分为文化混合(Cultural Integration)和结构混合。文化混合,如巴西的文化糅合了多种文化而创新。结构混合,其过程是组织一个媒介机构或学校而解散平行的学校。新加坡所采取的策略就是结构混合,建立混合的媒介学校。这类学校有三语和双语两种(主要是双语),使不同民族子女在一起接受教育,以教育混合多元文化并混合各民族为新加坡人,建立一个混合的社会。在混合多元社会的政策下,混合学校是融和多元文化和语言的媒体,而双语教育便是用以达成该政策的工具。此外,双语教育可以避免受英文教育和非受英文教育者之间的就业机会不均的问题。②

1960年1月11日,混合学校制度首先在两所政府中学实验性地实施。这两所中学,除了上课时教学媒介语不同外,其他活动不分彼此,校长都大致通晓华英双语,华文源流的华语教师到英文源流教授第二语文华语,英文源流的英语教师到华文源流教授第二语文英语。③ 这种混合学校的计划,是行动党政府通过教育打破不同语文源流隔阂的政治决定,其政治目标是培养所有人民效忠新加坡。同时,杨玉麟指出,政府实施这一制度的目标是希望从这些学校毕业出来的学生,至少也应该懂得华英两种语言。实施混合教育的总目标

---

① Gwee Yee Hean(ed.), 150 *Years of Education in Singapore*, Singapore: Teachers' Training College, 1969, p. 64.

② 孙一尘:《战后新加坡的社会变迁与教育制度的关系(1945—1983)》,未刊博士学位论文,台湾师范大学教育研究所,1987年,第285~286页。

③ Ang Beng Choo, The Reform of Chinese Language Teaching in Singapore Primary Schools 1974-1984: A Case Study in Language Planning and Implementation, Unpublished Dissertation, Singapore: National University of Singapore, 1991, p. 36.

是希望通过双语教育制度,以及熟悉与应用一种以上的语文,使各民族之间能更加相互了解,从而建立一个统一的国家。杨玉麟也希望混合学校将扩展到马来文和英文学校,并希望到1969年,超过四分之一的政府小学和四分之三的中学是属于混合制度的学校。① 实施结果显示,上述目标基本能够达到。在统一各民族学生的新加坡国家意识方面,混合学校有利于打破民族与语文的藩篱,使各民族学生都能互相了解。通过共同课程,划一进度,统一考试标准,各民族学生在一起共同学习、游憩和生活,增加了各族学生欣赏他族文化的机会,有利于促进综合性文化的产生。而且,利用混合学校对不同民族的学生灌输新加坡认同,有利于把他们融合为新加坡民族。在语言的学习与使用方面,混合学校也有利于学生学习第二甚至第三种语文。混合学校的双语教育改变了殖民地时代的单语教育,它既是便利人民沟通的一种社会变迁,也是语文教学结构的一种社会变迁,成为混和多元文化、形成共同语的条件。所以,混合学校都把英语作为共同语,其实际功能不仅是混和不同民族与不同文化,还孕育着以英语为新加坡各个领域的共同语。混合学校创立以来发展迅速,由1960年的4所发展到1963年24所、1967年84所、1968年105所,1971年100多所。② 1968年,26％的政府小学和63％的政府中学是混合学校。③ 在各类中学,特别是职业和技工学校中,混合学校所占的比例更大,其中,中学占47％、技工学校78％、职业学校92％(见表2-1)。这些数字可以表明政府决心发展混合学校的

---

① 吴元华:《务实的决策——人民行动党与政府的华文政策研究》,新加坡:联邦出版社,1999年,第86～88页。

② 参见 Janet Shepherd, *Striking a Balance*: *The Management of Language in Singapore*, Frankfurt am Main: Peter Lang GmbH Europaischer Verlag der Wissenschaften, 2005, p. 119; Gwee Yee Hean(ed.), 150 *Years of Education in Singapore*, Singapore: Teachers' Training College, 1969, pp. 64-65.

③ Gwee Yee Hean(ed.), 150 *Years of Education in Singapore*, Singapore: Teachers' Training College, 1969 p. 65.

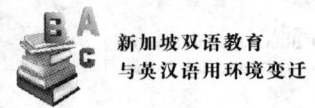
新加坡双语教育
与英汉语用环境变迁

趋势。

表 2-1 新加坡各类中小学与混合学校的比例(1968 年)

	小学	中学	完全中学	技工学校	职业学校
学校总数(所)	475	74	41	9	12
混合学校(所)	52	35	0	7	11
占总数的百分比	11	47	0	78	92

资料来源：Gwee Yee Hean(ed.), 150 *Years of Education in Singapore*, Singapore: Teachers' Training College, 1969, pp. 64-65.

四、改换南大教学媒介语的序幕

新加坡政府为了统一国家意识，在学校实施统一教育制度和双语教育，而统一课程与考试、创立混合学校以及统一教学媒介语都属于统一教育制度上的一环。英语是双语教育中实质上的共同语，混合学校以英语为共同语可以说是统一教学媒介语的实验和尝试，政府最终要以英语统一各语文源流学校的教学媒介语。迈出的第二步是把高等院校的教学媒介语统一为英语，首当其冲的就是南洋大学。南大是新加坡华文教育的最高殿堂，当时几乎是华校中学生继续接受华文教育的唯一出路。把南大的华文教学媒介语改换成英文，就像是切断了华文中学"前进的道路"，再回头改变华文中小学的媒介语也就轻而易举且顺理成章。

行动党政府明白，如果突然把南洋大学的华文媒介语改为英语，必然引起轩然大波，广大的华社无论如何也难以接受。于是，行动党政府首先发动舆论攻势，让华社逐渐意识到南大的教学媒介语与新加坡建国的利害关系。行动党和政府领导人多次发表讲话，认为南洋大学用华文教学会被非华族看成是一所"华人大学"、"外国大学"，这样会妨碍新加坡国家意识的建立，与新加坡加入马来亚的政治目标不一致，于是提出改组南大的设想，第一步就是增加英文为部分学科的教学语言,继而把华文教学媒介语改为英文。从新加坡自治前后行动党和政府几位主要领导人以及政府刊物的言论可以看出,建立新加坡国家意识过程中改变华文教学媒介语的严肃性、重要性、必要性和必然性。

  1957年12月5日,行动党主席杜进才指出:"南大是用华文教学,这种情形会使南大的学生与其他民族脱离,南大有被看成是一族独享的大学的危险。"他认为从马来亚人的观点看,马大的学生虽然是从英校毕业,可是他们包括了马来亚的多民族:华人、马来人、印度人和欧亚裔。"殖民地的语言竟融合了多民族在一起,实在是一个奇迹。这样看起来还是受英文教育的群众中,有更多发展马来亚特色的机会。"言下之意,英语是唯一可以融合新加坡各民族的语言。1958年3月30日,副总理杜进才在《马来亚教育的里程碑》一文中指出:"一所大学是不能闭关自守,忽视周围环境的。"他认为,南大如果要发扬光大,必须搞好对新加坡政府的联络关系,也必须搞好对联合邦政府的关系,以配合行动党主张新加坡加入马来亚联合邦的政治议程。1959年6月18日,教育部长杨玉麟谈到新加坡与马来亚的教育问题时指出:"我们的政策是主张南大与马大(新加坡大学的前身)合并。"1959年10月28日晚,李光耀总理在南大发表演讲后回答学生的提问时,也提到南大要成为一所马来亚学府"最简单的办法是跟马大合并"。针对学生的问题"假如南大与马大合并,以英语为教学媒介,华校中小学的教学媒介语将如何处理",李光耀回答说:"在大学里,假如是科学、艺术,可以用英语,华文必须留在华文学科中。在中学,学生可以学一点英文和马来语。"[①]李光耀的回答表明,南大改组后,只有华文科用华文教学,其他学科都将用英语教学,这所华文大学实际上要变成英文大学。如此一来,华文中小学的教学语言自然也要做相应的改变。

---

  ① 吴元华:《务实的决策——人民行动党与政府的华文政策研究》,新加坡:联邦出版社,1999年,第332~346页。

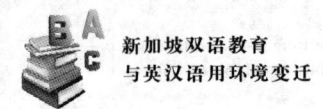
新加坡双语教育
与英汉语用环境变迁

1960年2月13日,《行动周刊》发表《全面改革南大:南大检讨委员会报告书》评论,清楚地解释了行动党政府希望南大成为一所"马来亚化大学"的构想,而不要变成一所外国大学:"什么是一所外国大学和一所马来亚化大学的分别呢?这里恰好有一件具体事例可作说明:南洋大学开办4年来所定的假期具有极其浓厚的中国色彩。它好像几十年前中国的私塾一样,学生的假日都规定在一些民间的节日:清明节、端午节、中秋节、重阳节等。有了这种偏重于中国习俗的观念,难免要这种中国习俗在此地推行的意念……但这明显是错误的意念,因为它会慢慢在我们和当地兄弟民族之间形成了一道隔离的藩篱。……好在从今年起南大的假日改变了,除了还保留部分中国民间节日外,已经全部采用政府规定的公共假日。"①

为了改变南大的教学媒介语,行动党政府向南大提出三个要求:(1)南大应该摆脱"华文大学"的形象,发展成为符合马来亚人民需要的"马来亚人大学";(2)南大应该进行改组(后来并入以英文为教学媒介语的马大);(3)提高学术水准,使毕业生能学以致用。② 从以上的要求来看,南大要摆脱"华文大学"、"外国大学"的形象,仅改变带有中国习俗的假日当然不够,必须把教学媒介语由华语改为英语。也就是说,政府希望以马大的英文教育制度和英文媒介语来改造南大。改组南大实际上就是让南大和马大合并,以提高学术水准,使毕业生能学以致用,也就是要以英语为教学媒介语,因为华校毕业生面临就业困难,在学校的所学没有用武之地。

由于行动党政府把南大的媒介语和改组问题提到与建国休戚相关的政治高度,政府主要领导人以及行动党的党报《行动报》随后又进一步发表了更为严肃的讲话。

---

① 吴元华:《务实的决策——人民行动党与政府的华文政策研究》,新加坡:联邦出版社,1999年,第335~336页。
② 吴元华:《务实的决策——人民行动党与政府的华文政策研究》,新加坡:联邦出版社,1999年,第332页。

1960年3月29日,总理李光耀在南大发表《政治与语言》演说时指出,如果单单采用华语为媒介语,即使是向学生灌输马来亚意识,也还是会被非华人看成是一所种族大学。"在任何情况下,南大也不应该被认为是华人大学或华文大学,因为这只会加强对马来人种族主义的一种刺激"。1960年3月30日,副总理杜进才在南大发表演说,提醒南大当局"不可能在东南亚政治土壤里栽培中国果树"。1960年7月2日,李光耀在马大发表演说,他认为"马大的毕业生最接近马来亚人的标准",而"华文教育中主流的南大生将怎样呢?……他们从华校出来,进入一所华文大学,于是乎,又在社会里别树一帜?这危险真多"。针对南大教学媒介语的问题,《行动报》以《沙文主义与自杀》为题,认为南大坚持使用华文作为教学媒介语,是"阻止人民同化和统一,是一项沙文主义的要求,这是沙文主义者要求自杀"①。由此可见,政府批评南大以华文为教学媒介语的语气越来越严厉。

1965年新加坡被迫脱离马来亚,行动党政府要求南洋大学改变教学媒介语的计划暂时搁置,还发表声明保证"南洋大学将永远是一所华文大学",并且采取一些实际措施表示对南大的支持。② 当然,政府并没有放弃统一教学媒介语的计划。20世纪60年代末,政府逐渐完成了对南大的改组工作,1975年南大教学媒介语从华语改为英语,学校内部的一切行政来往文件也都改用英文。1978年南大学生离开南大校园,搬到联合校园和新大学生一起上课。1980年,南大和新大正式合并,完全融入新大的英文教育。同时,政府也开始在中小学增加以英语为教学媒介语的科目和时间。1994年3月22日《联合早报》报道了李光耀在华中新校舍开幕典礼上有关当时改组南大的讲话:"一个完全用华语的学校,要改用英语作为媒介语而华语变成第二语文是相当难的事,很多人在心理上都反对。这个问题一

---

① 吴元华:《务实的决策——人民行动党与政府的华文政策研究》,新加坡:联邦出版社,1999年,第336～339页。
② 同上,第332页。

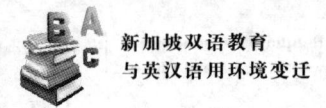
新加坡双语教育
与英汉语用环境变迁

直到1978年才算是解决了一个阶段。南大和新大合并成联合校园。过后,政府才一步步解决中学和小学的(媒介语)问题。"①

第三节 学生选择就读英校的大趋势

随着华文中学改制、混合学校的建立和南洋大学的改组及其改变教学媒介语的造势,双语教育的实施也更加深入到英文学校。英文学校的最大变化是越来越重视作为第二语文的母语教育。如,在小学离校考试中,1960年母语还是选考科,1962年就变为必考科,1965年所有华族学生必考华语。② 由于华校中学生毕业后升大学和就业的前景都远不如英校生,而英文学校在重视英语的同时也开始重视华语,兼顾了华族家长希望子女以英语"谋前程"的工具性依附和以华语"保文化"的感情性依附。也就是说,英校以"英语为主华语为辅"的双语教育对华族家长和学生产生了更大的吸引力。

一、华族学生选择就读英校的趋势

从各语文源流新生人数统计数字可以看出,1954年以后,英校新生人数每年都比华校新生人数遥遥领先,而且距离越来越大(见表2-2)。或者说,华族学生进入英校的人数比率逐年快速加大。

---

① 陈金燕:《探讨冷战对新加坡华文教育兴衰的影响》,未刊学位论文,北京:北京大学,2006年,第32～36页。
② Ang Beng Choo, The Reform of Chinese Language Teaching in Singapore Primary Schools 1974-1984: A Case Study in Language Planning and Implementation, Unpublished Dissertation, Singapore: National University of Singapore, 1991, p. 37.

表 2-2　英文和华文源流学生占全国学生总数的百分比(1954—1965)

年	英文	%	华文	%	其他	学生总数
1954	84418	45	81605	44	8167(ii)	186125
1955	97057	46	94244	44	8059(ii)	212213
1956	112575	46	108490	44	10614(ii)	245466
1957	127761	47	117374	43	13815(ii)	273720
1958	145362	48	129155	43	14042(ii)	304171
1959	163486	51	140231	44	—	320977
1960	180275	52	147448	42	1871(iii)	349890
1961	191651	51	152829	41	7762(iii)	375838
1962	200062	50	154384	39	16343(iii)	397006
1963	209070	49	156302	37	31207(iii)	426045
1964	208147	47	155131	35	45304(iii)	442659
1965	273328	57	167604	35	—	477408

注:(ii)其他注册的学校包括初级与中等技术学校;(iii)混合学校。
资料来源:根据 Gwee Yee Hean(ed.), 150 *Years of Education in Singapore*, Singapore: Teachers' Training College, 1969, p. 147. 数据整理,百分比为笔者所加。

根据 1959 年李光耀所公布的数字,在 1938 年,全国的学校里有 47586 名学生,30%在英校,60%在华校,9%在马来文学校,1%在淡米尔文学校。到了 1959 年,在 324689 名学生中,51%在英校,44%在华校,5%在马来文学校,0.5%在淡米尔文学校。① 从英校学生的增长率和华校学生的下降率可以看出,在 1938—1959 的 21 年里,英校学生的增长率达到 20%,平均每年增长 0.95%;华校学生的下降

---

① 吴元华:《务实的决策——人民行动党与政府的华文政策研究》,新加坡:联邦出版社,1999 年,第 283~284 页。

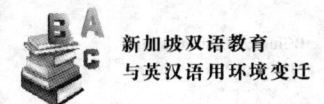

率为16%,平均每年下降0.76%。李光耀公布上述数字是想说明,华校人数逐年下降的趋势早在1959年行动党执政前就已经开始出现了。不过,数据同样表明,自行动党执政以后,华校人数逐年下降的趋势明显加快。1954年是英校和华校此长彼消的分水岭,这一年英校学生人数首次超过华校。为了更清楚地说明华校学生人数下降的快慢趋势,上述表格中的数据也特意把1954年列入其中。从1954—1965年的全国学生数字分析,虽然1954年英校生人数开始超过华校,但在随后的几年里形势相对稳定。从1954至1959年,英校生人数和华校生人数所占全国学生人数的比例没有什么大的变化。英校生人数在1959年才有比较明显的增加,从1958年的48%增加到51%;而华校生新生人数所占比例几乎没有变化,一直保持在44%。华校生人数所占比例加速下降的时间突出表现在1960年以后,在短短六年时间里由1959年的44%连续降到1965年的35%,下降比例为11%,平均每年下降将近2%。单看英校生1960年后的增长并不太大,从1959年的51%只增加到1965年的57%,增加了6%,平均每年增长了1%。而且,在1960至1964年段英校学生人数比例也有稍微下降的现象,但需要注意的是,同一时期混合学校学生人数几乎每年都是成倍增加,从1960年的1871人增加到1964年的45304人,而英校学生人数在混合学校占有绝对的优势。所以,总体上看,1960—1965年期间,华校学生人数下降的速度明显加快,平均年下降率由1959年以前的0.8%,变为1960年以后的近2%,华校每年连续大量减少的学生人数当然是流向英文学校和混合学校。下面再看看同一时期各语文源流小学一年级新生人数占全国小学生比例的变化,也能发现相同的变化趋势。

表2-3 小学一年级新生人数和语文源流(1960—1965年)

入学年份	英校		华校		马来文学校		淡米尔学校		学生总数
	人数	%	人数	%	人数	%	人数	%	
1960	28118	47.4	27223	45.9	3491	5.9	530	0.9	59362

续表

入学年份	英校		华校		马来文学校		淡米尔学校		学生总数
	人数	%	人数	%	人数	%	人数	%	
1961	27231	51.8	20664	39.3	4542	8.6	123	0.2	52560
1962	30650	55.4	20174	36.5	4369	7.9	161	0.3	55234
1963	34882	60.3	17948	31.0	4878	8.4	170	0.3	57878
1964	36676	62.1	17309	29.3	4970	8.4	129	0.2	59084
1965	38472	63.1	17026	27.9	5391	8.8	126	0.2	61015

资料来源:根据吴元华:《务实的决策——人民行动党与政府的华文政策研究》,新加坡:联邦出版社,1999年,第285页和郭振羽:《新加坡的语言与社会》,台北:正中书局,1985年,第76页整理。

从1960—1965年期间小学一年级新生人数分析,英校学生人数增长和华校新生人数比例下降的趋势显得更加突出。英校学生从1960年的47.4%上升到1965年的63.1%,五年间增长了15.7%,平均每年增长3.14%。与此相反,华校学生从1960年的45.9%下降到1965年的27.9%,五年间下降了18%,平均每年下降3.6%。上述两个表格中的数字说明了以下几点:第一,华族学生1960年后进入英校的趋势比1959年前加快了一至两倍,也就是说,华校式微的速度加快了一至两倍。第二,1960年后华族家长更愿意为子女选择英校。第三,更愿意选择英校的原因可能是,1959年后的英校实施"英语为主、母语为辅"的双语政策,兼顾了语言的工具性依附(好英语好前途)和感情性依附(华族文化认同),因此受到华族家长的普遍欢迎。第四,1959年前的英校不符合新加坡多民族、多语言、多文化的国情,学生只能获得单语、单文化,不利于本族文化的传承,以至于受英文教育的华族学生忘祖忘根。

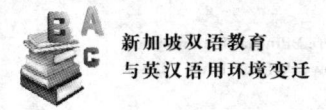

二、华校学生人数锐减的主要原因

总的看来,华校式微的原因主要包括国际和国内因素。从二战后国际形势的演变来看,英美等讲英语国家富强先进,英语英文作为强势语言继续领导世界,华语华文的地位根本无法与之并驾齐驱。从东南亚区域形势来说,二战以后,共产主义、种族主义和排华浪潮迅速蔓延,将华人、华文、华校等陷于极度艰难的处境。① 从新加坡国内因素来看,主要有历史、政治、经济、社会、语言和文化等几个方面:

(一)历史原因

如前所述,英国统治新加坡140多年,英语一直是行政、司法、商业等重要领域的语言。英国人退出新加坡时,留下的不仅是政权,还有一个英语占优势的语言环境。新加坡继续使用英语是有好处的,因为它为记录、行政及法律提供连续性,英语自然成为统治阶层的通用语言。英语既是政治和法律的语言,其社会地位便无法动摇。②

(二)政治原因

1. 压制华文教育的政治环境

新加坡历届政府都一直重视并鼓励英文教育,压制华文教育。二战结束不久冷战开始,当时西方资本主义大环境是以反共为主潮流,从美国到欧洲,然后席卷整个东南亚。新加坡的华校都比较关心国家大事,1949年之后,又出现向往新中国的倾向,而这些显然不能

---

① 杨松年:《新马文学论争与社会变迁的关系:以战前新马文学论争为例的说明》,杨松年主编:《传统文化与社会变迁》,新加坡:新加坡同安会馆,1994年,第50页。

② 云惟利:《语言环境》,云惟利编:《新加坡社会和语言》,新加坡:南洋理工大学中华语言文化中心,1996年,第17页。

为政府所接受,政府认为华文学校是"左派分子的温床",带有强烈的"中国文化沙文主义"色彩,于是殖民地政府颁布了一系列教育法令压制华文教育,并禁止去中国求学的新加坡学生再返回新加坡。更令政府担心的是,华校拥有对抗政府的传统,曾多次举行反日本帝国主义和反殖民主义的游行活动。所以,殖民地政府认为只有发展英文教育才符合他们的利益,于是颁布了《十年教育计划》和《五年教育补充计划》等法令,大量增加政府资助的英校。由于有政府的全力资助,英校的学费比华校低廉,而且设备比华校好,教师素质比较专业,英校的生源不断扩大。①

既然华文学校被殖民地政府看做是反殖民主义的"左派分子的温床",华文学校的语言问题在新加坡自然也具有爆炸性的政治问题。事实上,殖民地政府对华校语言问题的担心不是没有道理,20世纪50年代的左派暴动以及60年代的种族冲突,经常是以语言和教育问题为导火线,②以致殖民地政府在二战后企图大力发展英文教育以取代华文教育。行动党政府虽然不像殖民地政府那样试图消灭华校,还在一定程度上支持华文教育,但考虑到国内、区域和国际政治形势,也认为偏重英文教育才符合新加坡的国家利益。新加坡华人约占全国人口的75%,常常被周边邻国和英美等大国称为"华人城市"、"第三个中国"。为了消除周边国家的疑虑,摆脱"第三个中国"的形象,新加坡从自治到独立后,极力树立"新加坡人"的形象和观念,力求在本地区保持"独立"和"中立",以求生存。在学校教育方面,李光耀采取了温和渐进的方式,把华文教育逐渐转向偏重英文的教育,希望以此把新加坡华人对中国的认同和中国意识转向新加坡认同和新加坡意识。

二战后新加坡的教育发展史实际上是英文教育与华文教育竞

---

① 陈金燕:《探讨冷战对新加坡华文教育兴衰的影响》,未刊学位论文,北京:北京大学,2006年,第18~21页。

② 郭振羽:《新加坡的语言与社会》,台北:正中书局,1985年,第129页。

争的历史。虽然二者的竞争在二战前早已开始,但在二战后这种竞争表现得更为惨烈、更为白热化。英语的最大优势在于有政府作为其强大的后盾,而借重英文教育压制华文教育也是新加坡政府一贯的作法,这一点更具体地体现在升学、就业方面。比如,1949年新加坡殖民地政府成立马来亚大学(简称马大),可是马大招生时只承认英校毕业文凭而不承认华文中学文凭。如果华校生想进入马大,就要另外考取同等学历的英文证书。① 后来的新加坡大学、工艺学院和教师培训学院等高等学府也只录取有英文证书的学生。这样,新马华校中学毕业生就失去了直接进入本地大学深造的机会。

　　在这种压制华文教育的政治环境下,东南亚唯一的华文大学南大的生存空间一步步被缩小,直至无处存身。李光耀认为"没有一个东南亚国家愿意看到一所华文大学冒起"。为了把南洋大学的华文教育转向英文教育,行动党政府上台后不久就采取一系列手段,主要有:第一,1968年前政府部门带头不承认南大学位。第二,要求改组南大。第三,1963年9月22日,宣布吊销陈六使的新加坡公民权,把南大的灵魂人物赶离新加坡。第四,拘捕和开除以罢课、示威方式对改组南大表达不满的学生,其中,1964年拘捕学生50名,1965年开除80名,1966年开除100多名。第五,频繁改换南大当局。在南大短短的24年历史中担任校长职务的不下9人,每人负责校长职能的时间平均只有两年多。第六,停止招收马来亚的华族学生。南大于1953年由新马两地华人共同筹办,1956年开学后一直以招收新马两地的华族学生为主。1974年,在政府的压力下,南大停止招收来自马来亚的学生,这意味着南大50%或以上的学生生源被政府切

---

　　① 陈金燕:《探讨冷战对新加坡华文教育兴衰的影响》,未刊学位论文,北京:北京大学,2006年,第34页。

断。①

2. 偏重英文教育的语言政策

二战后,殖民地政府实施《十年教育计划》及《五年教育计划》支持发展英文教育、压制华文教育,以低收费等优惠方式鼓励、吸引家长(特别是华族家长)把子女送入英校学习。② 政府出资补充原有英文初级中学校舍及建筑新英文中学,方言学校(华文)照旧任其自然,甚至曾经应允给予学校的建筑费津贴亦未曾实行。英校不断扩建,华校备受限制……以致校舍设备及教师待遇均不及英校。一般家长发觉政府政策偏重英文教育,对于华文教育前途信念开始动摇,多将其子女送入英校。③

行动党政府的教育政策也是偏重英文教育,从而引起维护华文教育者的不满。譬如 1961 年 8 月 14 日《南洋商报》以《从现实生活看教育平等政策》为题,对政府依然特别重视英文教育颇有微词,指出"所谓教育平等政策,在现实生活中并不见得如此"。它举例说:一个马来亚大学荣誉学位的华籍学生,可以不识最简单的华文,也仍旧可以居高官,领厚禄;一个华文大学的毕业生,他虽然有阅读与写作英语的能力,可是在英语会话方面似乎不大流利,他的前途就被断送了。④ 当时的南大毕业生就业机会很少,找个理想的工作更难。⑤ 对

---

① 陈金燕:《探讨冷战对新加坡华文教育兴衰的影响》,未刊学位论文,北京:北京大学,2006 年,第 32~36 页。

② Lee Chong Kau, Choice of Education Among the Singapore Chinese: A Study of the Factors Which Contribute to the Choice of Education Medium Among Chinese Parents in Singapore, Unpublished Dissertation, Singapore: University of Singapore, 1967, p. 6.

③ 吴元华:《务实的决策——人民行动党与政府的华文政策研究》,新加坡:联邦出版社,1999 年,第 288~289 页。

④ 吴元华:《务实的决策——人民行动党与政府的华文政策研究》,新加坡:联邦出版社,1999 年,第 286~287 页。

⑤ Thiru Kandiah and John Kwan-Terry, English and Language Planning: A Southeast Asian Contribution, Singapore: Times Academic Press, 1994, p. 115.

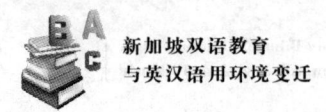

此,南大毕业同学会也发表声明,指教育平等政策并未成为生活现实:"在殖民地时代备受宠爱的马来亚大学,至今得到更大的宠爱,而备受殖民地主义歧视的南洋大学,至今仍然受歧视。"①

3. 妨碍华校发展的学生政治活动

在五六十年代,东南亚国家都掀起排华浪潮,新加坡的政治局势也是错综复杂,社会动荡不安,罢工罢课活动不断,仅1961年就有116次罢工。② 而且,学生罢课与工人罢工总是连在一起,其中,规模比较大的事件有:1954年的"5·13"暴动、1955年的"福利巴士"罢工、1955年数万人争取独立的群众大会、1956年大暴动。1964年和1965年在南洋大学也发生了大规模的学生运动,数千名警察开入南大校园制止学生暴动等等。所有这些政治活动,华校生都积极参与,英校生却很少参加。③ 毫无疑问,华校频繁的政治活动不仅会招来政府对华校的严厉压制,也会使家长对华校望而却步。事实上,许多家长担心华校这样的环境影响子女学习转而为子女选择英校,如,1954年,各大报纸头版头条刊登华文中学动乱事件,同一年,注册就读英校的新生人数首次超过华校。④ 针对华校学生频繁参与罢课、罢工活动,1956年《各党派报告书》也特别提出"学生不应该参与政

---

① 吴元华:《务实的决策——人民行动党与政府的华文政策研究》,新加坡:联邦出版社,1999年,第287页。

② Ong Yen Her, The Politics of Chinese Education in Singapore During the Colonial Period(1911-1959), Unpublished Dissertation, Singapore: Department of Political Science, University of Singapore, 1974, p. 119.

③ 陈金燕:《探讨冷战对新加坡华文教育兴衰的影响》,未刊学位论文,北京:北京大学,2006年,第19页。

④ Ang Beng Choo,"The Reform of Chinese Language Teaching in Singapore Primary Schools 1974-1984: A Case Study in Language Planning and Implementation", Unpublished Dissertation, Singapore: National University of Singapore, 1991, pp. 34-38.

党活动和劳资纠纷"①。

（三）经济原因

1. 重视英语是新加坡经济发展的重要保证

虽然经济价值并不是应用某种语言的唯一因素,但却是决定性因素,②正是出于对该因素的考虑,二战后新加坡各届政府都把双语教育与经济发展紧紧联系起来。③ 新加坡是一个缺乏天然资源的小岛国,要发展经济主要依赖于从事国际商业贸易、开发世界科技、发展工业化,而英语是国际贸易和学习世界科技的语言。作为一个世界性经贸枢纽的新加坡,依赖英文的程度比任何国家都更为迫切。可以说,英语在感情上被人拒绝,但实际上却不能抗拒,因为它确实是新加坡发展经济以图生存的工具。新加坡政府有充足的理由重视英语的经济价值,而政府重视英语本身又无形中提高了英语的经济价值和社会地位。

2. 使用经济手段是政府控制华校的有效砝码

对华校而言,没有经济支撑,学校就不可能维持下去。政府以经济手段控制华校往往可收到奇效。比如,殖民地政府多次以津贴金为条件达到控制华校的目的。二战前,大多数华校有华社作为经济后盾,不为政府微薄的辅助金而受控制。但二战后由于经济不景气,华社对华校的经济支持减少,华校面临严重的经济压力,只能增加学费,从而导致大量的华校生由于经济原因而转入英校。迫于无奈,华校不得不接受政府给华校的微薄辅助资金。以1949年为例,英校得

---

① Janet Shepherd, *Striking a Balance : The Management of Language in Singapore*, Frankfurt am Main: Peter Lang GmbH Europaischer Verlag der Wissenschaften, 2005, p. 117.

② Robert B. Kaplan, *The Oxford Handbook of Applied Linguistics*, New York: Oxford University Press, 2002, p. 231.

③ Rita Elaine Silver, The Discourse of Linguistic Capital: Language and Economic Policy Planning in Singapore, *Language Policy*, No. 4(2005), p. 51.

到政府津贴金近600万元,占教育总经费的76.3%,华校只有47万元,仅占6.1%,而当时的华校生比英校生多10%。①

同样由于经济原因,英校的教学设备和学习条件比华校优越,这也是吸引家长和学生的另一优势。而且,华校既然拿了政府的辅助,学校的行政以及教学等方面都要受政府的管制。如1957年教育部宣布的《学校津贴金新条例》规定,接受全部辅助之华校,除了保存一个原有之校董会应依新条例所赋予之职权管理之外,一切行政均应获得教育部之同意始能实行。华校中学课程历来以中文为主,但接受津贴金后不得不按政府的要求为英文提供最多的课时,把每周三大主要课程的授课节数改为:英文9节、中文8节、数学5节。②

行动党政府也以经济手段控制学校。比如,直到1968年南大按照政府要求进行改组接近尾声的时候,政府才正式承认南大的学位,开始给予不同幅度的经济支持。反过来,学校必须按照政府的要求进行管理和教学。

3. 经济价值与事业前程是学生选择英校的最主要原因

对升学、就业和升职影响越大的语言,语言价值越高;社会职业中需求越高的语言,在学校课程中越受重视,也越受到家长的青睐并导致家长支持、鼓励其子女学习该语言。③ 众多学者(如Gardner、Peal和Lambert)的研究表明,家长的语言态度直接影响子女学习和使用语言的态度。④ 在新加坡,语言能力是攀登教育阶梯的决定性

---

① 陈金燕:《探讨冷战对新加坡华文教育兴衰的影响》,未刊学位论文,北京:北京大学,2006年,第20页。

② 丁莉英:《新加坡华校课程及教科书的演进初探》,未刊学位论文,新加坡:南洋大学,1972—1973年,第8;44页。

③ Robert B. Kaplan, *The Oxford Handbook of Applied Linguistics*, New York:Oxford University Press,2002,pp. 231-232.

④ Larry Ser Peng Quee, Socio-cultural Factors and Attitudes of Chinese Singaporeans Towards English and Mandarin, Unpublished Dissertation, Singapore:National University of Singapore,1987,p. 25.

因素，①而教育阶梯的高度决定了一个人社会阶梯的高度。可以说，教育是提高个人生活水平的唯一途径，只有接受了足够的教育，才能找到好的工作，才能改善生活条件。政府重视英文教育就是让家长明白英语是提升个人经济地位、进入上流社会的阶梯，这自然导致了家长和学生重视英语。根据莫雷（Murray）的研究，凡是将子女送往英校就读者，主要都是基于经济上的考虑；反之，仍然坚持子女就读华校的家长，则是基于文化感情和伦理道德教育的动机。② 对于学生来说，最直接、最迫切的问题是升学、就业和升职。在这些方面，受英文教育者有很大的优势，而受华文教育者却面临困难，众多华文文教团体如新加坡家长联合会、新加坡华校教师总会、新加坡华校联合会、中华总商会等教育团体在检讨华校学生人数锐减的原因时发现，最主要的原因是华校毕业生升学、就业出路受阻。华校毕业生几乎没有机会找到工作或接受高等教育。③

　　从升学来看，本地大学阻碍华校生接受高等教育制约了华文中小学的发展。从殖民地时代的马来亚大学把华校生拒之门外开始，到新加坡自治由行动党执政、甚至到新加坡从马来亚联邦独立出来以后的多年之内，华校中学毕业生一直是升学无门或者备受歧视。新加坡中华总商会于 1963 年 8 月 11 日发表的报告书指出，"本邦高等教育，如新加坡大学、工艺学院、师训学院等新生之录取均以英文程度为标准，华校毕业生罕能直接升入"。④ 例如，1967 年周清海教授从南大毕业时，许多南大同学都担心毕业后没有工作。有些

---

① S. Gopinathan, Language Policy in Education: A Singapore Perspective, in Evangelos A. Afendras and Eddie C. Y. Kuo, *Language and Society in Singapore*, Singapore: Singapore University Press, 1980, p. 187.
② 郭振羽：《新加坡的语言与社会》，台北：正中书局，1985 年，第 82 页。
③ Antonio L. Rappa and Lionel Wee, *Language Policy and Modernity in Southeast Asia*, New York: Springer Science+Business Media, Inc. 2006, p. 99.
④ 吴元华：《务实的决策——人民行动党与政府的华文政策研究》，新加坡：联邦出版社，1999 年，第 288 页。

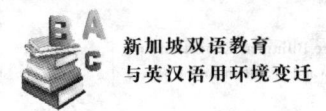

同学为了找到一份工作不得不做出许许多多令人遗憾的小动作,还有些工作无着落的同学大四毕业后,到新加坡大学中文系继续深造,被当做二年级学生,需要再读两年,才能获得(大学本科)荣誉学位。①

从就业来看,英校生工作前景好而华校生就业机会少,让许多家长对华文教育的前途失去信心。根据新加坡中华总商会1963年发表的调查报告,"……政府公务员之任用均以英文为依据,一切官方文告所采用之文字,特别侧重英文。……影响所及,一般大商行、会计公司、律师馆等亦均以英文为唯一应用语文,置受华文教育者于无用武之地,造成政治上、商业上、社会上唯英文独尊的现象,以致华校毕业生除在华文学校当教职员外,绝少谋职的机会,遂使一般华族家长为子女出路问题失去学习母语之自尊心,削足适履,改送其子女入英校"。② 当时华校大中学生处于"毕业就是失业"的社会环境,不满和失望是不难想象的。③ 早在1961年8月14日,《南洋商报》的社论就指出:"在过去,一般家长把子女送到英校读书,是为了到各政府部门找工作;现在一般人把子女送到英校,是因为华校面对种种困难,无论升学与就业,都比英校困难。"许多调查资料显示,语文教育与工作性质以及社会地位是相关的。为了帮助孩子学好英语,许多华族家长有意把家庭语言改为英语。连那些不是受高深教育的家长都尝试用英语,甚至用不标准的英语跟他们的孩子交谈。④

---

① 周清海:《语言与语言教学论文集》,新加坡:泛太平洋出版社,2004年,《自序》第2页。

② 吴元华:《务实的决策——人民行动党与政府的华文政策研究》,新加坡:联邦出版社,1999年,第288页。

③ Wong Kian Kei, 1956 Singapore Student Movements—The Political Environment and Chinese Education Politics, Unpublished Dissertation, Singapore: Department of Chinese Studies, National University of Singapore, 1998-1999, p. 123.

④ Mandarin: The Chinese Connection, Singapore: Promote Mandarin Council, 2000, p. 32.

当然,供与求的关系是相关的,学校之所以培养大量英语能力强的学生,自然是因为市场上有这种需求,是因为英语在工作领域备受重视,是高尚职业的敲门砖。事实上,只要翻开报章上的征聘广告栏,便会发现即使是与语言掌握能力无大关联的工作,如清洁工作、包装工作等,也要求应征者"略懂英语",由此可见英语在工作领域里的权威地位。[①] 这种偏爱英语的社会用语环境当然会让人们清楚地认识到语言的功用价值,从而影响人们对待语言的态度以及他们使用语言的态度。同样,学生在学校学习语言的态度不可能不被语言的功用价值所左右。

从职务升迁来看,升职困难加重华校生的失落感。英校毕业生在升职上占尽优势,华校毕业生却很难获得升职,即使他们的工作能力与责任感并不逊于英校生。政府部门许多关键性的职位,如部门主管、高级行政官、常任秘书等等都因为需要良好的英文而与受华文教育者无缘。在教育或其他领域的行政阶梯里,华校毕业生也由于英文不灵光,以致晋升机会非常少。[②]

表2-4　已受训全职雇员(男性)的平均月薪(新加坡元)(1966年)

语文源流/年龄	10—19	20—29	30—39	40—49	50—59
受过某些华文中等教育	—	189.38	—	—	—
受过某些英文中等教育	174.09	263.04	529.28	—	—
完成华文中等教育	178.85	279.54	344.37	—	—
完成英文中等教育	181.70	585.42	848.42	—	—

资料来源:吴元华:《务实的决策——人民行动党与政府的华文政策研究》,新加坡:联邦出版社,1999年,第278页。

---

① 许佩娟:《论新加坡华语及方言中的语码选择的问题》,未刊学位论文,新加坡:新加坡国立大学,1992—1993年,第90~91页。
② 周清海:《多语环境里语言规划所思考的重点与面对的难题——兼谈香港可以借鉴些什么》,《普通话教育的发展和推广国际研讨会(2002)论文集》,香港:香港大学教育学院普通话培训测试中心,2003年,第10页。

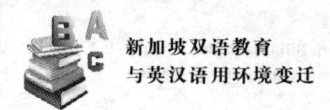

收入偏低加深华校生的失望和不满。在就业收入方面,华校毕业生的薪酬有时只是英校生的一半,甚至更少(见表 2-4;2-5)。在南大的学位获得承认之前,其毕业生在私人机构只领取高中生的薪水,这是那一代南大毕业生毕生难忘的惨痛经历。尽管待遇悬殊,雇主仍然优先聘请受英文教育的毕业生。

综观整个 20 世纪,受英文教育者的收入比受华文教育者要高得多。英文是高薪人士的必备条件,英文的重要可以从收入数字看出来,这种情形直至 1980 年也没有很大的改变。1978 年,李光耀先生谈到英语的重要性时说"基于经济发展的趋势,欲成为专业人士及行政人员都必须具有能说、能写流利英语的条件,趁早起步学习英语就易于掌握这语文",①这就是社会重视英文的必然结果。经济学者李赐安认为,"从一开始,经济因素就是形成(新加坡)国家政策的主要内容"。② 对此,李光耀资政的观点是"每一样事物都和经济分不开,和生计也分不开"③。郭振羽也认为新加坡奉行任人唯贤的哲学,使个人离开学校后的成功跟在学校里的优异表现有密切的联系。因此,在学校里的语言计划、实践和使用,跟个人学前(家长决定)与毕业后(在事业发展方面)的语言计划、实践与使用是互相影响的。④ 1966 年开始实施强制性双语教育的主要目的之一也就是要逐步解决受英文教育者与非受英文教育者之间就业机会不均、工资收入不

---

① 关汪昭:《英语在新加坡的传播与演变》,云惟利主编:《新加坡社会和语言》,新加坡:南洋理工大学中华语言文化中心,1996 年,第 160~161 页。

② 吴元华:《务实的决策——人民行动党与政府的华文政策研究》,新加坡:联邦出版社,1999 年,第 279~280 页。

③ *Mandarin*:*The Chinese Connection*, Singapore: Promote Mandarin Council, 2000, p. 36.

④ 吴元华:《务实的决策——人民行动党与政府的华文政策研究》,新加坡:联邦出版社,1999 年,第 278~279 页。

均的问题。①

表 2-5　未受训全职雇员的平均月薪(新加坡元)(1966 年)

语文源流/年龄	10—19	20—29	30—39	40—49	50—59
受过某些华文中等教育(男)	98.42	161.65	281.01	310.74	232.21
受过某些英文中等教育(男)	118.64	224.85	407.26	468.08	502.51
受过某些华文中等教育(女)	85.10	111.32	185.27	220.29	—
受过某些英文中等教育(女)	116.09	226.22	248.84	273.73	—
完成华文中等教育(男)	141.67	200.31	347.35	438.81	403.52
完成英文中等教育(男)	177.28	382.00	632.61	774.78	674.96
完成华文中等教育(女)	153.65	178.73	263.41	357.41	—
完成英文中等教育(女)	184.84	251.67	404.3	486.92	—

资料来源:吴元华:《务实的决策——人民行动党与政府的华文政策研究》,新加坡:联邦出版社,1999 年,第 279 页。

(四)社会原因

华社对华人和华校的影响力降低。在殖民地政府统治东南亚的年代,侨社、侨校和侨报被称为华人华侨社团三宝,缺一不可。先有侨社,然后才有侨校和侨报。侨社主要包括三种不同的社团组织:同宗会(血缘)、同乡会(地缘)和同业会(业缘)。侨社是海外华人华侨的擎天柱:守望相助、同舟共济、排难解纷、谋生就业、救生恤死、办学板报、红白二事等等。侨社当时的功能就相等或大于今天的政府功能。除了在法律上没有合法的地位以外,侨社的权威性、广泛性、治理性、认同性和组织性都比今天一般的政府有过之而无不及。②

---

① Chiew Seen-Kong, Bilingualism and National Identity: A Singapore Case Study, in Evangelos A. Afendras and Eddie C. Y. Kuo, *Language and Society in Singapore*, Singapore: Singapore University Press, 1980, p. 238.

② 陈金燕:《探讨冷战对新加坡华文教育兴衰的影响》,未刊学位论文,北京:北京大学,2006 年,第 8 页。

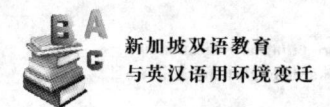

侨社对新马华文教育的创立和发展起了决定性的作用,几乎所有的华校都是由当地华人华侨通过侨社捐助而成立的。侨社是华文教育兴旺发达的支柱,殖民地政府基本上扮演着一个旁观者的角色。每当侨社的经济与社会地位出现大幅度的波动时,华文教育马上受到影响。所以,新加坡政府要改变华校的教育传统,首先就需要降低华社对广大华人的影响力,加强政府与民众间的联系。1960年,行动党政府成立人民协会(简称"人协"),组织新加坡人民集体参与社会、文化、教育及体育活动。同时积极建设基层社区组织,除人协包含70多个会员团体组织以外,人协之下最主要的成员组织还有100多个联络所(见表2-6),联络所是人民与政府间的桥梁,在建国中负有极其重大的任务。此外,各选区都有公民咨询委员会和各民众联络所的管理委员会。通过这些地方组织与民众连成一体,政府便能使整个社会变成一个组织系统,一改殖民地时代一盘散沙的作风。另外,随着城市重建计划中卫星镇的建设,民众逐渐住进建屋发展局的组屋,各民族原来的居住分布局面发生了根本的改变。新建的卫星镇都有联络所、疗养所和市场等,①政府英校也随着社区以及公共房屋数量的扩展渗透到各个社区。这样,随着政府对社会管理功能的逐渐加强,国家各种福利制度逐渐完善,华社的小政府功能渐被替代,从而降低了侨民对侨社的依赖,侨社就失去了以前的巨大影响力。

表 2-6　新加坡联络所的类型与数目(1960—1967)

类型	1960	1961	1962	1963	1964	1965	1966	1967
大型	42	54	56	75	77	78	78	80
乡村	0	0	6	102	103	103	103	103
总计	42	54	62	177	179	181	181	183

资料来源:顾石宝:《新加坡社会变迁与华文教育之改革》,未刊学位论文,新加坡:南洋大学,1971年,第16页。

---

①　顾石宝:《新加坡社会变迁与华文教育之改革》,未刊学位论文,新加坡:南洋大学,1971年,第15~17页。

在新加坡,与教育有关的最大社会问题就是就业不平等。政治和经济因素决定了英语的重要地位,也就创造了英语重要的社会环境。英语一直是政府行政、司法、金融、商贸等重要领域和行业的工作语言、共同语,华文在现实社会中明显低人一等。政府行政部门里,无论是报告、通知、来往函件等都是英文,甚至机场告示、街名、地铁站等等,也都是英文。新加坡决定以英语作为行政语言时,华社以及华教团体并没有充分意识到这个决定的意义和可能带来的冲击,所以没有充分做好应变的准备,以致牺牲了受华文教育的一代人,他们逐渐被边缘化,成为沉默的大多数。他们自己吃了亏,就不愿意他们的下一代再吃亏、再一次被边缘化。于是许多家长,其中不少是华文教师和一些华社领袖,都纷纷将子女送进英校。① 有些受华文教育的家长为了自己的子女养成讲英语的习惯,人为地把家庭用语改为英语。② 随之而来的结果是,受教育越高的人,在社会上越少用华语;社会成就越大的,越不愿用华语,使得华语被视为不成功人士的语言。③ 在这样强烈的社会导向之下,华族家长的反应可想而知,他们不得不考虑子女的前途和命运。从毕业生角度来说,他们都要进入社会去求职、工作、生活并获得社会的认可,而在英语重要的社会环境里,英校毕业生受宠爱,华校毕业生被歧视;英校毕业生找工作容易,工作待遇和地位也高得多。对在校生而言,这样的社会语言环境直接影响他们学习和使用语言的态度。不仅如此,新加坡偏重英

---

① 周清海:《多语环境里语言规划所思考的重点与面对的难题——兼谈香港可以借鉴些什么》,《普通话教育的发展和推广国际研讨会(2002)论文集》,香港:香港大学教育学院普通话培训测试中心,2003年,第10～11页。

② Rita Elaine Silver, The Discourse of Linguistic Capital: Language and Economic Policy Planning in Singapore, *Language Policy*, No. 4(2005), pp. 47-66, p. 56.

③ 周清海:《多语环境里语言规划所思考的重点与面对的难题——兼谈香港可以借鉴些什么》,《普通话教育的发展和推广国际研讨会(2002)论文集》,香港:香港大学教育学院普通话培训测试中心,2003年,第10～11页,第10～11页。

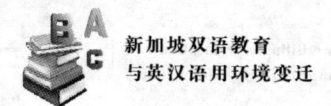

语的社会还会衍生出另外一个矛盾：一方面，新加坡需要掌握先进科技、英语能力强、具有国际竞争力的人才，并大力投资教育培养年轻一代；另一方面，这些被培养出来的人才更有条件、更容易（往往也更有意向）移民国外。① 为了留住这些人才，新加坡政府必须为他们提供更优裕的工作、生活条件。如此一来，英语的社会地位更是水涨船高。

在政治、经济等因素的综合作用下，随着侨社的功能逐渐降低甚至丧失，侨报的功能也会相应地降低、丧失或被政府控制，通过侨报向社会呼吁重视华文教育的舆论也就越来越少，声音越来越弱。②现在，华人社团的地位与作用和战前有很大区别。从性质上讲，如今华社更多的是以当地社会福利活动为主要目标的联谊性组织；从组织形式上看，如今越来越简化、松散化，号召力、吸引力都大为削弱；从发展趋向看，华社逐渐朝超群帮、超宗族的方向发展，带有鲜明的社会化倾向。这种变化，实际上说明作为华人社会过去组织形式的华侨社团，其作用与地位已大为下降。不过，这种变化却正好适应了华侨华人在居住国落地生根，适应了华侨华人社会开放和同化于当地社会的需要。③ 总之，侨社—侨报—侨校—侨民之间的联系逐渐变弱，后来甚至中断了联系，也是华校式微的主要原因之一。

（五）语言文化原因

社会心理学家凯尔曼（Kelman）在讨论多语社会建设国家认同时指出，各不同语言群的人，通常对自己的族群及语言具有一种"感情性依附"（Sentimental Attachments），常会阻碍国家意识的建立。

---

① Jason Tan S. Gopinathan Ho Wah Kam, *Education in Singapore: a Book of Readings*, Singapore: Simon & Schuster(Asia)Pte Ltd., 1997, p. 14.

② 丁莉英：《新加坡华校课程及教科书的演进初探》，未刊学位论文，新加坡：南洋大学，1972—1973年，第38页。

③ 郭梁：《东南亚华侨华人经济简史》，北京：经济科学出版社，1998年，第149页。

在这种情况下,当政者必须设法满足个人及各民族语言群的基本要求,使得人民对现存的社会政治结构产生一种"工具性依附"(Instrumental Attachments)。长期之后,这种对国家政体的依附感,可以由"工具性"而转变为"感情性",从而萌生新的国家意识。①

具体到个人而言,语言的工具性依附通常体现在接受哪种语言教育对个人的生存和发展更有保障,也就是更能提高个人的经济和社会地位。语言的感情性依附则表现在各民族是否有权利学习、使用、继承和发扬本族语言文化。在新加坡政治、经济和社会等因素的作用下,大多数华族家长和学生都认识到掌握英语的重要性。由于双语教育的实施,英校既重视英语又教授华语,英校毕业的学生在个人经济与社会地位方面,也深得其利,英文教育能够满足人们对语言的工具性依附。然而,大多数华族家长希望子女学好英语的同时,也学习本族语言文化,以免"忘本忘根"。1958年起英校开设以华语为第二语文的必修课(当时还不是必考科),使华族学生对本民族语言和文化的感情依附也得到一定程度的满足。或者说,英校以"英语为主、母语为辅"的双语教育消除了许多华族家长心理上的障碍,减少了对英校环境的抵制心理,也容易将基于经济原因而选择英校的决定予以"合理化",②基本上满足了华族家长希望其子女英语和华语二者兼得的愿望,也就加快了华校学生人数锐减的趋势。③

(六)华文教育本身的原因

传统的华文教育本身存在着难以适应社会发展要求的弊病。过

---

① 郭振羽:《语言政策和语言计划》,云惟利编:《新加坡社会和语言》,新加坡:南洋理工大学中华语言文化中心,1996年,第65页。

② 郭振羽:《新加坡的语言与社会》,台北:正中书局,1985年,第82页。

③ Ang Beng Choo, The Reform of Chinese Language Teaching in Singapore Primary Schools 1974-1984: A Case Study in Language Planning and Implementation, Unpublished Dissertation, Singapore: National University of Singapore, 1991, pp. 34-38.

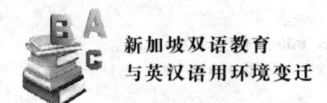

去的华文教育注重了与中国关系的一面,而忽视了更重要的一面,即海外华人的生存环境。教育目的强调维系中华民族特点,而没有考虑华文教育对海外谋生的华侨(华人)的实际效用。随着二战后华侨(华人)经济当地化和国际化的发展,这些弊病越来越明显。如果说传统华文教育还能适应二战前的华侨社会需要的话,那么肯定难以适应二战后的社会变化。由于战后华侨华人政治经济地位带来的变化,特别是由于经济活动范围越来越广泛和经济关系日趋国际化,华侨(华人)社会已经步入了面向世界、开放型的现代化华人社会。在这种变化发展形势下,仅仅依靠推广华文教育来推动华人事业的发展是不可能的,依靠华文教育来促进华人在当地社会长期生存更无可能。显然,华文教育与华人现实生活的矛盾越来越突出,无法适应华人求生存、求发展的需要。面临社会发展的现实,传统的华文教育也亟待改革。①

三、华文教育团体提高英文程度的主张

1963—1965年间,针对华校学生人数锐减的趋势,各华文教育团体包括新加坡中华总商会、华校董教联合会、华校联合会、华校教师总会、华文中学教师会以及学生家长联合会等纷纷提出各自的看法与办法,一致认为最重要的解决办法是提高华校的英文程度。其中,新加坡华校联合会针对提高英文程度所提出的建议最为具体,以下从两个方面对此进行探讨。

(一)提高英文水准的具体措施

1963年,新加坡华校联合会致函中华总商会,主张华校应提高英文教学水平,以多造就华英文并重人才。该会于同年7月20日举

---

① 郭梁:《东南亚华侨华人经济简史》,北京:经济科学出版社,1998年,第147~148页。

行第127次理事会议,讨论"有关补救办法","以提高华校学生英文水准乃补救办法之最重要者"。会议即席成立一个"研究华校小学提高英文水准小组委员会",不久后提出以下建议:第一,本委员会认为,教育部宜加强华校英文科之视学工作,并建议举行华校英文教师进修会或演讲会,以便互相交换意见及介绍教授华校英文之新方法。第二,在可能范围内华校小学英文科授课时间略予增加。第三,华校英文教师应注意下列各点:(1)以英文为教学媒介。(2)鼓励学生多讲多读(英文),中、高年级多写英文。(3)尽量增加(英语)会话时间。(4)英文测试也包括口试之举行。(5)每年至少举行一次英语背诵比赛。(6)应引起学生学习英语之兴趣,并使其明了英语之重要性。(7)教室内各物,均宜以英文缮写其名称。(8)教师宜在图书馆选择一些适合学生程度之英文书籍及杂志,给他们阅读。(9)选择一些英语歌曲教授学生,以增加他们对英语之兴趣及加深他们记忆。①

接着,该会联合华校教师总会与中学教师会组成"华文三教育团体提高华校英文水准推动委员会"研究对策,并于1963年底提呈一份华文备忘录给教育部,其中包括以下观察与建议:(1)英文是世界上主要语言之一,尤其是在本邦,精通英语,最少在此时此地的环境中,在谋生与深造两方面都是极其需要的。(2)目前具远大眼光之华人家长,已深知他们应先送其子女进华校接受母语——华文教育,为了实际需求及国家利益,再接受国语及英语教育。他们也希望提高英文水准,加强国语之学习。(3)凡中小学学年成绩,英文成绩不及50分者留级。(4)本邦三华文教育团体认为,欲发展华校教育,欲增多华校毕业生出路之机会,提高华校英文水准及加强国语教学,实为华校当前急务,而应于最近付诸实施。1964年2月8日,上述委员会举行"提高英文水准"座谈会。主席高鸿锵在致词中说教育界深信

---

① 吴元华:《务实的决策——人民行动党与政府的华文政策研究》,新加坡:联邦出版社,1999年,第239~240页。

在当时的环境下,要华校前途有所发展及华校学生人数之增加,以及增广华校毕业生出路之机会,在学校加强英文教学,是刻不容缓的措施。他指出,英文在华校已是第二语文而非外国语,学校对英文的教学急待加强,"全体华校努力则英文水准普遍提高,大有助于华校毕业生出路之扩展。而华校学生人数之增加,华校前途之发展,可预卜也"。①

(二)提高英文水准的效果

如上所述,众多与华文教育有关的团体充分认识到在新加坡的社会现实环境下华文教育必须变革才能继续发展,而变革的重点就是采取一定措施培养华校学生学好英文。他们认为,学生在华校学好英文,毕业后才会有好的出路;毕业生有好出路,才能吸引新的学生到华校就读;有了更多的生源,华校自然会有更好的发展前景。但事实表明,上述提高英文的措施对增加华校新生人数效果甚微。从小学一年级新生报名历年统计可以看出,1963—1965年间英校小一新生人数占全国新生人数总数的比率分别为60.3%、62.1%、63.1%,华校的比率分别为31.0%、29.3%、27.9%,②依然是连续下降的趋势。而且,华文学校一年级新生人数不断减少并不是当时华校所面对的唯一问题,其他年级学生纷纷转入英校的问题更为严重。

尽管华校提高英文的措施没有产生理想的效果,但华校对待英语在观念上的改变以及努力的态度和行动,对配合双语教育却是具有积极的作用。华校努力提高华族学生英文水准的做法,是在改变的环境中以积极的态度寻求两全其美的办法,他们的努力完全合乎时宜,也很有魄力和远见:一方面接受英文成为主要语文的大环境,

---

① 吴元华:《务实的决策——人民行动党与政府的华文政策研究》,新加坡:联邦出版社,1999年,第240~241页。

② 郭振羽:《新加坡的语言与社会》,台北:正中书局,1985年,第76页。

另一方面以实际可行的办法排除华校生出路的障碍。他们的努力对于华族语言文化的保持是积极的、务实的。

第四节 本章小结

  在双语教育发展期,新加坡的政治、经济、教育以及其他领域都面临严峻的考验,社会动荡不安,失业率居高不下,罢工罢课更是司空见惯。行动党政府要扭转这一混乱的局面并求得生存,需要开创一个政治稳定、经济发展、教育发达的国家。在稳定政治方面,行动党政府首先考虑的是建国大计,包括达成新马合并、培养效忠国家的意念以及规定一种通用的语言。如果政策和学校没有培养共同语的形成,在各民族中形成统一的新加坡意识的理想就不可能实现。在发展经济方面,需要借助西方发达国家并培养经济与科技人才,当然要重视英语。在发达教育方面,首要考虑的就是实现上述政治和经济目标。具体说来,一是培养国家意识,消除种族歧视;二是加速造就发展经济所需要的科技人才,实施双语教育。要达到以上两大目标,确立双语教育中的共同语非常关键。行动党政府执政初期在决定以马来语还是英语为共同语的问题上显得很矛盾。总的看来,马来语除了有利于配合新加坡加入马来亚的政治目标外,在其他方面的作用大大不如英语,特别是在发展以转口贸易为主的新加坡经济、培养经济与科技人才、和西方发达国家接轨以及统一多民族对新加坡的国家认同方面,英语的作用是无可替代的。以下是本章对双语教育发展期的几点概括归纳。

  第一,该时期的双语教育政策平等对待各民族语言,但更重视英语的学习与应用。双语教育模式有外语教学主流式、主流双语教育模式和过渡式双语教育,以过渡式双语教育为主。外语教学主流式实施的场所是新加坡的所有学校,对象是各民族学生。1959年行动党执政后要求促进第二语文的学习。具体说来,华、巫、印校都开设

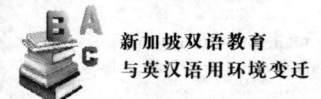

英语科作为第二语文,英校也给华、巫、印族学生开设各自的母语科为第二语文。主流双语教育模式实施的场所主要是混合学校,对象是混合学校的各民族学生,以英语和母语两种语言为课堂教学语言,以求达到双语与双元文化的语言目标。混合学校都把英语作为共同的教学媒介语,总的目标是希望通过多种语言制度,以及熟悉与应用一种以上的语文,使各民族学生之间能更加相互了解,培养学生形成高于族群的新加坡国家意识。

从本阶段双语教育发展的总趋势来说,过渡式双语教育模式仍然是主轴。行动党政府出于以英语统一国家意识、发展经济的目的,宣布从1960年起正式以英语作为各语文学校的共同教学媒介语。为了配合统一国家意识的形成,学校教育中必须统一教育制度,新加坡政府在学校实行统一课程与考试、创立混合学校以及统一教学媒介语都属于统一教育制度上的重要环节。混合学校以英语为共同语可以说是统一教学媒介语的实验和尝试,政府最终要以英语统一各语文源流学校的教学媒介语。事实上,华、巫、印校的外语教学主流式和混合学校的主流双语教育模式都是为了扩大英语的学习与应用,特别是提高华、巫、印族学生的英语水平,以便于把华、巫、印校的教学媒介语逐渐转为英语。

第二,以英语为共同语的双语教育把各自为政的四大源流学校联系起来。该时期实施的是非强制性双语教育,允许华、巫、印校分别以华、马、淡米尔语为各自的主要教学语言,把英语作为一门主要学科学习,即,华校以华语为主、英语为辅;马来学校以马来语为主、英语为辅;淡米尔学校以淡米尔语为主、英语为辅;而英校则以英语为主、华语(或马来语、淡米尔语)为辅。值得注意的是,在各民族语言学校的小环境内,学生的本族语处于首要地位,但在全国教育体系的大环境内,英语最为重要,全国所有学校的所有学生都学习英语,英语实际上变成了四大语文源流学校的共同语。虽然有些中学为非马来族学生开设英语课程的同时也兼授马来语,但总体看来,该时期实施的是异中求同的"英语+母语"双语教育。依据奈耶(Nayar)的分析,这种主张"异中求同"(Unity in Diversity)的政策,一方面尊重国内各文化群之间的差异,另一方面规定一种语言为共同语,以此建立对国家的忠心和认同。① 这一点与新加坡政府力求以双语教育统一国家意识和国家认同的政策基本一致。

第三,过渡式双语教育模式为英语统一教学媒介语创造了必要条件。从整个国家教育制度层面来看,在以过渡式为主的双语教育模式下,四大语文源流学校的课程和考试得以统一,华校学制改以英校学制为准,混合学校一开始就以英语为共同语。总的来说,统一课程与考试是教育政策统一教育制度的开始,统一学制就是把民族语言学校的学制转换为英校的学制,创立混合学校是教育政策统一四大语文源流学校的重点尝试而且发展迅速,混合学校的双语教育以英语为共同语,显然是以英语统一教学媒介语的前奏。简而言之,所有这些环环相扣的步骤都是在为教学媒介语的统一创造先决条件,也就是为把英语变成各语文源流学校的主要教学语言做好了充分的准备。新加坡的双语教育发展到下一个阶段——双语教育成熟期时(见第三章),英语不仅是英校的主要教学语言,同时也逐渐变成了华、巫、印校的主要教学媒介语。

第四,单语环境向双语环境转变。相比双语教育萌芽期的单语环境,在双语教育发展期,单语环境逐渐改变,学生中的双语人数不断增加。譬如,在华校兼学英文和英校兼学华文的学生人数大量增加。由于在"英语+母语"的双语教育政策下,华族英校生和华校生都学习英语和华语,这就出现了下列情况:首先,从程度上看,语言科分为深浅两组。在华校教授的华文程度较高;在英校教授的华文程度较低。其次,从学生人数来说,学华文的华族学生普遍增加。以1965年为例,原来只有30%的学生学华文,变成91%的学生学华文

---

① 郭振羽:《语言政策和语言计划》,云惟利编:《新加坡社会和语言》,新加坡:南洋理工大学中华语言文化中心,1996年,第64页。

(其中61%是学习华文第二语文)。① 最后,在新加坡整个社会重视英语的大环境下,英校采用"英语第一、母语第二"的双语教育,照顾到了各民族的"工具性依附"和"感情性依附",也解除了华族家长和学生害怕"顾此失彼"的矛盾心理,满足了华族学生能兼顾英语和母语的学习而深得民心,结果在全国范围内形成了各族学生(包括华族学生)选择英校就读的大趋势。

---

① 周清海:《华文教学应走的路向》,新加坡:南洋理工大学中华语言文化中心,1998年,第26~27页。

第三章 双语教育成熟期(1966—1986)

在双语教育发展期(见第二章),行动党政府出于以英语统一国家意识、发展经济的目的,宣布从 1960 年起正式以英语作为各语文学校的共同教学媒介语。但在多元民族、多元语言的新加坡,语言问题一直是个非常敏感的问题,如果突然间强迫统一四大语文源流的教学媒介语只会引起各民族的抗拒心理,不利于国家意识的真正统一。所以,行动党政府采取了循序渐进的办法,实施异中求同的非强制性双语教育,允许华、巫、印校分别以华、马、淡米尔语为各自的主要教学语言,把英语作为一门主要学科学习。随后,统一课程和考试、统一学制、创立混合学校、以英语为共同语等环环相扣的步骤都是在为以英语统一教学媒介语创造先决条件,也就是为把英语变成各语文学校的主要教学语言做好了充分的准备。同时,在英校采用"英语第一、母语第二"的双语教育,满足了华族学生能兼顾英语和母语的学习而深得民心,结果形成了华族学生选择英校的大趋势。1966—1986 年是双语教育成熟期,其特征是非强制性双语教育转为强制性双语教育,加强第二语文的学习与应用,更主要的是进一步加强英语的学习与应用,后来要求华、巫、印校把英语作为部分学科的教学媒介语,再后来又不断增加以英语教授的科目和时间,以致华、巫、印校由华、马、淡米尔语为主的双语教育逐渐过渡到以英语为主。如此一来,英语不仅是英校的主要教学语言,同时也逐渐变成了华、巫、印校的主要教学媒介语。总的看来,强制性双语教育使英文的重要性越来越突出、华文的地位相应降低。但新加坡实施强制性双语教育并不是要以英语完全取代母语,而是在突出英语的同时,把母语保持在一定的程度。针对华文而言,华

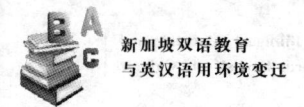

校的华文由以前的听、说、读、写并重转向以口头交际能力为主。

第一节 强制性双语教育

　　无论是历史悠久的国家还是新兴成立的国家,教育总是国家政策中非常重要的一环。在新成立的国家,建国大计更离不开发展教育,教育与国家发展的相互关系非常紧密。① 所以,语言教育政策的决定,考虑的不纯粹是语言因素而已,政治和经济上的考虑远远超过语言上的考虑,②当然,一个国家社会和经济的变化又会影响教育的变革。③ 新加坡独立以前的行政语言是英语,独立以后仍旧保留殖民地的英语作为行政语言,为什么做这样的选择呢? 因为新加坡除了自己设法生存别无选择。新加坡没有天然资源,要生存只有发展经济,要发展经济就必须和西方经济发达国家打交道,其中最重要的沟通媒介就是英语。所以,政府重视经济发展,相应地就要重视英语的学习与应用。④ 其实,行动党政府一开始就认识到,英文是新加坡争取国际空间和发展经济最有效的工具语文。在政府看来,英文的实用价值远远超过它是殖民者语言的背景。新加坡政府采用有实用

---

　　① Soon Teck Wong, *Singapore's New Education System: Education Reform for National Development*, Singapore: Institute of Southeast Asian Studies, 1988, p. 1.

　　② 周清海:《多语环境里语言规划所思考的重点与面对的难题——兼谈香港可以借鉴些什么》,《普通话教育的发展和推广国际研讨会(2002)论文集》,香港:香港大学教育学院普通话培训测试中心,2003年,第9页。

　　③ Soon Teck Wong, *Singapore's New Education System: Education Reform for National Development*, Singapore: Institute of Southeast Asian Studies, 1988, pp. 1-2.

　　④ Antonio L. Rappa and Lionel Wee, *Language Policy and Modernity in Southeast Asia*, New York: Springer Science+ Business Media, Inc. 2006, p. 80.

价值的英文为主要语文,既是出于政治、历史和社会等因素的考虑,也是重实效的选择。但是早期在争取新加坡与马来亚联合邦合并的年代,行动党政府则主张以马来语作为全民的国语,虽然英文仍是行政和经贸的语言,但在名义上英文只能屈居次要的地位。1965年新加坡脱离马来西亚独立,英文的重要性立即获得强调和加强,奠定了它最终成为主导语文的地位。①

一、以英语为主的强制性双语教育

1965年8月,新加坡成为独立的国家,在建国之初就明确了教育的指导思想,即要求教育必须配合工业化,为国家经济发展服务。事实上,行动党一开始就把语言教育当做一种实用主义的策略,以便在多元语言、多元文化的新加坡统一国家意识和快速发展经济。为此,独立后对教育目标作了修改。马来语虽然仍是国语,但其用途不再得到强调,而让英语扮演主要角色,②实施以"英语为主母语为辅"的强制性双语教育,英语成了名副其实的共同语。在强制性双语教育中,英语和华语所承担的功能有了明确的分工,以便各负其责,减少竞争。李光耀总理曾经指出,双语教育中英语和母语的功能有所不同:以英语获得现代知识,促进国家现代工业的发展;以母语获得传统知识,传承数千年来前人的智慧。Pendley把此观点概括为"功能两极分化"的双语教育,具体分工如下:(1)英语的功能:发展经济、商业、教育、科学、技术、跨民族交际。(2)母语(华语、马来语、淡米尔语)的功能:充当母语、文化载体、文化认同、本民族交际。从实用价

---

① 吴元华:《务实的决策——人民行动党与政府的华文政策研究》,新加坡:联邦出版社,1999年,第377页。

② Janet Shepherd, *Striking a Balance: The Management of Language in Singapore*, Frankfurt am Main: Peter Lang GmbH Europaischer Verlag der Wissenschaften, 2005, p. 121.

值看英语的功能,英语是经济生存的关键。对国家而言,英语是国家发展经济所需要的最重要的国际经贸、金融、科技的语言,新加坡要发展成为世界金融、银行中心,英语尤为重要。重视英语的学习与使用也有助于提高新加坡在本地区的竞争力;就个人而言,英语是获得知识、技能和发展事业的关键。同时,英语不属于亚洲语言,在三大主要民族交流中是中立语言。对社会而言,英语是跨民族交际、促进民族和谐的语言,①英语的使用有利于团结各民族,统一国家意识。

如前所述,新加坡为了国家生存、政治稳定、经济发展,推行的是实用主义策略,要发展经济就必须快速发展工业化,语言政策需要与此相配合。从60年代初至今,新加坡的经济经历了四次大转轨(其中两次发生在双语教育成熟期):由单一的转口贸易转为工业化、由内需型转为外向型、由劳动密集型转为知识与技术密集型、再向高科技工业发展。与经济发展的四次转轨相适应,新加坡政府又进行了几次大的教育改革,使教育始终适应经济发展的需要,为经济发展服务。在这四次经济大转轨中,可以清晰地看到新加坡双语教育发展到成熟期的变化轨迹。

在双语教育成熟期,新加坡经历了两次经济大转轨,第一次大转轨是经济恢复阶段(1965—1978)。独立之初的新加坡面临两大主要问题,一是失业率极高,二是经济极其落后。新加坡政府制定了大力发展工业、推行工业化的重大战略决策,试图使单一的转口贸易转为以工业化为主的多元经济,这就是新加坡历史上的"第一次工业革命"。随着新加坡经济的转轨、工业企业大量涌现、国际金融中心的初步确立,新加坡对通晓英语、掌握科技的工人和技术人员的需求急剧增加。当时新加坡的教育已不能适应经济发展的需要,特别是基础教育的发展严重滞后。针对这种情况,新加坡进行了第一次教育改革,改革重点主要有:②

---

① Wendy Bokhorst-Heng, *Language is More Than a Language*, Singapore: Pagesetters Services Pte Ltd, 1999, pp. 6-9.

② 王学风:《新加坡基础教育》,广东:广东教育出版社,2003年,第6~8页。

(1)重视基础教育,制定教育政策。1966年李光耀总理对中小学校长和教师发表了有关教育政策的重要讲话,其主要思想包括:第一,冲淡各民族之间的歧异观念,培养国民的共识,以效忠国家;第二,实施两种语言教学;第三,加速培养发展经济所需要的科技人才。为了培养科技人才,政府特别重视学校的科学、数学、技术以及职业等课程。①

(2)普及基础教育,调整中等教育结构。由于当时新加坡的经济正处于恢复期,急需具有中等教育水平的劳动力,但培养一个受过中等教育的技术工人需要近十年的时间。为此,新加坡在普及六年小学教育的基础上,调整了中等教育结构,将中学分为两个阶段,前两年为普通教育,后两年为职业教育,从而使中等教育能够真正承担起既向高等院校输送合格新生,又为国民经济输送具有中等教育水平的劳动后备力量。

(3)推行双语教育、重视英语教育。独立之初,新加坡政府为扩大对外贸易,发展制造业和旅游业,作为"商业语言"、"科技语言"和"世界语言"的英语,则成为新加坡人的"谋生工具"。因此,政府在多种语文的大前提下,于1966年正式实施以英文为主、母语为辅的双语教育政策,也就是强制性"英语+母语"的双语教育,要求所有学生必须学习英语和母语(即华语、马来语、淡米尔语)。这样,英语成为各民族学生必须学习的共同语,拉开了强化学习与应用英语、教学媒介语逐渐以英语为主的大序幕。

二、第二语文的强化学习与应用

1966年《新加坡教育调查委员会报告书》提出接受1956年《各党派报告书》的建议,注重科学及数学的学习,以适应工业化社会的

---

① Jason Tan S. Gopinathan Ho Wah Kam,*Education in Singapore*:A *Book of Readings*,Singapore:Simon & Schuster(Asia)Pte Ltd.,1997,p.373.

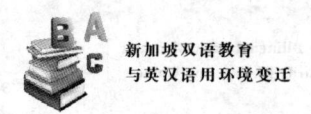

需求。① 为此,1966 报告书指出当前教育的重点是加强双语教育中第二语文的学习和应用。所谓的第二语文,就是当时华、巫、印校的英语以及英校的华、马、淡米尔语,针对英校的华族生就是华语。报告书要求加强科学、数学和第二语文的学习,一方面是进一步增强华、巫、印校重视英语的程度、提高他们的英语水平以及把英语作为华、巫、印校部分学科的教学媒介语;另一方面,加强英校学生对母语的学习与应用,也是为了显示双语教育的公平性以及保留母语的重要性。

(一)加强英语第二语文的学习与应用

在实施强制性双语教育的过程中,加强第二语文的学习和应用,主要还是加强英语的学习与应用。在四大语文源流学校,学生都必须学习英语,英语在英校为第一语文,在华校、巫、印学校为第二语文;而华语在华校为第一语文,在英校为华族学生的第二语文。具体说来,学习华语为第一语文的只是华校学生,学习华语为第二语文也只是英校的华族学生,而英校的各民族学生都学习英语为第一语文,非英校的各民族学生也都学习英语为第二语文。

早在独立之前,许多非英文源流学校就开始了英文第二语文的教学。比如,关于华校的华文课本与英文课本问题,有人批评说"华文高级中学的理科课文,除了华文之外都是英文本,使华校事实上已变成英校"。1965 年 5 月 22 日,教育部发表声明指出:"在中学改制之前,已有甚多著名华文中学如华侨中学、公教中学的自然科学都是采用英文课本,学生成绩斐然。这些事实显示提高第二语文(英文)程度乃是人同此心,学生、家长、学校当局都同样觉得迫切需要,同时

---

① 新加坡教育调查委员会:《新加坡教育调查委员会报告书》(*Commission of Inquiry into Education of Singapore—Final Report*),新加坡:新加坡教育部,1966 年,第 11 页。

也是教育方针的正确路向。"①新加坡独立以后,政府实施了多项重视第二语文学习的措施:

第一,在考试中重视第二语文,以考促学。如,自1966年起,第二语文为小学离校考试(PSLE)的必考科、中学必修科。②1969年开始,第二语文是剑桥—学校文凭考试的必考科,以确保未来的所有毕业生都懂得两种语文。③从1973年起,在计算小学离校考试的总分时,第二语文分数所占的比重和第一语文分数一样,相等于数学和科学的两倍。④如此一来,华、巫、印校的学生自然加倍重视英语的学习与应用,课外补习英语的学生人数也远多于其他学科。

第二,增加学习英语的科目和时间。1966年起,中一学生必须学习第二语文。⑤换言之,在英文源流的学生,必须学习母语,非英文源流的学生必须学习英语。而且,为了提高华校的英文程度,华文小学的数学和科学都以英文教导,⑥教育部还派遣英校不同学科的教师到方言学校(华、巫、印校)任教,仅1966年就有大约400名英校

---

① 吴元华:《务实的决策——人民行动党与政府的华文政策研究》,新加坡:联邦出版社,1999年,第115~116页。

② 郭振羽:《新加坡的语言与社会》,台北:正中书局,1985年,第73~74页。

③ Gwee Yee Hean(ed.), 150 *Years of Education in Singapore*, Singapore: Teachers' Training College,1969, p. 129.

④ S. Gopinathan, Language Policy in Education: A Singapore Perspective, in Evangelos A. Afendras and Eddie C. Y. Kuo, *Language and Society in Singapore*, Singapore: Singapore University Press,1980, p. 182.

⑤ 新加坡教育部:《一九七八年教育部报告书》,新加坡:新加坡教育部,1978年,第二章第4页。

⑥ Soon Teck Wong, *Singapore's New Education System: Education Reform for National Development*, Singapore: Institute of Southeast Asian Studies,1988, p. 9.

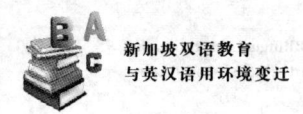

新加坡双语教育
与英汉语用环境变迁

教师被派到方言学校教授英语和相应科目。① 这样,华校的学生有了更多的机会扩大英语的学习和应用。

1968年,新加坡经济发展的数据表明,进出口贸易蓬勃成长,工业上也取得了一定的成功,新加坡已由传统的商业社会转入工商业的现代化社会。在这巨大的改变中,工厂建设、工人需求增加,制造了大批就业机会。可是,由于技术工业的发展,需要大量工艺技术人才,新加坡教育政策的重点必须随着社会需求的改变而改变。② 为了适应新加坡社会急剧变迁的需要,配合快速发展工业化的进程,教育部于1968年实行教育改革。1968年5月14日,教育部长王邦文(Mr Ong Pang Boon)谈到有关教育政策的几个重要方面:(1)让更多的中学生接受技术和职业教育;(2)努力培养学生掌握双语;(3)混合学校将扩大到辅助学校。③ 配合实行工业化的措施,新加坡开始重组中等教育制度,调整中学课程,增设职业和技术中学。针对双语教育方面,首要的是增加第二语文(特别是华、巫、印校的英语)的应用。为了扩大英语在学校的使用范围,最直接有效的措施就是在非英文源流学校以英语教导数学、科学和技术等科目。④ Willmott认为,新加坡独立后更加重视发展科学技术,而政府相信只有用英语教授科技,才能培养出快速发展经济所急需的一代科技人才,因此,教

---

① Chua Kwee Fah, A Review of Policy Statements and Research on Bilingual Education in Singapore Schools, Unpublished Dissertation, Singapore: National University of Singapore, 1984, p. 105.

② 顾石宝:《新加坡社会变迁与华文教育之改革》,未刊学位论文,新加坡:南洋大学,1971年,第21页。

③ Gwee Yee Hean(ed.), 150 Years of Education in Singapore, Singapore: Teachers' Training College, 1969, p. 127.

④ Gwee Yee Hean(ed.), 150 Years of Education in Singapore, Singapore: Teachers' Training College, 1969, p. 99.

育政策的首要目的就是更加重视用英语教学。① 1972年,教育部通令各小学增加第二语文的教学时间,使学生有更多的机会听、说、使用第二语言。通告规定所有小学第二语言教学时间最少要占到每周教学总时间的百分比为:1972年18%,1973年25%,1974年33.3%,1975年40%。② 1978年12月,教育当局为非英文媒介学校的中学生宣布一项英文辅助计划。在这项计划下,有关学生将在通常课程时间以外接受每周6—8小时的英文课程。而且,当局也为他们举办假期英文补习课程。③

第三,降低华文教材难度。为了进一步提高英语的学习和应用,政府认为有必要降低华文的难度,对华文教材做必要的修改。如,在1971年修改英校的华文教材时取消了华文文言文的学习内容。④ 随着华文科教学时间的减少、教材趋向简单化,阅读书写的水平自然要相应降低。比如阅读能力,由于学生阅读华文的能力不断下降,学生难以应付历史和地理科的母语程度,英校就取消小学的历史科和地理科。⑤

第四,开展"讲学校语运动"。为了扩大英语和母语的口头应用,教育部正式规定,从1982年起,各中小学及初级学院将在每年8月

---

① Mary Lee Teng Kim, Singapore's Post-1963 Bilingual Education Policy: A Critical Analysis of the Framework of Language Planning, Unpublished Dissertation, Singapore: National University of Singapore, 1994, p. 13.

② 谢顺详:《语言环境的改变与适应——南大华文源流学生语言适应性能的调查研究(1978—1979)》,未刊学位论文,南洋大学,1978—1979年,第36页。

③ 新加坡教育部:《一九七八年教育部报告书》,新加坡:新加坡教育部,1978年,第二章第11页。

④ 黄燊辉:《新华文学研究的分期应与语文教育制度的转变挂钩》,新加坡华文研究会:《新加坡华文教学论文四集》,新加坡:EPB Pan Pacific, 2006, p. 405.

⑤ 新加坡教育部:《一九七八年教育部报告书》,新加坡:新加坡教育部,1978年,第二章第5页;第四章第5页。

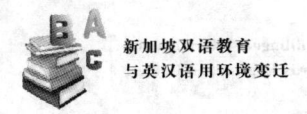

间展开"讲学校语运动"。① 针对华校学生而言,所谓的"学校语"就是双语教育要求他们学习的英语和华语,"讲学校语运动"也就是鼓励华族学生至少在学校里不讲华族方言,只讲英语和华语。

综上所述,新加坡独立以后所实施的多项重视英文第二语文学习的措施极大地提高了各民族学生不仅在思想上重视英语的学习和应用,而且在行动上努力学习和应用英语的积极性。升学考试是学生学习生涯中的头等大事,当教育政策在考试中重视第二语文,在升学考试中把第二语文所占的分数增加到其他非语言学科的两倍时,华、巫、印校学生重视第二语文(即英文)的程度可想而知,他们理所当然地要刻苦学习英文;而双语教育政策要求增加华、巫、印校学生学习英语的科目和时间,为他们学习英文提供了更多更好的机会;开展"讲学校语运动"又进一步为华、巫、印校学生拓展了使用英语的场所,让他们真切体会到学好英语在课堂课外都有"用武之地"。如此一来,华、巫、印校学生学习和使用英语的热情自是日益高涨。虽然他们的英文程度比起英校学生还有一定的差距,但与非强制性双语教育时期相比,他们的英文能力已经是大有提高,今非昔比。

(二)加强华文第二语文的学习及应用

在以英语为主的强制性双语教育政策下,教育当局一方面加强华、巫、印校重视英语的学习与应用,另一方面也加强英校学生对母语的学习与应用,这是为了显示双语教育的公平性以及保留母语的重要性。政府在加强华文第二语文学习与应用方面所采取的措施主要有以下几项:

首先,在升学考试中重视华文第二语文。1966年,小学华文成为英校小学离校考试的必考科,中学华文成为英校的必修科;1969年,新加坡剑桥普通水准(O Level)考试英文源流学生必考华文第二

---

① 《南洋商报》,新加坡:1982年4月9日。

语文。① 而且,对两种语文必须达到的考试要求规定了九个等级,第一等为最优,第九等为最差(即不及格)。1981 年,教育部宣布,要升上大学先修班,母语至少须考到 D7,进入大学,母语至少须考到 E8。1981 年,英校华族生进入大学时必须考获华文第二语文。② 到 1983 年,母语至少须考到 D7。③

其次,在英校增加以华语教学的科目和时间,采用汉语拼音与简体字表,提高学习华文效果并减轻学生的学习负担。1966 年英校以华文教授公民和历史科,④旨在使学生籍母语认识各自的文化、历史遗产和亚洲人的道德、社会价值及人生观,如家庭观念、节俭与忠孝等。⑤ 1969 年,教育部颁布第一批简体字,以减轻学生书写汉字的负担。⑥ 1972 年,决定将小学母语的教学与接触时间(Exposure Time)从整体课程的 18％增加到 40％。⑦ 1973 年,教育

---

① Ang Beng Choo, The Reform of Chinese Language Teaching in Singapore Primary Schools 1974-1984: A Case Study in Language Planning and Implementation, Unpublished Dissertation, Singapore: National University of Singapore, 1991, p. 37.

② 孙一尘:《战后新加坡的社会变迁与教育制度的关系(1945—1983)》,未刊博士学位论文,台湾师范大学教育研究所,1987 年,第 215 页。

③ 谢泽文:《新加坡的双语教育与华文教学》,新加坡华文研究会:《新加坡华文教学论文二集》,新加坡:SNP Pan Pacific Publishing Pte Ltd, 2001, p. 5.

④ Wee Hock Ann, Lionel, Language and Identity Among First-year Chinese Undergraduates in Singapore, Unpublished Dissertation, Singapore: National University of Singapore, 1990, p. 129.

⑤ 孙一尘:《战后新加坡的社会变迁与教育制度的关系(1945—1983)》,未刊博士学位论文,台湾师范大学教育研究所,中华民国七十六年,第 212 页。

⑥ 黄燊辉:《新华文学研究的分期应与语文教育制度的转变挂钩》,新加坡华文研究会:《新加坡华文教学论文四集》,新加坡:EPB Pan Pacific, 2006, p. 405;谢泽文:《新加坡的双语教育与华文教学》,新加坡华文研究会:《新加坡华文教学论文二集》,新加坡:SNP Pan Pacific Publishing Pte Ltd, 2001, p. 2.

⑦ 新加坡华文研究会:《新加坡华文教学论文四集》,新加坡:EPB Pan Pacific, 2006,《前言》。

部采用汉语拼音教学。① 1969—1976年间,教育部为了改进汉语教学,从而促进双语教育的成功,共颁布了三种简体字表:1969年《简体字表》、1974年《简体字总表》、1976年《简体字总表》。1980年教育部又发布了《小学华语分级字表》、《中学华文第二语文字表》和《中学华文第一语文(高级华文)字表》等。② 自1976年起,新加坡学校里所学的汉字以及社会上媒体所用的汉字跟中国所用的简化字保持一致。③

(三)提高入学资格中对双语的最低要求

1977年,教育部发表文告,规定学生进入初级学院和大学先修班的双语最低标准:按考试得分把各科分为一到九个等级,最高为一等,按一分计算;最低为九等(即不及格),按九分计算。升学考试中共有五个考试学科,录取总分以五科的总积分不超过20分为最低入学资格。只要学生达到最低入学资格,第二语文即使不及格,仍然可以进入先修班。后来,政府为了鼓励学生掌握两种语文,同年5月发表另一文告,决定由1978年起,在新加坡普通教育证书"O"(普通)水平考试中五科积分超过20分的学生,如果第一和第二语文成绩都特优(1或2等),而另外两科至少获得优等(3~6等),他们也能进入

---

① 卢绍昌:《汉语教学的一些经验与想法》,新加坡华文研究会:《新加坡华文教学论文二集》,Singapore:SNP Pan Pacific Publishing Pte Ltd,2001,p.15.

② 谢世涯:《新加坡汉字规范的回顾与前瞻》,陈照明主编:《二十一世纪的挑战——新加坡华语文的现状与未来》,新加坡:联邦出版社,2000年,第138~139页.

③ 卢绍昌:《汉语教学的一些经验与想法》,新加坡华文研究会:《新加坡华文教学论文二集》,Singapore:SNP Pan Pacific Publishing Pte Ltd,2001,p.17.

初级学院或大修班①(见表3-1)。政府提高入学资格中对双语的最低要求,有效地鼓励并保障了各民族学生重视两种语文的学习。这样一来,英文学校里一些原来不大重视华文学习的华族学生,现在对华文科也不敢掉以轻心;华、巫、印校学生学习英语的热情也会得到进一步保持,甚至不断提高。

表3-1　学生进入初级学院和大学先修班必须达到的最低双语等级

语言/年度	1979	1980	1981
第一语言	6	6	6
第二语言	8	7	7

注:表中数字6、7、8为考试分数的等级,最优为第1等,最差第9等,即不及格。

资料来源:孙一尘:《战后新加坡的社会变迁与教育制度的关系(1945—1983)》,未刊博士学位论文,台湾师范大学教育研究所,1987年,第213页。

(四)南大改用英语为媒介语对中小学的影响

新加坡前总理李光耀在其回忆录中有"一种共同语"这一章,他在此章中明白指出,1975年委派当时的教育部长李昭铭出任南洋大学校长,任务就是"把南大变成一所英文大学"。② 在此之前的60年代,行动党政府为了改换南大的教学媒介语曾经发动过声势浩大的政治舆论攻势,让华社逐渐意识到南大的教学媒介语与新加坡建国的利害关系。后来因新加坡脱离马来西亚联邦而暂时搁置改换媒介语计划,独立后不久继续对南大进行一系列的改组,包括频繁更换南大校长以及改革南大的学校行政管理。南洋大学正式改换教学媒介

---

① 孙一尘:《战后新加坡的社会变迁与教育制度的关系(1945—1983)》,未刊博士学位论文,台湾师范大学教育研究所,1987年,第213~214页。
② 李光耀:《李光耀回忆录》(1965—2000),台北:世界书局,2000年,第173页。

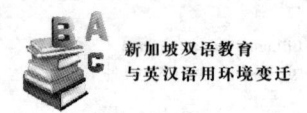

语的重要时刻表为1975、1977和1978年。1975年南洋大学开始以英语讲课,1977年教学及考试语文都改用英文,1978年3月5日,南洋大学正式宣布南大学生将参加与新加坡大学合一的公共考试。南洋大学决定采用英文为教学和考试语文主要有两个目的:一是提高南大学生的英文水平,二是在南大创造一个新的、说英语的语言环境。① 前文已经提到,南大改换教学媒介语不仅是南大本身的事情,而是关系到新加坡所有华校把以华文为主要教学媒介语转换为以英语为主要媒介语。南大改用英语为教学媒介语之后,随着来的合理步骤,自然是改革华文源流中小学制度,以便成绩比较好的学生可以参加英文的教育文凭考试。②

1977年南洋大学改用英文为教学和考试语文的时候,便引起了两个问题的讨论:一个是保存最优秀的华校,另一个是提高华校英文水准。针对第一个问题,1978年8月总理公署发出指示给教育部,三个月以后的11月30日,教育部公布了一项特别辅助计划,目标是保存华文源流中最优秀的学校,以便在华文教育遭受时势消灭的时候保存住华文教育的精华(见下一节"特选双语学校")。针对提高华校英文水准的问题,如果不让学生的负担过重,可能就要在华文水准方面略为调整,也就是要降低对华文的要求。③ 有关提高英文水准的具体措施主要有以下几项:

(1)增加以英语教学的选课计划。1978年3月,为了提高非英文源流学生的英文程度,当局实施了大学先修班选课计划。在这个计划下,学生可以选修两年或三年的大学先修班课程,并且除了有关

---

① 谢顺详:《语言环境的改变与适应——南大华文源流学生语言适应性能的调查研究(1978—1979)》,未刊学位论文,南洋大学,1978—1979年,第10~12页。

② 新加坡教育部:《一九七八年教育部报告书》,新加坡:新加坡教育部,1978年,第一章第7~8页。

③ 新加坡教育部:《一九七八年教育部报告书》,新加坡:新加坡教育部,1978年,第一章第8~11页。

语文科目外,一律以英语教学。这个计划的目的是为学生在攻读大学课程前做更好的准备。鉴于新大和南大已经实行共同考试,这个计划是有必要的。①

(2) 开办英文浸濡班。1979 年开始在英校开办英文浸濡班,让非英文源流的中学生增加学习英文的时间。

(3) 华校增加用英语教授的科目和时间。1980 年教育部令 65 所华文中学于 1981 年以英语教授中一的数学和科学,②不久后要求华文中学开始用英语教学地理。为了保证学生有充足的时间学习英语,大学先修班一年级的英文教学时间由每周的 10 节课增加到 16 节。此外,华校课外时间举办补充英文课程以提高学生的英文能力。③

(4) 为双语能力差的学生开办特别英文班级。《1978 年教育部报告书》建议,从 1980 年起,对绝大多数没有能力升到大学的学生不必严格要求学习第二语文,宁可让他们在离开中学之后能好好掌握英文,好过两种语文都不通。那些被鉴定没有足够学习能力的在小六会考及格的学生将转入一种特别教育源流。在这里,讲华族方言家庭出身的,在特别班级里用华语求学,也学到会讲、会写最起码英文的程度,以便他们离开学校就业时可以派上用场。那些讲英语家庭出身,以及那些从马来人和印度人家庭出身而学习能力较差的学生,应该编入特别英文班级。④ 1981 年,由于认识到英语更重要,上述讲华

---

① 新加坡教育部:《一九七八年教育部报告书》,新加坡:新加坡教育部,1978 年,第二章第 2～3 页。
② 《南洋商报》,新加坡:1980 年 3 月 27 日。
③ 孙一尘:《战后新加坡的社会变迁与教育制度的关系(1945—1983)》,未刊博士学位论文,台湾师范大学教育研究所,1987 年,第 215 页。
④ 新加坡教育部:《一九七八年教育部报告书》,新加坡:新加坡教育部,1978 年,第一章第 12～13 页。

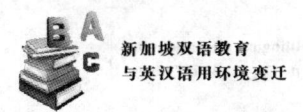

族方言家庭出身的大多数学生通过申请也编入特别英文班级。①

第二节　双语教育分流制度

从20世纪70年代开始,新加坡的经济进入腾飞阶段,由落后的殖民地变成人均国民收入3800多美元、在亚洲仅次于日本的新兴工业国家。新加坡的工业化进程从20世纪70年代末开始转向大力发展资本与技术密集型工业,逐步淘汰劳动密集型工业,以促进社会生产力不断提高。为此,政府在1979年提出"第二次工业革命",迎来了第二次经济大转轨(1979—1984)。根据新加坡劳工部的预测,1981—1990年国内生产总值的年平均增长率若要达到10%,劳动生产率的年平均增长率必须提高7%~8%。因此,迅速增加技术产业工人和工程技术人员成为当时经济发展的关键,而提高劳动者的技术水平和全民的教育水平则成为当务之急,其中,双语教育起着重要作用。上述第一次教育改革很好地配合了第一次经济大转轨,使新加坡的基础教育在数量上有了很大的提高,满足了社会经济的发展,适应了20世纪六七十年代新加坡社会的发展。但是,第一次改革所形成的基础教育是小学6年一贯制的自动升级制度,90%的学生在同一程度的教材中学习,直升六年级。即使学生考试不及格,只要年龄不足14岁,仍可再修,直到毕业。这样,一方面造成严重的教育浪费,另一方面也不利于每个孩子潜能的发展。为此,新加坡政府决定对这种教育制度再次进行改革。② 这次改革就是在新加坡教育史上影响非常深远的双语教育分流制度,改革前教育部首先对前期双语

---

① Chua Kwee Fah, A Review of Policy Statements and Research on Bilingual Education in Singapore Schools, Unpublished Dissertation, Singapore: National University of Singapore, 1984, p. 66.

② 王学风:《新加坡基础教育》,广东:广东教育出版社,2003年,第8~9页。

教育的效果进行了调查和检讨。

一、双语教育效果检讨

1979年以前,新加坡试图实行较为平行的双语教育,想将母语教授的科目提高到40%。当时认为只要增加语文接触的时间(Language Exposure Time),人人都可能学好双语,但事实上这个做法并没有达到预期效果,这一点可以从下列事实中看出来:

（一）识字程度低落

1975年,教育部对学生的识字水平进行了两项调查,即《小学教育的学生所达到的基本算术和识字程度》及《小四学生遵行口头和书面指示的能力》。调查结果显示,至少有33%（英文源流）和25%（华文源流）的学生没有达到起码的识字水平,至少有25%的学生没有达到起码的算术水平,几乎有60%的学生在英文使用方面程度很差。针对受英文教育的国民服役人员识字水平的调查显示,在以英语作为唯一沟通媒介的工作（训练）情况下,只有11%的人员能够应付自如。[1]

（二）双语教育低效

根据教育部数据,1975—1977年学生第一语文、第二语文或两种语文都不及格的学生百分比如下:小学离校会考（PSLE）中不及格的考生占62%;普通教育文凭会考（普通水平）,即中四会考（GCE "O"）中多达66%的考生不及格。[2] 从小学进入中学,一直到参加中

---

[1] 新加坡教育部:《一九七八年教育部报告书》,新加坡:新加坡教育部,1978年,第三章第7~8页。

[2] 新加坡教育部:《一九七八年教育部报告书》,新加坡:新加坡教育部,1978年,第三章第9页。

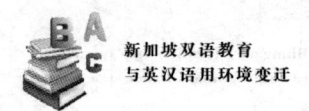

四会考,两种语文都及格的学生只占小学入学总人数的 19%。①1977 年,新加坡研究机构的调查显示,在 15 岁以上的新加坡人当中,只有 8% 的人阅读华文和英文报章。15—25 岁年龄范围的人口中只有 13% 左右通晓两种语文,大约有 19% 的人通过普通教育文凭(普通水准)的第一语文和第二语文考试。② 随着新加坡工业化的不断发展,英文就显得比其他语文更为重要,教育部历来都把重点放在提高非英文源流学校的英文程度上面。为此,《1978 年教育部报告书》提出要突出英文的学习与应用。③

(三)不利的双语环境

上述报告书认为,双语教育效果不理想主要是因为学生在家里讲的语言与学校学习的语言不一致。针对华族学生而言,学生在学校学习英语和华语,但在家讲方言的学生比例却占到 85%。④ "对儿童学习语言,具有最深远影响的莫如家庭和学校",在家里讲方言当然不利于英语和华语的学习与掌握。而且,华校缺乏讲英语的环境,英校缺乏讲华语的环境。⑤ 1979 年教育部针对这一状况进行了调查,结果表明在家讲方言确实妨碍英语和华语的学习:经常在家讲英语或华语的学生在英校或华校的双语考试成绩都比较好,只讲方言的学生考试成绩最差。由于"讲方言妨碍学生学习双语","如果不以

---

① 新加坡教育部:《一九七八年教育部报告书》,新加坡:新加坡教育部,1978 年,第一章第 5 页。

② 新加坡教育部:《一九七八年教育部报告书》,新加坡:新加坡教育部,1978 年,第三章第 10 页。

③ 新加坡教育部:《一九七八年教育部报告书》,新加坡:新加坡教育部,1978 年,第四章第 12 页。

④ 新加坡教育部:《一九七八年教育部报告书》,新加坡:新加坡教育部,1978 年,第一章第 3~9 页。

⑤ 新加坡教育部:《一九七八年教育部报告书》,新加坡:新加坡教育部,1978 年,第四章第 14 页。

华语取代方言,双语政策就不可能成功",新加坡于1979年发起了全国性的讲华语运动,推动华语成为华族家庭和社区的共同语,以配合双语教育政策的实施。①

(四)学生的双语学习负担

双语教育政策中第二语文的接触时间这几年都在逐渐增加,现在更多的科目是以第二语文来教导,如非英文源流用英文教导数学、科学和技术等科目。如此一来,许多学生在应用教学媒介语方面都感到困难,结果必须花额外的时间去学习有关的语文和科目内容。②据调查,由于功课很难、作业太多,请家教补习功课的小学生约占65%。其中,补习英语和数学的人数最多,接近补习华语人数的2倍③(见表3-2)。而且,因为数学和科学都是以英语为教学语言,补习数学和科学的同时也在提高英语水平。

表3-2 小学生请家教补习的学科调查(1981—1985年)

学科	英语	数学	科学	华语
1981	75	75	51	40
1985	87.2	86.6	53.4	45.4

资料来源:Ang Beng Choo,The Reform of Chinese Language Teaching in Singapore Primary Schools 1974-1984:A Case Study in Language Planning and

---

① Ang Beng Choo,The Reform of Chinese Language Teaching in Singapore Primary Schools 1974-1984:A Case Study in Language Planning and Implementation,Unpublished Dissertation,Singapore:National University of Singapore,1991,p.47.

② 新加坡教育部:《一九七八年教育部报告书》,新加坡:新加坡教育部,1978年,第四章第2~3页。

③ Ang Beng Choo,The Reform of Chinese Language Teaching in Singapore Primary Schools 1974-1984:A Case Study in Language Planning and Implementation,Unpublished Dissertation,Singapore:National University of Singapore,1991,p.239.

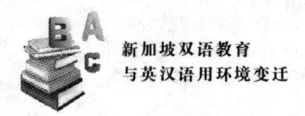

Implementation, Unpublished Dissertation, Singapore: National University of Singapore, 1991, p. 239.

二、双语教育分流制度

为了提高基础教育质量,1978 年新加坡总理李光耀任命副总理兼教育部长吴庆瑞组织教育研究小组,调查并解决新加坡教育制度中存在的问题。1979 年 3 月,《1978 年教育部报告书》[即《吴庆瑞报告书(The Goh Report)》,也被称为"新教育制度(New Education System)"]公布。该报告书对新加坡的教育制度、政策、运作系统、语文教学等等,做了非常详细的分析和研究,并提出了著名的有关分流制度(Streaming)的建议,以解决辍学率过高的问题。在报告书所建议的分流制度下,约 80% 的小学毕业生能升入中学;其余学术科目能力最弱的 20% 学生,将进入职业专科学校,学习一技之长。① 这就是新加坡第二次基础教育改革。

在新加坡的教育发展史上曾经有过众多的教育改革,但 1979 年的改革意义重大、影响深远。该项改革基于《吴庆瑞报告书》的建议,根据不同智能学童的学习能力和性向施行双语教育及识字能力,同时加强道德教育。蒂凡那评《吴庆瑞报告书》为一种素质的革命,使新加坡进入了一种全新的局面,这在 15 或 20 年前是无法想象的。1979 年实行教育改革的目的主要是培养学生,使其离校后,至少懂得一种语文和具有计算的能力;务使中智及中智以上的学生懂得双语,即通晓英文及至少懂得一种第二语文;尽量减少教育浪费;培养

---

① 谢泽文:《新加坡的双语教育与华文教学》,新加坡华文研究会:《新加坡华文教学论文二集》,新加坡:SNP Pan Pacific Publishing Pte Ltd,2001,p. 2.

经济所需的人力技能;灌输适当的道德价值;发展学生体魄。① 该项改革提出的双语教育分流制度包括小三分流、小六分流和中四分流。报告书所建议的分流学制如下表所示。

表 3-3 小学(1979 年开始)、中学(1981 年开始)分流学制

小三分流	正常双语班(3 年)	小六分流	特别双语班(4 年)	中四分流	初级学院(2 年)
	延长双语班(5 年)		快捷双语班(4 年)		高级中学(3 年)
	单语课程班(5 年)		普通双语班(4—5 年)		工业与职业训练(一般 3 年)

资料来源:王学风:《新加坡基础教育》,广东:广东教育出版社,2003 年,第 35 页。

(一)小三分流

吴庆瑞教育报告书指出,小学教育的毛病是教育的辍学率太高,它比台湾和日本高得多;其次,是学生不能有效地通晓两种语文。② 报告书把这种现象归因于死板的教育制度、繁重的课程以及没有照顾到小学生个别的学习能力及家庭环境等因素,因此建议实行小三分流。根据报告书的建议,小学前三年学习共同课程,主要是英语、母语和数学;在第三学年结束时根据学生三年级末的统考成绩、前三年的期中和期末成绩以及平时的成绩,把学生依次分为三种不同的课程,③也就是小学四年级至小学毕业前需要学

---

① 孙一尘:《战后新加坡的社会变迁与教育制度的关系(1945—1983)》,未刊博士学位论文,台湾师范大学教育研究所,1987 年,第 275~277,第 299 页。

② Janet Shepherd, *Striking a Balance : The Management of Language in Singapore*, Frankfurt am Main: Peter Lang GmbH Europaischer Verlag der Wissenschaften, 2005, pp. 124-127.

③ 孙一尘:《战后新加坡的社会变迁与教育制度的关系(1945—1983)》,未刊博士学位论文,台湾师范大学教育研究所,1987 年,第 195 页。

习的课程:

(1)正常双语课程(Normal Bilingual Course,简称 N):学生主修英语、母语(华语、马来语或淡米尔语)和其他学科,修业 3 年,期满参加小学离校考试。估计约有 60%的学生有能力参加这一课程。①

(2)延长双语课程(Extended Bilingual Course,简称 E):该课程和普通双语课程一样,但学生需要 5 年修完,期满参加小学离校考试。估计约有 20%学生有能力参加该课程。

(3)单语课程(Monolingual Course,简称 M):没有能力学习两种语文的学生(20%)修此课程,修业 5 年,期满将被安排到职业训练所接受训练。基本目标是培养他们懂得一种语文。这些学生当中,家庭环境是讲英语、马来语或印度语的,应该学习英语,而那些家庭环境是讲华语的,应学习华语和一些英语会话。②

新教育制度的特点是照顾到学生的学习差异及不同进展,考虑到掌握不了两种语文的学生。从不同双语课程学生人数所占比率来看③(见表 3-4),被分流到正常双语课程、延长双语课程和单语课程的实际学生人数与报告书中的比率(分别为 60∶20∶20)有较大的出入,绝大多数学生被分流到正常双语课程,其中,1982 年占到将近 90%,1983—1986 年都达到 90%以上。延长双语课程的学生人数基本上只占到 5%左右,被分流到单语课程的学生人数更少,约占 4%,而且有逐年减少的趋势。这些数字表明,小三双语教育分流制度在实际实施的过程中还是倾向于为绝大多数学生提供学习并掌握好双语的机会。

---

① 郭振羽:《新加坡的语言与社会》,台北:正中书局,1985 年,第 80 页。
② 新加坡教育部:《一九七八年教育部报告书》,新加坡:新加坡教育部,1978 年,第四章第 4～5 页。
③ Soon Teck Wong, *Singapore's New Education System: Education Reform for National Development*, Singapore: Institute of Southeast Asian Studies, 1988, p. 22.

表 3-4　小三分流中不同双语课程学生人数以及所占比率(1982—1986)

年	正常双语课程		延长双语课程		单语课程		总计	
	人数	%	人数	%	人数	%	人数	%
1982	40960	87.4	2601	5.6	3257	7.0	46818	100
1983	38872	90.7	1670	3.9	2304	5.4	42847	100
1984	36398	90.7	1904	4.7	1829	4.6	40131	100
1985	39733	91.8	1948	4.5	1602	3.7	43283	100
1986	35242	91.2	1952	5.0	1469	3.8	38664	100

资料来源：Soon Teck Wong, *Singapore's New Education System: Education Reform for National Development*, Singapore: Institute of Southeast Asian Studies, 1988, p. 22.

(二)小六分流

所谓的小六分流，就是在学生小学毕业时根据小学离校考试成绩再次分流，然后把学生编入不同的课程开始中学阶段的学习。新教育制度规定，中学实施三种教育课程，即特别双语班、快捷双语班和普通双语班。

(1)特别双语班(Special Bilingual Course,简称 EM1)：会考成绩最优秀的 8% 学生，兼修两种第一语文(英语和母语)，修业 4 年。4 年后参加普通教育文凭普通水准("O"水准)考试。

(2)快捷双语班(Express Bilingual Course,简称 EM2)：会考成绩为中上等的 31% 学生，除了修读第一语文英语和第二语文母语外，其他要求和特别双语班一样。

(3)普通双语班(Normal Bilingual Course,简称 EM3)：剩下约 41% 学生也修读第一语文英语和第二语文母语，但母语的要求是三种双语班中最低的。该课程学生将在念完四年时参加一项新的考试"中学教育证书考试"，考试成绩优良者可以再读一年后参加普通教

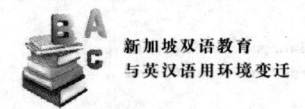

育文凭"普通水准"考试。①

通过对比分析可以发现,小六分流后学习的中学双语课程和小三分流后学习的小学双语课程发生了很大的变化,主要表现在:第一,学生总人数的变化。在小三分流后学习小学双语课程的学生人数和小学入学总人数一致,也就是说,没有人因为小三分流而失去参加下一次分流(即小六分流)的机会。但在小六分流后却有20%的学生被转入到职业学校,学习一技之长后直接就业;剩下80%的学生继续中学阶段三种双语课程的学习。第二,对学生双语程度要求的变化。小三分流把绝大多数学生(约90%)分流到正常双语课程,对英语和母语的要求相同;而中学的双语课程只允许小学离校考试中成绩最优秀的8%的学生修读两种第一语文(英语和华语)。其他所有学生修读的母语又被降了两个等级。也就是说,在中学阶段学习双语课程的华族学生,极少数人有机会修读英文第一语文和华文第一语文(后来也被称为"高级华文"),剩下的绝大多数学生修读英文第一语文和华文第二语文(后来也被称为"华文")或者修读英文第一语文和更低一等的华文第二语文(后来也被称为"华文B")。简而言之,在双语教育分流制度下,所有华族学生都必须学习"第一等级"的英文,而学习"第一等级"华文的人为数极少,绝大多数人只能学习"第二等级"、"第三等级"的华文。后来还有要求更低的"第四等级"华文,即基础华文。

(三)中四分流

所谓的中四分流,就是根据中学毕业会考成绩再次分流。中学阶段里特别双语班和快捷双语班的学生,在中学四年后(普通双语班中成绩优良者五年后)参加中学会考(GCE"O"Level),成绩优秀者可升入"初级学院"(Junior College)、"专科学院"(Polytechnics)或大学先修班学习(简称"大修班")。"初级学院"、"专科学院"和大学先

---

① 《南洋商报》,新加坡:1982年1月1日。

修班也被称为"中学以上教育"或"中学后教育"。根据"新教育制度",中学以上教育以英语为教育用语,没有第二语文的课程,①母语只作为一门语言学习科目,而来自特别双语班的学生可以免修母语。

从小三分流、小六分流和中四分流来看,双语教育分流制度具有以下几个显著特点:

(1)强调双语教育但更加突出英语的重要性

1980年开始实行的新教育体制,其主要特点是分流制和双语教育。分流也即课程分流,不同课程班之间的最大差异在于语言教育,所以课程分流与双语教育实际上密不可分。从各级分流对语言的要求来看,新制在双语政策中突出了英语的重要性。②确切地说,由小学至大学,英文程度是决定升学机会的主要因素。从报告书所建议两种语文与中小学教育制度的关系可以看出(见表3-5),无论是特优生、中上生还是中等生都把英语作为第一语文来学习。差生中来自讲马来语和淡米尔语的学生被编入英语特别班级,也是以英语学习为主;来自讲华族语言的学生可以学习华语为主,同时学习基本英语会话。但由于华族家长意识到英语对子女的前程比华语更为重要,结果大多数华族差生也通过申请被编入特别英语班。

虽然双语教育分流制度涉及的是小学、中学和中学后教育,但事实上它对学前教育也产生了很大的影响。实施双语教育分流制度的同时,双语政策比以往更加强调语言的学习,让学生从小打好语言基础。1979年起,教育部便在部分特选的政府小学,尤其是华文小学,创设启蒙班招收5岁幼童,提供双语教育,其中,英语授课时间占

---

① 郭振羽:《新加坡的语言与社会》,台北:正中书局,1985年,第81页。
② Soon Teck Wong, *Singapore's New Education System: Education Reform for National Development*, Singapore: Institute of Southeast Asian Studies, 1988, p. 14.

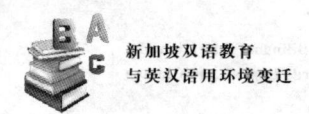

60%,华语40%。启蒙班开办以来成效显著,政府有意逐年扩展启蒙班的教育计划。①

表 3-5　两种语文与中小学教育制度

	特优生(8%)	中上生(31%)	中等生(41%)	差生(20%)
小学	6年	6年	6—9年	8—9年
中学	4年	4—5年	5—6年	—
大学先修班	2年	2—3年	—	—
总计	12年	12—14年	11—15年	8—9年
语言水平	EL1+CL1+AL2	EL1+CL2	EL1+CL3	CL2+oralE/EL

资料来源:新加坡教育部:《一九七八年教育部报告书》,新加坡:新加坡教育部,1978年,第四章第11页。

(2) 突出体现"过渡—保持式双语教育模式"的特征

首先,双语教育分流制度以过渡式双语教育模式为主。其过渡的趋势大致如下:总体上是由华、巫、印校以"母语为主、英语为辅"的双语教育过渡到全国都以"英语为主、母语为辅"的双语教育。细节上是对双语要求以及安排双语课时的过渡。华校的英语课程一直向高要求过渡,而华语一直向低要求过渡;用英语教授的科目和时间不断增加,以华语教授的科目和时间不断减少。从语言接触时间来看,在整个中学阶段,英语的总接触时间增加到81%以上,而母语接触时间下降到不足19%。② 应该说,在整个双语教育分流制度的规划下,要求学生学习掌握母语的程度呈不断下降的趋势。小三分流把绝大多数学生(约90%)分流到正常双语课程,对英语和母语的要求相同;而中学的双语课程只允许小学离校考

---

① 孙一尘:《战后新加坡的社会变迁与教育制度的关系(1945—1983)》,未刊博士学位论文,台湾师范大学教育研究所,1987年,第301页。
② 冯生尧:《亚洲"四小龙"课程实践研究》,福州:福建教育出版社,1998年,第249页。

试中成绩最优秀的8%的学生修读两种第一语文(英语和母语),绝大多数学生只能修读华文第二语文"华文"、"华文 B"或基础华文。而到了中学后教育阶段,所有教学媒介语都是英语,华语只是一门语言课程,其程度也是不断降低。单从语言学习的角度来看,由学前教育、小学、中学到中学后教育,英语越来越重要,华校用英语教授的科目和时间不断增加,直至英语最终变为主要教学媒介语;而以华语教授的科目和时间越来越少,直至华语最后变为一门语言学科。

其次,降低但保持了母语的基本程度。虽然从整体而言,由小学至大学,英文程度是决定升学机会的主要因素,不过,在各级考试和升学考试中,对英文和第二语文都列有"最低标准"。换言之,第二语文成绩低于某程度者,不得升入初级学院、大学先修班或大专。为了教育前途,学生必须学习第二语文,以免低于规定的最低标准而失去升学的机会。也就是说,虽然由小学以至大学都是以英语为主,但双语教育中要求保持母语的目标仍然得到维持,这一点很好地体现了《1978年教育部报告书》的精神。该报告书指出,今后的新教育制度将是一个英文占着显著地位而母语稍有降低的制度。由于家长的自由选择,一般人在过去30年来都有选择英文源流的趋势,就有必要坚持母语的学习,把母语当做第二语文,而且规定起码的程度。① 同样,李光耀总理也一直坚持把母语保持在一定的程度。1984年,李光耀总理提醒大家推行双语政策应小心,不要使学生负担太重。他说:"只要会讲华语,了解自己(本族文化)的背景,就是最起码的基础……目前双语政策的最重要目的,是不放弃华语,使华语保留下去,但是水准不是最重要的,只要大家常用,会讲、听、看、读。至于写,只要懂得写法就够了。"②

---

① 新加坡教育部:《一九七八年教育部报告书》,新加坡:新加坡教育部,1978年,第一章第22页。
② 《联合早报》,新加坡:1984年11月14日。

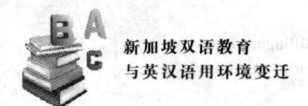
新加坡双语教育
与英汉语用环境变迁

总的来说,双语教育分流制度很好地配合了新加坡的国家政治和经济议程,也符合因材施教的一般教育原则,减少了失学率和教育浪费现象,快速增加了懂英汉双语的人数。虽然对双语教育分流制度感到不满的意见也不时见诸报章,但支持的民众还是主流。如,1982年南洋商报发表的文章就属于支持分流制度的代表:"分流制度和双语政策是相辅相成的,分流制度的实施成功能为国家造就许多精通双语或兼通双语的人才,而双语政策的贯彻推行也能使分流制度的实施更易见效。"①

第三节 特选双语学校

特选双语学校(简称特选学校)也被称为"特别辅助计划"(Special Assistance Plan,简称 SAP),包括特选中学和特选小学。特选学校是在华校逐渐走向消亡的背景下出现的,政府希望特选学校培养双语精通的华族精英。在特选学校,英语和华语都作为第一语文来教授和学习。上述小学离校考试中最优秀的 8% 的学生就是进入特选双语学校学习两种第一语文。不过,在双语教育政策越来越重视英语的过程中,特选双语学校也逐渐过渡到以英语为主。

一、特选双语学校的背景

在双语教育政策以及整个社会越来越重视英语的大环境下,学好英文在升学和就业方面日益重要,而英文学校采用"英语第一、母语第二"的双语教育为学生升学和就业带来极大的好处,现实的父母越来越意识到英文教育会给其子女带来光明的职业前景,顺理成章

---

① 《南洋商报》,新加坡:1982 年 1 月 1 日。

的是越来越多的家长把子女送进英语媒介的学校。数据显示，1959年登记就读英校的小学一年级新生只占47%，到1979年这一比率上升到91%；①而华校小一新生人数从1960年的46%降到1979年的8.9%。华校学生人数逐年锐减的现象使人们预测到，几年内华校将会消失（见表3-6）。②

华族学生快速转向英校的趋势，使政府有必要特别注意双语教育。一方面要保证华族文化根源，另一方面，又有必要提高华校的英文程度。为了防止华文教育的优良传统在新加坡完全消失，也为了纠正新加坡社会快速西化的弊病，1978年12月，教育部宣布一项特别辅助计划。这项计划是要通过提高英文程度的办法来保留九所历史悠久、基础良好的华文中学。该计划的主要特征是要把这九所特选的华校发展成为名副其实的双语教育机构。其中一项革新措施就是让这些学校的学生到英文媒介学校上课，主要是让他们接触英语的环境。③

表3-6 小学一年级新生人数和语文源流（1966—1984年）

入学年份	英校		华校		马来文学校		淡米尔学校		学生总数
	人数	%	人数	%	人数	%	人数	%	
1966	28570	62.3	17707	28.6	5538	8.9	116	0.2	61931
1967	35617	60.2	19392	32.8	3997	6.8	122	0.2	59128
1968	34765	61.3	18833	33.2	3043	5.4	95	0.2	56736

---

① Soon Teck Wong, *Singapore's New Education System: Education Reform for National Development*, Singapore: Institute of Southeast Asian Studies, 1988, p.7.

② 周清海：《华文教学应走的路向》，新加坡：南洋理工大学中华语言文化中心，1998年，第27～28页。

③ 新加坡教育部：《一九七八年教育部报告书》，新加坡：新加坡教育部，1978年，第二章，第11～12页。

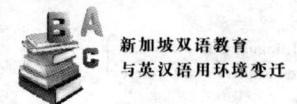

续表

入学年份	英校		华校		马来文学校		淡米尔学校		学生总数
	人数	%	人数	%	人数	%	人数	%	
1969	35029	63.1	18355	33.1	2034	3.7	108	0.2	55526
1970	37295	66.4	17360	30.9	1411	2.5	86	0.2	56125
1971	37925	69.3	15863	29.0	877	1.6	65	0.1	54730
1972	37342	71.4	14348	27.4	553	1.1	41	0.1	52284
1973	38754	74.9	12554	24.3	410	0.8	29	0.1	51747
1974	37071	77.9	10217	21.5	288	0.6	23	0.1	47599
1975	35267	78.5	9447	21.0	192	0.4	12	*	44918
1976	34996	82.5	7279	17.2	134	0.3	—	—	42409
1977	37633	86.1	6013	13.8	84	0.2	—	—	43730
1978	39747	88.7	5020	11.2	62	0.1	—	—	44829
1979	42961	90.9	4221	8.9	64	0.2	—	—	47246
1980	39883	86.0	6417	13.9	28	0.1	—	—	46328
1981	37056	87.8	5139	12.2	7	*	—	—	42211
1982	35377	89.7	4075	10.3	—	—	—	—	39452
1983	42218	98.0	851	2.0	—	—	—	—	43069
1984	38242	99.3	260	0.7	—	—	—	—	38502

注：* 少于0.1%

资料来源：根据吴元华：《务实的决策——人民行动党与政府的华文政策研究》，新加坡：联邦出版社，1999年，第285页和郭振羽：《新加坡的语言与社会》，台北：正中书局，1985年，第76页整理。

二、特选双语学校的实施

1979年，九所著名的华文中学成为特选学校，他们是华侨中学、德明政府中学、南洋女子中学、中正中学（总校）、圣公会中学、海星中学、公教中学和圣尼格拉女校。从1979年开始，小学离校考试成绩最好的8%的学生（占及格考生的10%），可选择进入这九所特选中学修读"特别课程"（Special Course）。政府设立特选中学的主要目的有两点：第一，在中学阶段提高非英文源流学生（来自于华小的学生）的英语水平，为他们今后升学和就业提供美好的前景。第二，保留这九所优秀的华文中学，一方面在具有华文传统的环境里向学生灌输优良的传统价值观；另一方面让学生的英语水平与优秀的英校生比美。

总的说来，特选中学提供的课程与其他中学完全一样，唯一的区别是要求华英文并重，只招收可以修读华文和英文都为第一语文的精英学生，即特别源流（EM1）的学生（范维薇 14）。不难看出，特选中学非常强调非英文源流学生学好英文，正是出于这一原因，虽然特选中学把英语和华语都作为第一语言，但后来的发展趋势还是转向以英语为主，①在招收和教学中也逐渐降低对华文的要求。

三、特选双语学校的转化

随着双语教育政策越来越重视英语，特选中学的角色也发生了很大的变化，主要表现在降低修读华文的标准、降低招生标准、实施英语浸入计划和英语特别补习计划几个方面。

（一）特选中学降低修读华文的标准

特选中学的学生是小学离校考试成绩最优秀的8%的精英学生，他们进入特选中学应该修读两种第一语文，即英文第一语文和华

---

① Chua Kwee Fah, A Review of Policy Statements and Research on Bilingual Education in Singapore Schools, Unpublished Dissertation, Singapore: National University of Singapore, 1984, pp. 78-79.

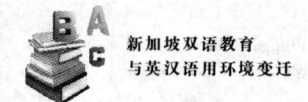

文第一语文(即高级华文),双语政策也只允许特选中学提供高级华文课程。不过,后来双语政策有所改变,开始允许特选中学学生修读华文为第二语文,非特选中学学生也可以修读高级华文。1981年2月26日,教育部向特选中学发出通知:如果特选学校学生不能达到两门第一语言的程度,可以在中三时放弃高级华文,只学习英语为第一语文,华语为第二语文。① 从这里可以看出,双语教育中可以降低难度的只能是华语,而不能是英语。1995年,教育部放宽修读高级华文的标准,允许小六离校会考中最优秀20%的学生(1999年放宽到30%)修读高级华文,非特选中学也可以提供高级华文课程。到2005年3月,提供高级华文课程的中学有69所,占全国164所中学的45%。② 特选中学失去了原有的招生优势,从而失去了许多优秀生源。

(二)特选中学降低招生标准

在最开始实施特别辅助计划的时候,特选中学的招生要求非常严格,只招收全国小六离校会考全部考生中最优秀的8%,但1990年开始录取快捷源流(EM2)的学生,即第二流的学生。而且,在某些特选中学的学生总数中,招收修读华文为第二语文的学生人数甚至超过半数。比如,1999年《海峡时报》报道,公教中学中一至中四共有特别源流18个班、快捷源流20个班。③

值得反思的一个问题是许多顶尖华族学生不愿选择特选中学,原因主要有两个方面:一方面,政策的改革让特选中学失去原有的招

---

① Chua Kwee Fah, A Review of Policy Statements and Research on Bilingual Education in Singapore Schools, Unpublished Dissertation, Singapore: National University of Singapore, 1984, pp. 91-92.

② 范维薇:《如何特选?果真特选?——检视新加坡"特选中学"二十六年的发展》,未刊学位论文,新加坡:新加坡国立大学,2004—2005年,第22~30页。

③ 范维薇:《如何特选?果真特选?——检视新加坡"特选中学"二十六年的发展》,未刊学位论文,新加坡:新加坡国立大学,2004—2005年,第19~26页。

生优势；另一方面，家长和学生的意愿似乎偏向于选择传统英校。1982年新加坡议员欧进福博士提到英校小学华族高才生不选择进入特选中学的三个因素包括：第一，家长觉得念华文第一语文没有什么"实惠"，学习华文第二语文已经太足够了。第二，家长担心孩子不能同时应付两种第一语文。第三，因为历史因素或以往的会考成绩，家长对9间特选中学评价不一。如果孩子不能进入心目中的某所特选中学，与其派去其他特选中学，不如选择英校快捷课程。① 从历年中学排行榜的名次来看，精英学生似乎被几所非常顶尖的传统英校吸纳了。某些特选中学在招生竞争中只能不断降低标准，后续发展的结果是从精英中学沦落为"二流中学"，这或许是新加坡双语教育政策多年偏重于英语的结果。②

（三）特选中学的英文环境越来越浓

特选中学在开办初期，录取的学生主要来自于华文小学，来自英文小学的学生所占比率较小。但几年后这一现象被颠倒过来，越来越多的英校小学毕业生被录取到特选中学，来自华小的学生比率逐年降低。如此一来，特选中学的英文环境自然是越来越浓（见表3-7）。数据显示，1979年特选中学开始招生的第一年，来自英校的学生只是少数，占35%，华校生占绝大多数，达到65%。但在随后的招生中，英校生逐年增加，华校生逐年下降，到1986年，特选中学的新生几乎都来自英校，占到93%，而华校生只剩下7%。③ 从生源上看，特选中学好像是为英校小学毕业生开办的中学。

---

① 《联合早报》，新加坡：1983年3月17日。
② 范维薇：《如何特选？果真特选？——检视新加坡"特选中学"二十六年的发展》，未刊学位论文，新加坡：新加坡国立大学，2004—2005年，第27~29页。
③ Soon Teck Wong, *Singapore's New Education System: Education Reform for National Development*, Singapore: Institute of Southeast Asian Studies, 1988, p. 27.

表 3-7 进入特选中学的学生来源以及人数百分比(1979—1986 年)

年	英小(人)	%	华小(人)	%	总人数(人)
1979	513	35	942	65	1455
1980	506	37	870	63	1376
1981	752	46	876	54	1628
1982	821	59	564	41	1385
1983	753	60	502	40	1255
1984	1398	79	364	21	1762
1985	1830	84	351	16	2181
1986	1957	93	137	7	2094

资料来源:Soon Teck Wong,*Singapore's New Education System:Education Reform for National Development*,Singapore:Institute of Southeast Asian Studies,1988,p. 27.

(四)特别语言计划

为了提高特选中学学生的语言能力,教育部为特选中学制订了特别语言计划,包括浸入计划和英语特别补习计划。

(1)浸濡计划(Immersion Programme,IP):1979 年,为中学 1~2 年级的华文源流学生开设浸入课程,要求学生每天完成本校的正常学习课时和学习任务后,到优秀的英校接受每周(一周 5 天,后改为 4 天)多达 12 节课的英语训练课程。课程包括英语、英国文学和一两门其他用英语学习的课程,如历史、地理、科学、音乐、艺术和工艺课等。①

---

① Chua Kwee Fah,A Review of Policy Statements and Research on Bilingual Education in Singapore Schools,Unpublished Dissertation,Singapore:National University of Singapore,1984,pp. 80-81.

(2)英语特别补习计划:1980年,为了提高特选中学学生的英语水平,在中学1~3年级使用难度较高的英语特别补习计划(Special Supplementary English Language Programme,SELP)教材"B"。1983年,有7所特选中学和16所非特选中学使用该教材,反应良好。①

　　1987年统一教育源流后,新加坡政府意识到由于双语教育政策一直过于偏重英文教育,以至要保持华族的优秀语言文化面临更加严峻的局势。于是,双语教育政策开始采取措施努力保持华文的文化传统。特选中学是保留华文教育和华族传统的主阵地,需要有更多的人前来坚守。为了让更多的学生有机会进入特选中学学习华文,1999年新加坡增设南华中学为第十所特选中学。此外,2004年9月,教育部决定在几所特选中学(德明政府中学、南洋女中、华侨中学)推出双文化课程,目的是培养了解中国又能同西方联系的精英。双文化精英概念的推出代表着特选中学另一个新的发展里程碑(见第四章)。②

　　特选小学开办的时间相对较晚,也没有特选中学影响深远,开办之初只有四所特选小学,1990年发展到10所。③ 后来,教育部鼓励更多的小学开办第一语文的华文课程,特选小学发展到15所。除此之外,还有两所初级学院被列为发展华文的重点学院。④

---

　　① Chua Kwee Fah,A Review of Policy Statements and Research on Bilingual Education in Singapore Schools,Unpublished Dissertation,Singapore:National University of Singapore,1984,pp. 79-80.

　　② 范维薇:《如何特选? 果真特选?——检视新加坡"特选中学"二十六年的发展》,未刊学位论文,新加坡:新加坡国立大学,2004—2005年,第30~31页。

　　③ Ang Beng Choo,The Reform of Chinese Language Teaching in Singapore Primary Schools 1974-1984:A Case Study in Language Planning and Implementation,Unpublished Dissertation,Singapore:National University of Singapore,1991,pp. 40-41.

　　④ 温广益:《"二战"后东南亚华侨华人史》,广州:中山大学出版社,2000年,第297页。

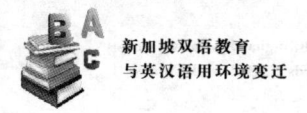

第四节　讲华语运动

　　新加坡华人在语言使用习惯上是个多语言、多方言的群体。据记载,从开埠到独立建国的 100 多年里,华族社会的家庭用语多达 14 种:英语、华语、马来语和 11 种华族方言。1920 年以前,新加坡的华文学校也主要以方言作为教学媒介语。1920 年 1 月,中华民国教育部训令全国小学教授中国国语,影响所及,新加坡的华校才逐渐改用华语作为教学媒介语。但华语的推广,仅限于学校范围,在家里,家长都喜欢用方言和子女交谈。根据 1957 年新加坡以母语为对象的全国人口普查报告书的资料,在全国人口中,以华语作为母语的,只有 0.1%,而自称会讲华语的人口,在华人中也只占 26.7%。在未提倡讲华语运动以前,新加坡华族社群大多在非正式场合(例如:家庭、小贩中心等)讲祖籍方言,俗称福建话、潮州话、广东话、客家话、福州话、海南话等。这些祖籍方言分别隶属于中国南方方言的闽方言(福建话、潮州话、海南话、福州话)、粤方言(广东话)和客方言(客家话)等。

一、开展华语运动的原因

　　《1978 年教育部报告书》经过调查认为,双语教育并没有达到预期效果,造成效果不理想的主要原因是学生应用家里不用的语言来求学。虽然华族学生在学校学习英语和华语,但他们之中却有 85% 的人在家里讲的是华族方言,①而在家讲方言不利于在学校学习英语和华语。1979 年教育部的调查结果表明:在家经常讲英语或华语

---

　　① 新加坡教育部:《一九七八年教育部报告书》,新加坡:新加坡教育部,1978 年,第一章,第 3~9 页。

的学生在英校或华校的双语考试成绩都比较好;在家只讲方言的学生考试成绩最差。① 从日常使用情况来看,新加坡华人在家中所讲的方言达11种之多,而且,彼此之间音韵差距颇大,难以沟通。这里以新加坡华人常用姓氏为例说明华族方言口头交际的困难程度。姓氏可能属于人们日常生活中使用频率最高的词汇,然而,在新加坡同一个华族姓氏往往有七、八个不同的方言拼写方式②(见表3-8),如"陈"在各方言中被拼写为:Tan(闽南、潮州)、Chan(广东)、Chin(客家)、Tang(福州)、Ding(福清)、Teng(闽北)、Chen(中国)、Chern(中国台湾)等。③ 由于"讲方言妨碍学生学习双语"、"如果不以华语取代方言,双语政策就不可能成功",新加坡政府对双语教育政策进行调整并于1979年发起了全国性的讲华语运动,推动华语成为华族家庭和社区的共同语,逐渐改变华族学生的语言习惯,提高他们的英华双语能力,以配合双语教育政策的实施。④ 而且,华语是各方言群体的中立语言,推广华语成为华族共同语,有利于打破方言帮派界线。⑤

---

① Ang Beng Choo, The Reform of Chinese Language Teaching in Singapore Primary Schools 1974-1984: A Case Study in Language Planning and Implementation, Unpublished Dissertation, Singapore: National University of Singapore, 1991, p. 47.

② 小木裕文著,『シンガポール・マレーシアの華人社会と教育変容』日本東京:株式会社 光生館,1995年,第20頁。

③ 谢世涯:《新加坡汉字规范的回顾与前瞻》,陈照明主编:《二十一世纪的挑战——新加坡华语文的现状与未来》,新加坡:联邦出版社,2000年,第140页。

④ Ang Beng Choo, The Reform of Chinese Language Teaching in Singapore Primary Schools 1974-1984: A Case Study in Language Planning and Implementation, Unpublished Dissertation, Singapore: National University of Singapore, 1991, p. 47.

⑤ Tham Seong Chee, *Multi-lingualism in Singapore: Two Decades of Development*, Singapore: Department of Statistics, Ministry of Trade & Industry, Republic of Singapore, 1990, p. 2.

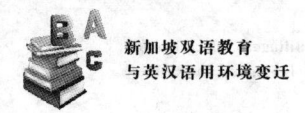

新加坡双语教育
与英汉语用环境变迁

表 3-8　新加坡华人方言群与姓氏的发音

	中国	广东	福建	潮州	客家	海南	福州
陈	Chen	Chan	Tan	Tan	Chin	Dan	Ding
林	Lin	Lam	Lim	Lim	Lim	Lim	Ling
王	Wang	Wong	Ong	Heng	Wong	Wang	Uong
黄	Huang	Wong	Ng	Ng	Wong	Ooi	Uong
李	Li	Lei	Li	Li	Lee	Lee	Li
吴	Wu	Ng	Goh	Go	Ng	Goe	Ngu
张	Zhang	Cheong	Teoh	Tiu	Chong	Chiang	Diong
杨	Yang	Yeung	Yeoh	Iun	Yong	Yeow	Iong
郑	Zheng	Cheng	The	Tay	Chang	Cheng	Daang
梁	Liang	Leung	Neoh	Neo	Leong	Leow	Leung

资料来源:小木裕文著:『シンガポール・マレーシアの華人社會と教育変容』日本東京:株式会社　光生館,1995年,第20頁。

到了20世纪80年代中期,中国的改革开放和经济发展,也使讲华语运动有了新的有利条件。当时的第二副总理王鼎昌为1985年讲华语运动主持开幕时讲话,首次谈到华语在文化价值以外的经济价值。此后,中国经济开放这个外在因素,成为务实的新加坡人主动学习华语的推动力。1994年,李显龙副总理就说:"使大家改变对华文华语态度的最大因素,是因为中国的经济蓬勃发展。"①

二、讲华语运动的目标

如上所述,新加坡政府调整双语教育政策主要是让华族学好英

---

① *Mandarin: The Chinese Connection*, Singapore: Promote Mandarin Council, 2000, p. 59.

语和华语,让华语取代方言成为所有华人的共同语,也是华族学生在学校学习的母语。① 1980 年教育部另一项调查显示,生长在讲方言家庭的华族学生,英文的平均积分是 40.4,华文 43.5;华英双语家庭的学生,英文的平均积分是 64.4,华文 60.1,讲方言的学生在语文表现上明显不如双语家庭学生。② 为了改变这一不利的双语环境,新加坡政府发起讲华语运动(The Speak Mandarin Campaign)。全面看来,主要目的有三点:第一,让华语成为新加坡华人的共同语;第二,配合学校的双语教育,减轻学生学习语言的负担;第三,传承华族优秀的传统价值、道德观,抵制过于西化的倾向,③或者说,华语常常被称为"文化平衡器",用来抵制随英语而来的西方不良文化。④ 上述三点之中最重要的一点就是要华族学好英语和华语,让华语取代方言成为华族的共同语。⑤ 1979 年 9 月,全国推广华语运动工委会主席林继民指出"我们推广华语是希望华人社会放弃方言"。1979 年 11 月,李光耀也明确表示"我们的希望是,在感情上,我们能够放弃方言,改用华语"。1981 年 10 月 12 日,王鼎昌也表示"推广讲华

---

① Thiru Kandiah and John Kwan-Terry, *English and Language Planning:A Southeast Asian Contribution*,Singapore:Times Academic Press,1994,p. 161.

② *Mandarin:The Chinese Connection*, Singapore: Promote Mandarin Council,2000,p. 44.

③ Thompson S H Teo & Vivien K G Lim,Language Planning and Social Transformation Strategies to Promote Speak Mandarin Campaign in Singapore,Unpublished Dissertation,Singapore:School of Business,National University of Singapore,2002,p. 3.

④ Antonio L. Rappa and Lionel Wee,*Language Policy and Modernity in Southeast Asia*,New York:Springer Science+Business Media,Inc. 2006,pp. 96-97.

⑤ Chua Kwee Fah,A Review of Policy Statements and Research on Bilingual Education in Singapore Schools,Unpublished Dissertation,Singapore:National University of Singapore,1984,pp. 61-62.

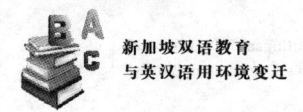

语运动的目的是要以华语取代其他华族方言"。①

1979年,新加坡开始推行华语运动。该运动是在政府的语言计划下,为了提高华语在社会中的地位以及改变华人语言习惯而发动的常年性社会运动。这项运动在推广之初定下了两大阶段性目标:(1)改变家庭内对方言的依赖。预期在5年内使年轻一代华人养成以华语和家人(除祖父母外)交谈的习惯。(2)从家庭用语习惯的改变延伸到社会用语习惯的改变。预期在10年内,使华语成为咖啡店、小贩中心、巴士的士、商家店铺等公共场所里与英语同步并行的语言。② 也就是说,双语教育的目标是要学生掌握英文和母语,推广和普及华语就是配合双语教育,为学生创造一个良好的语言环境,让他们在家里、学校和社交场合都讲华语,从而减轻在学校学习华语的负担。新加坡政府让学生家长意识到,家庭用语和学校教学语言一致可以减轻学生的学习负担,③更好地提高英华双语能力。

三、推广华语运动的方法

(一)普遍宣传

每年10月间举行的"推广华语运动"是一项新加坡政府主导民间响应的常年性活动,各有关单位都积极推动各项活动。一直以来,这个攻关项目主要由文化部(现改为新闻及艺术部)通过所辖单位以各种不同方式同时进行。例如政府利用各种大众传播媒体,包括报

---

① 陈照明:《小学华文教材与华语政策》,云惟利编:《新加坡社会和语言》,新加坡:南洋理工大学中华语言文化中心,1996年,第96～97页。

② 张楚浩:《华语运动:前因后果》,云惟利编:《新加坡社会和语言》,新加坡:南洋理工大学中华语言文化中心,1996年,第128页。

③ Antonio L. Rappa and Lionel Wee, *Language Policy and Modernity in Southeast Asia*, New York: Springer Science+Business Media, Inc. 2006, p. 91.

章、广播电台和电视网,大力进行宣传,鼓励新加坡华人多讲华语,①也印刷大量精美的海报、标签等免费供应给各公私机构、工商团体以及社区组织,以协助广泛宣传。中英文报章为了热烈响应政府的号召,以大量篇幅报到种种活动、刊登多姿多彩的宣传材料。举国上下各公私单位、基层组织以及大中小学等组织人力物力,举办如演讲、比赛、歌唱、话剧等活动,从意识上灌输学习母语的重要性。以上种种宣传,目的在于使"华人华语"的信息广泛传送到每一个角落、每一个华人的心里。1982年起,"推广华语运动"便调准焦点,逐年以不同的机关、单位作为该年运动的重点宣传对象(见表3-9)。②

为了使各行各业的炎黄子孙都能听会说华语,推广华语运动年年更替重点宣传对象,并配有不同的宣传口号,可谓用心良苦。1990—1997年,华语运动的宣传主题也开始以华语的文化价值和经济效益作为重点。③

表3-9　华语运动每年的重点宣传场所或对象(1982—1994)

年	重点宣传场所或对象	年	重点宣传场所或对象
1982	工作场所	1988	白领阶层
1983	菜市场、食物中心	1989	华族大众
1984	华族家长	1990	高级官员

① Janet Shepherd, *Striking a Balance: The Management of Language in Singapore*, Frankfurt am Main: Peter Lang GmbH Europaischer Verlag der Wissenschaften, 2005, p. 220.

② Mary Lee Teng Kim, Singapore's Post-1963 Bilingual Education Policy: A Critical Analysis of the Framework of Language Planning, Unpublished Dissertation, Singapore: National University of Singapore, 1994, p. 66.

③ Thompson S H Teo & Vivien K G Lim, Language Planning and Social Transformation Strategies to Promote Speak Mandarin Campaign in Singapore, Unpublished Dissertation, Singapore: School of Business, National University of Singapore, 2002, p. 5.

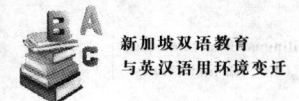

续表

年	重点宣传场所或对象	年	重点宣传场所或对象
1985	交通工友	1991—1993	受英文教育的华人
1986	餐饮企业	1994	受英文教育的专业人士和商界人士
1987	购物中心		

资料来源：Mary Lee Teng Kim, Singapore's Post-1963 Bilingual Education Policy: A Critical Analysis of the Framework of Language Planning, Unpublished Dissertation, Singapore: National University of Singapore, 1994, p. 66.

（二）大众教育

总的来说，讲华语运动教育的对象主要是不通晓华语或华语水平较弱的华人。政府为了向民众表示推广华语的决心，历年来都以身作责，陆续为华族公务员开设短期华语课程。到1990年，政府各部门已有4000多名公务员修毕各种不同的华语课程，参加新加坡国立大学校外进修系、人民协会、中华总商会等机构主办的华语班学员达8256名。1987年电信局录制的《电话华语课》，在华语月期间就有640000人收听。1980年教育部录制《华语会话》和《掌握华语》两套录音带供大众学习，售出83000套。社会有关单位也在教育方面扮演了积极的角色，比如电台、丽的呼声、华英报章等传媒机构，也纷纷通过听、说、阅读等方式，定时为听众读者提供不同程度的华语课程。①

（三）行政措施

1979年，第一届"推广华语运动"开始。随后，政府采取多项行政措施鼓励人们多用华语，其中主要包括：(1) 要求政府及法定机构

---

① 张楚浩：《华语运动：前因后果》，云惟利编：《新加坡社会和语言》，新加坡：南洋理工大学中华语言文化中心，1996年，第130页。

的华族员工在办公时间尽量用华语和华族公众交谈,以通晓华语的职员取代只懂英语的同事,以便更快捷有效地进行柜台服务。(2)自1979年开始,规定凡申请的士司机执照的华人,必须能听会说华语。① (3)为营造一个有利于使用华语的环境,电视台、电台的方言节目逐步被淘汰,并且加强制作本地的华语电视剧。(4)当局鼓励在招牌上以汉语拼音与汉字书写地名。为新街道和住宅区取名时,都以汉语拼音来取代方言拼音。(5)为新公司与新生婴儿取名时,也以汉语拼音来取代方言拼音。② (6)学生的学名、食物名称加注汉语拼音。③

四、讲华语运动的成果

经过数年对讲华语运动的积极推广,讲华语运动的影响范围不断扩大,积极响应的人数越来越多,就语言计划的成效而言,讲华语运动无疑是成功的,主要表现在以下几个方面:

(一)华语取代方言被广泛应用

随着讲华语运动的逐步展开,华语渐渐成为华族社会的主导语言,而华人祖籍方言已经失去在最保守的语言堡垒里的主要地位,这表明前10年讲华语运动已经完成其阶段性的历史任务。李光耀对推展10年讲华语运动的总结是:"我国华人现在都接受华语为家庭

---

① 张楚浩:《华语运动:前因后果》,云惟利编:《新加坡社会和语言》,新加坡:南洋理工大学中华语言文化中心,1996年,第131页。

② Janet Shepherd, *Striking a Balance*: *The Management of Language in Singapore*, Frankfurt am Main: Peter Lang GmbH Europaischer Verlag der Wissenschaften, 2005, pp. 220-221.

③ Thiru Kandiah and John Kwan-Terry, *English and Language Planning*: *A Southeast Asian Contribution*, Singapore: Times Academic Press, 1994, p. 82.

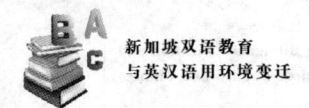
新加坡双语教育
与英汉语用环境变迁

和社交用语。"① 讲华语运动以前,闽南话(即厦门话)是新加坡最为通行的华族方言,但由于新加坡语言政策和语言环境的影响以及文化、教育、媒体传播等因素的制约,现在二三十岁以下的青少年,许多字(词)已读不出闽南话的读音,错读、文白读音混乱的现象更是屡见不鲜。青少年一代掌握的闽南话词汇量已经少得惊人,他们说闽南话时,英语、华语和闽南话混合成句,使闽南话语句变得不伦不类的现象更是司空见惯。方言的逐渐消失,是不可挽回的。它反映了新加坡华人社会有语言简化的趋势,进入 21 世纪这种趋势将会更为显著。② 下面几项统计数字可以说明讲华语运动已经达到了预期的目标。

表 3-10　华族小一学生在家中使用语言的变化趋势(1980—1989 年)

年	英语	华语	方言	其他	年	英语	华语	方言	其他
1980	9.3	25.9	64.4	0.3	1985	16.9	66.7	16.1	0.2
1981	10.7	35.9	52.9	0.4	1986	16.5	67.1	16.1	0.3
1982	12	44.7	42.7	0.5	1987	19.1	68	12.5	0.4
1983	13.4	54.5	31.9	0.5	1988	21	69	9.5	0.5
1984	13.9	58.7	26.9	0.4	1989	23.3	69.1	7.2	0.4

资料来源:Thompson S H Teo & Vivien K G Lim,Language Planning and Social Transformation Strategies to Promote Speak Mandarin Campaign in Singapore,Unpublished Dissertation,Singapore:School of Business,National University of Singapore,2002,p. 21.

---

① Janet Shepherd,*Striking a Balance*:*The Management of Language in Singapore*,Frankfurt am Main:Peter Lang GmbH Europaischer Verlag der Wissenschaften,2005,pp. 220-221,p. 221.
② 周长楫、周清海:《新加坡闽南话概说》,厦门:厦门大学出版社,2000 年,第 183~193 页;周清海:《语言与语言教学论文集》,新加坡:泛太平洋出版社,2004 年,第 9~10 页。

首先是政府部门华语使用率的提高。《1979年和1985年公共服务调查》统计数字显示,华语达到"流利"程度的华族公务员从1979年的71.8%增加到1985年的79.8%,增加了8%。① 其次是家庭使用华语的上升趋势。据教育部调查资料,1980—1989年间,华族小一学生在家使用方言与华语的情况呈现相对消长的倾向,方言从64.4%下降到7.2%,华语则从25.9%上升到69.1%。② 官方人口统计数字也清楚地显示,以华族方言作为主要家庭用语的人口,由1980年的76.2%急剧下降至1990年的48.2%,反观以华语作为主要家庭用语的人口却从1980年的13.1%急速上升至1990年的30%。③

再次是在社会上使用华语的各界人士普遍增加。据《海峡时报》研究资料,1981—1989年间,华语能力达到"流利"程度的华人人数显著增加:1981年76%、1987年87%、1989年85%。④ 福布斯调查机构(Forbes Research)1997年的调查数据显示,81%的华人每天都讲华语,受英文教育的华人中,能听懂日常华语对话的占到86%。在公众场合,华语运动的影响也非常明显。在饮食中心、百货商店和超市等公众场合讲华语的现象越来越普遍。例如,在市场和饮食中

---

① 张楚浩:《华语运动:前因后果》,云惟利编:《新加坡社会和语言》,新加坡:南洋理工大学中华语言文化中心,1996年,第130页,第134页。

② Thompson S H Teo & Vivien K G Lim, Language Planning and Social Transformation Strategies to Promote Speak Mandarin Campaign in Singapore, Unpublished Dissertation, Singapore: School of Business, National University of Singapore, 2002, p. 9;21.

③ Janet Shepherd, Striking a Balance: The Management of Language in Singapore, Frankfurt am Main: Peter Lang GmbH Europaischer Verlag der Wissenschaften, 2005, p. 221.

④ 张楚浩:《华语运动:前因后果》,云惟利编:《新加坡社会和语言》,新加坡:南洋理工大学中华语言文化中心,1996年,第130页,第131页。

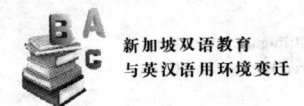
新加坡双语教育
与英汉语用环境变迁

心使用华语的比率从 1986 年的 13.8% 上升到 1989 年的 48.7%。①从华语运动影响的广度和深度可以看出讲华语运动取得的显著成效：从广度而言，更多华人在日常生活中逐渐形成放弃方言转而使用华语的习惯；在深度方面，许多非华文教育背景的华人提高了华语的听说能力。而且，各个阶层人士所讲的华语也越来越标准，整体上接近官方的华语标准。

（二）讲华语运动有利于扭转华文式微的趋势

李光耀先生说："由于我国人口当中有 25 巴仙（25%）并非华人，我们不得不采用英语作为各民族之间的共同语言。如果我们继续使用方言，那么英语势必成为我国不同籍贯华人之间的共同语言。……这是一项无可避免的选择——英语和华语，或者英语和方言？在逻辑上，这项决定是明显的；在感情上，这项选择确实痛苦。"②双语教育和讲华语运动为新加坡华人提供了学习以及应用英语和华语的机会，在英语、华语和方言的选择上，他们理性地选择了英语和华语，这个选择有利于形成一个更好的英汉双语环境，有利于华族学生更好地学习和掌握华语华文。

新加坡推广华语，以及 21 世纪以后大都会之间发展起来的华人主导语言——华语，将有助于新加坡扭转华文式微这个趋势。杨荣文准将甚至认为"华语已经成功取代我国过去普遍使用的各种方言，政府现在的目标是把华语提升为华人社会的高层语言（high language），

---

① Thompson S H Teo & Vivien K G Lim, Language Planning and Social Transformation Strategies to Promote Speak Mandarin Campaign in Singapore, Unpublished Dissertation, Singapore: School of Business, National University of Singapore, 2002, p.9.

② 周清海：《华文教学应走的路向》，新加坡：南洋理工大学中华语言文化中心，1998 年，第 7 页。

使它同沟通各族人民的英语并驾齐驱"①。虽然在多元民族社会里，华语不大可能与英语并驾齐驱，必须要接受以英语为社会主导语言。然而，在华文社会里，华语绝对可以成为高层语言，目前已经可以见到这样的趋势。人们在一些正式场合中广泛使用华语，并不觉得华语不恰当或别扭，证明讲华语运动已经取得一定的成就。周清海教授对新加坡华文的前途更为乐观，他认为，在华文有更广大的用途时，华文逐渐取得与英文并驾齐驱的地位，是可能的。而在教育方面，随着华语文商业用途的扩展，以及华语文教育和中国教育体系联系的可能性，在新加坡出现比较平行的或偏重于华文的双语教育，可能性是存在的。一些英文出生的人士也感到这个变化的到来，因此有人认为 20 年来的华语运动已经完成了历史使命，现在应该是华文复兴的时候了。无论如何，提升华语为华族的高层语言，将有助于保存及发扬华族文化。为了配合提升华语为华族的高层语言及建立资讯社会的目标，新加坡政府也鼓励开拓应用华文的新领域，并充分利用在中国大陆、香港和台湾迅速普及的华文互联网，为推广华文的使用提供无限空间。②

（三）讲华语运动能够协助双语政策的实施

华语不仅是官方语言，也是华族学生在学校学习的母语。推广华语，有利于华族学生学习双语、沟通华族方言群体、保留华族文化之根、抵制西化。③ 新加坡每年举行的"推广华语运动"，是政府规划语言发展趋势的一个明显的例子。1979 年以来，华语运动都是由总

---

① 周清海:《语言与语言教学论文集》，新加坡:泛太平洋出版社，2004 年，第 11～12 页。

② 周清海:《语言与语言教学论文集》，新加坡:泛太平洋出版社，2004 年，第 11～13 页。

③ Wee Hock Ann, Lionel, Language and Identity Among First-year Chinese Undergraduates in Singapore, Unpublished Dissertation, Singapore: National University of Singapore, 1990, p. 10.

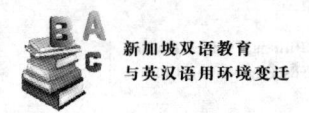

理和部长主持开幕仪式,并且获得政府各部门全力支持。因此,政府是这个改变华族语言习惯运动的真正主催者。① 毋庸置疑,讲华语运动对双语教育有很大的帮助。讲华语运动为华族儿童提供了一个学习语言的环境,使他们在家里或公共场合有机会练习和使用华语,从而减轻在学习语文上的负担。推广华语运动后,华族学生在家里主要是讲华语和英语,父母由于受到华语运动"多讲华语、少讲方言"的感召,主动改用华语和子女交谈,不再传授方言。所以,李光耀资政认为"要不是展开讲华语运动,今天学校里教华语一定会失败"②。

(四)华族的凝聚力加强

讲华语运动的目标之一是要让新加坡每一个华人都有这样的认同:大家都是同一个民族,讲共同的语言。这样,华社就能发挥它的凝聚力。在推行讲华语运动以前,宗乡会馆里都讲方言,如,琼州会馆讲海南话、南洋客属总会讲客家话、潮州八邑会馆讲潮州话。但现在,会馆里普遍使用华语,因语言习惯不同而产生的地方性"帮派"观念越来越薄弱。③ 而且,新一代新加坡人大致上不再对方言有特殊的感情,这将进一步消除华族过去分属于众多方言群体的界线。

第五节 统一教育源流的原因及步骤

如前所述,在强制性双语教育政策下,非英文学校学生加速转入英校就读,首先是淡米尔文学校和马来文学校招不到小学一年级新

---

① 吴元华:《华语文在新加坡的现状与前景》,新加坡:创意出版社,2004年,第65页。
② Mandarin: The Chinese Connection, Singapore: Promote Mandarin Council, 2000, p. 22.
③ Mandarin: The Chinese Connection, Singapore: Promote Mandarin Council, 2000, pp. 86;170.

生,最后连规模庞大的华文学校所招新生也是寥寥无几,致使华文学校的教学难以为继。于是,新加坡政府决定统一教育源流(National Stream Education)。统一教育源流从1984年开始逐步实施,到1987年终于完成统一大业。

一、统一教育源流的原因

自从1966年正式实施以英语为主的双语教育后,政府采取强制性双语教育、加强第二语文的学习与应用,特别是加强英语第二语文的学习与应用,英语的使用范围越来越广。南大改用英语为媒介语对中小学的语言学习产生了巨大的影响,切断了华校学生在中学后继续学习华文第一语文的道路。双语教育分流制度中突出了英语的重要性,深入到华文中小学的各个年级。比如,实施新教育体制(小学阶段)(New Education System)的主要目的就是让最优秀的学生进入特选学校学习两种第一语言(英语和华语);中等程度以上的学生学习英语为第一语言,母语为第二语言;最差的部分学生只学习一种语言,也就是英语。① 后来,连华文气氛最浓的特选学校也降低修读华文的标准,所招收的学生也主要来自英校。在浸濡计划和英语特别补习计划的实施中原来的华校生变得越来越英文化,以至于特选学校的语言环境带着越来越浓的英语味儿。讲华语运动一方面使华人放弃方言、多讲华语,但放弃方言的同时讲英语的华人人数和华人家庭也迅速增加,学校、家庭和社会普遍重视英文的结果,促使几乎所有的华族子女要么从小学一年级就登记进入英校,要么中途从华校转入英校。20世纪中期庞大的华校体系逐渐瓦解,现在登记进入华校的小一新生只占到全国小一新生人数的0.7%,华校唯一的

---

① Thiru Kandiah and John Kwan-Terry, *English and Language Planning: A Southeast Asian Contribution*, Singapore: Times Academic Press, 1994, p. 163.

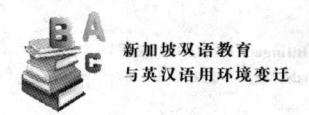

出路就是步巫校和印校的后尘而关门大吉,让所有华族学生都融入到英文教育源流。

二、统一教育源流的步骤

1983年底,教育部宣布从1984年1月起华族中小学生逐渐转入统一教育源流。1983年12月22日,教育部发布教育政策的最新动向:到1987年新加坡所有学生都将学习英语为第一语言、母语为第二语言。该政策的实施基于以下事实:第一,非英文源流学校已经招不到小学一年级新生。1976年淡米尔文小学一年级开始没人登记注册,1982年马来文小学一年级也招不到新生,1984年1月登记注册华小一年级的新生也是历年最低,只有260名,仅占全国小一新生的0.7%。第二,非英文源流学校的中小学各年级学生太少。1984年,各年级非英文源流中小学生分别占全国中小学生总人数的12%和6%。① 于是,政府决定分阶段统一四种不同语文源流的学校,让非英文源流学生逐步转入英校。具体步骤(见表3-11)是,②从1984年1月开始,小学低年级段(一至三年级)和初中低年级段(初一至初二)学生直接转入英文学校,以便有较充裕的时间适应英校的学习环境、学习进度,以及有更多的时间分别准备小学离校考试(PSLE)或GCE"O"level会考。小学高年级(四至六年级)学生在毕业考试前仍然学习华语为第一语言、英语为第二语言,但是,这些学生需要增加额外的英语课程,为以后考入英校初中一年级。同样,初中高年级(初三至初四)学生也是在非英文学校继续学习的同时,更

---

① Chua Kwee Fah, A Review of Policy Statements and Research on Bilingual Education in Singapore Schools, Unpublished Dissertation, Singapore: National University of Singapore, 1984, pp. 68-71.

② Chua Kwee Fah, A Review of Policy Statements and Research on Bilingual Education in Singapore Schools, Unpublished Dissertation, Singapore: National University of Singapore, 1984, p. 70.

加强化英语课程,为中学毕业后接受英校的中学后教育(如,初级学院或大学先修班)做好准备。到1986年,随着华文源流中学普通水平最后一届结束,华文源流到此正式结束。

表3-11 非英文学校各年级学生转入英校的方式(1984年开始)

非英文学校	进入英文学校的方式	英文学校
小学一年级	转入	小学一年级
小学二年级	转入	小学二年级
小学三年级	转入	小学三年级
小学四年级	在非英文学校强化英语学习,到小学毕业后考入	中学一年级
小学五年级		
小学六年级		
中学一年级	转入	中学一年级
中学二年级	转入	中学二年级
中学三年级	在非英文学校强化英语学习,到中学毕业后考入	中学后教育(如,初级学院、大学先修班)
中学四年级		

资料来源:根据Chua Kwee Fah, A Review of Policy Statements and Research on Bilingual Education in Singapore Schools, Unpublished Dissertation, Singapore:National University of Singapore,1984,p.70.整理。

第六节 本章小结

在双语教育成熟期,新加坡的双语教育由非强制性转向强制性双语教育,也就是转向以英语为主、母语为辅的双语教育,更加突出英语的学习与应用。该时期的双语教育模式主要有浸入式双语教育和过渡式双语教育模式,以过渡式为主。新加坡的浸入式双语教育模式就是"英语浸入式",也被称为"浸濡计划",接受浸入式双语教育

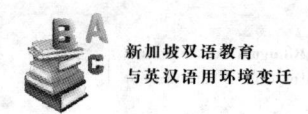
新加坡双语教育
与英汉语用环境变迁

的对象是华文源流的学生,场所是英文学校。1979年,"浸濡计划"为中学1~2年级的华文源流学生开设浸入课程,要求学生每天完成本校的正常学习课时和学习任务后,到优秀的英校接受每周12节课的英语训练课程。在过渡式双语教育模式框架下分析发现,该时期的双语教育政策加快了"母语向英语过渡"的速度,也加大了过渡的幅度,具体表现在以下几个方面:

第一,在总体上由华、巫、印校以"母语为主、英语为辅"的双语教育过渡到全国都以"英语为主、母语为辅"的双语教育。其中,最重要的是教学媒介语的过渡。在华、巫、印校,英语由一门学科变为部分学科的教学媒介语,最后变为主要教学媒介语。以华文学校为例,以华文为教学媒介语的南洋大学于1975年改为以英语为教学语言,华文中小学的教学媒介语也由以华文为主改为以英语为主。随之而来的就是以英语教学的科目和时间也得到不断增加。从中学阶段语言接触时间来看,英语的总接触时间增加到81%以上,而华语接触时间减少到19%以下。

第二,对母语的要求由高级向低级过渡。在双语教育分流制度中,除了最优秀的8%的学生修读英文第一语文和华文第一语文外,其他学生都以英语为第一语文,对华文的要求不断降低,由高级华文降到华文,再降到华文B,再到基础华文。随着华文教学时间的减少、教材简单化,阅读书写的水平自然要相应降低,学生难以应付历史和地理科的母语程度,英校就取消小学的历史科和地理科。

第三,华人社会日常用语由方言向华语和英语过渡。"讲华语运动"和"讲学校语运动"是配合双语教育的重要措施,运动的成功大大减少了方言的使用范围和使用人数,结果不仅提高了华语的使用率,同时也提高了英语的使用率。1979年前华族家庭主要讲方言,1979年后许多家庭为了帮助孩子提高学校里学习的语言(英语和华语)水平,在家里改说英语和华语,放弃方言。有的家长意识到英语对子女的升学和就业更为重要,为了子女的前途甚至把家庭语言改为英语。

第四,由母语学校向英文学校过渡。在强制性双语教育政策下,华、巫、印校学生快速转入英校,以致最后华、巫、印校几乎招不到新生,只好全部融入英文教育源流,形成全国统一的教育源流。需要特别一提的是,新加坡政府选择九所优秀的华文中学作为特选学校,目的就是保持优秀的华族语言文化,要求最优秀的学生在这里同时学习两种第一语文(英文第一语文和华文第一语文),结果特选学校也由浓厚的华文气氛转变为越来越浓的英文环境,学生可以修读华文第二语文。而且,特选学校的学生来源由以华校生为主逐渐变为以英校生为主,英校生和华校生的比率由1979年的35：65转变为1986年的93：7,特选中学好像变成了为英校小学毕业生开办的中学。从1984年起,新加坡开始逐步统一教育源流,华、巫、印校最终完全融入英文学校。在双语教育成熟期,完全改变了以前的单语环境,所有学生学习和应用英语和母语两种语言,同时提高了母语的使用率。

　　需要指出的是,和双语教育发展期相一致,双语教育成熟期的过渡式双语教育模式也不是要以英语完全替代母语。虽然强制性双语教育政策一直偏向英文教育,但依然为华文教育留有一定的发展空间,并采取一定的措施保留华族语言和文化。具体措施可以归纳为三个主要方面:(1)扩大华语的学习与应用,如要求英校的华族学生必须学习华语、开展"讲华语运动"和"讲学校语运动"等。(2)政府提高初级学院、大学先修班等入学资格中对双语的最低要求,有效地鼓励并保障了各民族学生重视两种语文的学习。这样一来,英文学校里一些原来不大重视华文学习的华族学生,现在对华文科也不敢掉以轻心。(3)设立特选双语学校培养精通华英双语的华族精英。特选学校培养了一大批英文和华文均为第一语文的高级人才,这对把华语华文保持在较高的程度发挥了积极有效的作用。而且,当新加坡政府意识到双语教育政策一直过于偏重英文教育,以致要保持华族的优秀语言文化面临更加严峻局势的时候,进一步采取保持华语华文的新措施,如,增设南华中学为第十所特选中学,决定在特选中学推出双文化课程,以培养了解中国又能同西方联系的精英。同时,

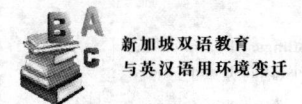

教育部鼓励更多的小学开办第一语文的华文课程并增办特选小学。特选小学由最初的 4 所发展到 1990 年的 10 所,后来又发展到 15 所。除此之外,还有两所初级学院也被列为发展华文的重点学院。

第四章　双语教育定型期(1987—)

在双语教育成熟期,新加坡的双语教育由非强制性转向强制性双语教育,也就是转向以英语为主、母语为辅的双语教育,更加突出英语的学习与应用。在强制性双语教育实施过程中,强化第二语文的学习与应用更主要的是加强华、巫、印校英语课程的学习与应用;双语教育分流制度只允许极少数华族学生同时修读英语和华语两种第一语文,绝大多数学生只能修读第二语文华文或华文 B;特选双语学校也逐步转化为英语气氛越来越浓的学校;讲华语运动的成功使华族大众渐渐放弃方言,把日常用语转向华语和英语。在以英语为主的强制性双语教育政策下,绝大多数华、巫、印校学生流向英文学校。1984 年新加坡逐步统一教育源流,让非英文学校中小学低年级段的学生直接转入英校,高年级段的学生在原来的学校继续学习英语为第一语文、母语为第二语文,同时更加重视英语的学习与掌握,以便在中小学毕业时考入英文学校接受下一阶段的学习。统一教育源流计划经过三年的逐步实施,到双语教育定型期终于完成,1987年四大语文源流学校教育最终合而为一,形成完全的统一教育源流,以英语为新加坡所有学校所有学生的主要教学媒介语。在双语教育定型期,双语教育的显著特征为"极力突出英语,适度保留母语"。

第一节　教育源流的完全统一

如前所述,新加坡一向有英文、华文、马来文和淡米尔文四种不

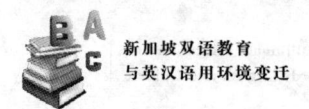

同源流的学校。学校源流是以教学媒介语来区分的,例如英文源流学校就是以英文作为第一语文,并以英文为主要教学媒介语。由于英语有较高的实用价值,为了配合国家的政治、经济和社会需要,新加坡的双语政策自然是偏重英语,导致越来越多的学生选择就读英文源流学校。1959年选择报读英文源流小学的一年级新生只占全国新生的47%,但1984年增加到99.3%,而选择报读其他源流学校的只剩0.7%。于是,新加坡政府于1984年开始了统一教育源流的关键步骤。同时,教育当局也在进行优化教育的尝试,而且,优化教育的观念在在实施统一教育源流的过程中发挥了一定的影响,强化了双语教育政策中偏重英语的指导思想,坚定了新加坡政府完全统一四大语文教育源流的决心。

一、优化教育与统一教育源流

1985年,新加坡由于外部客观因素的影响,经济发展速度放慢,进入重新调整阶段,这就是被称为第三次经济大转轨的经济重整阶段(1985—1997)。1986年,新加坡国家经济委员会发表重要报告(也被称为"优化教育报告书"),提出新加坡应根据新的国际国内经济形势需要,将经济发展方向转向以高精技术为中心的服务业,力求把新加坡建设成为地区性的服务中心和国际服务输出国。该报告书为经济重整计划出台了一系列优化教育的改革措施。报告书的第十一章专门讨论教育问题,对教育应如何配合国家经济重整计划与发展作了阐明。它强调,教育不但要最大限度地发展每个人的潜能,而且要建立一个有创造力、不断思考和不懈更新的新加坡社会,为经济的每个层面培养技能灵活的人才。其中,有关基础教育的建议有:(1)提高新加坡劳动者的中等教育水平;(2)以"健全的人"的发展为教育目标,并使广大公民真正享受这种教育。

在"优化教育报告书"的号召下,新加坡掀起了"优化教育"的浪潮,并成为经济重整阶段教育改革的主流方向。1986年2月,教育部长陈庆炎指出,今后教育发展的重点将转移到"优化教育"上来。随后,新加坡政府派出了由 12 位资深校长组成的考察团到英、美等国考察学习。考察团撰写的《迈向学校优化》报告,是新加坡基础教育改革的又一重大突破。为了实现优化教育的目标,新加坡政府在基础教育方面先后采取了许多措施,包括对双语教育分流制度的改革。此外,根据 1986 年经济委员会报告,新加坡确定了通过中等教育改善劳工素质以及对劳工进行就业核心训练课程,因而中等教育实施普通教育与职业教育双轨制,以提高新加坡在国际市场上的竞争力。① 与优化教育相对照,新加坡实施的双语教育分流制度的基本原则完全正确,并卓有成效。同时,也发现分流制度存在一些不足之处,需要进一步改进和完善。优化教育的观念在一定程度上影响了教育源流正式统一的进程,在教育源流正式统一之后,双语教育分流制度又开始了新的改革。

二、突出英语与保留母语的协调

由于强制性双语政策不断加大突出英语的力度,英校实施"突出英语、保留母语"的双语教育,既突出了英语又兼顾到母语,广受家长和学生的欢迎。更重要的是,对个人而言,英校毕业生在升学、就业和升职等方面前途光明,所以大多数学生一入学就上英校或中途从华校转入英校的趋势不可阻挡。② 从 1987 年开始,新加坡统一国家教育体制,中、小学一律把英语作为第一语言学习,并以英语教导其

---

① 王学风:《新加坡基础教育》,广东:广东教育出版社,2003 年,第 13~14 页。

② Janet Shepherd, *Striking a Balance: The Management of Language in Singapore*, Frankfurt am Main: Peter Lang GmbH Europaischer Verlag der Wissenschaften, 2005, pp. 121-122.

他科目。母语成为一门语言必修课,而不是教学语言。① 为了避免出现双语教育完全向英文教育一边倒的局面,双语政策就需要进行调节,保持两种语言的相对平衡与稳定,以确保学生不会失去自己本族传统文化的根。为此,新加坡政府规定母语为必修必考的科目,学生必须考获某个等级,才能升读大学先修班和大学。② 此外,在双语教育定型期,新加坡政府对华文教育进行了多次检讨与改革,这样做的目的是在配合突出英语的双语教育政策下把母语保持下去。双语教育政策的最终目标,是形成"英语为主,母语为辅"的统一教育体制,1987 年是双语教育发展的最大里程碑,所有学校都以英语为教学媒介语,这也是双语教育重视英语的结果。③ 1959 自治后经过 28 年的演变,新加坡教育当局终于将四种分歧的语文源流,大一统于单一源流之下。至此,行动党政府的双语教育目标终于达到。不过,1987 年统一语文源流也让许多热爱华文教育的人士对华文教育的未来充满悲观情绪,出现了"1987 年的信心危机",《联合早报》刊登的数篇相关文章代表了他们的心态,其中一篇写到:"香港有'1997 年恐惧症',我却有'1987 年恐惧症'……新加坡有些人担心 1987 年各源流学校统一为一种类型的学校之后,华文的地位将急速衰退,新一代华人断了传统文化的根源。"④

---

① Janet Shepherd, *Striking a Balance:The Management of Language in Singapore*, Frankfurt am Main: Peter Lang GmbH Europaischer Verlag der Wissenschaften,2005,pp. 35-36.

② 谢泽文:《新加坡的双语教育与华文教学》,新加坡华文研究会:《新加坡华文教学论文二集》,新加坡:SNP Pan Pacific Publishing Pte Ltd,2001,p. 5.

③ Thiru Kandiah and John Kwan-Terry, *English and Language Planning:A Southeast Asian Contribution*, Singapore: Times Academic Press,1994, p. 164.

④ 杨松年:《新马文学论争与社会变迁的关系:以战前新马文学论争为例的说明》,杨松年主编:《传统文化与社会变迁》,新加坡:新加坡同安会馆,1994 年,第 68 页。

同时双语教育对英语和华语的语言功能也进行了分工与调节。从语言学的角度来看,语言具有两大功能——工具性功能和感情性功能。从语言的工具性和感情性分析,双语教育定型期的双语教育模式兼顾了语言的两大功能。语言的工具性主要包括交际价值和生存价值。Nida 提出,在多语社会语言的交际功能主要表现在三个方面:(1)种族内部交际,也就是同一种族成员之间的交际;(2)跨种族交际,即与不同种族成员进行交际;(3)传播专业知识。1987年新加坡统一教育源流后,由于"极力突出英语"带来的强势英语环境,"母语"的交际功能由种族内部交际和传播专业知识两种功能降为一种功能,也就是种族内部交际。双语教育政策让英语承担起"跨种族交际"和"传播专业知识"的重任。新加坡政府希望人们通过英语学习掌握发展经济所需要的科技、商业知识,也以英语为共同语沟通四大民族、促进民族和谐。不仅如此,语言也为使用者提供适应生活环境的能力。也就是说,无论是对于个人或社会,语言具有重要的生存价值。在获得经济成就、教育与职业方面,新加坡人特别重视语言的生存价值。毫无疑问,在新加坡的四大官方语言中,英语的生存价值最大,这正是绝大多数新加坡人努力学习和使用英语的原因所在。当然,语言不仅仅是交际的主要工具,语言也是民族象征,语言也代表不同种族的民族特性、文化遗产、优秀传统。在对英语与母语功能进行不断调节的过程中,新加坡的双语教育要求各民族学生继续学习和使用母语,除了便于种族内部交际外,还要他们保持本民族优秀文化和传统的认同感。①

此外,双语教育在波涛汹涌的英语浪潮中坚持为华语保留一个浮台。新加坡的双语教育政策到1987年是一个重要转折点,双语教育的最终目标终于达成了,完成了国家和国民型教育模式。从1987

---

① Wee Hock Ann, Lionel, Language and Identity Among First-year Chinese Undergraduates in Singapore, Unpublished Dissertation, Singapore: National University of Singapore,1990,pp. 83-84.

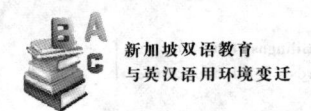

年开始,所有学校都归入统一源流,不再有华文源流的存在。只有在少数学校里,如特选小学和特选中学,还有华文第一语文这个科目。所有其他学校,都以英文作为第一语文,华文和其他母语作为第二语文。华文地位的变化,意味着华文程度的普遍降低,①也意味着,如果要继续坚持双语教育的基本国策,就必须设法保留华语,为华语保留一个维持存在的浮台。新加坡采用的"过渡—保持式双语教育模式"避免了华语像方言一样消失,并确保了华语继续生存和发展的空间。当然,对华语的保留也必须与"极力突出英语"的双语政策相配和,二者协调一致才能完成好双语教育所担负的社会、经济和文化使命。

第二节 双语教育分流制度改革

自20世纪70年代末新教育制度实施以来,新加坡的基础教育改革尽管一直处在不断深化、不断完善之中,但是,仍有不尽如人意的地方,难以适应20世纪90年代乃至21世纪的需要,难以跟上新加坡的经济发展、民族繁荣的步伐。因此,新加坡的教育必然要进行一番新的改革。

为了使教育适应经济发展、民族振兴的需要,1990年7月,新加坡教育部成立了教育考察委员会。该委员会从新加坡的实际出发,就德国和日本两国的基础教育进行了细致的考察和研究,从中总结出一些成功的教育经验,于1991年发表《改革小学教育》报告书,它标志着第三次基础教育改革的开始。该报告书指出,新加坡将为每一个儿童提供至少10年的普通教育,包括6年小学教育和4年中学

---

① Lim Chee Then, Oriental Traditions and the Future of Singapore: Cultural-Educational Perspectives, Unpublished Dissertation, Singapore: National University of Singapore, 1986, p. 52.

教育。改革后的新加坡教育体制包括小学教育、中学教育、中学后教育和大学教育四个层次。基础教育涵盖了初等和中等两个阶段，包括小学教育和中学教育（不分初、高中）及中学后教育。中学设普通中学和职业中学。①

和以前的基础教育改革相比，这次的改革存在明显的差别，主要体现在以下几个方面：(1)小学教育共分三个阶段历时 7 年，包括 1 年的学前教育、4 年的基础教育和 2 年的定向阶段。教育的重点是强调英语、母语和数学。(2)课程分布时间修改为：在 1～4 年的小学基础阶段，学生学习英语的时间占 33％、数学 20％、其他课程 20％、母语和道德 27％。② 与 1979 年相比，1991 年改革后母语科的课时数基本保持不变，英语和数学的课时数分别提高了 2～5 个百分点。(3)1991 年的改革把原来的小三分流改为小四分流，分流考试科目依然是英语、母语和数学，③为定向阶段（小学五、六年级）学生提供三种不同的语言课程。(4)实行小学离校考试（PSLE），既能使学生完成中学课程，又可以对学生适应中学学习的能力作出科学的评估。(5)开设的普通、职业课程包括在中学普通课程范围之内，该课程只是供工业定向之用，给学生提供更多的受教育的机会。④ (6)为了提

---

① 参见 Language Policy Changes 1979-1997：Politics and Pedagogy，in S. Gopinathan, Anne Pakir, Ho Wah Kam & Vanithamani Saravanan, *Language, Society and Education in Singapore：Issues and Trends*,（Second Edition），Singapore：Times Academic Press，1998，p. 31；王学风：《新加坡基础教育》，广东：广东教育出版社，2003 年，第 37～38 页。

② 王学风：《新加坡基础教育》，广东：广东教育出版社，2003 年，第 38 页。

③ 冯生尧：《亚洲"四小龙"课程实践研究》，福州：福建教育出版社，1998 年，第 238 页。

④ Language Policy Changes 1979-1997：Politics and Pedagogy，in S. Gopinathan, Anne Pakir, Ho Wah Kam & Vanithamani Saravanan, *Language, Society and Education in Singapore：Issues and Trends*,（Second Edition），Singapore：Times Academic Press，1998，pp. 31-32；王学风：《新加坡基础教育》，广东：广东教育出版社，2003 年，第 38～39 页。

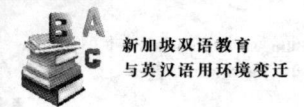

高母语的程度,实施母语为第一语文、英语为第二语文的 ME3 双语课程。但是后来的结果显示没有学生愿意选修该课程。① 这说明华族家长和学生还是欢迎英语为第一语文、母语为第二语文的双语教育。下面分别论述改革后的双语教育分流制度。

一、小四分流

1991 年改革后的教育体制成为定型的教育体制,也就是新加坡一直沿用到目前的现行学制。基础教育阶段共有三次分流,即小四分流、小六分流和中四(初中毕业)分流(见表 4-1)。

表 4-1　改革后(现行)中小学分流学制(1991 年开始)

学前一年	小一至三	小四分流	小六分流		中四分流	
		普通双语课程(2年)		特别课程(4年)		高级中学(3年)
		延长双语课程(2年)		快捷课程(4年)		初级学院(2年)
		单语课程(2年)		普通学术(4—5年)		工业与职业训练(视专业而定)
				普通工艺(4—5年)		

资料来源:根据王学风:《新加坡基础教育》,广东:广东教育出版社,2003 年,第 39 页整理。

在新的双语教育分流制度下,新加坡的小学教育被划分为学前阶段、基础阶段和定向阶段。学前阶段招收年满 5 岁的儿童,学制一年。这是一种补偿性教育,因而该阶段的课程重点是帮助语言背景不同的学生在时间许可的条件下获得补偿教育,使儿童掌握使用英语和母语的技能,并向儿童灌输亚洲价值观的核心,为儿童进入正式教育阶段做好准备。基础阶段包括小学 1—4 年级,入学年龄为 6 岁。这一阶段的目的是为学生在两种语言(华族学生学习英语和母语)能力与数学方面奠定良好而扎实的基础,因而注重基本的读写能

---

① 《联合早报》,新加坡:1999 年 1 月 22 日。

力和计算能力,核心课程是英语、母语和数学,共占约80%的教学时间,其他时间用于道德教育以及音乐、工艺美术、体育等课程的学习。改革后的分流制度要求学校在小学三年级末对每一个学生作一次初步评价,将学生对待每门学术性学科的态度通知家长,并就学生可能选择的受教育途径向家长提出建议。学校根据家长的意见,分析他们孩子可能受教育的途径,但无论如何所有学生都能升入四年级。①

小四分流在四年级末进行。到四年级末各小学进行校级统考,考试科目为英语、母语和数学,试题范围选自教育部题库,以此得出令人信服的能力标准分数,并把成绩分为4个等级对学生的英语、母语和数学3门课程进行评价(见表4-2)。

表4-2 四年级末英语、母语和数学3门课程统考成绩等级

等级	1等	2等	3等	4等
分数	85—100	70—84	50—69	0—49
评价	非常好	好	基本掌握	未达要求
升入课程	普通双语课程(EM1)	延长双语课程(EM2)	单语课程(EM3)	

资料来源:王学风:《新加坡基础教育》,广东:广东教育出版社,2003年,第41页。

小四分流考试以后,学校根据学生的统考成绩、前四年的期中和期末成绩以及平时成绩,并根据家长意见决定学生进入不同语言流学习。这意味着所有学生都将升入定向阶段,然后分成三种不同的语文源流,但都在同一所学校。

(1)第一源流(EM1):学生学习英语、数学和母语。其中,英语为第一语文,母语为高级母语(华族学生学习高级华文,即华文第一语文)。该语言流招收学习能力强并具有杰出语言才能的学生(约占学生总人数的10%)。

---

① 王学风:《新加坡基础教育》,广东:广东教育出版社,2003年,第40页。

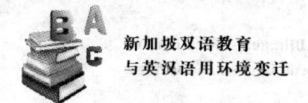

(2)第二源流(EM2):其他课程与第一源流相同,不同的只是母语科。譬如,华族学生学习的母语课程称为"华语",即华文第二语文,难度低于高级华文。大多数学生(约70%~75%)进入该语言流。

(3)第三源流(EM3-oral):学生学习英语第一语言、母语基础口语。双语能力较弱的学生(约15%~20%)进入该语言流。这些学生把主要精力放在英语和数学上,较少强调母语。①

把1979年的小三分流改为小四分流,是考虑到晚一年分流学生的身体和智力都发展得更为成熟,这时候的分流更为科学合理。从对双语学习的要求来看,小四分流更加偏向于重视英语。其中,第一、第二、第三源流学生都学习英语为第一语文,而绝大多数学生只能学习华文第二语文或华语口语。这一点和小三分流有很大的不同。在小三分流中,被分流到单语课程但来自于讲华语家庭的学生,以学习华语为主,同时学习一些英语会话。

二、小六分流

新的分流与1979年相比还有一些不同,主要体现在分流的形式更为灵活。新加坡之所以在小学阶段进行分流,一方面是为了向那些学习能力强并具有语言才能的学生提供一流水平的英语和母语教育,而其他大部分学生学习英语为第一语言、母语为第二语言;另一方面,语言分流为双语能力较弱的学生提供英语第一语言以及达到熟练口语水平的母语,这样就减轻了学生的学业负担,使他们集中精力学习英语和数学。定向阶段仍然强调英语和数学能力的训练,为所有学生提供同样的英语和数学课程。学生在定向阶段可以根据期中和期末考试成绩的升降转换语言流。为了确保学生的学习水平不

---

① 参见梁荣基:《新加坡华文教学现状的思考》,新加坡华文研究会:《新加坡华文教学论文四集》,Singapore:Panpac Education Private Limited,2006,p. 75;王学风:《新加坡基础教育》,广东:广东教育出版社,2003年,第41~42页。

会有太大的波动,学生在语言流之间的转换不能随心所欲,必须由校长亲自审查和最终决定。一个学生如果想留在第一语言流,他的英语和母语成绩必须达到第2等,而高级母语(如,华语第一语言)、数学、科学成绩必须保持在第3等。如果一个学生想留在第二语言流,4门课程中至少有2门成绩达到第3等(见4-3表)。①

表4-3 小学第一语言流(一流)、第二语言流(二流)必须达到的最低成绩等级

一流	课程	英语、母语	高级母语、数学、科学	二流	课程	英语、母语、数学、科学
	等级	2等	3等		等级	至少2门达到2等

资料来源:根据王学风:《新加坡基础教育》,广东:广东教育出版社,2003年,第43页整理。

新的小六分流是在小学六年级末举行,也就是小学离校考试(PSLE)。分流制度要求所有学生都必须参加国家统一的小学离校考试,学生通过这次考试分流后,进入中学学习三种课程,即特别双语课程、快捷双语课程和普通课程。为了让学生按照自己的能力和意愿对课程有更大的选择,将普通课程一分为二,即普通学术课程和普通工艺课程(见表4-1)。②

从课程设置中的授课时数来看,新的双语教育分流制度明显偏向英语学习。仅从表中数字来看,每周教授母语的课时只占英语的一半。其中,母语授课时数在快捷双语课程为5课时、普通学术课程5课时、普通工艺课程3课时。事实上,由于英语是主要教学媒介语,除了母语科外,其他科目几乎都是以英语教授。也就是说,在每周的总授课时数中,母语只占到5或3课时,其他的所有课时几乎都是使用英语。

---

① 王学风:《新加坡基础教育》,广东:广东教育出版社,2003年,第42～43页。
② 冯生尧:《亚洲"四小龙"课程实践研究》,福州:福建教育出版社,1998年,第241页。

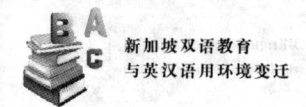

表 4-4　1991 年改革后中一、中二考试科目每周授课课时数

	快捷双语课程	普通学术课程	普通工艺课程
英语	10	10	8
母语	5	5	3
数学	10	10	8

资料来源：根据冯生尧：《亚洲"四小龙"课程实践研究》，福州：福建教育出版社，1998 年，第 242 页整理。

三、中四分流

所谓的中四分流，就是中学毕业分流。新加坡的中等教育学制为 4 年和 5 年，学生可以根据自己的能力与兴趣分别进入三种课程学习，即特别课程、快捷课程和普通课程。

特别课程（Special Course），为学习能力最强的学生（约占 10%）提供具有第一语言水平的英语和母语课程，到中学四年级末，学生参加 GCE"O"级水平考试。

快捷课程（Express Course），英语为第一语言、母语为第二语言，约 50% 的学生入读该课程。他们也是到中学四年级末参加 GCE"O"级水平考试。特别课程和快捷课程的学生通过 GCE"O"级考试后主要升入初级学院或理工学院。[1]

普通课程又分为普通学术和普通工艺课程。普通学术课程是偏向学术的普通班，约 20%～25% 的学生学习该课程，学制 4～5 年，学生在四年级末参加 GCE"N"级水平考试，通过考试后大部分学生接受职业技术教育，有能力的学生再学一年后参加 GCE"O"级水平考试。普通工艺课程是为学业成绩略低的 15%～20% 的学生准备的。按照 1979 年的分流制度，这部分学生没有机会接受中等教育。

---

[1]　王学风：《新加坡基础教育》，广东：广东教育出版社，2003 年，第 44 页。

1991年分流制度改革后这些学生可以进入普通工艺课程学习,学制4～5年。学生通过GCE"N"级考试后,有能力的学生可以进入中学五年级学习并参加GCE"O"级水平考试。

新加坡中小学的双语教育分流制度是新加坡教育突出的特点,而中学后教育继续实行分流制则与许多国家大同小异。在新加坡的中学后教育,是中学教育和大学教育之间的一个过渡期,相当于我国的高中,包括以下几种教育机构:一是初级学院,招收学习能力强的初中毕业生,属于大学预科教育。二是理工学院和技术学院,学制3年,少部分学生毕业后升入大学,大部分学生直接就业。三是工艺教育学院的职业技术训练,为GCE"N"级水平的中学生提供广泛的全日制课程、商科实习以及技术训练课程,为学生未来就业奠定基础。①

总体上看,新的双语教育分流制度更加偏重英语的学习与应用,进一步降低了华文程度。比如,绝大多数华族学生(90％以上)没有机会修读华文第一语文(高级华文),只能修读第二语文华文,其中约20％学生学习的母语程度更低,只是华语口语。反之,对学生的英语要求变得更高,如,母语不及格的学生仍然可以升入EM2源流,但英语不及格的学生只能进入EMO(EM3)源流,也就是程度最低的源流,要求学生学习英语第一语文和华语口语。②

第三节 教育报告书与华文教学改革

在新加坡实施双语教育的半个多世纪以来,变化最大的要属华文教育。华文教育从小学到大学的一整套教育体系都融入到英文教

---

① 王学风,《新加坡基础教育》,广东:广东教育出版社,2003年,第45～46页。
② Elaine Ng Hwei Phern, Bilingualism in Education and Bilingual Education in Singapore: The State of the Art, Unpublished Dissertation, Singapore: National University of Singapore, 1991/1992, p. 28.

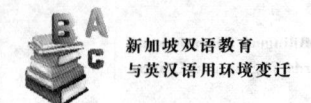

育之中,教学媒介语的改变也使华文教育(以华文为主要教学媒介语)转向华文教学(华文变为一门语言学科)。伴随着教育制度的多次改革,双语教育制度下的华文课程标准也经过多次的修订。从60年代到80年代,中小学的华文课程差不多每隔十年就修订一次。从90年代开始,每次修订前都是先由高层的政治领袖领导一个委员会,针对华文教学的问题进行全面检讨并发表报告书,教育部再根据报告书的有关建议修订课程标准,并实施各项改革措施。这种改变的主要原因是:政府认为要改进华文教学,单单修订课程内容和改进教学法是不够的,必须同时考虑其他问题,如华文的合理水平和使用的范围、学生的语言环境、考试制度、师资的培训、教师的士气、中国的经济发展等。要有效地检讨这些问题,需要设立一个较高层次的委员会来进行。为了配合"极力突出英语、适度保留母语"的双语政策,1991—2004年间,教育部对华文教学进行了三次重要的检讨工作:①

表4-5 华文教学检讨报告书(1992、1999、2004)

委员会名称	受委时间	报告书名称	发表时间	主席
华文教学检讨委员会	1991年	《新加坡华文教学的检讨与建议》(亦称《华文教学检讨委员会报告书》)	1992年3月28日	当时的副总理王鼎昌
华文教学检讨委员会	1998年	《副总理声明》	1999年1月20日	当时的副总理李显龙
华文课程及教学法检讨委员会	2004年2月	《华文课程及教学法检讨委员会报告书》	2004年11月15日	教育部提学司黄庆新

资料来源:谢译文:《从报告书看近年来新加坡华文教学的改革》,新加坡华文研究会:《新加坡华文教学论文四集》,Singapore:Panpac Education Private Limited,2006,p.23。

---

① 谢泽文:《从报告书看近年来新加坡华文教学的改革》,新加坡华文研究会:《新加坡华文教学论文四集》,Singapore:Panpac Education Private Limited,2006,pp.22-24。

根据这三份重要的教育报告书,本节将探讨双语教育定型期新加坡华文教学在双语教育政策下所面对的挑战和发展的趋势。为了行文的方便,以下根据各报告书发表的时间分别把上述三个报告书称为《1992年报告书》、《1999年声明》和《2004年报告书》。报告书的主要内容可以归纳如下:

一、影响华文教学的主要因素

以上报告书从多个方面讨论了影响华文教学的因素,其中最重要的因素是语言环境、全球化与华文的实用价值、资讯科技和学生的语言态度。

(一)语言环境的改变

语言的学习,在很大程度上受周围语言环境的影响。上述三份报告书都强调语言环境的改变对母语学习有很大的影响,不过看法有一些差异。《1992年报告书》认为,整体来说,当时语言环境对华文的学习是有利的。该报告书第二章《华文的现状》谈到这个问题:经过30年来社会和经济的变迁,英语已经成为主要的商业和官方用语,同时也是学校的教学媒介语。"通晓英语使新加坡人在国际商业和贸易领域里具有竞争优势,也使我们能够跟得上世界的科技发展……个人社会地位的变动和经济收入,在很大程度上受到英语掌握能力的影响。"英语固然非常重要,但本地并不缺乏有利于华文教学的条件和因素,例如:根据1990年的人口普查,华族语言(华语和方言)仍然是大多数华人(占81%)的主要家庭用语。至于小学一年级的语言背景,根据教育部的统计,1991年的小一新生中,仍然有66.7%来自主要讲华语的家庭(如果加上来自主要讲方言的家庭,则有超过71%)。在大众传播的领域里,华文、华语也扮演着重要的角色,如近几年最受欢迎的10大电视节目都是华语节目。在文化因素方面,《1992年报告书》认为"大多数华裔新加坡人对华文都有一种亲切

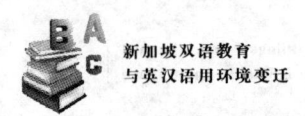
新加坡双语教育
与英汉语用环境变迁

感,因为这是他们的家庭用语,是他们所热爱的语言。他们通过华文了解自己的根,吸收自己的文化、传统风俗与价值观"。

《1992年报告书》没有特别提到小一新生中以英语为主要家庭用语的比例,而《1999年声明》很关注学生家庭用语的改变,提出学生主要家庭用语的迅速改变已经影响到华文教学,使华文教学面临新的挑战。《1999年声明》指出,在1988年,一年级新生中只有大约20%在家中主要讲英语,到了1999年,在家里主要讲英语的一年级新生,占了43%,10年内增加了一倍以上,而且有继续上升的趋势。①《2004年报告书》也指出:1994年36%的小一新生主要家庭用语是英语,到了2004年增加到50%。换言之,至少有一半的学生在进小学前不会或不大会讲华语。②

(二)全球化与华文的实用价值

随着中国改革开放政策的实施,华语的经济价值不断升高。③如此一来,华文除了有社会和文化上的功能外,也越来越有经济价值。《1992年报告书》指出:"随着中国经济门户的开放和台湾经济力量的进一步加强,华文在我国将越来越重要。"《1999年声明》指出:中国的门户开放和经济的迅速增长,增加了华文的实用价值。这个有利的因素有助于改变家长对华文的态度,推动华文的学习。而且,全球化的趋势和知识性经济的发展,将促使国际间人才的流动,那些较能干的新加坡人将有更多的机会到国外发展、定居。所以,我

---

① 谢泽文:《新加坡的双语教育与华文教学》,新加坡华文研究会:《新加坡华文教学论文二集》,新加坡:SNP Pan Pacific Publishing Pte Ltd,2001,p. 6.

② 参见新加坡教育部:《华文课程与教学法检讨委员会报告书》,新加坡教育部,2004年,第4~5页;谢泽文:《从报告书看近年来新加坡华文教学的改革》,新加坡华文研究会:《新加坡华文教学论文四集》,Singapore:Panpac Education Private Limited,2006,pp. 24-25.

③ Rita Elaine Silver,The Discourse of Linguistic Capital:Language and Economic Policy Planning in Singapore, *Language Policy*,No. 4(2005),pp. 47-66,p. 58.

们一方面需要通过母语教学,使他们保有母族文化的根,加强他们对新加坡的归属感;另一方面,又要"谨慎务实",照顾到一般学生的学习负担,以免家长和学生们因不能应付母语的学习而产生抗拒的心理。①《2004年报告书》也强调学习双语的重要性:学生除了掌握英语,还必须尽可能学好华语,以便更好地把握亚洲经济迅速发展所带来的机会。特别是中国经济的惊人成就,大大加强了华语、华文的实用价值,为华文学习提供了非常有利的因素。报告书也强调,母语的学习有利于培养年轻一代对新加坡的归属感。②

(三)资讯科技的影响

1997年4月新加坡教育部颁布《资讯科技在教育上的应用总蓝图》(Master Plan for IT)。实施"总蓝图"的目的是使老师和学生迅速掌握资讯科技,并通过资讯科技的应用,促进教育革新,使学生具备应付21世纪新挑战所需要的技能、心态。具体目的包括:(1)通过资讯科技加强与校外的联系,以丰富学习环境与教学资源。从传统的课堂学习趋向"无边界的学习"。(2)推动教育革新。(3)鼓励创意思考,培养独立学习的能力、判断力以及社会责任感。(4)提高教育行政与管理上的效率。落实总蓝图的主要工作包括:从事资讯科技的基础设施、开发教育软件、培训师资、调整课程内容和改革评估学业成绩的方式。教育部特地设立了"教育科技署",负责落实有关计

---

① 谢泽文:《从报告书看近年来新加坡华文教学的改革》,新加坡华文研究会:《新加坡华文教学论文四集》,Singapore:Panpac Education Private Limited,2006,p.25.

② 参见新加坡教育部:《华文课程与教学法检讨委员会报告书》,新加坡教育部,2004年,第25~28页;谢泽文:《新加坡的双语教育与华文教学》,新加坡华文研究会:《新加坡华文教学论文二集》,新加坡:SNP Pan Pacific Publishing Pte Ltd,2001,p.7;谢泽文:《从报告书看近年来新加坡华文教学的改革》,新加坡华文研究会:《新加坡华文教学论文四集》,Singapore:Panpac Education Private Limited,2006,p.26.

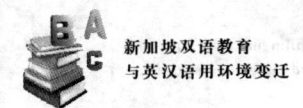

划。另外,还成立了一个由教育部有关部门署长组成的监督委员会,负责协调各部门落实总蓝图的工作。依照所定的计划,总蓝图从1997年开始,逐步推行。到2000年,基本完成培训教师的工作;到2002年,学生和电脑的比例达到2∶1,约30%的教学时间利用资讯科技进行教学。由于资讯科技在教学上的广泛应用,1997年之后各科目的教学,包括华文科的教学,当然受到冲击。① 1998年,教育部课程规划与发展署属下的华文组成立了"华文课程结合资讯科技工作小组",为老师提供指导原则。1998年8月底完成《小学华文》、《中学华文/中华文学》以及《大学先修班/高级中学华文》三份华文结合资讯科技指导原则手册。同年9月又分别召开四场推介会,向全国学校华文部主任讲解华文结合资讯科技教学的概念。② 华文结合资讯科技成为以后华文教学检讨委员会考虑的重要课题之一。《2004年报告书》也建议充分利用资讯科技强化华文的教学,如,建议在2005年年底以前为每名学生提供便携式电子仪器(Handheld Electronic Device)打字等。③

(四)学生的语言态度

学生能不能学好一种语文,有三个重要因素,那就是教学方法、学习态度和周围的语言环境。就学生个人而言,能不能把华文学好,在很大程度上取决于他们对华文所持的价值观和学习态度(梁荣基,新四 74),如对华文是否重视或感兴趣等。为了了解学生和家长对

---

① 谢泽文:《从报告书看近年来新加坡华文教学的改革》,新加坡华文研究会:《新加坡华文教学论文四集》,Singapore:Panpac Education Private Limited,2006,p. 28.

② 黄再源、姚梦桐:《资讯科技在新加坡华文教学中的应用:三年来的回顾》,新加坡华文研究会:《新加坡华文教学论文二集》,Singapore:SNP Pan Pacific Publishing Pte Ltd,2001,p. 150.

③ 新加坡教育部:《华文课程与教学法检讨委员会报告书》,新加坡教育部,2004年,第12页。

华文学习的看法和态度,上述三个报告书都进行了广泛的调查,结果如下。

1. 大部分学生和家长都重视华文的学习

根据1999年的调查结果,认为学习华文重要的,低年级的学生和学生家长有较高的百分比(见表4-6;表4-7)。

表4-6 认为学习华文重要的学生百分比(1999年)(%)

家庭语言	小四	小六	中二	中四
英语	85.6	85.6	71.9	75.8
华语	92.8	95.2	87.7	92.7
英语和华语	86.1	94.5	92.1	88.6

资料来源:谢泽文:《从报告书看近年来新加坡华文教学的改革》,新加坡华文研究会:《新加坡华文教学论文四集》,Singapore:Panpac Education Private Limited,2006,p. 31.

表4-7 认为学习华文重要的家长百分比(1999年)(%)

年级	小二	小四	小六	中二	中四	大学先修班
百分比	85.1	91.4	92.5	83.0	82.1	77.9

资料来源:谢泽文:《从报告书看近年来新加坡华文教学的改革》,新加坡华文研究会:《新加坡华文教学论文四集》,Singapore:Panpac Education Private Limited,2006,p. 31.

认为学习华文重要的,虽然高年级比低年级的百分比低,但也占了75%左右。从整体上看,学生和家长都重视华文的学习。调查也发现,在家里讲英语的学生和家长中,都有82.7%认为学习华文重要。2004年的调查也出现了类似的结果:不同年级的学生,包括来自讲英语家庭的学生,大部分认为学习华文重要。

2. 对华文感兴趣的学生比率随年级增高而降低

1991年的调查显示,在中四阶段和大学先修班,觉得华文课程有趣或至少不枯燥的学生都占到约一半,分别为49.5%和50%,其中来自讲华语或方言家庭的学生比率明显高于讲英语家庭的学生。1998年的调查显示:年级越高的学生,表示喜欢或很喜欢华文的百

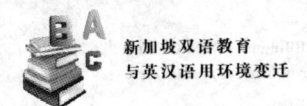

分比越低,其中,小二学生占 76.9%、中二学生 64.8%、大学先修班 35.1%。从不同家庭背景的学生对华文的喜欢程度来看,学生的家庭语言背景是重要因素之一。接受调查的学生中,有 69.5%表示喜欢或很喜欢学华文,但那些"华文差而其他科目好"的学生中,只有 23.7%表示喜欢或很喜欢华文,他们之中 94.4%的学生来自讲英语家庭,对学习华文感到比较困难,自然影响到他们学习华文的兴趣。2004 年的调查结果也表明,年级越高的学生,喜欢或很喜欢学华文的百分比越低:小四 78.5%、小六 77.2%、中二 65.9%、中四 69.9%、初级学院一年级 69.9%。至于不喜欢学习华文的原因,学生认为主要是"要记很多字和词",另一原因是他们"不喜欢读和写华文"。①

3. 多数学生认为华文比英文难学

据 1991 年的调查数据,在中四阶段,大部分学生不觉得华文是个难以应付的科目,有信心在最终考试中及格的学生占到 72.5%,认为有 50%把握及格的学生占 22.9%,没有信心考及格的只有 4.6%。大学先修班的学生中,有信心考及格的学生也达到 67.7%,认为有 50%把握的占 26.3%,表示没有信心考及格的学生只有 6.0%。1998 年调查的对象是小学生,要求他们比较华文、英文、数学三个科目的学习难度。参与调查的学生中,认为三科目容易或很容易学的学生比率分别为:华文 39.9%、英文 52.9%、数学 37.3%。值得注意的是,三个科目成绩都很优秀的学生,认为容易或很容易学的科目分别为:英文 61.7%、数学 48.1%、华文 37.0%。认为华文容易或很容易学的学生比率最低,只有 37.0%。这也许是因为他们华文好成绩的获得需要比英文和数学付出更大的努力。

经过"双语教育"又发展了十几年以后,学生感觉上述学科的难

---

① 参见新加坡教育部:《华文课程与教学法检讨委员会报告书》,2004 年,第 100~101 页;谢泽文:《从报告书看近年来新加坡华文教学的改革》,新加坡华文研究会:《新加坡华文教学论文四集》,Singapore: Panpac Education Private Limited,2006,p. 30-33.

度发生了进一步变化。2004 年的调查数据显示,认为华文比英文难学的中小学生中,小学生的百分比高于中学生。认为华、英、数三科目难学的学生比率分别为:小四,华文 46.3%、英文 31.2%、数学 31.7%;小六,华文 49.7%、英文 40.3%、数学 49.2%;中二,华文 51.0%、英文 47.9%、数学 51.5%;中四,华文 45.7%、英文 52.0%、数学 51.3%。[①] 从以上调查数据反映的总体情况来看,绝大多数学生认为华文比英文和数学难学。

4. 课外补习华文的时间呈减少趋势

根据 1991 年的调查,在非考试期间,半数的中四学生(50.4%)每周花至多 15 小时温习所有的科目(包括华文)、29.8% 的学生花 16~20 小时、19.9% 的学生花 21 小时以上。具体到华文科的温习时间,72.7% 的学生每周至多花 3 小时,其余 23.3% 的学生花 4~8 小时。中四学生一般修读 8 个科目,各科目需要温习的时间不一,如果一个科目每周花至多 3 小时去温习,应该不算"负担过重"。但如果花 4~8 小时,就会高于其他科目的平均温习时间。大学先修班的学生一般修读 3~4 个主修科目和 2 个副修科目(包括华文)。他们之中,也有近半数的学生(47.9%)每周花至多 15 小时温习所有功课、27.9% 的学生花 16~20 小时、16.9% 的学生花 21~25 小时、7.3% 的学生花 26 小时以上。每周花在华文科方面的温习时间分别为:绝大多数学生(87.8%)不超过 3 小时、10.7% 的学生花 4~8 小时、1.6% 的学生花 8 小时以上。调查报告没有提到学生补习功课(即请家教指导功课)的时间,所以不清楚学生温习功课的时间是否

---

① 参见新加坡教育部:《华文课程与教学法检讨委员会报告书》,2004 年,第 101~102 页;谢泽文:《从报告书看近年来新加坡华文教学的改革》,新加坡华文研究会:《新加坡华文教学论文四集》,Singapore:Panpac Education Private Limited,2006,p. 34.

包括补习的时间。①

1998年的调查比较了不同组别小学生每天补习和温习功课的时间。结果发现,无论是"纯英语学校的学生"、"各科成绩优异的学生"还是"华文弱其他科目强的学生",每周花在补习和温习上的时间都是以华文科最多。特别是"华文弱其他科目强的学生"每周补习和温习华文的时间占6.3小时,差不多是其他科目的2倍(英文3.6小时、数学3.3小时)。连"各科成绩优异的学生"每周补习华文的时间也占到5.3小时,比英文(4.5小时)多了20%,比数学(3.9小时)多花40%。②

根据新加坡教育部2004年的调查数据,补习上述各科的学生比例又发生了变化,聘请家教补习华文的学生比补习英语或数学的学生比率要低很多。其中,小四学生补习华、英、数的学生比率分别为:华文51.1%、英文68.0%、数学58.3%。小六学生:华文43.2%、英文58.4%、数学57.1%。在中学阶段,请家教补习华文的百分比也比英文和数学低。其中,中二,华文24.6%、英文30.1%、数学41.0%;中四,华文20.2%、英文20.4%、数学47.1%。③ 一方面,多数学生认为华文比英文和数学难学;另一方面,课外补习华文的学生比补习英文和数学的学生减少,补习华文的时间也不断减少。这一矛盾的现象反映了在升学考试中英语的重要性大大高于华语,随着2004年新加坡教育部宣布大学新生录取时不再算华语成绩,英语在考试中的重要性显得更为突出。

---

① 谢泽文:《从报告书看近年来新加坡华文教学的改革》,新加坡华文研究会:《新加坡华文教学论文四集》,Singapore:Panpac Education Private Limited,2006,p.35。

② 谢泽文:《从报告书看近年来新加坡华文教学的改革》,新加坡华文研究会:《新加坡华文教学论文四集》,Singapore:Panpac Education Private Limited,2006,p.35-36。

③ 新加坡教育部:《华文课程与教学法检讨委员会报告书》,新加坡教育部,2004年,第102页。

表 4-8　补习各科目的学生人数比例(2004 年)(%)

学生补习的 科目(%)	年级			
	小四	小六	中二	中四
华文	51.1	43.2	24.6	20.2
英文	68.0	58.4	30.1	20.4
数学	58.3	57.1	41.0	47.1

资料来源:新加坡教育部:《华文课程与教学法检讨委员会报告书》,新加坡教育部,2004 年,第 102 页。

二、关于华文教学的主要建议

(一)华文教学目标的建议

新加坡的华文教学一向兼顾"功能性"(如听、说、读、写)和"文化性"(如传统价值观)的目标。《1992 年报告书》肯定了当时华文课程标准所定的教学目标:(1)通过语文技能听、说、读、写的教导,培养学生的语文能力;(2)向学生灌输有利于建国工作的亚洲文化和优良的传统价值观。该委员会认为,培养学生语文能力这一项教学目标已受到应有的重视,但在通过华文教学向学生灌输优良传统价值观和华族文化方面,还可以做得更好。

《1999 年声明》明确提出华文教学的两大目标为:(1)促进学生在听、说、读、写方面的语文能力;(2)通过华文教学,灌输华族文化与传统价值观。《1999 年声明》认为母语是新加坡华人的价值观、文化根源和身份的要素。母语使他们可以直接接触华族文化传统,也使他们具有不同的世界观,与英语世界的观点相辅相成。掌握母语能让他们保持亚洲社会的特点,使国家屹立不倒。《1999 年声明》一方面确定了华文是传递华族文化的媒介,另一方面建议以务实的态度对待这个问题,为不同能力、天分与性向的学生定下合理的语文能力方面的教学目标。不过不论学生达到怎样的语文水平,"灌输亚洲价值观"的教

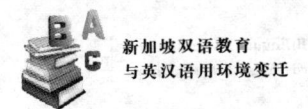

学目标仍然不能忽略;必要的话,可以考虑用一些英语来帮助。①

《2004年报告书》也建议华文教学不仅教导语文技能(听、说、读、写),也要以生动有趣的方式灌输华族文化与传统价值观。不过由于学生的能力不同、语言背景不同,所以不能以一刀切的方式,要求每个学生达到同样的目标。该报告书建议按学生的能力,拟定不同层次的教学目标(Differentiated Objectives),主要包括:(1)每个华族学生都修读华文,培养对华文的兴趣,离开学校仍对华文和华族文化感兴趣。(2)对大多数学生来说,教学的重点是听、说和读的语文技能;由于语文技能是互补的,写方面的教学也应给予适当的重视。(3)有能力和兴趣修读高级华文的学生,必须很好地掌握听、说、读、写四种技能,并对中华文化和历史有相当的认识。在特选学校的学生将有更好的环境和条件去达到这个目标。(4)通过语文特选课程和双文化课程,培养精通华文而且了解中国历史、文化以及现代政治经济社会发展的华文精英。②

从上述三个报告书提出的华文教学目标,可以发现报告书对华文教学目标的要求越来越低,由用华文灌输华族文化与传统价值观转为考虑用一些英语来帮助;教学的重点也由听、说、读、写转向听、说、读。

(二)华文课程的建议

《1992年报告书》并没有特别强调"因材施教"和为不同学习能力的学生提供更多华文课程的选择。不过报告书建议放松条例,让更多学生修读"高级华文"(教育部采纳了该报告书的建议,将"华

---

① 谢泽文:《从报告书看近年来新加坡华文教学的改革》,新加坡华文研究会:《新加坡华文教学论文四集》,Singapore:Panpac Education Private Limited,2006,pp. 37-38.

② 参见新加坡教育部:《华文课程与教学法检讨委员会报告书》,新加坡教育部,2004年,第6~10页;谢泽文:《从报告书看近年来新加坡华文教学的改革》,新加坡华文研究会:《新加坡华文教学论文四集》,Singapore:Panpac Education Private Limited,2006,p. 38.

第一语文"改称"高级华文","华文第二语文"改称"华文")。根据当时的分流制度,只有在小学离校考试(PSLE)总成绩属于最优异的10%学生,才允许在中学修读"特别双语课程",以华文和英文作为第一语文。其他及格的学生将进入"快捷双语课程"或"普通双语课程",以英语为第一语文、华文为第二语文。为了培养足够精通华文的人才,报告书建议允许华文好的快捷双语课程学生修读高级华文和中华文学。教育部跟进了有关建议,除了 PSLE 成绩属于最优异10%的学生外,那些成绩属于最优异的 11%～20%,而华文考获 A+,或高级华文考获特优(Distinction),英文至少考获 A 的学生也允许在中学修读高级华文。当时教育部已在两所初级学院开设了华文科的"语文特选课程"(Language Elective Programme,LEP),教导学生较高水平的华文和中华文学,并颁发奖学金鼓励优秀的学生修读。报告书建议增加奖学金的名额,让更多学生有机会修读更高水平的华文。至于对华文学习感到特别困难的学生,报告书没有建议制定特别的课程或教学法。不过报告书指出,儿童在早期发育阶段,便应该打好华文基础,否则,到较高年级时就会觉得华文难学。委员会认为,在学前教育阶段,英文和华文的教学时间应相等或接近(差异不超过 10%);到了小学、中学,某些科目如社会科学、音乐、公民与道德教育等,可考虑用母语教导,以增加学生接触华语、华文的时间。[①]

1998 年,新加坡教育部制定了《理想的教育成果》教育纲领,提出小学、中学及初级学院毕业生应达到的中期教育成果,以及中学后、大专学生理想的教育成果。[②] 在《理想的教育成果》指引下,新加坡新的教育改革主要包括改革课程和加强信息技术教育。双语教育中一方面要继续加强英语的工具作用,另一方面,随着中国实施对外

[①] 谢泽文:《从报告书看近年来新加坡华文教学的改革》,新加坡华文研究会:《新加坡华文教学论文四集》,Singapore:Panpac Education Private Limited,2006,pp. 39-40.

[②] 王学风:《新加坡基础教育》,广东:广东教育出版社,2003 年,第 16 页。

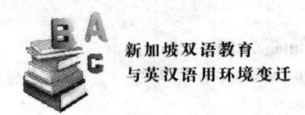

经济开放政策,华语在新加坡的经济价值也是不断上升。基于华语的传统价值和经济价值,1998年以副总理李显龙为主席的《华文教学检讨委员会》全面检讨学校的华文教学。1999年1月20日,李副总理在国会发表政策声明,主要建议如下:

(1)放宽在小学修读高级华文的条件。按原来的规定,学生在小四分流考试时,英文、华文、数学三个科目都考第一等(Band 1)才可以修读高级华文。现在只要华文考获第一等,数学和英文考到第二等,就可以修读高级华文。

(2)放宽在中学修读高级华文的条件。《1992年报告书》公布后,教育部已经放宽条件,小学离校考试成绩最优异的20%学生,如果华文考获A+,英文考获A,就可以修读高级华文。《1999年声明》建议进一步放宽,让小学离校考试成绩最优秀的30%学生修读高级华文。不过,他们也必须华文考获A+,英文达到A。① 报告书还建议多开设一所特选中学(南华中学),让修读高级华文的学生有更多的选择。

(3)奖励修读高级华文的学生。在"O"水准会考中英文和高级华文都考获至少C6等级的学生,在报读初级学院(初院)时都获得两个奖励分。《1999年声明》建议给予更多的奖励:如果这些学生选择在初院修读"华文语文特选课程",他们申请进入初院时,将获得"额外"的两个奖励分。《1999年声明》还建议让南洋初级学院成为第三所开设"华文特选课程"的学院。而且,教育部将和大学研究如何给予那些华文成绩好的学生,在申请进入大学中文系或大众传播系时获得一些奖励分。②

---

① 谢泽文:《新加坡的双语教育与华文教学》,新加坡华文研究会:《新加坡华文教学论文二集》,新加坡:SNP Pan Pacific Publishing Pte Ltd,2001,pp.7-8.

② 谢泽文:《从报告书看近年来新加坡华文教学的改革》,新加坡华文研究会:《新加坡华文教学论文四集》,Singapore:Panpac Education Private Limited,2006,pp.40-41.

《1999年声明》认为应该更务实地为大多数学生所修读的华文制定实际、合理的水平,也就是:学习能力一般的学生在做出了"合理的付出"后所达到的水平。所谓合理的付出,就是指学生花在学习华文上的时间和精力,必须和学习其他科目的时间和精力没有太大的差别。换言之,如果比起其他科目,学生要花更多的时间和精力去应付华文,那华文的水平就可能定得不够合理了。针对那些尽了最大努力仍无法应付华文课程的学生(其中大部分来自讲英语的家庭),《1999年声明》建议为他们设计一个较浅白、实用、着重口语能力的"华文B课程",让他们慢慢建立起学习华文的信心,培养对华文和传统文化的兴趣。为了确保学生尽力学好华文,不轻易放弃,委员会建议到中三才开始实施这个课程。学生在会考中华文B及格,就算达到了进入初院或大学的"最低母语水平"(Minimum Requirement),但所获得的等级,不能作为普通的一个科目的等级来计算入学分数。[1] 从表4-9、表4-10、表4-11和表4-12中可以看出《1999年声明》为小学、中学和大学先修班量身定制的不同华文课程以及中小学生需要学习的字表。

表4-9 小学阶段华文课程

学习阶段	课程	华文科	备注
小一至小四 (奠基阶段)	共同课程	高级华文	学生原则上修读共同课程,能力较强的学生可修读"高级华文"
小四分流考试			
小五至小六 (定向阶段)	EM1 EM2 EM3	高级华文 华文 基础华文	
小学离校考试(PSLE)			

资料来源:谢泽文:《新加坡的双语教育与华文教学》,新加坡华文研究会:《新加坡华文教学论文二集》,新加坡:SNP Pan Pacific Publishing Pte Ltd,2001,p. 9.

---

[1] 谢泽文:《从报告书看近年来新加坡华文教学的改革》,新加坡华文研究会:《新加坡华文教学论文四集》,Singapore:Panpac Education Private Limited,2006,pp. 40-42.

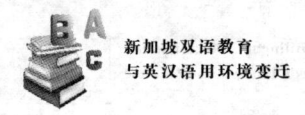
新加坡双语教育
与英汉语用环境变迁

表 4-10　中学阶段华文课程

学习阶段	课程	华文科	备注
中一至中二	特别课程 快捷课程 普通学术 普通工艺	高级华文 华文 华文 基础华文	快捷课程中,能力较强的学生也可以修读高级华文
中三至中四	特别课程 快捷课程 普通学术 普通工艺	高级华文 华文/华文 B 华文 基础华文	快捷课程中,学习华文感到特别困难的学生到中三时可选修比华文要求低的华文 B

普通课程学生参加新加坡—剑桥初级水准("N" Level)会考;
特别/快捷课程学生参加新加坡—剑桥普通水准("O"Level)会考

资料来源:谢泽文:《新加坡的双语教育与华文教学》,新加坡华文研究会:《新加坡华文教学论文二集》,新加坡:SNP Pan Pacific Publishing Pte Ltd,2001,p.10。

表 4-11　大学先修班(预科)华文课程

学习阶段	课程	华文科	备注
大学先修班(预科)(2—3年)	文科/理科/商科	华文副修(AO Level) 华文主修(A Level) 高级华文主修(A Level) 华文理解与写作(AO Level)	一般学生修读华文副修;对华文特别感兴趣的学生可选修华文主修或高级华文主修;华文理解与写作亦属选修科目

学生参加新加坡—剑桥高级水准(A Level)会考

资料来源:谢泽文:《新加坡的双语教育与华文教学》,新加坡华文研究会:《新加坡华文教学论文二集》,新加坡:SNP Pan Pacific Publishing Pte Ltd,2001,p.10。

从各学习阶段的华文课程以及字表的要求可以发现,随着年级段的升高,华文课程被分为更多的种类,新增加的课程种类是为了照顾基础比较差的华族学生,所要求达到的程度自然有所降低。在小一至小四阶段,华文科只有两种,即高级华文和华文。小五至小六年段增加到三种华文课程:高级华文、华文和基础华文。从字表对小学汉字字数的要求来看,基础华文需要学习的汉字总字数明显少于高级华文和华文。到中一至中二阶段华文课程又多一种,达到四种:高级华文、华文、更低一级的华文和基础华文。中三至中四阶段的华文课程增加到五种:高级华文、华文、华文B、(普通学术)华文和基础华文。也就是说,在相同的学习年段从程度要求上把华文第二语文降了四个等级,其中,"华文B"和"基础华文"课程都是以华语口语为主,对语言的读写能力要求不高,这一点也清楚地反映在对汉字字数的要求上(见表4-12)。

表4-12 字表对中小学各阶段汉字字数的要求

小学阶段	课程	华文科	写用字	认读字	总计	备注
小一至小六	EM1	高级华文	2000	—	2000	大学预科没有要求
	EM2	华文	1620	180	1800	
	EM3	基础华文	1200	300	1500	
中一至中四	特别课程	高级华文	3500	—	3500	
	快捷课程	华文	2700	300	3000	
		华文B	2000	500	2500	
	普通学术	华文	2500	200	2700	
	普通工艺	基础华文	1400	600	2000	

资料来源:谢泽文:《新加坡的双语教育与华文教学》,新加坡华文研究会:《新加坡华文教学论文二集》,新加坡:SNP Pan Pacific Publishing Pte Ltd,2001,p.11.

《2004年报告书》建议进一步贯彻"因材施教、量身定制"的精神,主要建议有:

(1)单元制的课程:课程分"核心单元"、"导入单元"、"强化单元"和"深广单元"。在小一和小二阶段,每名学生都必须修读基本的"核心单元"。那些来自主要讲英语家庭、在入学前很少接触华语的学

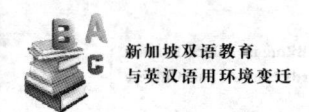

生,则需另外修读"导入单元",以提升他们听、说华语的能力。学习能力较强的学生除了核心单元外,还可以修读深广课程,以进一步提升华文的水平。在小三和小四阶段,每名学生都继续修读核心单元,那些在华文学习上需要额外帮助的学生,可以另外修读"强化单元",华文程度好的学生则另外修读深广单元。到了五、六年级,修读"华文"(即华文第二语文)的学生,将学习"华文核心课程＋华文深广课程";修读"高级华文"(即华文第一语文)的学生,则学习"高级华文核心课程＋高级华文深广课程"。委员会认为,中学阶段现有的5种华文课程,即基础华文、华文(普通学术)、华文B、华文、高级华文,程度不同,学习重点不一,已能满足不同学习能力学生的需求,建议保留。①

(2)更为灵活的课程或单元转换:学生可以更灵活地转换所修读的华文课程或单元,如在小学阶段,EM3的学生如果有能力和兴趣,可以选读EM2的华文。实施单元制度的课程后,学生也可以从一个单元转换到另一个单元去。在中学阶段,学生如果有能力和兴趣,可以修读另一种课程的华文科,如,快捷双语课程的学生可以选修"高级华文"或"华文";普通(学术)课程的学生,可转而修读快捷双语课程的华文。学习华文有困难的学生,从中一就可以修读"华文B",不必等到中三。

(3)更灵活分配的双语教学时间:报告书建议让学校根据学生的语言能力和语言背景,更灵活地分配华文科和英文科的上课时间,如让来自讲英语家庭的学生,每周有更长的时间学习华文;来自讲华语家庭的学生有更长的时间学习英文。两种语文的学习时间须得到适当的平衡,华文和英文上课时间的比例应介于60∶40和60∶40之间。

报告书还建议试行"特选学校附加计划"(SAP Plus Pro-

---

① 参见新加坡教育部:《华文课程与教学法检讨委员会报告书》,新加坡教育部,2004年,第7～15页;谢泽文:《从报告书看近年来新加坡华文教学的改革》,新加坡华文研究会:《新加坡华文教学论文四集》,Singapore:Panpac Education Private Limited,2006,pp.42-43.

gramme),为特选小学低年级(如小一、小二)的学生安排更多科目以华语教导,一、二年级学生接触华文的时间可以由目前的33%增加到60%,在中学也可提供更多与华文有关的科目给学生选读。①

总的来说,华文课程按难易程度所分的级别越来越多,选读的方式也越来越灵活。中学的华文课程按程度由高到低可分为5种:高级华文、华文、(普通学术)华文、华文B、基础华文,为学生提供了越来越多的选择,一方面,有能力和兴趣的学生可以修读高一级华文课程甚至高级华文;另一方面,没有能力和兴趣的学生可以修读低一级华文课程。这也表明,整体上看,报告书对华文课程的要求在持续降低,原来要求到中三才能选读的低程度"华文B课程"已经扩大到中一年级。

(三)教材、教学法的改进

《1992年报告书》建议重编教材,以配合当前语文教学的趋势。教材内容应该更多样化:(1)包括一些民间故事、历史故事、神话、诗歌等。(2)有关文化价值观的课文应写得有趣些,而且深入浅出。(3)课文的难度应逐步提高,两个年级间难度的差距不可太大。(4)练习应与课文密切配合,句型练习的分量应减少。(5)除了课文外,需要有一系列文字活跃、内容有趣的"辅助材料",以巩固学生课堂上所学知识,培养学生的阅读兴趣。还有,报告书强调华文教学是母语教学,不是第二语文教学,重视华文所肩负的文化任务,建议提高华文的使用能力。②

教学法方面,《1992年报告书》建议采用"以学生为中心的教学法",教师应"尝试新的教学方法,更好地利用教具和视听教材,以提

---

① 新加坡教育部:《华文课程与教学法检讨委员会报告书》,新加坡教育部,2004年,第15~16页。
② 黄燊辉:《新华文学研究的分期应与语文教育制度的转变挂钩》,新加坡华文研究会:《新加坡华文教学论文四集》,新加坡:EPB Pan Pacific,2006,pp.44;407.

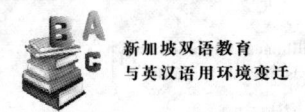
新加坡双语教育
与英汉语用环境变迁

高教学效果,而不必刻板地遵循《教师手册》中的建议"。另一项影响教材和教学法的建议是关于"字表"的分组。从1981年开始,教材的编写、教学、考试都须根据中小学华文课程标准所规定的"字表"。《1992年报告书》认为"规定每年级应学的汉字,限制了学生词汇的扩展",所以建议放松限制,将字表的字分为三组:小一至小四、小五至小六、中一至中四/中五。① 另外,报告书建议提前教导汉语拼音。在此之前,因担心过早学习汉语拼音会和英语产生互相干扰的现象,原有的课程标准规定,学生在小四开始学习汉语拼音。委员会研究的结果,建议汉语拼音在小四之前开始教导,使学生提早掌握汉语拼音,利用拼音工具,阅读更多读物,学好华文。② 调查发现,使用汉语拼音大大减轻了学生学习华语的负担,对于学习双语的学生来说,汉语拼音的作用更加显著。所以,提前教导汉语拼音,让孩童尽早掌握这种拼音系统,有利于打好华语口语和阅读基础。新加坡学者卢绍昌认为,汉语拼音的推广,既帮了汉语教学的大忙,使汉语的文字处理方便快捷,又在汉语与英语之间架起一座彼此沟通的桥梁,对成功栽培中英双语人(Bilingual)的作用是显而易见的。③

《1999年声明》指出,《1992年报告书》发表后所编写的华文教材难学,该教材无论在语句、内容、篇章的长度方面都比旧教材难,以致学生的学习负担比较重。《1999年声明》建议重编华文课本,"保留

---

① Language Policy Changes 1979-1997:Politics and Pedagogy, in S. Gopinathan, Anne Pakir, Ho Wah Kam & Vanithamani Saravanan, Language, Society and Education in Singapore: Issues and Trends, (Second Edition), Singapore: Times Academic Press, 1998, pp. 33-35;谢泽文:《从报告书看近年来新加坡华文教学的改革》,新加坡华文研究会:《新加坡华文教学论文四集》,Singapore: Panpac Education Private Limited, 2006, p. 45.

② 谢泽文:《新加坡的双语教育与华文教学》,新加坡华文研究会:《新加坡华文教学论文二集》,新加坡:SNP Pan Pacific Publishing Pte Ltd, 2001, p6.

③ 卢绍昌:《汉语教学的一些经验与想法》,新加坡华文研究会:《新加坡华文教学论文二集》,Singapore:SNP Pan Pacific Publishing Pte Ltd, 2001, p. 16.

它的文化部分,但把难度定在大多数学生实际可以接受的水平;把课本的语言简化,使它的内容更容易理解"。在华文教学的重点方面,《1999年声明》认为必须在听、说、读、写的语文能力上取得适当的平衡。由于在日常生活中听和说华文的机会比读华文的机会多,而读的机会又比写的机会多,因此华文教学的重点应放在听、说、读方面;高级华文的教学则听、说、读、写四种技能都要重视。

《2004年报告书》也提出必须重新编写教材,相关建议主要包括:(1)课文的分量应减少(不超过20%),让学生上课时有更多的时间与机会进行谈话、交流,进行互动式学习。(2)编写者将有更大的灵活度决定课文的篇章、长度等,但原则上课文不宜过长,所以仍然不应超过所规定的最高长度。(3)各校的环境不同,而老师是最了解学生在学习上所面对的困难和需要的人,所以应鼓励和帮助老师根据学生的需要开发"校本教材"(School-Based Materials)。

该报告书认为,对大多数学生来说,华文学习的重点是口语(听、说)和认字的教学。学生及早掌握这些基本、实用的语言技能,将有助于培养他们使用华语、阅读华文的信心和兴趣。与此相关的具体建议主要有:(1)听、说能力的教学应更有系统。在小学的低年级阶段,应编订一份口语交际的字表,作为老师口语教学的指引。在高年级阶段,有关如何增强学生说话、演讲能力和信心的教学活动和策略应列入教师手册里;教育部也应提供适当的说话教材。(2)新加坡教育部应在一些学校试验中国的"先认字、后写字"教学法。(3)减轻学生在书写方面的负担。由于越来越容易利用资讯科技书写汉字,没有必要要求学生书写每一个汉字。此外,删除字表中不常用的汉字。(4)充分利用资讯科技教导学生学习华文,譬如,允许学生利用华文输入软件来写作,2005年以前让学生都拥有能把汉语拼音转换成汉字的字典、开发"语音识别"软件以帮助学生自学以及口语教学与评估等。其中,"运用电脑科技改进华文教学"是《2004年报告书》的一项重要建议。(5)进一步削减华文的课程内容。教育部于1998年宣布削减课程内容时,华文科的课程内容已经作了删减。《1999年声明》发

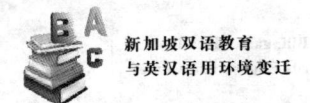

表后,又再删减了部分难度较高的课文。《2004年报告书》建议把课文的数量减少20%左右,让学生与学生、教师与学生间有更多时间进行课文外的语文活动,通过更多的语言互动,提高使用华语华文的能力。

该报告书中虽没有提到双语教学法,但更多学校开展双语教学法试验也表明了新加坡双语教育的新动向:进入21世纪后新加坡开始提倡双语教学法,即以英语来教华语。双语教学法从2002年起在4所小学进行试验,2004年增加到11所。采用双语教学法涉及一个华文教学时间的问题。在小学以华语教导的科目有2个:华语、公民与道德。这两个科目占教学时间的1/5左右。① 如果上华文课时再用英语讲解,无形中又减少了学生接触华语的机会。

(四)考试模式的改进

考试的模式,特别是会考的模式对课堂教学有直接的影响,所以每次华文教学的检讨都针对考试、评估的方式提出改革的建议。

《1992年报告书》主要提出了几条修改考试项目和试题类型的建议:一是增加一项"听力理解",加强"阅读理解";二是建议应用文的写作不应该作为作文来处理(从1997年起,作文考试中没有包括应用文的写作)。另有调查显示,大多数学生写作文时面临的最大困难是词汇贫乏。② 为了减少考生考作文时汉字有限的困难,报告书建议"在普通教育证书华文作文考试中,允许考生查字典会起一定的鼓励作用"。当年教育部就接受了这一建议并推行至今。这样,中学会考时的作文为开卷式,而允许考生在考场翻查字典是新加坡双语

---

① 参见新加坡教育部:《华文课程与教学法检讨委员会报告书》,新加坡教育部,2004年,第7~11页;梁荣基:《新加坡华文教学现状的思考》,新加坡华文研究会:《新加坡华文教学论文四集》,Singapore:Panpac Education Private Limited,2006,pp. 75-79.

② 梁荣基:《克服词汇贫乏的写作教学方法》,新加坡华文研究会:《新加坡华文教学论文二集》,Singapore:SNP Pan Pacific Publishing Pte Ltd,2001,pp. 117-118.

教育的新措施。① 《1999年声明》也建议修订中小学会考的考试方式，更注重听、说和阅读能力的考察。② 《2004年报告书》建议采用"综合式"(Integrative)与"交际式"(Communicative)的测试项目，着重口头表达和阅读能力的测试，以便更有效地测试学生实际应用华文的能力。为此，报告书建议使用校本评价(School-Based Assessment)考核模式，将学生平时评估所获得的成绩，如，口头发表专题作业(Project Work)时的表现，作为会考中"口语表达能力"测试成绩的一部分。③ 有关华文考试的最新动态是，2004年2月教育部宣布进入大学无需再算华文科的分数。④

从上述报告书对教材、教学法的改进可以看出，对华文教学的要求在不断降低，教学的重点由注重听、说、读、写四种语言技能转向听、说、读，再转向只重视听、说技能。从考试模式的改进也可以看出，华文教学越来越重视培养学生的听、说能力。对字表的改进也只是删减原用字表中的字数，课程内容也做了较大幅度的删减。可以说，1987年后双语教育政策的导向都是"极力突出英语、适度保留母语"，在家中讲英语的人数不断增加也说明这种政策的导向性。根据报告书中的数据，以英语为家庭主要用语的小一新生人数从1988年

---

① Language Policy Changes 1979-1997:Politics and Pedagogy,in S. Gopinathan, Anne Pakir, Ho Wah Kam & Vanithamani Saravanan,*Language*,*Society and Education in Singapore*:*Issues and Trends*,(Second Edition), Singapore:Times Academic Press,1998,p. 35;卢绍昌:《汉语教学的一些经验与想法》,新加坡华文研究会:《新加坡华文教学论文二集》,Singapore:SNP Pan Pacific Publishing Pte Ltd,2001,p. 19.

② 谢泽文:《新加坡的双语教育与华文教学》,新加坡华文研究会:《新加坡华文教学论文二集》,新加坡:SNP Pan Pacific Publishing Pte Ltd,2001,p. 8.

③ 新加坡教育部:《华文课程与教学法检讨委员会报告书》,新加坡教育部,2004年,第13页.

④ 吴元华:《华语文在新加坡的现状与前景》,新加坡:创意出版社,2004年,第136页.

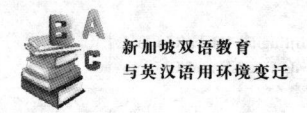

的 20% 增加到 1994 年的 36%,再到 1999 年的 40%、2004 年的 50%。①

以前规定华文为必修科,作为升学的条件之一是保存母语的重要措施。但是,一旦成为必修科,而且与升学挂钩,也就意味着华文的程度必须维持在一般学生学习能力所能担负的水平上,不可能提得太高。但是 2004 年 2 月,教育部宣布进入大学无需再算华文科的分数,可能会有许多学生完全放弃华语的学习。据 Sim Huang Kiang1979 年对全国考试中双语都获得优异成绩学生的调查,大多数学生学好双语的唯一目的就是考出好成绩,考上好学校。他们学习第二语文的积极态度完全是是出于功利主义心理,因为他们知道学好第二语文对于他们升学的重要性。他们衡量成功的标准也是考试成绩,只有最成功者才能进入新加坡国立大学深造。追求好成绩与成功主宰了他们全部的生活。② 2004 年教育部宣布进入大学无需再算华文科的分数,对这些只是为了考试才努力学习华语的学生必定带来重大的影响,他们以后花在华语学习上的时间和精力很可能会大打折扣,学习华语的效果也可能会直线下降。

第四节 讲标准英语运动

新加坡在实施双语教育的过程中,为了加强英语和华语的学习与应用,充分利用开展语言运动来促进双语教育的发展和深入。新加坡开展的语言运动共有三项,按运动推广的时间先后顺序依次是

---

① 谢泽文:《从报告书看近年来新加坡华文教学的改革》,新加坡华文研究会:《新加坡华文教学论文四集》,Singapore: Panpac Education Private Limited,2006,p. 25.

② Chua Kwee Fah, A Review of Policy Statements and Research on Bilingual Education in Singapore Schools, Unpublished Dissertation, Singapore: National University of Singapore,1984,pp. 120-122.

讲华语运动、讲学校语运动和讲标准英语运动(the Speak Good English Movement,简称为"SGEM")。比较而言,讲学校语运动影响较小,基本上限制在学校范围,本书没有对此展开论述。在全国范围影响较大的是讲华语运动(前文已有详细论述)和讲标准英语运动。本节将对讲标准英语运动进行概要的阐述,然后把讲华语运动和讲标准英语运动结合起来进行简要的归纳概括。

一、讲标准英语运动的主要原因

(一)英语的国际经济价值

20世纪末至21世纪初,全世界掀起了学习英语的又一轮热潮,就连有些明文规定要淘汰英语的国家也改变以往的态度,开始鼓励国民学习英语。新加坡的邻国马来西亚属于最典型的一个例子。自1971年起,马来西亚政府也开始淘汰英文,目的是要消除"殖民地文化的余毒",同时通过马来文塑造国家意识。可是,现在鉴于英文与华文的经济重要性日益明显,马来亚政府又鼓励人民学习这两种语文。首相马哈迪提出要采取必要的措施,以便在大专学府恢复用英文作为科学与工艺的教学媒介语,"我们觉得如果不用英文教导这些科目,将蒙受损失"。1995年5月13日,教育部长纳吉(Najib)说:"英文是一个国家生存的关键语文,我们必须掌握英文,否则将被抛在后头……马来人必须注意,他们也应该优先学习英文,因为它是人类求上进的工具。"为此,马来亚政府已经决定考虑修改1971年的大学与学院法令,准许英文较广泛地被使用为教学媒介语。① 新加坡经济能够快速发展的重要原因之一也是得益于其双语教育,特别是其拥有英语优势的劳动力。新加坡如果要保持经济持续发展就需要

---

① 吴元华:《务实的决策——人民行动党与政府的华文政策研究》,新加坡:联邦出版社,1999年,第282~283页。

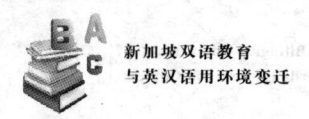

保持这种英语优势,这也是新加坡开展讲标准英语运动的主要目的之一。

(二)"新加坡英语"的起源与蔓延趋势

在英语引进新加坡的初期,使用的人全属于外来的商人或外来的政府人员。因为和这些说英语的人来往,一些本地人也渐渐学懂一些英语;而另外一些人则因受英文教育学会了英语。这些最早会说流利英语的本地人基本上是土生华人和中层印度人。此外,本地人因和外来者通婚,他们的子女便很自然地以英语为母语。第一次世界大战后,英文教育开始发展起来,英语在新加坡也进一步流行起来,英语便在这个时期成为受相当程度英文教育者的家庭主要用语。不过,一直到 20 世纪中叶,用英语为家庭用语的人为数还很少。政府在 1979 年开展讲华语运动时大力宣传"在家里说华语,有助于孩子在学校学习华语",讲学校语运动也鼓励华族学生多讲英语和华语,以帮助提高英语和华语的考试成绩。受到上述语言运动的启发和鼓舞,一些家长也开始以英语与子女交谈,希望这样能替子女打好一个学习英语的基础。随着英语在升学考试中越来越重要,以英语为家庭语言的家庭逐渐多了起来。其中一些家长本身的英语并不标准,但为了给孩子创造一个讲英语的家庭环境,只好勉为其难了。除了家庭以外,在社会上因工作及社交需要,使用英语的人越来越多,渗透到社会的各个阶层。由于英语受到华语、马来语和印度语的影响,渐渐形成独有的特色,而终于形成了新加坡英语。①

如果以类型归纳,新加坡人所讲的英语可以分为三大类:在正式场合所用的标准英语、非正式场合使用的口语化英语、不熟悉英语的人所讲的粗浅英语。使用标准英语的人是那些受过高等英文教育者,所用的场合包括议会、新闻报道、政府部门及商业会议等。"新加

---

① 关汪昭:《英语在新加坡的传播与演变》,云惟利主编:《新加坡社会和语言》,新加坡:南洋理工大学中华语言文化中心,1996 年,第 163 页。

坡英语"是与"标准英语"相对而言,主要指在非正式场合使用的口语化英语,这类英语无论是词汇还是句法都与标准英语存在很大区别,在这方面"新加坡英语"受汉语的影响最为明显。比如,"在中国买不到这种东西"用"标准英语"可以表达为"You cannot buy this kind of thing in China",或"This kind of thing cannot be bought in China"等句式,但"新加坡英语"所表达的结构几乎和汉语一样"In China, cannot buy this kind of thing"。① 在新加坡实施双语教育、以英语作为沟通各民族共同语的过程中,英语被各方言群体广泛用作交流工具,起到了"族际共同语"、"国家共同语"的作用,但在与各方言长期交流的过程中形成了地方英语变体,明显带有华、马、淡米尔语的痕迹。该变体虽然在新加坡社会、学校和家庭都能"通用",但到国际社会上交流时发现,新加坡人讲的英语正在变成"新加坡方言"(Singlish)。② "新加坡英语"不仅在社会上有星火燎原之势,而且在新加坡各类校园里也"泛滥成灾"。例如,在大学里上辅导课时,学生会以标准英语发言,一旦离开教室,就会说"新加坡英语"代替标准英语,如果有人还继续使用标准英语交谈,便会显得不友善或造作。一般来说,会讲标准英语的人基本上都会讲"新加坡英语",但会讲"新加坡英语"的人不一定会讲标准英语。③ 无论如何,"新加坡英语"在新加坡蔓延的趋势有增无减,对此表示支持或反对的民众都大有人在。支持者认为"新加坡英语"具有新加坡本地特色,代表新加坡认同。反对者认为"新加坡英语"的泛滥不利于新加坡人在国际社会,特别是发达的西方国家施展抱负。新加坡政府代表了后一种观点,坚决反对"新加坡英语"的流行或蔓延。新加坡政府开展讲标准英语运动

---

① 关汪昭:《英语在新加坡的传播与演变》,云惟利主编:《新加坡社会和语言》,新加坡:南洋理工大学中华语言文化中心,1996年,第181页。
② 黄明:《新加坡语言政策对英语和华语交流的影响》,《西南交通大学学报》(社会科学版),2007年2月第1期,第99页。
③ 关汪昭:《英语在新加坡的传播与演变》,云惟利主编:《新加坡社会和语言》,新加坡:南洋理工大学中华语言文化中心,1996年,第164页。

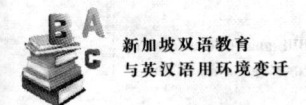
新加坡双语教育
与英汉语用环境变迁

是为了阻止新加坡方言英语不断流行的趋势。作为国际经贸、世界科技的语言，英语为新加坡在经济上取得巨大成功发挥了重要作用，为新加坡人打开了学习西方先进科技的大门，使新加坡人在国际人才市场上竞争力更强。政府担心"方言英语"的广泛使用会使新加坡人的英语标准下降，可能导致新加坡人听不懂西方人讲的标准英语，或者更糟的是，让西方人听不懂新加坡人讲的英语。[1] 为了改变这种"方言英语"的蔓延，保持新加坡人所讲英语的标准性以及在国际交流中的沟通能力，新加坡政府于2000年4月开始在全国范围开展"讲标准英语运动"。

二、讲标准英语运动的开展过程

新加坡政府在推行讲华语运动方面取得了积极、高效的进展，在开展讲标准英语运动的过程中也是全力以赴，成效显著。和讲华语运动一样，讲标准英语运动也是政府发起，政府主要领导人经常发表有关重要讲话，以引起广大民众对该运动的重视以及表明政府推广讲标准英语运动的决心。

（一）以国家领导人为首的大力宣传

为了推广讲标准英语运动，新加坡的三任总理（第一任总理李光耀、第二任吴作栋、第三任李显龙）等多位国家领导人发表讲话劝导新加坡人要讲标准英语而不是新加坡英语。针对新加坡英语的不利之处，李光耀提出："不能让新加坡英语泛滥成灾，新加坡英语是一种语言障碍，一定不能让这个语言障碍阻碍新加坡人与外界沟通。"[2]

---

[1] Antonio L. Rappa and Lionel Wee, *Language Policy and Modernity in Southeast Asia*, New York: Springer Science+Business Media, Inc. 2006, p.94.

[2] Antonio L. Rappa and Lionel Wee, *Language Policy and Modernity in Southeast Asia*, New York: Springer Science+Business Media, Inc. 2006, p.95.

李显龙对此提出这样的问题:"我们能用新加坡英语编写学校教材、撰写商业计划书吗？如果你说的是新加坡英语而不是标准英语,人家跨国公司和银行,甚至本国的大公司愿意聘用你吗？"①为此,新加坡把讲标准英语运动的口号定为"讲标准英语,交谈顺利"。②

2000 年 4 与 29 日,讲标准英语运动由总理吴作栋发起,由信息艺术部负责组织,以配合教育部要求学生在学校讲标准英语的活动。开展讲标准英语运动主要是鼓励新加坡人多讲标准英语,逐步少用新加坡英语。吴作栋总理在讲标准英语运动的首次开幕式上说道,如果新加坡需要保持一流世界经济的地位,就需要讲标准英语。如果新加坡的劳动力讲得都是难以理解的南腔北调英语方言,就不可能吸引外国人到新加坡投资,新加坡也不可能成为世界金融和教育中心。吴总理指出,讲新加坡英语的人不只是在讲英语时夹杂一些华语和马来语词汇,而是常常使用华语的句法。新加坡人如果继续使用新加坡英语将会付出沉重的经济代价。吴作栋提醒大家,教育部在 1999 年已经意识到这个问题的严重性:入学儿童中有 60% 的学生处于不标准的家庭英语环境,越来越多的学生分不出什么是标准英语,什么是新加坡英语。老一代新加坡人由于没有机会学好英语,他们讲新加坡英语还情有可原,而年轻一代从小接受以英语教育为主的双语教育,应该努力提高英语的标准。"如果会讲标准英语的人偏要讲新加坡英语,就是在危害新加坡社会。"③

李显龙在 2001 年讲标准英语运动开幕式上发表讲话说,新加坡只有三百万人口,不可能为这么少的人口造出一门语言独自使用。所以,如果新加坡要走向世界,就必须讲人人听得懂的标准英语,这

---

① Rita Elaine Silver, The Discourse of Linguistic Capital: Language and Economic Policy Planning in Singapore, *Language Policy*, No. 4(2005), p. 57.

② Antonio L. Rappa and Lionel Wee, *Language Policy and Modernity in Southeast Asia*, New York: Springer Science+Business Media, Inc. 2006, p. 94.

③ *The Straits Times*, Singapore: April 30, 2000.

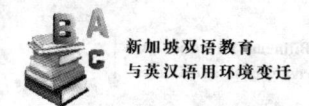

样,新加坡人才能和世界上其他的人彼此沟通了解。李显龙希望新加坡人努力放弃讲新加坡英语,多讲标准英语。他提醒大家注意:新加坡人的语言习惯正在发生迁移,年轻一代人正在从讲华语、马来语、淡米尔语转向讲英语。可是,如果放弃母语,结果学会讲的是新加坡以外的人听不懂的新加坡英语,倒还不如讲母语的好。他警告说,"一旦孩子从小学会了以新加坡英语为第一语言,以后到学校学习标准英语时会遭遇困难"。①

在 2002 年讲标准英语运动开幕式上,为了鼓励新加坡人讲标准英语而不要讲新加坡英语,教育部长 Teo Chee Hean 指出,调查数据显示,由于新加坡人英语比香港人讲得标准,国外商人更愿意到新加坡来做生意。正是因为新加坡人具有讲英语的优势,新加坡才会在国际市场具有贸易、人力和投资等方面的竞争力,这也是新加坡在服务行业获得成功的主要因素。和讲标准华语运动一样,讲标准英语运动也是一年一度,规模宏大,除了每次都有国家领导人带头宣传外,讲标准英语运动还充分利用海报、广告、电视、电台、电话、互联网等媒体进行各个方面的大量宣传。②

(二)全方位开展活动的宏大规模

每次在讲标准英语运动开幕以后的几个月里,新加坡都要开展一系列与讲标准英语运动有关的活动,其中包括:(1)报告会、短剧表演和电话英语课程,例如,只要拨打免费电话 1800-8386030 就可以学习如何改正讲英语时容易出现的错误。(2)"英语周"活动。"英语周"活动得到社会各界人士的支持,包括众多的社区俱乐部、图书馆、学校以及"人民协会",他们仅在"英语周"就要组织 100 多项与讲标

---

① *The Straits Times*,Singapore:April 6,2001.
② Antonio L. Rappa and Lionel Wee,*Language Policy and Modernity in Southeast Asia*,New York:Springer Science+Business Media,Inc. 2006,p. 94.

准英语相关的活动。① (3)英语竞赛、讨论、节目和专栏等。与讲标准英语有关的许多活动在"英语周"过后还继续进行,如,英语竞赛、报刊上发表文章讨论、报章上每天都有电话英语课程专栏、讲故事比赛、电台电视节目等。不仅如此,讲标准英语运动还有专门的网站。(4)教师培训计划。为了提高各级学校讲标准英语活动的效果,教育部采取了一系列措施和很多特别的活动,其中包括培训英语教师的计划。如,2001年教育部就选派了8000名教师参加英语提高课程,为的是改进师生使用英语的标准,并对老师进行专门培训。② 总之,讲标准英语运动受到社会各界的广泛支持,讲标准英语运动委员会的调查数据显示,90%的新加坡人意识到讲标准英语的重要性。③

三、讲标准英语运动的主要效果

随着讲标准英语运动一年比一年不断深入,讲标准英语运动的效果也逐渐显现出来。2002年讲标准英语运动委员会主席 Colonel David Wong 说,自从开展讲标准英语运动以来,越来越多的新加坡人意识到讲标准英语的重要性。而且,更多的人不仅想提高自己的英语标准,而且还鼓励他人讲标准英语。所以,我们现在的工作重点是为大家提供更多的机会练习讲英语以及提高所讲英语的标准性。④ 在2003年的讲标准英语运动开幕式上,信息、交通与艺术部

---

① Janet Shepherd, *Striking a Balance: The Management of Language in Singapore*, Frankfurt am Main: Peter Lang GmbH Europaischer Verlag der Wissenschaften, 2005, pp. 102-103.

② Dianek. Mauzy and R. S. Milne, *Singapore Politics Under the People's Action Party*, London: Routledge, 2002, p. 106.

③ Janet Shepherd, *Striking a Balance: The Management of Language in Singapore*, Frankfurt am Main: Peter Lang GmbH Europaischer Verlag der Wissenschaften, 2005, p. 103.

④ *The Straits Times*, Singapore: April 19, 2002.

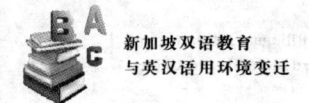
新加坡双语教育
与英汉语用环境变迁

长 Lee Boon Yang 通报了有关调查数据结果:在接受调查的 550 名新加坡人中,94%的受访者表示,在讲标准英语运动的激励下,他们和别人交谈时改用标准英语。而且,97%的人认为讲标准英语运动应该继续开展下去。数据表明,73%的人相信,他们讲英语的标准和水平有所提高。尽管这些数据只说明受访者的个人评价,但依然可以看出,该项运动受到民众的欢迎,以致越来越多的新加坡人逐渐意识到他们需要讲标准英语,讲世界上能够通用的英语。① 此外,媒体、家庭以及社会使用英语的情况从另一个侧面显示了讲标准英语运动的效果,电视频道 4 种官方方言节目中,英语和华语占 80%的播放时间。而且,凡是非英语节目,均配有英文字幕。英文报发行量达 538529 份,占四大语言之首。英语在新加坡各族家庭和社会交流中使用的比例日益提升。②

讲标准英语运动进一步强化了整个新加坡社会重视英语的语言大环境。偏重英语的社会大环境影响所及不仅是家庭、学校和社会,现在一直延伸到对幼儿教育的影响。在整个社会普遍重视英语和学前教育的环境下,新加坡的"学前中心"(Pre-school Centre)如雨后春笋般建立起来。学前中心有公立的也有私立的,招收 1~6 岁儿童,越来越多的华族幼儿在学前中心度过他们人生前六年的大多数光阴。学前中心的一切学习和活动都以英语为主,学习华语的时间每天有半小时至一小时。尽管许多教师都是华英双语兼通,但在课堂内外的一切活动中绝大多数教师只和儿童讲英语而不讲华语。一个学前中心一般有一、两名华语教师,他们和学生在一起时只讲华语,儿童也只有在上华语课时才讲华语,其他时候都讲英语。由于学

---

① Janet Shepherd,*Striking a Balance*:*The Management of Language in Singapore*,Frankfurt am Main:Peter Lang GmbH Europaischer Verlag der Wissenschaften,2005,pp. 103-104.

② 胡光明:《新加坡华语生存环境及前景展望》,《云南民族大学学报》(哲社版),2004 年第 2 期,第 129 页。

前中心浓厚的英语氛围,只会讲华语的儿童进入学前中心后,通常不到半年就会转变成张口就讲英语的孩子。①

四、讲双语运动与双语应用能力

新加坡从1966年开始实施强制性双语教育政策,理想的目标是培养出精通中英语言的双语人才。除了在教育上采行双语教育政策,政府从1979年起针对新加坡华人族群展开讲华语运动。讲华语运动、讲学校语运动和讲标准英语运动都是配合双语教育,提高学生的双语应用能力,从这一点来说,上述三项语言运动可以称为"讲双语运动"。讲双语运动的结果是英语和华语一起取代了华族方言,换言之,原来讲方言的领域(如以方言为主要用语的家庭环境)逐渐被英语和华语占领,导致讲英语和讲华语的人口比率不断上升。一方面,华语成为新加坡华族的共同语;另一方面,以英语作为主要家庭用语的华人人数稳步增加,逐渐超过以华语为家庭主要用语的华族人数。在讲双语运动的作用下,新加坡华人双语应用能力的具体变化主要体现在以下几个方面:

第一,新加坡华人的华语口头交际能力普遍上升,但自1990年起在家中主要讲华语的小一学生人数开始逐渐下降。许多官方与民间(例如:报业控股1993、福布斯1997)所做的华语口语能力调查,都清楚地显示了讲华语运动的成果:八成以上的华人自认能够使用日常华语进行简单的对话,而且,新视第八波道的华语节目收视率迄今还是超过以英语为主的第五波道。自开展讲华语运动以来,华族小一学生在家中讲华语的人数比率逐年增加,从1980年的25.9%连

---

① Loke Kit Ken, Chinese Singaporean Children and Their Bilingual Development in Pre-school Centres, in S. Gopinathan, Anne Pakir, Ho Wah Kam & Vanithamani Saravanan, *Language, Society and Education in Singapore: Issues and Trends*, Singapore: Times Academic Press, 1994, p. 358.

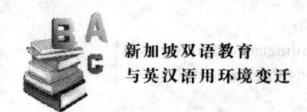

续增加到1989年的69.1%,达到最高峰。但是,在推广华语运动的同时,政府也透过学校所施行的双语教育及行政语言等手段,使英语成为在政治、经济、法律、教育、科技、行政等领域的高级与强势语言。无论在工作场合或行政机构等正式情景,英语都被普遍作为主导语言。因华语运动的影响在华人日常用语中出现了一种新的趋势:英语使用比率稳步上升而华语开始下降。① 华语下降的明显转折点是1989年后,在家中讲英语的华族小一新生人数仍然稳步上升,从1980年的9.3%一直升到2000年的43.2%,再升到2004年的50%。相反,讲华语的人数开始逐年下降,从1989年的69.1%降到2000年的53.8%,再降到2004年的不足50%,以致华族小一学生在家中讲英语的人数比率开始超过华语②(见表4-13)。

表4-13 华族小一学生在家中使用语言的变化趋势(%)(1986—2004年)

年	英语	华语	方言	其他	年	英语	华语	方言	其他
1986	16.5	67.1	16.1	0.3	1994	35.4	61.1	3.3	0.2
1987	19.1	68	12.5	0.4	1995	38	59.4	2.2	0.5
1988	21	69	9.5	0.5	1996	38	59.2	2.5	0.3
1989	23.3	69.1	7.2	0.4	1997	39.2	56.7	3.1	0.8
1990	26.3	67.9	5.6	0.2	1998	40.8	55.7	2.7	0.8
1991	28.6	66.6	4.5	0.3	1999	42.4	54.1	2.5	1
1992	31.1	64.7	3.6	0.6	2000	43.2	53.8	—	—
1993	31.6	63.9	3.7	0.8	2004	50	48*		

---

① Janet Shepherd, *Striking a Balance*: *The Management of Language in Singapore*, Frankfurt am Main: Peter Lang GmbH Europaischer Verlag der Wissenschaften, 2005, pp. 221-223.

② Thompson S H Teo & Vivien K G Lim, Language Planning and Social Transformation Strategies to Promote Speak Mandarin Campaign in Singapore, Unpublished Dissertation, Singapore: School of Business, National University of Singapore, 2002, pp. 12-21;新加坡教育部:《华文课程与教学法检讨委员会报告书》,新加坡教育部,2004年,第4页。

注:"—"表示暂无数据,* 为估计数字;

资料来源:根据 Thompson S H Teo & Vivien K G Lim,Language Planning and Social Transformation Strategies to Promote Speak Mandarin Campaign in Singapore, Unpublished Dissertation, Singapore: School of Business, National University of Singapore,2002, pp. 12-21 和新加坡教育部:《华文课程与教学法检讨委员会报告书》,新加坡教育部,2004 年,第 4 页整理。

  针对华语运动对新加坡人语言应用的影响,周清海教授分别在 1987 年和 1990 年对华语的应用情况做了调查,得到下列结论:(1)英语将成为新加坡下一代的主要语言,华语可能成为一个和娱乐有关的语言。(2)受过良好教育的双语人士逐渐放弃华语,在大多数交际场合里选用英语。[1]

  第二,学生的华文读写能力持续降低。1998 年进入讲华语运动的第 20 个年头,讲华语运动目标面向双语教育后的年轻一代。如果将以往分别接受华校及英校教育的华人以黑白两色作比喻,接受双语教育后的年轻一辈,现在的华语能力比以前的英校生强,英语比以前的华校生流利,然而整体的汉英双语能力表现却不突出。这就是介于中间灰色地带的双语华人。如果比较英语和华语的应用能力,华族学生的华语能力又明显低于英语能力。除了在大学修读中国语言与文学课程的学生外,绝大部分双语人的母语程度只停留在高中水平,他们在阅读华文篇章时感到相当困难,随之而来的变化是,华文报章或电视节目刊物的年轻读者的阅读率逐年下降。[2]

  新加坡华人书写华文的能力也是日渐低落。在双语教育定型期,新加坡所施行的双语教育是一种以英语为主要教学媒介语,母语仅为一门必修科的不平行语言教育。虽然讲华语运动比讲英语运动

---

[1] 周清海:《华文教学应走的路向》,新加坡:南洋理工大学中华语言文化中心,1998 年,第 8 页。

[2] Janet Shepherd, *Striking a Balance: The Management of Language in Singapore*, Frankfurt am Main: Peter Lang GmbH Europaischer Verlag der Wissenschaften,2005, pp. 223-228.

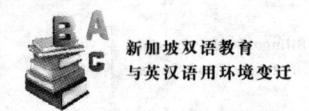
新加坡双语教育
与英汉语用环境变迁

推广的年代更长,但由于学生在学校和社会接触英语的频率比华语高,新一代的双语人掌握英语的能力自然远胜于华语,以致出现目前各类华文专才短缺的现象。例如,吴英成1998年的"华文实习教师语言使用与语言态度调查研究"结果显示:即使未来要担任华文教师的新一代双语人,他们在交谈的对象、交谈的场合、讨论的课题、不同语言的媒体、中英语言的工具与文化价值等方面,也跟其他年轻族群一样,皆是以英语为主,华语为辅。他们无法以华语具体精确地表达意见或者辩论事理,书写能力尤其远远落后口语能力。不但新一代华文教师的素质出现问题,华文教师的数量也面临严重短缺的问题,以致南洋理工大学国立教育学院自1997年起,开放招收中四普通教育文凭毕业生,修读新增设的四年母语教师文凭课程以补充师资。①

总的来说,讲标准华语运动和讲标准英语运动都起到了积极推动语言交流功能的作用。讲标准华语运动促进了新加坡华人之间以及新加坡华人同中国大陆、香港特别行政区、台湾和东南亚华人之间的交流。讲标准英语运动极大地提高了新加坡人的国际交际能力,有利于新加坡人到世界舞台上运用英语进行交流。正如政府希望的那样,新加坡人要讲国际标准英语,以便更好地用于交流,不仅要让新加坡人听得懂,而且要让全世界讲英语的人都听得懂。讲双语运动在一定程度上加速了英语在新加坡各族家庭和社会交流中使用比例的日益提升。结果,现在新加坡人工作中多用英语,在家中讲英语的比例快速上升。

第五节　本章小结

新加坡双语教育在学校教育领域的最终目标,是形成"英语为主

---

① Janet Shepherd, *Striking a Balance: The Management of Language in Singapore*, Frankfurt am Main: Peter Lang GmbH Europaischer Verlag der Wissenschaften, 2005, p. 227.

母语为辅"的统一教育体制。1987年教育源流完全统一后的双语教育成为定型的双语教育,也就是新加坡一直沿用到目前的现行双语教育。该时期双语教育的特征为"极力突出英语、适度保留母语":在所有学校英语是共同语、第一语文、主要教学媒介语,母语是第二语文、次要教学媒介语。在双语教育定型期,双语教育模式为典型的过渡—保持双语教育,其"过渡"并不是为了要以英语同化或取代学生的母语,而是在极力突出英语的主流趋势下,逐渐而适当地降低对母语的要求,但坚持保留母语的学习与应用;其"保持"也不是强调把母语保持或提高到与英语同等的程度,而是在"英语为主"的前提下把母语保持在一定的程度,如注重母语的听说能力。双语教育定型期的"过渡—保持双语教育模式"主要可以归纳为以下几点:

第一,新的双语教育分流制度更加偏重英语的学习与应用,进一步降低了华文程度。比如,绝大多数华族学生(90%以上)没有机会修读华文第一语文,只能修读第二语文华文,其中约20%学生学习的母语程度更低,只是华语口语。反之,对学生的英语要求变得更高,如,母语不及格的学生仍然可以升入 EM2 源流,但英语不及格的学生只能进入 EMO(EM3)源流,也就是程度最低的源流,要求学生学习英语第一语文和华语口语。

第二,华文教学报告书持续降低对华文的要求。为了把华语保持下去,新加坡政府于1991、1998和2004年分别成立了三个华文教育检讨委员会并于1992、1999、2004年发布了三个华文教学的报告书。在仅仅12年间政府就接连发布三个专门针对华文教学的重要报告书,这在以前是从未有过的事。这些报告书不断降低对华语的要求,但政府认为这也是出于保留华语的目的,希望保住大多数华族学生坚持学习华语。

第三,教材、教学法和考试模式持续降低华文要求。从教材和考试模式的改进也可以看出,华文教学的重点由注重听、说、读、写四种语言技能转向听、说、读,再转向只重视听、说技能。以前规定华文为必修必考科,作为升学的条件之一是保存母语的重要措施,但是

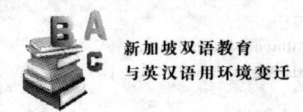
新加坡双语教育
与英汉语用环境变迁

2004年2月教育部宣布进入大学无需再算华文科的分数,这对那些只是为了考试才努力学习华语的学生必定带来重大的影响,他们以后花在华语学习上的时间、精力以及学习效果很可能会大幅度下降。而且,开展双语教学法试验表明了新加坡双语教育的新动向:进入21世纪后新加坡开始提倡双语教学法,即以英语来教华语。双语教学法从2002年起在4所小学进行试验,2004年增加到11所。采用双语教学法涉及一个华文教学时间的问题,上华文课时用英语讲解无形中又减少了学生接触华语的机会。

第四,随着年级由低到高,华文课程的等级不断降低。不断降低的华文课程等级是为了照顾基础比较差的学生,所要求达到的程度自然有所降低。在小一至小四阶段,华文科只有两个等级,高级华文和华文;小五至小六年段降到三个等级:高级华文、华文和基础华文;到中一至中二阶段又降到四级:高级华文、华文、更低一级的华文和基础华文;中三至中四阶段降到五个等级:高级华文、华文、华文B、(普通学术)华文和基础华文。其中,"华文B"和"基础华文"课程都是以华语口语为主,对语言的读写能力要求不高,这一点也清楚地反映在对汉字字数的要求上。此外,原来要求到中三才能选读的低程度"华文B课程"已经扩大到中学一年级。

第五,华族学生的英文能力持续提高但华文能力不断下降。首先,华族学生的华文读写能力明显低于英语能力并且是持续降低。其次,在家讲华语的学生人数在上世纪80年代一直上升但90年代后不断下降。讲华语运动、讲学校语运动和讲标准英语运动都是配合双语教育,提高学生的双语应用能力。自开展讲华语运动以来,华族小一学生在家中讲华语的人数比率逐年增加,从1980年的25.9%连续增加到1989年的69.1%,达到最高峰。但是,华人日常用语中出现了一种新的转移趋势:英语使用比率稳步上升而华语由不断上升转变为缓慢下降。在家中讲英语的华族小一新生人数从1980年的9.3%一直升到2000年的43.2%,再升到2004年的50%。相反,讲华语的人数开始逐年下降,从1989年的69.1%降到

2000年的53.8%,再降到2004年的不足50%,以致华族小一学生在家中讲英语的人数比率开始超过华语。

　　总的看来,"过渡—保持式双语教育"模式,就是过渡与保持兼顾,最大特征是在保持中过渡,过渡中也伴随着保持。在过渡—保持双语教育模式下,虽然华文程度减低让许多华人觉得遗憾,但这种双语教育毕竟为华语搭起了一个浮台,让华语得以保留下来。在双语教育定型期,华校没有了,华文程度下降了,但学生学习华语的学校却更多了。与双语教育发展期和成熟期相比,定型期的双语教育更符合新加坡政治、经济和社会的需要,而且,华英双语环境已经形成。

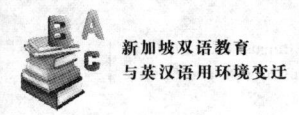

第五章　双语教育的成效
——当前双语环境实地调查

新加坡的双语教育从双语教育萌芽期、双语教育发展期、双语教育成熟期到双语教育定型期历经了40多年的历史进程,总体上是以"过渡—保持式"双语教育模式为主。本书的前几章着重于语言政策和实践过程以及双语教育模式变化的研究,如,学制的过渡;教学媒介语的过渡;对华文课程、教材、考试模式等持续降低要求、华人最常用语的转移等。本章则以实地考察和调查数据来验证新加坡双语教育政策和模式的成效。

语言实地调查的方法很多,基本上需要考虑的是调查地点、对象、范围和方法。本书调查地点新加坡是个小岛城市国家,人口密度很高,人际交往频繁、社会阶层纷杂,社会语言和方言更为多姿多彩。调查对象以新加坡在校大中小学生为主。调查设计的主要目的在于查证新加坡华人在实际生活中所选择和使用的语言,考察同一家庭不同辈分成员语言转移的情况。本书在探讨语言使用的变化时,重点是针对新加坡华人家庭中三代人交谈时最常用语的选择。

第一节　研究目的与方法

一、研究目的

新加坡目前的在校大中小学生都出生于1979年开展"讲华语运

动"之后,而且都接受以"英语为主、母语为辅"的双语教育。从他们的语言使用及语言态度,不仅可以看出双语教育政策的成效,也为个别语言的实用价值及社会地位提供重要信息,同时也可以判断未来语言发展的主要趋势。为此,本研究的主要目的有三点:第一,通过问卷的方式,对在校大中小学生的语言使用和语言态度进行调查,借此了解新一代新加坡华人的语言使用和语言态度。第二,依据调查资料,分析探讨新一代新加坡人对四大官方语言以及华族方言的实用价值和社会地位的看法。第三,对未来新加坡日常生活中最常用语言的发展趋势做出预测。

二、调查方式

本章研究数据主要来自下列调查方式:
1. 日常使用双语情况的问卷调查;
2. 答卷者选择"华文版"或"英文版"问卷的统计数据;
3. 地铁中阅读不同语言报纸的观察记录;
4. 连续统计最新《联合早报》中应用双语的情况;
5. 不同街区街面用语现象的观察记录;
6. 个别访谈:包括语言专家、大中小学教师、学生以及家长;
7. 面对面交谈:作者深入主要公共场所与新加坡人用英汉双语交谈。

前5项调查所获数据是本章进行统计分析的主要数据,而访谈、交谈所得,可以从另一个侧面对上述调查数据进行检验或佐证。具体做法如下:

1. 日常使用双语情况的问卷调查。2006年8、9月份笔者在新加坡的多所大中小学进行问卷调查。为了调查对象能省时省力、容易答卷,问卷被简捷明白地设计成一页纸(A4)。问卷包括33道问题,以英汉两种文字,印在同一页纸的两面,由调查对象选择其中一种文字做答。由于人力、财力和时间所限,只能最大限度地利用在新

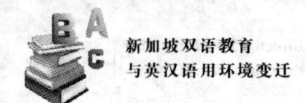

加坡的中国朋友和新加坡的朋友,把问卷发到几所小学、中学、初级学院和大学的师生手中,大部分问卷由老师交给自己的学生回答并当场收回。本次调查的对象都是大中小学生。考虑到每个班级都有各民族学生,问卷设计后做了一定的修改和调整,以便华族和非华族学生都可以回答问卷。由于上述朋友和参与调查的师生都有高度的热心和责任心,问卷回收率很高。本调查总共发出问卷450份,收回有效问卷434份,回收率达到96%以上。

2. 答卷者选择"华文版"或"英文版"问卷的统计数据。答卷者选择"华文版"或"英文版"问卷的统计数据,也从另一个侧面反映了大中小学生在日常生活中的语用习惯。

3. 地铁中阅读不同语言报纸的观察记录。新加坡虽是个小岛城市,却有4条地铁(MRT),四通八达。新加坡的地铁不仅快速、准时,行驶途中也安全平稳,是民众最主要的交通工具之一。新加坡人乘地铁时阅读报刊的现象非常普遍,特别是早晨上班上学的时间,从地铁的一端走到另一端,感觉穿行在庞大的"移动阅览室"中,不同语言的报纸在乘客们手中展开,占据了车厢中一片一片的空间,真可谓一大景观,这里是观察记录不同语言报纸的最便利场所。笔者在新加坡调查期间,多次乘坐各条线路的地铁进行不同语言报纸的分类统计。

根据笔者的经验,到新加坡的地铁中分类统计报纸需要把握四个要点:首先是选择适当的时间。早晨上班上学的时间是乘客看报人数最多的时段,在地铁站入口处附近不仅可以从报摊买报,有时还可以排队领取免费报纸(每天正常出版发行的报纸,而不是广告或宣传类)。其次是选择适当的地点。从起点站上地铁,几乎所有的乘客都有座位,看报纸更方便。第三是采用适当的统计方式。为了避免重复统计,笔者上地铁后,先走向地铁的一端,然后拿出钢笔和本子开始统计,边统计边往地铁的另一端走去,走到头便停止统计。这时虽然还不断有新的乘客陆续上车,但不再记录入内,以免出现重复统计的混乱现象。随后,笔者在转换站改乘另一条线路的地铁,采用同样的统计办法。第四是如何分清新加坡四种语言的报纸。以语言分类,新加坡有英文报、华文报、马来文报和淡米尔报。笔者在大学和硕士期间读的是英语专业,但也只认识这四种文字中的汉字和英文。无奈之际,笔者只好事先到报摊对照四种语言的报纸进行详细比较。结果发现,四种文字中最容易分清的是淡米尔文和汉字。淡米尔文很特别,即使不懂淡米尔文的人也很容易把它和华文、英文和马来文区别开来,较难区别的是英文和马来文。从外形上看,印刷体的英文字母和马来文字母几乎一样,笔者只能根据报纸标题的意思去判断。标题字体较大,容易看清。能基本看懂的标题(或一个标题中能认出好几个英文单词)基本上可以肯定是英文报,看不懂的标题自然是马来文报。这种区别类似于只懂英语而不懂汉语拼音或只懂汉语拼音而不懂英语的人,一样能区别开英文句子和汉语拼音文字。但由于马来文中偶尔也有个别英文借来词,统计时也会出现判断失误的情况,但这种情况所占比率极小,对整体数据分析不会有多大影响。

4. 连续统计最新《联合早报》中应用双语的情况。《联合早报》是新加坡影响力最大的华文报。在早期的《联合早报》上很少见到英文单词,但随着新加坡的双语人口越来越多,特别是年轻一代新加坡华人的英文阅读能力明显比华语阅读能力强,《联合早报》为了吸引年轻读者,开始逐渐增加英文单词、短语、句子甚至英文文章。不过,大多数情况下,和英文一起也附有汉字,变成了英汉双语形式。笔者把新加坡国立大学图书馆内最新的《联合早报》集中起来,连续统计出该报 7 天(2006.8.21—27,以一周为一个连续阶段)"新闻"和"社论"版面(排除了广告、股市信息等版面)中的纯英文单词数和英汉双语单词字数(双语句子、文章也以单词字数统计)。在《联合早报》这样的传统华文报中不断增加英汉双语词汇,也能够反映新加坡英汉双语教育发展的最新趋势。

5. 不同街区街面用语现象的观察记录。所谓"街面用语",主要是指为了表明街道名称、学校、商店、公司等机构的名称所使用的语言,街面用语是语用环境最直接的反映。笔者在新加坡相距较远的五个街区,依次统计商店门面、建筑物名称等使用不同语言的数据,

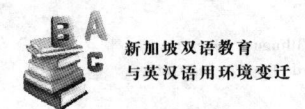

但为了显示新加坡街面用语中使用英汉双语的普遍性,笔者没有统计华语(现在主要是英汉双语)气氛最浓的街区"牛车水"(China Town)。笔者所统计的五个街区以及各街区的用语情况具体如下:2006年8月15日下午笔者来到 Sims Avenue 大街,把其中一面街道上的公司、店面等机构的名称依次连续统计下来,得到47个机构的名称(一个机构的全称按"一个"名称来计算),其中,英汉双语名称37个、英语单语名称7个、华语单语名称3个。8月25日上午在新加坡国家图书馆(总馆)周围的四条街道,从 Victoria St. 统计到 Hill St. 有英汉双语名称13个、英语单语名称7个,再到 Coleman St. 有英汉双语名称4个、英语单语名称15个,再到 North Bridge Rd. 有英汉双语名称21个、英语单语名称26个,最后到 Middle Rd. 有英汉双语名称34个、英语单语名称10个。该街区的所有名称共计130个。8月25日晚在碧山地铁站(MRT)附近统计到英汉双语名称11个、英语单语名称1个。8月26日下午在 Up Thomson Rd. 统计到英汉双语名称55个、英语单语名称40个。8月29日在乌节路(属于新加坡唯一英语气氛最浓的街道)统计到英汉双语名称7个、英语单语名称48个。在上述五个街区统计到的机构名称累计起来,总共有339个。

6. 访谈(交谈)。访谈包括"随意性交谈"和"针对性访谈"。由于本身时间和精力的局限,再加上与受访谈者的时间安排冲突,访谈只能以随意性为主、针对性为辅。随意性交谈非常方便,不受时间、地点和人物的限制。笔者在新加坡期间天天都有机会在地铁中、饮食中心、学生食堂、图书馆、大街上甚至出租车上和他人简单交谈,实实在在地感受到新加坡人在公众场合运用双语的实际情景,这些交谈有助于笔者对新加坡的语用现状有一个直观的了解。针对性访谈对象主要包括新加坡的朋友、朋友的家人、语言专家、大中小学教师、学生以及家长等。值得一提的是,在新加坡期间,笔者一直住在新加坡的朋友 Phylia 家中。Phylia 的家庭是个典型的、具有代表性的双语家庭,家中有四个成员和一个女佣,家庭主要用语是英语和华语。

而且，为了让笔者有更多的机会亲身感受新加坡不同层面的日常用语情况，Phylia抽空带我到她爸爸妈妈家、菜市场、超市、电视台节目直播现场、新加坡国立大学艺术学院学生排练及表演现场、新加坡移民局、教育部等场所。这些身临其境的体验让我真切感受到新加坡的双语环境。

在研究新加坡双语教育的众多学者中，最有影响力的当属新加坡南洋理工大学中华语言文化中心顾问（原主任）、新加坡教育部2004年华文课程与教学法检讨委员会委员周清海教授（博导）。在去新加坡实地调查之前，笔者的导师李国梁老师和曾在新加坡和周清海老师一起做过长期调查研究的厦门大学历史系曾玲教授（博导）都建议我设法向周老师当面请教。让笔者感到非常幸运的是，周老师在百忙中分别两次抽出五、六个小时的时间向笔者介绍了新加坡双语教育的发展过程、他们老一代华人在双语教育转变过程中的亲身经历以及他自己对新加坡双语教育与华文教育定位的基本观点。而且，周老师特意从办公室和家中找出一些与笔者博士论文有关的珍贵资料赠与笔者，而这些资料在书店和图书馆是很难碰到的。笔者也有幸拜访了新加坡国立大学中文图书馆馆长李金生老师。李老师放下手中的工作，带笔者到几个藏有与笔者论文有关资料的各个分馆，并找出他自己有关新加坡华文教育的最新研究著作给我复印。此外，笔者另外也向一些华文教师、学生、家长等了解到他们在工作、学习和生活中的使用英语和华语的情况，其中包括王文献老师、单欣老师、君盈绿老师、沈惠芬博士、运佳博士、雨横、Roe、Phylia、Fan等。

三、研究方法

（一）研究对象

本研究调查的对象为434名在籍大中小学生。新加坡的小学和中学，可以按照不同的分类原则划分为不同的种类：公立学校和辅助

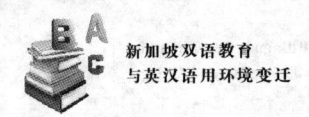

学校;特选学校和邻里学校;过去的"华校"和"英校"。其中,特选学校和邻里学校在学生生源和教学条件等方面都有较大的差异。特选学校一般都有较好的华校传统,英华双语并重。整体上看,特选学校学生的英语和华语能力比邻里学校要高。但在新加坡的中小学里,特选学校毕竟只占少数,邻里学校更具有代表性。本次调查的对象主要来自邻里学校的小学和中学、普通的初级学院和一所大学(新加坡国立大学)。各级学校学生人数和百分比如下:小学生30人,占6.9%;中学生123人,占28.3%;初级学院学生137人,占31.6%;大学生144人,占33.2%。各民族学生所占比率为:华族365人,占81.4%;马来族38人,占8.8%;印度族13人,占3%;其他族18人,占4.1%。表(5-1)和表(5-2)清楚地显示参与本调查的学生所属年级以及民族的分类情况。

表 5-1 受调查的各级学校学生人数(%)

	小学	中学	初级学院	大学	总计
人数	30	123	137	144	434
百分比	6.9	28.3	31.6	33.2	100%

表 5-2 接受调查的各民族学生人数(%)

	华族	马来族	印度族	其他族	总计
人数	365	38	13	18	434
百分比	84.1	8.8	3	4.1	100%

(二)问卷设计

本问卷调查的主要目的是了解新加坡华族学生在家中、学校和社交中常用语言的情况。本调查的问卷主要由三部分构成:

(1)语言背景和语言能力:该部分有4道问题,主要了解这些学生在上小学前最常说的语言;现在每天说得最多、说得最流利的语言以及能听懂的方言。

(2)语言使用:语言是在应用中发展和变化的,没有应用,语言便没有可能发展,反而会退化甚至死亡、消失。① 该调查部分通过21道问题,了解各种语言环境中语言使用的情况,具体又分以下三类。第一,家庭语用环境:与爷爷、奶奶、爸爸、妈妈、兄弟姐妹交谈时最常用的语言;第二,学校语用环境:与同学交谈时最常用的语言;第三,社会语用环境:包括与不同种族交谈、新闻媒体语言选择(经常阅读的书本、杂志、报纸、收看的电视等)、公共场所用语(超市、饭店)等。另外,也通过学生了解他们祖辈之间、父辈之间的语言习惯。最后有三个问题关于语言夹杂:包括讲英语、华语和方言时夹杂使用其他语言的情况。

(3)语言态度:语言态度共有6道问题,所列出的选项有:喜欢说、有用、容易学、有地位、希望学习等。

第二节 调查结果与分析

语文的学习跟其他学科有所不同,在很大程度上受到周围环境的影响。主要原因在于,学生不只是在教室里学习语言,在课外,如看电视、光碟、电影,或跟同学朋友交谈,或进行一些其他活动等,只要用得着该语文就会从中或多或少学到一点。②

由于新加坡的语言大环境是英语,而且,多年来一直实施双语教育,新加坡华人现在几乎都会讲英语和华语,这一点可以从众多的调查数据中得到证明。早在1987年,教育部长陈庆炎博士就指出,通晓华语的华人已达87%。③ 据1990年人口普查数据,新加坡10岁以上学生的双语识字率为:英语和华语80.1%、英语和马来语16.5%、英语和淡米

---

① 周清海:《语言变体产生的因素》,新加坡华文研究会:《新加坡华文教学论文四集》,Singapore:Panpac Education Private Limited,2006,p.1.

② 梁荣基:《新加坡华文教学现状的思考》,新加坡华文研究会:《新加坡华文教学论文四集》,Singapore:Panpac Education Private Limited,2006,p.74.

③ 《联合早报》,新加坡:1987年10月9日。

尔语3.3%,这一比率基本上和各民族占全国人口比率一致。新加坡华人所懂的双语就是英语和华语,占华人双语识字率的97.8%。① 1993年由新加坡报业控股研究与资讯组进行的调查显示,几乎所有的新加坡华人(占99%)都会讲华语。② 到20世纪末的总体情况是,新加坡人都是双语者或多语者(英语和母语),越来越多的年轻人同时也是双元文化者。③ 据1998年新闻及艺术部的调查,新加坡人最常讲的语言是英语(40%)。在华人当中,最常讲的语言是华语(46%),其次是英语(39%),只有15%的人最常讲华人方言。④ 1999年,南洋大学毕业生协会会长谢万森也指出,几乎每个人都懂得英语。⑤ 其他还有许多调查数据也都表明新加坡华人几乎都是英汉双语者。当然,大多数人的双语能力会有偏差,有些人的英语能力更好一些,另一些人的华语能力会更好一些,也就是不平行的双语者。

本次问卷调查主要是想了解华人中最常用语言的变化趋势和平行双语者(英语和华语一样都很好)人数比率变化的趋势。与以前一些问卷调查不同的是,本次问卷设计的选项不是把几种语言组合捆绑一起,如"英语和华语"、"华语和方言"等,而是把全部选项都作为单项,如"英语、华语、马来语、淡米尔语、方言、其他"供学生自由选择"最常讲的语言"(可多选)。这样,如果学生在回答同一个问题时(如"你和爸爸妈妈交谈时最常用的语言是……"),同时选择了英语、华

---

① Tham Seong Chee, *Multi-lingualism in Singapore: Two Decades of Development*, Singapore: Department of Statistics, Ministry of Trade & Industry, Republic of Singapore, 1990, pp. 54-55.

② *Mandarin: The Chinese Connection*, Singapore: Promote Mandarin Council, 2000, p. 175.

③ Ho Wah Kam and Ruth Y L Wong, *Language Policies and Language Education*, Singapore: Times Academic Press, 2000, p. 259.

④ *Mandarin: The Chinese Connection*, Singapore: Promote Mandarin Council, 2000, pp. 176-177.

⑤ 《联合早报》,新加坡:1999年1月23日。

语,则说明该学生认为在这种情况下,英语和华语一样是自己最常讲的语言。也可以说,在这种情况下,该学生的英语和华语表达能力几乎没有什么差别,属于平行的双语者。

社会用语环境对于语言学习至关重要。学习华语的最佳途径就是在日常生活中使用与接触。Crandall 指出,影响学生学业成绩的因素主要有四点:(1)社会文化因素,包括总的文化环境、种族、宗教、社会经济等。(2)家庭因素,包括家长的性格和对待子女学习的态度。(3)学校因素,包括在学校所受的教育以及来自老师和同学的影响。(4)个人因素,包括个人的性格、智力、喜好、学习动机、学习态度、成功欲望等。① 本章首先介绍接受本次调查的学生的语言背景,然后从家庭语言环境、学校语言环境、社会语言环境和个人的语言态度几个方面分析新加坡华族学生语言使用与语言态度转移的现状。

一、学生语言能力的变迁

新加坡目前的大中小学生上小学以前,在家中最常用语是什么?笔者于 2006 年调查的数据与 1980 年以前其他学者调查的数据相比,就会发现新加坡各族学生在家中使用英语的比率发生了巨大的变化:使用英语的比率快速上升。下面先看 1978 年和 1980 年的调查数据。据谢顺详 1978 年对华族大一学生的调查发现,他们入学前都讲方言,英汉双语能力几乎为零,入学后才开始学习英语和华语。② 从 1980 年的调查数据来看,华族以英语(5.3%)以及华语(5.3%)作为主要家庭用语的比率都很低,方言占据主导地位,达到

---

① Ong Kian Choon, Relationships Between Achievement in Chinese as a Second Language and Home Background, Motivation and Peer Influence, Unpublished Dissertation, Singapore: National University of Singapore, 1986, p. 6.

② 谢顺详,《语言环境的改变与适应——南大华文源流学生语言适应性能的调查研究(1978—1979)》,未刊学位论文,南洋大学,1978—1979 年,第 29~31 页。

57.7%。在家中使用多种语言的华人中,讲英华双语的比例很小,只占4%,更多的人讲"英语和方言"(11%)或"华语和方言"(12.4%),方言的重要地位仍然非常显著。① 也就是说,20世纪80年代以前的小学一年级新生会讲英语和华语的比率很小,双语能力自然也很低(见表5-3)。

表5-3 各民族5岁以上人口主要家庭用语(%)(1980年)

民族	语言	百分比	民族	语言	百分比
华族	英语	5.3	马来族	英语	0.8
	华语	5.3		马来语	92.7
	马来语	0.2		其他	0.4
	一种方言	57.7		英语和马来语	4.7
	英语和华语	4		英语和其他	0.1
	英语和马来语	0.3		其他组合	1.3
	英语和方言	11	其他族	英语	65.1
	华语和方言	12.4		华语	0.3
	多种方言	3.3		马来语	4.2
	其他组合	0.5		淡米尔语	0.1
印度族	英语	12.7		方言	0.4
	马来语	7.5		其他	21.6
	淡米尔语	43.6		英语和华语	0.3
	方言	0.1		英语和马来语	2.6
	其他	9.2		英语和淡米尔语	0.2
	英语和华语	0.1		英语和方言	1.1
	英语和马来语	1.9		英语和其他	3.4
	英语和淡米尔语	13.2		其他组合	0.7
	英语和方言	0.2			
	英语和其他	9.4			
	其他组合	2.1			

注:"其他族":指新加坡华族、马来族、印度族三大民族以外的少数民族。

资料来源:根据郭振羽:《新加坡的语言与社会》,台北:正中书局,1985年,第55页整理。

---

① 郭振羽:《新加坡的语言与社会》,台北:正中书局,1985年,第55~56页。

2006年的调查数据显示,各族儿童入小学前的英语能力已经比较强。华族儿童中,有一些人最常说的语言更偏向英语,占35.71%;另一部分更偏向华语,占48.35%;最常讲方言的学生只占2.2%;英语和华语一样最常说的儿童也高达13.19%。由此可见,他们的平行双语能力在学前已经达到了较高的程度(见表5-4)。

表5-4　2006年接受调查的大中小学生上小学前最常说的语言(%)

民族	语言	百分比	民族	语言	百分比
华族	英语	35.71	马来族	英语	23.68
	华语	48.35		马来语	73.68
	方言	2.2		方言	2.63
	英语和华语	13.19	其他族	英语	22.22
	华语和方言	0.28		华语	22.22
	方言和其他	0.28		马来语	5.56
印度族	英语	76.92		方言	5.56
	马来语	7.69		其他	22.22
	淡米尔语	7.69		英语和华语	11.11
	英语和淡米尔语	7.69		英语和马来语	11.11

注:"方言",指"华族方言";"其他",指四大官方语言和华族方言以外的语言;

以说得最流利的语言作为统计指标,从目前学生的语言能力来看,马来族学生英语讲得最流利的比率略低于讲马来语的比率外,另外三大民族学生都是英语说得最为流利。其中,印度族学生所占比率最高,达到69.23%;然后是其他族,占50%;华族第三,占41.48%;马来族最低,占32.46%。把这些学生现在英语说得最流利的比率和他们在小学前最常讲英语的比率相对照,可以发现现在的比率大大高于学前(除印度族外)。就华族学生而言,现在讲得最流利的语言是英语、华语、英华双语。但有一个显著的特点是,学生现在的英语比例(41.48%)高于学前(35.71%),升高了5.77%。然

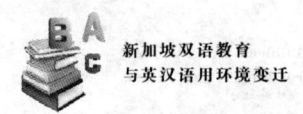

而,他们现在的华语(34.07%)比率却低于学前(48.35%),降低了14.28%。从这些数据可以看出,这些学生从小学开始在以"英语为主,华语为辅"的双语教育政策下,由于不断突出英语学习而持续降低对华语的要求,结果是伴随着英语最流利的学生人数不断上升,华语最流利的人数相应下降。此外,方言最流利的学生比率降到0.28%,而英语和华语同样最流利的学生比率增长迅速,由13.19%增加到19.51%,这些都显示了双语教育确实是卓有成效(见表5-5)。

表5-5 目前大中小学生说得最流利的语言(%)(2006年)

民族	语言	百分比	民族	语言	百分比
华族	英语	41.48	印度族	英语	69.23
	华语	34.07		马来语	7.69
	方言	0.28		淡米尔语	7.69
	其他	1.65		英语和淡米尔语	7.69
	英语和华语	19.51		英语、华语和马来语	7.69
	英语和方言	0.55	其他族	英语	50
	华语和方言	0.28		华语	11.11
	华语和其他	0.82		马来语	5.56
	英语、华语和马来语	0.55		英语和华语	11.11
	英语、华语和方言	0.82		英语和马来语	5.56
马来族	英语	32.43		英语和其他	16.67
	华语	2.7			
	马来语	43.24			
	方言	2.7			
	英语和马来语	18.92			

从表5-6的数据可以发现,各民族学生每天说得最多的语言还是英语。其中,84.62%的印度族学生每天讲得最多的语言是英语;华族学生占48.48%,高于华语(37.4%)10个百分比;马来族学生占

45.95%,也高于马来语(40.54%);其他族学生占38.89%,远远高于他们之中讲华语、马来语或淡米尔语的学生。针对华族学生而言,每天说得最多的语言依次是英语占48.48%、华语37.4%、英语和华语同样说得最多的比率为11.63%,方言只占0.83%。这些数据可以说明,新加坡的双语教育以及为配合双语教育而开展的语言运动非常成功,基本上达到了"突出英语、保留母语、消灭方言"的目标。

表 5-6 目前大中小学生每天说得最多的语言(%)

民族	语言	百分比	民族	语言	百分比
华族	英语	48.48	印度族	英语	84.62
	华语	37.4		马来语	7.69
	方言	0.83		英语、华语和方言	7.69
	英语和华语	11.63	其他族	英语	38.89
	英语和方言	0.55		华语	16.67
	英语和其他	0.28		马来语	11.11
	华语和其他	0.28		淡米尔语	5.56
	英语、华语和马来语	0.28		方言	5.56
	英语、华语和方言	0.28		其他	11.11
马来族	英语	45.95		英语和华语	5.56
	马来语	40.54		英语和其他	5.56
	淡米尔语	2.7			
	英语和马来语	10.81			

在选择回答问卷时,各民族学生都偏向于以英语回答。其中,马来族学生选择英语问卷的比率是100%、其他族94.44%、印度族92.31%,华族学生也高达75.62%(见表5-7)。非华族学生不选华文问卷而选英文倒是在情理之中,而绝大多数华族学生也选英文问卷可以清楚地表明,目前华族大中小学生的英文读写能力大大超过华文。一名小学生回答完问卷后告诉笔者,其实他们以英语和华

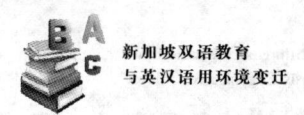

语回答问卷都不成问题,但以英语回答还是觉得更习惯,也更容易。这不仅说明目前华族学生在语用习惯中已经形成了英语为主的大趋势,说明他们的英文程度确实高于华文,也说明在一定程度上他们的华文得到了保持。

表 5-7　大中小学生回答华英双语问卷时选用的语言(%)

民族	语言	百分比	民族	语言	百分比
华族	英文	75.62	印度族	英文	92.31
	华文	24.38		华文	7.69
马来族	英文	100	其他族	英文	94.44
	华文	0		华文	5.56

二、家庭语用环境的变迁

一门语言能否得以生存并向前发展,就在于它是否具有生命力和影响力,特别重要的是,人们对该语言是否持有积极的态度并且在日常生活中天天使用。① 也就是说,影响语言生命力的重要因素也包括人们对该语言的态度和使用该语言的环境。一个人成长过程中使用语言的主要环境不外乎家庭、学校和社会。新加坡学者翁世华博士在《怎样改善家庭的语文学习环境》一文中指出:"一般而言,人类生活的环境,大概可以分为国家环境、社会环境、学校环境和家庭环境。从面积范围来说,国家环境最大,社会环境次之,而学习环境又次之,家庭环境最小。但从一个人的活动范围或是他的生活圈子来说,他跟家庭环境的接触最频繁,学校环境次之,而社会环境又次之,国家环境最少(当然,家庭环境、学习环境和社会环境都包括在国家环境之内)。换句话说,一个人,特别是儿童,跟家庭环境的关系最

---

① Robert B. Kaplan, *The Oxford Handbook of Applied Linguistics*, New York:Oxford University Press,2002,p. 230.

密切,因而家庭环境因素影响儿童身心的发展最为深重。在(少年)儿童的语言发展方面,当然也没有例外。"①

在社会语言学的分析中,家庭用语具有特别重要的地位,因为家庭用语是一个儿童首先习得的语言,也就是"母语"。希顿教授认为"对儿童学习语言,具有最深远影响的,莫如家庭和学校"。② 李光耀总理也指出,好的家庭语言环境是双语教育成功的重要因素之一,学生可以在学校学习语言,但如果学习的语言在家里不用就不可能掌握好。③ 在一个多语社会中,家庭用语的分布状况(特别是家庭中的"主要用语"),是各种语言社会的重要指标,有助于对社会语言状况的了解。根据新加坡人口普查的用法,所谓"主要用语"(Principal Language),指的是个人在与以下六种类别的家庭成员之一交谈时最常用的语言:(1)祖父母、(2)父母、(3)兄弟姐妹、(4)配偶、(5)子女、(6)孙子女。根据一个人对各不同类别家庭成员使用的"主要语言",人口普查当局又进而采其多数而确定个人的"主要家庭用语",也就是一个人在日常家庭生活中最常使用的语言。新加坡华人应用语言的实际情况可以从主要家庭用语中得到很好的证明。在家庭成员中,由于年龄的差别,往往在语言能力和语言习惯上有所不同。当一个人采用不同的语言与不同家庭成员交谈的时候,就可以明显看到家庭之中的"语言转换"(Language Switching),同时也可以借此

---

① 谢顺详:《语言环境的改变与适应——南大华文源流学生语言适应性能的调查研究(1978—1979)》,未刊学位论文,南洋大学,1978—1979 年,第 28 页。

② 新加坡教育部:《一九七八年教育部报告书》,新加坡:新加坡教育部,1978 年,第四章第 14 页。

③ Ong Kian Choon, Relationships Between Achievement in Chinese as a Second Language and Home Background, Motivation and Peer Influence, Unpublished Dissertation, Singapore: National University of Singapore, 1986, pp. 8;16.

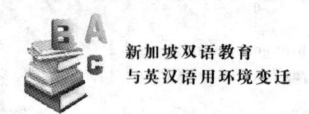
新加坡双语教育
与英汉语用环境变迁

测知世代之间"语言功能的转换"(Language Shift)。① 2006年的调查数据显示,新加坡华人祖孙三代之间相互交谈时最常用语言存在很大的差别。

华人祖孙三代(即祖辈、子辈、孙辈)在年龄和教育背景方面存在很大的差异。所谓"祖辈",在本次调查的时候年龄大约在60岁以上,出生于20世纪四十年代前后,有受华文教育者,也有受英文教育者。"子辈"指的是"祖辈"的儿女,年龄大约在35至55岁,上学年代是60年代末至80年代初,接受较为平行的双语教育。"孙辈"则指"子辈"的孩子,也就是回答问卷的在校大中小学生,年龄一般在10～20岁之间。他们在90年代前后开始上学,全部接受"英语为主、母语为辅"的双语教育,这三代人基本上代表了二战后接受双语教育的新加坡华人。具体到本书研究的双语教育四个时期,大体上可以说,祖辈人代表了双语教育萌芽期至双语教育发展期接受双语教育的华人,子辈代表了双语教育发展期至双语教育成熟期,孙辈代表了双语教育定型期以后接受教育的华人。

本研究从被调查学生的角度,分析其家庭成员中三代人的用语变化:祖辈(即被调查学生的祖父母)、子辈(即学生的父母)、孙辈(即学生及其兄弟姐妹)。本书以三条主线进行比较分析由祖辈到子辈,再到孙辈家庭最常用语的转移趋势,具体进行对比的三条主线为:

(1)比较祖辈与子辈、祖辈与孙辈交谈时最常用的语言。祖辈与子辈、祖辈与孙辈交谈时最常用语的变化的总体情况显示,各民族家庭中,祖辈与子辈交谈时最常使用英语的比例不高,其中,印度族使用英语的比例大于另外三大民族,达到33.33%,并且高于使用淡米尔语的人数比例(25%);其次是马来族,最常讲英语的人数比例为13.89%;其他族占11.76%;华族比例最低,只有3.92%(见表5-8)。

---

① 郭振羽:《新加坡的语言与社会》,台北:正中书局,1985年,第59页。

表 5-8 祖辈与子辈交谈时最常用语言(%)

民族	语言	百分比	民族	语言	百分比
华族	英语	3.92	马来族	英语	13.89
	华语	19.61		马来语	75
	马来语	0.28		方言	2.78
	方言	63.87		其他	2.78
	其他	1.12		英语和华语	2.78
	英语和华语	3.08		英语和马来语	2.78
	华语和马来语	0.56	印度族	英语	33.33
	华语和方言	5.32		马来语	16.67
	华语和其他	0.84		淡米尔语	25
	马来语和方言	0.28		英语和华语	8.33
	英语、华语和方言	1.12		英语和方言	8.33
				马、淡和方言	8.33
			其他族	英语	11.76
				华语	17.65
				马来语	23.53
				方言	17.65
				其他	29.41

在华族家庭中，祖辈与子辈交谈时最常用语是方言，其次是华语。方言的使用率达到 63.87%，占有绝对优势。使用华语的比例也较大，约 20%。英语和华语同样最常用的比例约 3.1%，华语和方言同样最常用的占 5.32%。华族语言(华语、方言)或带有华族语言的组合(如：英语和华语、英语和方言等)，在另外三大民族祖辈的最常用语言中也占有一席之地，其中，在马来族中大约有 6%、印度族 25%、其他族约 35%。从祖辈与子辈交谈时最常用的语言可以看出以下几点：第一，除印度族外，祖辈与子辈交谈时，英语的使用率普遍较低，大约在 10% 左右，祖辈华人使用英语的比例最低。第二，从祖辈华人的语言能力看，使用方言的能力最强，并努力在家庭这个方言的堡垒里以日常交际的方式把方言传给下一代；他们的华语能力也较强，约 20% 的祖辈最常使用华语，可以看出新加坡讲华语运动的

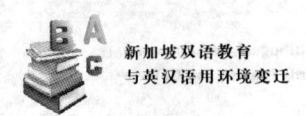

深入、普及和成效;而且,祖辈也有一定的双语和多语能力。

从表 5-9 可以看出,祖父母与下两代人交谈时最常用的语言有显著的变化,华族尤为明显。华族祖辈与子辈、孙辈两代人交谈时,方言的使用比例依次下降,由 63.87% 降到 47.12%,下降幅度达到约 17%;华语却依次上升,由 19.61% 上升到 30.03%,上升幅度约 11%。随着华语使用率的上升,华方双码(华语和方言)的使用比例也跟着提高,由 5.32% 升到 11.02%,增加了一倍。英语的比例很低,均在 4% 左右。另外三大民族中,英语的使用率都高于华族(参见表 5-8)。

表 5-9 祖辈与孙辈交谈时最常用的语言(%)

民族	语言	百分比	民族	语言	百分比
华族	英语	4.13	马来族	英语	5.26
	华语	30.03		华语	2.63
	马来语	0.55		马来语	81.58
	淡米尔语	0.28		方言	5.26
	方言	47.12		英语和马来语	5.26
	其他	2.75	印度族	英语	38.46
	英语和华语	2.2		马来语	15.38
	华语和马来语	0.55		淡米尔语	23.08
	华语和方言	11.02		方言	7.69
	华语和其他	1.1		英语和华语	7.69
	方言和其他	0.28		英、马和淡米尔语	7.69
			其他族	英语	11.11
				华语	22.22
				马来语	22.22
				方言	16.67
				其他	27.78

(2)比较祖辈与子辈、子辈与孙辈、孙辈与兄弟姐妹交谈时最常用的语言。从祖辈与子辈、子辈与孙辈、孙辈与兄弟姐妹交谈时最常用的语言,比较语用的变化情况。祖辈与子辈交谈时最常用语言参见表 5-8,这里是子辈与孙辈交谈时的最常用语(见表 5-10)。

从表 5-10 中数据可以发现,相比祖辈与子辈的交谈用语,华族子辈与孙辈交谈时最常用语发生了很大变化:华语上升到第一位,占 46.56%;英语 29.2%,升到第二位。第三是英华双码 9.37%,方言降到第四位,只有 6.61%。另外三大民族中,印度族使用英语的比率比华族高出一倍多,马来族和其他族都低于华族。

表 5-10 子辈与孙辈交谈时最常用的语言(%)

民族	语言	百分比	民族	语言	百分比
华族	英语	29.2	马来族	英语	15.79
	华语	46.56		马来语	63.16
	方言	6.61		方言	2.63
	英语和华语	9.37		英语和马来语	18.42
	英语和马来语	0.28	印度族	英语	69.23
	英语和方言	1.38		华语	7.69
	华语和方言	4.13		马来语	7.69
	方言和其他	0.55		淡米尔语	15.38
	英语、华语和方言	1.65	其他族	英语	27.78
	英语、华语和其他	0.28		华语	22.22
				马来语	16.67
				方言	16.67
				其他	16.67

表 5-11 显示,华族学生与兄弟姐妹交谈时最常用的语言中,英语跃到第一位,占 49.86%;华语 34.84%,位居第二;英华双码第三,占 11.05%;方言只有 0.85%,明显被冷落了。另外三大民族中,印度族使用英语的比例最高,达到 83.33%,马来族和其他族都比华族低 10 个百分点。

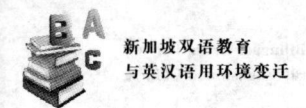

表 5-11 孙辈与兄弟姐妹交谈时最常用的语言(%)

民族	语言	百分比	民族	语言	百分比
华族	英语	49.86	马来族	英语	37.84
	华语	34.84		华语	2.7
	方言	0.85		马来语	40.54
	其他	1.42		淡米尔语	2.7
	英语和华语	11.05		英语和马来语	16.22
	英语和方言	0.28	印度族	英语	83.33
	华语和方言	0.85		淡米尔语	8.33
	方言和其他	0.28		英语和华语	8.33
	英语、华语和方言	0.57	其他族	英语	38.89
				华语	22.22
				马来语	11.11
				方言	5.56
				其他	22.22

在1990年全国人口普查数据中,各民族大中小学生在家中最常讲的语言依次为:华语占40.2%、英语23.6%、方言19.4%、马来语14.1%、淡米尔语2.3%。① 而根据2006年的调查,从家庭语用环境看三代人语言转移的情况非常明显,以祖辈与子辈、子辈与孙辈、孙辈与兄弟姐妹(同辈)为一条主线,可以清楚地发现由老一代向年轻一代的语言转移趋势。华族家庭中,方言的使用率直线下降:从63.87%急剧下降到6.61%,再降到0.85%;英语急剧上升,由3.92%升到29.2%,再升到49.86%;英华双码同样最常用的人数比例也在上升,但比较缓慢,由3.08%上升到9.37%,再升到11.05%;华语的比例曾一度上升,由19.61%升到46.56%,在孙辈一代又降到34.84%(见图5-1)。等到这最年轻的一代成家立业时,英语将可能占领家庭环境中主要的语用阵地。另外三大民族中,英

---

① Tham Seong Chee, *Multi-lingualism in Singapore: Two Decades of Development*, Singapore: Department of Statistics, Ministry of Trade & Industry, Republic of Singapore, 1990, p. 21.

语的应用也是急剧上升,祖辈与子辈、子辈与孙辈、孙辈与兄弟姐妹三个层次使用英语的上升趋势为:马来族由 13.89% 上升到 15.79%,再升到 37.84%;印度族由 33.33% 到 69.23%,再到 83.33%;其他族由 11.76% 到 27.78%,再到 38.89%。

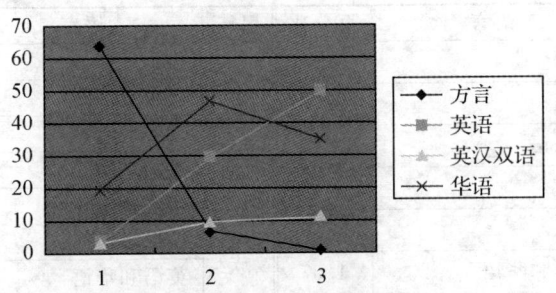

祖辈与子辈,子辈与孙辈,孙辈与同辈

图 5-1 华族三代人家庭用语变化

(3)比较孙辈与祖辈、孙辈与子辈、孙辈与兄弟姐妹交谈时最常用的语言。比较孙辈与祖辈、孙辈与子辈、孙辈与兄弟姐妹交谈时最常用语的变化情况。表 5-12 显示,华族家庭中,孙辈与祖辈交谈时用语非常复杂,多达 12 种,其中,使用多语组合的就有 7 种,但最常用的语言是华语、方言。华语的使用率最高,占 42.78%,方言第二,占 33.89%。

把本次调查(2006 年)和 10 年前(1996 年)针对华族中学生的调查作一比较,也可以发现孙辈与祖辈交谈时的用语变化:1996 年,语言使用频率最高的前 5 位依次是:方言、华方双码、华语、英语、英方双码。方言第一,使用最广;华语占有一定的语言市场,位于第 3;使用英华双语的微乎其微,位第 7;①2006 年,位于前 5 位的次是:华语、方言、华方双码、英语、其他。华语越过方言而占据首位,英

---

① 吴英成、林惜莱:《新加坡中学生语言使用与语言态度调查》,陈照明主编:《二十一世纪的挑战——新加坡华语文的现状与未来》,新加坡:联邦出版社,2000 年,第 59 页。

语、英华双语的使用率稍有增加。总体上看,各民族家庭用语环境中(除印度族外),孙辈对祖辈讲英语的比率都比较低,在5%至11%之间。

表 5-12 孙辈与祖辈交谈时最常用的语言(%)

民族	语言	百分比	民族	语言	百分比
华族	英语	5.28	马来族	英语	5.4
	华语	42.78		马来语	91.9
	马来语	0.28		方言	2.7
	方言	33.89	印度族	英语	46.15
	其他	2.22		马来语	15.38
	英语和华语	1.67		淡米尔语	23.08
	华语和马来语	0.28		英语和华语	7.69
	华语和方言	11.11		英语、马来语和淡米尔语	7.69
	华语和其他	0.83	其他族	英语	11.11
	马来语和方言	0.28		华语	16.67
	方言和其他	0.56		马来语	16.67
	英语、华语和方言	0.83		方言	22.22
				其他	27.78
				淡米尔语和方言	5.56

从语言的传统发展角度来看,在家庭中不能一代代传承下去的语言将逐渐式微。换句话说,从"年龄层趋势"可以看出语言的未来发展趋势:一门语言主要是老一代人使用而年轻人很少使用,说明该语言前景不佳。年轻人比老一代人更经常使用的语言具有更好的发展前景。① 调查数据显示,新加坡语言转移的大趋势为:各民族语言向英语转移。此外,还有一个小趋势为:华族各方言向华语转移。② 准确地说,应该是方言同时向华语、英语转移。

---

① Robert B. Kaplan, *The Oxford Handbook of Applied Linguistics*, New York:Oxford University Press,2002,p.231.

② Ho Wah Kam and Ruth Y L Wong,*Language Policies and Language Education*,Singapore:Times Academic Press,2000,p.264.

调查数据在总体上可以表明,和孙辈与祖辈交谈时最常用的语言相比,孙辈与子辈交谈时使用英语的比率大幅度提高。华族中,孙辈对祖辈讲英语的比率只有 5.28%,孙辈与子辈讲英语的比率猛增到 33.79%。马来族中,英语的使用由 5.4% 增加到 27.03%,印度族由 46.15% 增加到 76.92%,其他民族由 11.11% 增加到 27.78%(见表 5-13)。

对比 1996 年和 2006 年的调查,也容易看出华族孙辈与子辈交谈时家庭用语变化的情况:英语、英华双码的使用比率上升最快。1996 年,排在前 5 位的最常用语言依次是:华语、华方双码、英华双语、英语、方言,[1]华语据第一,英语为第四。2006 年,前 5 位的依次顺序为:华语、英语、英华双语、方言、华方双码。华语还是第一,英语跃为第二,英华双语也明显升高,占据第三。

表 5-13 孙辈与子辈交谈时最常用的语言(%)

民族	语言	百分比	民族	语言	百分比
华族	英语	33.79	马来族	英语	27.03
	华语	49.18		马来语	48.65
	方言	2.20		方言	2.70
	其他	0.82		其他	2.70
	英语和华语	8.79		英语和马来语	16.22
	英语和方言	1.65		英语和淡米尔语	2.70
	华语和方言	1.92	其他族	英语	27.78
	方言和其他	0.27		华语	16.67
	英语、华语和方言	1.10		马来语	16.67
	英语、华语和其他	0.27		方言	16.67
印族	英语	76.92		其他	22.22
	淡米尔语	15.38			
	英语和华语	7.70			

---

[1] 吴英成、林惜莱:《新加坡中学生语言使用与语言态度调查》,陈照明主编:《二十一世纪的挑战——新加坡华语文的现状与未来》,新加坡:联邦出版社,2000 年,第 60 页。

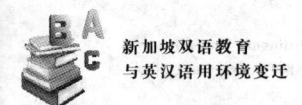

从"孙辈与祖辈、孙辈与子辈、孙辈与兄弟姐妹"这一条主线,也可以清楚地发现语言转移的同样趋势。华族家庭中,方言的使用率直线下降,由33.89%降到2.20%,再降到0.85%;英语急剧上升,由5.28%升到33.79%再升到49.86%;英华双码同样最常用的比例也在缓缓上升,上升趋势为1.67%、8.79%、11.05%;值得注意的是,华语由42.78%升到49.18%,在孙辈一代又降到34.84%。另外三大民族中,三个层次使用英语的百分比也是急剧上升。马来族的上升趋势为5.4%、27.03%、37.84%;印度族46.15%、76.92%、83.33%;其他族11.11%、27.78%、38.89%。

据2006年调查,在和兄弟姐妹交谈时,各民族学生(孙辈)使用英语的比例都极为突出。华族学生中,英语(49.86%)的使用比华语(34.84%)高15个百分点,方言、华方双码降到0.85%;马来族学生使用英语(37.84%)的百分比已接近马来语(40.54%);印度族学生用英语的比例高达83.33%;其他民族学生中英语(38.89%)也是最高。双语(英语和母语)同样最常用的华族学生有11.05%,马来族16.22%。在非华族学生中,使用华族语言的比例为:马来族2.7%、印度族8.33%、其他民族27.78%。

三、学校语用环境的变迁

如前所述,对儿童学习语言具有最深远影响的,莫如家庭和学校。要影响家庭环境固然不易,但要在学校里创造有利的环境,却是可以办到的。① 在学校语用环境中,各族学生都以讲英语为主。其中,印度学生最为突出,占76.92%;其次为其他族66.67%;马来族60.53%;华族最低,但也占到55%(见表5-14)。由此可见,学校是学习和传播英语的重要场所。

---

① 新加坡教育部:《一九七八年教育部报告书》,新加坡:新加坡教育部,1978年,第四章第14页。

把 2006 年和 1996 年的调查数据进行对照,更能凸现学校语用环境的变化趋势。1996 年在对华族中学生学校用语的全国性调查中,排在前 4 位的最常用语言依次为:英华双语、英语、英华方、华语。英语的使用率落后于英华双语,位于第二。① 据 2006 年的调查,华族学生在学校与同学交谈时几乎只讲英语、英华双语、华语,但最常讲英语的比率达到 54.95%,高居首位;英华双语、华语的使用率不分上下,分别占 21.7%和 21.43%;方言几乎是完全被挤出学校用语领地,在华族学生中,讲方言的学生人数比率只占 0.55%(见表 5-14)。在学校语言环境中能够明显感受到英语的强势地位。

表 5-14 大中小学生在校园与同学交谈时最常用的语言(%)

民族	语言	百分比	民族	语言	百分比
华族	英语	54.95	马来族	英语	60.53
	华语	21.43		马来语	18.42
	方言	0.55		淡米尔语	2.63
	其他	0.27		英语和马来语	15.79
	英语和华语	21.70		英语和方言	2.63
	华语和其他	0.27	其他族	英语	66.67
	英语、华语和方言	0.27		华语	16.67
	英语、华语和马来语	0.55		淡米尔语	5.56
印度族	英语	76.92		英语和马来语	5.56
	英语和华语	15.38		英语和其他	5.56
	英语、华语和马来语	7.69			

四、社会语用环境的变迁

社会语用环境是一个复杂而庞大的领域,要面面俱到地进行调

---

① 吴英成、林惜莱:《新加坡中学生语言使用与语言态度调查》,陈照明主编:《二十一世纪的挑战——新加坡华语文的现状与未来》,新加坡:联邦出版社,2000 年,第 62~63 页。

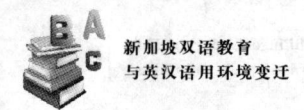

查难度很大,一般的语言调查都是针对社会语用环境中比较典型的场所或代表性较强的语用环境。本书对社会语用环境的调查主要涉及以下几个方面的主要用语情况:多民族相互交际的主要用语、公共场所用语、新闻媒体环境、社会三代人交际用语、工作环境用语、街面用语、地铁中阅读报纸调查等。

(一)多民族相互交际的主要用语

多民族相互交际的主要用语,是指与不同民族的人进行交谈时最常使用的语言,譬如,华校学生与马来人或印度人同学交谈时最常用的语言。

表5-15显示,和华人朋友聊天时,各族学生使用英语的比例都很高。马来族、印度族和其他民族都超过60%,而马来族学生几乎都用英语,达84.21%。华族学生与本族朋友交谈时使用英语的比例虽没有华语(55.89%)高,也有26.85%;使用方言的人极少,只有0.55%。除马来族外,华、印以及其他民族学生都只讲英语、华语、英华双语。

表5-15　大中小学生与其华人朋友交谈时最常用的语言(%)

民族	语言	百分比	民族	语言	百分比
华族	英语	26.85	马来族	英语	84.21
	华语	55.89		马来语	5.26
	马来语	0.27		淡米尔语	2.63
	方言	0.55		方言	2.63
	其他	0.55		英语和马来言	2.63
	英语和华语	15.62		淡米尔语和方言	2.63
	华语和方言	0.27	其他族	英语	61.11
印度族	英语	76.92		华语	33.33
	华语	15.39		英语和华语	5.56
	英语和华语	7.69			

表 5-16 大中小学生与马来人交谈时最常用的语言(%)

民族	语言	百分比	民族	语言	百分比
华族	英语	93.39	马来族	英语	23.68
	华语	1.65		马来语	65.79
	马来语	1.38		方言	2.63
	淡米尔语	0.55		英语和马来语	7.89
	其他	0.28	印度族	英语	69.23
	英语和华语	0.28		马来语	15.38
	英语和马来语	1.93		英语和马来语	7.69
	英语和其他	0.28		英语和淡米尔语	7.69
	英语、华语和马来语	0.28	其他族	英语	70.59
				马来语	29.41

从表 5-16 可以发现,各族大、中、小学生与马来人交谈时,最常用的语言是英语、马来语。总的说来,使用英语的比例最高。除马来人本族学生之间马来语的使用(65.79%)高于英语(23.68%)外,另三大民族中,绝大多数学生都讲英语。其中,华族学生使用英语的比例最高,占 93.39%,其次是其他族,达到 70.59%,印度族 69.23%。这表明在跨民族交际中,英语占有绝对的地位,同时显示出各民族学生应用英语的能力很强。一个有趣的现象是,有华族学生用华语和马来人交谈,也有马来族学生用华族方言与同族人交谈。这两部分学生所占比例不高,分别是 1.65% 和 2.63%,但它表明,马来族中仍有近 5% 的人使用华族语言。当然,也有部分华族、印度族和其他族学生为了尊重并顺应马来族学生的语言习惯,改用马来语单语、英马双码与他们交谈。

表 5-17　大中小学生与印度人交谈时最常用的语言(%)

民族	语言	百分比	民族	语言	百分比
华族	英语	96.97	马来族	英语	89.47
	华语	0.83		马来语	7.89
	马来语	0.28		方言	2.63
	淡米尔语	0.55	印度族	英语	61.54
	英语和华语	0.83		淡米尔语	23.08
	英语和淡米尔语	0.28		英语和马来语	7.69
	英语和其他	0.28		英语和淡米尔语	7.69
			其他族	英语	82.35
				马来语	11.76
				淡米尔语	5.89

与印度人交谈时,各民族大、中、小学生也是以英语为主,连印度人本族学生之间使用英语的比例(61.54%)也远远高于其母语(23.08%),另外三大民族的比例当然更高。其中,华族 96.97%、马来族 89.47%、其他族 82.35%。(见表 5-17)

总体上看,与非本族人交谈时,各民族大、中、小学生都以英语为主。华族学生使用英语的比例最高,几乎全用英语,另外三大民族学生的英语使用率基本上在 70~85%。同时,为了尊重并顺应交谈中的另一民族,各民族学生都能使用一定程度的对方母语。

(二)公共场所主要用语

新加坡政府以及一些学者对华人社会语言使用情况进行调查时,对公共场所也有选择,通常的选择中最主要的公共场所包括:政府机构、购物中心、华人饭店、小贩中心和巴刹(即菜市场)等。本次问卷调查的主要目的是了解大、中、小学生日常语言使用的情况,而学生的日常生活与政府机构和巴刹没有多大联系,因此选择了超市和华人饭店两个场所作为调查重点。

表 5-18　大中小学生在超市购物时最常用的语言(%)

民族	语言	百分比	民族	语言	百分比
华族	英语	67.13	马来族	英语	75.66
	华语	21.82		马来语	13.51
	英语和华语	9.67		淡米尔语	2.7
	华语和方言	0.28		其他	2.7
	英语、华语和马来语	0.28		英语和马来语	5.41
	英语、华语和淡米尔语	0.28	其他族	英语	77.78
	英语、华语和方言	0.55		华语	11.11
印度族	英语	92.31		方言	5.56
	英语和华语	7.69		英语和华语	5.56

　　在超市购物时，各族大、中、小学生最常用的语言都是英语。华族中，英语的使用率高达 67.13%，远远高于华语(21.82%)。英华双语还占 9.67%，但单纯使用方言的一个人也没有。马来族和其他族中，英语的使用均超过 75%，印度族中英语占 92.31%(见表 5-18)。

　　表 5-19 显示，在华人饭店与服务员交谈时，各民族学生都偏向于使用单码的英语或华语。华族学生最常用的是华语，占 69.42%，使用英语的比例也较大，有 25.07%；英华双语 4.68%，方言只有 0.28%。另外三个民族中，大多数学生讲英语，但整体上讲华语的也不少。其中，马来族 5.26%、印度族约 30%、其他族 41.18%。这些数据表明，非华族大中小学生也有一定的华语交际能力。

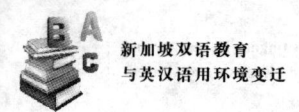

表 5-19 大中小学生在华人饭店与服务员交谈时最常用的语言(%)

民族	语言	百分比	民族	语言	百分比
华族	英语	25.07	马来族	英语	84.21
	华语	69.42		华语	5.26
	方言	0.28		马来语	7.89
	英语和华语	4.68		方言	2.63
	华语和方言	0.28	印度族	英语	69.23
	英语、华语和其他	0.28		华语	23.08
				英语和华语	7.69
			其他族	英语	58.82
				华语	41.18

（三）新闻媒体环境

本书中所谓的"新闻媒体环境"是指与学生课外阅读、观看语言节目等有关的语言环境。对这些语用环境的调查，主要是想了解华族学生经常阅读哪种文字的书本、杂志、报纸，收看哪种语言的电视等。

表 5-20 大中小学生最常阅读哪种语言的书本和杂志(%)

民族	语言	百分比	民族	语言	百分比
华族	英语	78.52	马来族	英语	81.58
	华语	7.16		马来语	5.26
	英语和华语	13.77		英语和马来语	13.16
	英、华、马和淡米尔语	0.55	其他族	英语	88.24
印度族	英语	100		华语	11.76

表 5-20 表明，大、中、小学生在选择不同语言的书本、杂志时，各民族基本一致：几乎都有 80% 以上的学生阅读英文出版物。其中，印度族学生最为突出，全部阅读英文书籍；其次是其他族，占

88.24%;马来族第三,占 81.58;华族最低,也达到 78.52%。从平行的双语能力角度来看,华族和马来族学生双语(英语和母语)阅读能力较强,都在 13% 以上。总之,各民族学生的阅读能力都是以英语最强,占绝对优势,而母语能力很弱,基本上在 10% 以下。

表 5-21 显示,阅读报纸的情况和阅读书籍很类似。各民族学生都以英语为主。印度族学生仍是全部阅读英文版,另外三大民族读英文报纸的比例较英文书籍略低,但都在 72% 以上。其中,华族占 78.18%,大大高于华语(9.12%);马来族占 76.32%,和马来语(2.63%)也是相差悬殊;其他族 72.22%,明显高于其他语言的学生比例。此外,华族和马来族学生阅读双语报纸(英语+母语)的比例也比较高,分别为 12.43% 和 18.42%。

表 5-21 大中小学生最常阅读哪种语言的报纸(%)

民族	语言	百分比	民族	语言	百分比
华族	英语	78.18	马来族	英语	76.32
	华语	9.12		马来语	2.63
	马来语	0.27		淡米尔语	2.63
印度族	英语和华语	12.43		英语和马来语	18.42
	英语	100	其他族	英语	72.22
				华语	16.67
				马来语	11.11

表 5-22 显示,整体上看各族学生观看英语电视节目的比例都比较高。华族学生看英语节目的比例(28.81%)稍低于华语(43.77%)。另外三个民族中,英语节目都接近 70%,华语节目在非华族学生中也有较大的市场,在 15% 到 30% 之间(见表 5-22)。

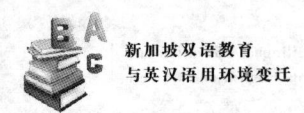
新加坡双语教育
与英汉语用环境变迁

表 5-22 大中小学生最常观看哪种语言的电视节目(%)

民族	语言	百分比	民族	语言	百分比
华族	英语	28.81	印度族	英语	69.23
	华语	43.77		英语和华语	15.39
	马来语	0.27		英语和淡米尔语	15.39
	英语和华语	27.15	其他族	英语	66.67
马来族	英语	68.42		华语	22.22
	华语	7.89		淡米尔语	5.56
	马来语	10.53		华语和淡米尔语	5.56
	英语和马来语	5.26			
	英语、华语和马来语	7.89			

(四)社会三代人交际用语的变化

前文从家庭用语环境分析了接受调查的大中小学生以及他们的祖辈、父辈相互交际时最常用语的变迁,现在从家庭以外的社会环境探讨两个方面:(1)大中小学生的祖父母之间以及他们与同辈人交谈时最常用语的情况;(2)大中小学生的父母之间以及他们与同辈人交谈时最常用语的情况。为了行文方便,本书把大中小学生的祖父母及其同辈人称为"社会祖辈",把大中小学生的父母及其同辈人称为"社会子辈",把大中小学生及其同辈人称为"学生辈"或"社会孙辈"。然后,本书将比较"社会祖辈"、"社会子辈"和"学生辈"最常用语发生的变化。

表 5-23 中的数据显示,"社会祖辈"交谈时使用英语的比率都不太高(印度族除外)。其中,印度族为 30.77%,但也明显低于淡米尔语(38.46%);接下来是马来族,占 13.16%;其他族 11.11%;华族最低,只有 3.43%。另一方面,接近 80% 的马来人以马来语为主;约 70% 的华族以方言为主,但使用华语的人也占到一定的比率,约

17%;其他族中,华族方言、马来语都占有较大比例,这一点也可以说明,方言及马来语在"社会祖辈"接受教育的年代具有一定的影响。

表 5-23 "社会祖辈"交谈时最常用的语言(%)

民族	语言	百分比	民族	语言	百分比
华族	英语	3.43	马来族	英语	13.16
	华语	16.57		华语	2.63
	马来语	0.57		马来语	78.95
	方言	69.14		方言	5.26
	其他	2	印度族	英语	30.77
	英语和华语	1.14		华语	7.69
	英语和方言	0.29		马来语	15.38
	华语和方言	5.43		淡米尔语	38.46
	华语和其他	0.29		马、淡和方言	7.69
	马来语和方言	0.86	其他族	英语	11.11
	方言和其他	0.29		华语	11.11
				马来语	16.67
				淡米尔语	5.56
				方言	22.22
				其他	27.78
				方言和其他	5.56

与"社会祖辈"相比,"社会子辈"之间使用英语的比例明显增加。华族"子辈"之间讲英语的比例(20.45%)是"祖辈"之间(3.43%)的大约 6 倍,马来族"子辈"(23.68%)是"祖辈"(13.16%)的大约 2 倍,印度族"子辈"(76.92%)是"祖辈"(30.77%)的 2.5 倍,其他族"子辈"(22.22%)也是"祖辈"(11.11%)的 2 倍。此外,华族"社会子辈"之间讲华语的比例(29.41%)也是快速增加,几乎接近"祖辈"

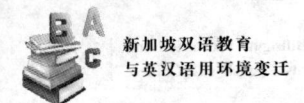

(16.57%)的 2 倍。华族"子辈"英语和华语一样最常讲的比例(4.76%)是"祖辈"(1.14%)的 4 倍多,讲方言的"子辈"(32.21%)大幅度下降,比"祖辈"(69.14%)下降了 37%。

表 5-24 "社会子辈"交谈时最常用的语言(%)

民族	语言	百分比	民族	语言	百分比
华族	英语	20.45	马来族	英语	23.68
	华语	29.41		华语	2.63
	方言	32.21		马来语	65.79
	其他	1.4		方言	2.63
	英语和华语	4.76		英语和马来语	5.26
	英语和方言	3.95	印度族	英语	76.92
	华语和方言	4.2		华语	7.69
	华语和其他	0.28		淡米尔语	7.69
	方言和其他	0.84		英语和淡米尔语	7.69
	英语、华语和方言	2.24	其他族	英语	22.22
	英、华、马和方言	0.28		华语	16.67
				马来语	22.22
				方言	5.56
				其他	27.78
				华语和方言	5.56

如果把"社会祖辈"、"社会子辈"、"学生辈"作为一条"语言转移"线并进行比较,也能很清楚地看出三代人语言转移的趋势(见图 5-2)。首先看看各民族三代人英语转移的趋势:华族由"祖辈"的 3.43%上升到"子辈"的 20.45%,再上升到"学生辈"的 54.95%(见表 5-14);马来族由"祖辈"的 13.16%上升到"子辈"的 23.68%,再上升到"学生辈"的 60.53%(见表 5-14);印度族由"祖辈"的 30.77%上

升到"子辈"的76.92%,与"学生辈"的比例相同;其他族由"祖辈"的11.11%上升到"子辈"的22.22%,再上升到"学生辈"的66.67%(见表5-14)。与英语不断上升的趋势有些不同,华族社会三代人使用华语的转移趋势是先升后降,使用方言的趋势是不断下降:华语由"祖辈"的16.57%上升到"子辈"的29.41%,又下降到"学生辈"的21.43%(见表5-14);方言由"祖辈"的69.14%下降到"子辈"的32.21%,再下降到"学生辈"的0.55%。不过,英语和华语一样最常讲的比例属于上升趋势,由"祖辈"的1.14%上升到"子辈"的4.76%,再上升到"学生辈"的21.70%。简而言之,华族社会三代人语言转移的总趋势为:英语快速上升、英汉双语稳步上升、华语先升后降、方言一降到底。

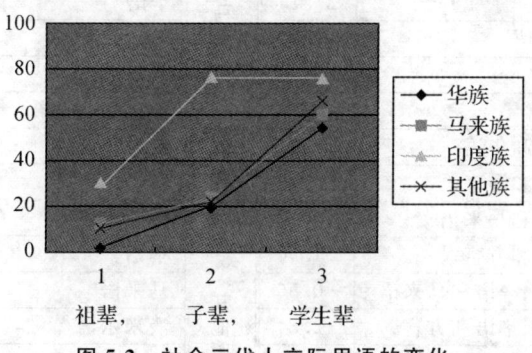

图 5-2　社会三代人交际用语的变化

（五）工作环境用语

社会三代人中,"社会祖辈"和"学生辈"与目前工作环境用语的关系都不是很密切,本次调查只是涉及"社会子辈",他们在工作场合交谈时最常用语的情况如下表所示(见表5-25)。

虽然"社会子辈"从事着众多不同的行业,他们因各自的工作环境所使用的语言也会千差万别。虽然如此,调查数据还是清楚地表明,工作环境中使用英语的比率拥有压倒性优势,其中,印度族占92.31%、马来族68.42%、华族48.18%、其他族41.18%。华族"社

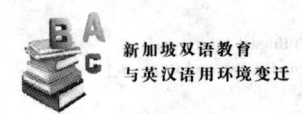

会子辈"在工作场合使用的语言最为复杂,多达14种语言形式或组合,表明了新加坡的华族人口众多以及从事的行业也多的特点。他们在工作场合最常用语的特点集中表现在英语、华语、英汉双语方面:使用英语的比率(48.18%)遥遥领先,使用华语的比率也比较高,占27.45%。此外,使用英汉双语的也不低,约11%。使用方言的人较少,只有5.88%。有一点也值得注意,马来族、印度族和其他族中都有人在工作场所使用华族语言(包括华语及方言),所占比率达到8%~12%。

表5-25 "社会子辈"在工作场合与同事交谈时最常用的语言(%)

民族	语言	百分比	民族	语言	百分比
华族	英语	48.18	马来族	英语	68.42
	华语	27.45		华语	5.26
	马来语	0.56		马来语	13.16
	方言	5.88		方言	2.63
	其他	0.56		英语和马来语	10.53
	英语和华语	10.64	印度族	英语	92.31
	英语和马来语	0.28		华语	7.69
	华语和马来语	0.28	其他族	英语	41.18
	华语和方言	1.96		华语	5.88
	英语、华语和马来语	0.56		马来语	17.65
	英语、华语和方言	2.8		淡米尔语	5.88
	英语、华语和其他	0.28		方言	5.88
	英语、马来语和方言	0.28		其他	17.65
	英、华、马和方言	0.56		英语和其他	5.88

(六)街面用语

新加坡独立之初,出于冷战的大环境以及东南亚民族独立运动的影响,新加坡的一些邻国掀起了排华的浪潮,而且对新加坡的政治倾向带有很强的偏见。为了避免引起他们不必要的猜疑,新加坡在国家管理的公共场所很少用到华文,这种情况直到20世纪90年代后才有较大的改变。1991年,吴作栋总理提出在某些公共场所(如地铁站、飞机场等)的告示牌、路名上使用主要母语的构想,这表明新加坡政府注意到民间对这个问题的关切之情,并尝试解开这个"母语结"。① 此后,街面用语中使用华语或附加华语的现象越来越普遍。新加坡语言学家郭振羽认为,新加坡社会的双语形态趋向于英语和华语的并行共存。如,与一般人生活密切关联的公共汽车站牌,如今都兼用英语和华语标示路线和站名。还有,所得税的申报单、电话总局发行的电话簿也都兼用英文和华文。② 陈家俊也认为,在新加坡的社会环境里主要用语是华英(双语)并行,如,许多建筑物都有中英名称,华英双语的路名标志也非常普遍。③ 笔者在新加坡五个街区连续统计的街面用语(机构名称以"个"为统计单位),更加清楚地说明了英语和华语在街面用语中越来越普遍的现象(见表 5-26)。

表 5-26　新加坡五个街区的公司、店面等机构名称用语

街区	Sims Avenue			国图周围		碧山站附近		Up Thomson		乌节路	
名称用语	英汉双语	英语单语	华语单语	英汉双语	英语单语	英汉双语	英语单语	英汉双语	英语单语	英汉双语	英语单语
数量	37	7	3	72	58	11	1	55	40	7	48
%	78.7	14.9	6.4	55.4	44.6	91.7	8.3	57.9	42.1	12.7	87.3
总计	339(个机构名称)										

从表 5-26 中的数据可以看出,除了英语气氛最浓的乌节路外,其他四个街区的机构名称都是以英汉双语为主,如,"悦源咖啡店

---

① 吴元华《母语——打开文化宝库的钥匙》,新加坡:SNP 综合出版私人有限公司,1999 年,第 22～23 页。
② 郭振羽:《新加坡的语言与社会》,台北:正中书局,1985 年,第 20 页。
③ 陈家骏:《论新加坡华语中语码夹杂的现象》,未刊学位论文,新加坡:新加坡国立大学,1991—1992 年,第 16～20 页。

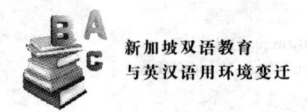

Yue Yuan Coffee Shop"、"光明美食中心 Kwong Min Food Centre"。其中,在 Sims Avenue 街区,英汉双语名称 37 个,占该街区的 78.7%;纯英语名称 7 个,占 14.9%;纯华语名称只有 3 个,占 6.4%。在国家图书馆(国图)周围街道上的机构名称大多是用英汉双语,占 55.4%;有 44.6%的机构名称只用英语。在碧山地铁站附近的机构名称中,91.7%用英汉双语,只用英语的仅占 8.3%。在 Up Thomson 街区也是多数名称用英汉双语,占 57.9%;只用英语的名称为少数,占 42.1%。乌节路是新加坡唯一英语气氛最浓厚的街道,用英汉双语的机构名称很少,占 12.7%,而只用英语的机构达到 87.3%。但总体上看,在五个街区依次连续统计到的 339 个名称中,英汉双语名称有 182 个,占到 53.7%;只用英语的有 154 个,占 45.4%;只用华语的有 3 个,占 0.9%。也就是说,使用英汉双语的机构名称还是占大多数,比只用英语的机构名称大概多了 10%。

(七)地铁中阅读报纸调查

有人认为,在新加坡目前以英语为主的大环境下,要保持华文程度和华文报读者,就如反潮流而行,困难重重。① 笔者在新加坡地铁中所做的调查证实了这一观点的正确性。2006 年 8、9 月份,笔者在新加坡的各路地铁中依次统计乘客阅读报纸的语言种类,在所统计到的 1098 份报纸中,英文报 830 份,占 75.59%,可见英文报吸引了各民族中绝大多数报纸读者,而阅读其他三种官方语言报纸的读者相对要少得多。其中,华文报 227 份,占 20.67%;马来文报 22 份,占 2%;淡米尔报纸 13 份,占 1.18%;手中同时拿着英文报和华文报的乘客有 6 人,占 0.55%。地铁中阅读不同语言类报纸的读者群也可以说明,以"英语为主,母语为辅"的双语教育造就了英语的强势地位,新加坡民众的英语和母语阅读能力是此长彼消,而且距离越来越大(见表 5-27)。

---

① *The Sunday Times*,Singapore:May 5,2002。

表 5-27　地铁中乘客阅读报纸的语言种类

报纸语种	英语	华语	马来语	淡米尔语	英语和华语	总计
报纸份数	830	227	22	13	6	1098
百分比	75.59	20.67	2	1.18	0.55	100

五、语码夹杂

新加坡各民族人士使用两种语言或多种语言互相交流产生了一种特殊的语言现象——语码夹杂(也称语码转换或语言夹杂等)。语码夹杂,即在同一句子中出现两种或更多语言的现象,这种现象引起许多社会语言学家的注意。在语码夹杂研究方面有两个影响最大的学派:一个是由社会语言学角度出发的社会功能学研究,另一个是由形式语法学出发的结构语法研究。社会功能学派研究的是语码转换的社会功能,即语码转换有什么用途,为什么转换,能达到什么目的等问题,针对的是以往认为只有非熟练语言使用者才会使用语码夹杂而提出语码夹杂反而是熟练的语言使用者的一项语言使用技巧与策略,如 Scotton and Ury 提出的三种社会关系:身份认同关系、势力关系和一般往来关系。形式语法结构学派认为,语码夹杂实际规则严明,因此它不但不是只有非熟练语言使用者才会犯的错误,反而还是只有双语能力都不错的人才能很好地进行语码夹杂。[①] 一般而言,使用语码夹杂具有两个前提:第一,使用语码夹杂的人必须具有语码夹杂能力,语码夹杂能力与个人使用双语的能力以及所处的双语环境有关。第二,语码夹杂现象通常发生在具有相同语码夹杂背景的人之间。

从上述研究可以看出两点:第一,能够经常使用两种语码夹杂的

[①] 张永慧:《新加坡华语会话中语码夹杂模式的研究》,未刊学位论文,新加坡国立大学,1999—2000 年,第 18～21 页。

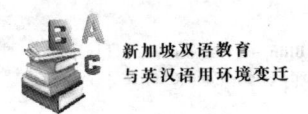

人一定是双语能力较强的人。第二,双语能力较强的人使用语码夹杂是一种技巧与策略,而且规则严明。也就是说,他们夹杂其他语码不是盲目的、随意的、杂乱无章的、无法控制的。相反,他们会根据不同的场合、不同的对象来决定是否夹杂使用其他语码以及夹杂什么语码。比方,一个经常使用语码夹杂的新加坡华人和北京人交谈时自然会用纯华语,而不会在华语中夹杂闽南方言或马来词汇。同样,这个新加坡人和英国人交谈时也不会用夹有华语、方言或马来词汇的英语。

由于新加坡华人接受双语教育,在日常口语交际中英语和华语自然互相影响,但英语对华语的影响要大得多。新加坡华语会话中语码夹杂的现象与新加坡的语言使用背景息息相关。调查表明,影响语码夹杂的主要因素是"语言掌握能力和社会场合因素"以及"人际关系和用语效果"。而且,年轻人士比年长人士更喜欢使用语码夹杂。① 另有调查显示,新加坡华语中夹杂其他语言的现象日益普遍,举凡公共场合,像公共汽车上、购物中心、小贩中心、学校、快餐店,甚至一些较严肃的地方,如会议等,都可以听到夹杂的语言。② 但是,无论是媒体或人们交谈中的语码夹杂都以中英语码夹杂最为频繁,华语中夹杂英语的比率最高,达到 81.48%、夹方言占 15.56%、夹杂马来语 2.96%。③ 而最常进行语码夹杂的是年轻人。④ 语码夹杂现象表明,英语对华语的巨大影响主要表现在词汇、句子结构等用法上。学习华语为第二语文的学生在说纯华语的句子时也往往摆脱不

---

① 许佩娟:《论新加坡华语及方言中的语码选择的问题》,未刊学位论文,新加坡:新加坡国立大学,1992—1993 年,第 41~56 页。
② 陈家骏:《论新加坡华语中语码夹杂的现象》,未刊学位论文,新加坡:新加坡国立大学,1991—1992 年,第 1 页。
③ 陈家骏:《论新加坡华语中语码夹杂的现象》,未刊学位论文,新加坡:新加坡国立大学,1991—1992 年,第 35;48;62 页。
④ 王逊标:《论新加坡中文报章的中英语码转换》,未刊学位论文,新加坡:新加坡国立大学,1996—1997 年,第 1 页。

了英语的影响,有时使用英语结构似的华语,如"她等我们在外面"、"我慢慢地走沿着这条路旁"、"爸爸很生气对于这件事"等等。① 书面语中,华语夹杂英语自然是以英语字母的形式出现,英文中夹杂华语、方言和马来文也都是以字母(或拼音)的形式(如"ang moh lecturer"),现在也有英文中夹杂汉字的情形。比如,麦当劳的广告片段中就出现了"HAPPY 牛 YEAR",取"牛"为 NEW 的谐音。②

笔者 2006 年实地调查中涉及的语码夹杂主要包括大中小学生在讲英语、华语和方言时夹杂使用其他语言的情况以及华文报《联合早报》新闻及社论版面中夹杂英汉双语词汇、英语单语词汇的现象。

表 5-28 中的数据说明,各民族大中小学生讲英语时,不夹杂其他语言的人很少,在 5%至 16%之间。绝大多数学生有时夹杂或经常夹杂其他语言,其中,印度族大中小学生是讲英语比例最高的群体,但他们讲英语时夹杂使用其他语言的比例也是最高,超过 92%。其次是华族学生,约 88%的人讲英语时夹杂其他语言。马来族和其他族比例也很高,均在 84%以上。经常夹杂的比例也以印度族(23.08%)最高,华族(13.46%)次之。

表 5-28　大中小学生讲英语时夹杂使用其他语言的情况(%)

民族	是否混杂其他语言	百分比	民族	是否混杂其他语言	百分比
华族	不	11.54	印度族	不	7.69
	有时	75		有时	69.23
	经常	13.46		经常	23.08
马来族	不	15.79	其他族	不	16.67
	有时	78.95		有时	77.78
	经常	5.26		经常	5.56

表 5-29 中的数据也表明,相关语言双语能力强的学生使用语码

---

① 张佩珍:《华文第二语文学生的措词和词序问题》,未刊学位论文,新加坡:新加坡大学,1974—1975 年,第 68~73 页。

② 王逊标:《论新加坡中文报章的中英语码转换》,未刊学位论文,新加坡:新加坡国立大学,1996—1997 年,第 62 页。

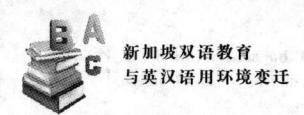

夹杂的比例越高。四大民族中,华族学生的华语能力自然是最好,他们讲华语时夹杂使用其他语言的比例达到88%以上,另外三个民族的夹杂比例都在50%以下。与华语相比,华族学生的方言能力要低得多,他们讲方言时夹杂使用其他语言的比例也低一些,约占75%;另外三大民族学生的方言能力当然更加低下,他们夹杂其他语言的比例也更低,大约在35%至45%(见表5-30)。

表 5-29　大中小学生讲华语时夹杂使用其他语言的情况(%)

民族	是否混杂其他语言	百分比	民族	是否混杂其他语言	百分比
华族	不	11.54	印度族	不	54.55
	有时	70.06		有时	27.27
	经常	18.41		经常	18.18
马来族	不	61.11	其他族	不	50
	有时	27.78		有时	25
	经常	11.11		经常	25

表 5-30　大中小学生讲方言时夹杂使用其他语言的情况(%)

民族	是否混杂其他语言	百分比	民族	是否混杂其他语言	百分比
华族	不	24.72	印度族	不	63.64
	有时	48.88		有时	18.18
	经常	26.41		经常	18.18
马来族	不	64.86	其他族	不	52.94
	有时	21.62		有时	23.53
	经常	13.51		经常	23.53

　　语码夹杂的现象也开始出现在新加坡的华文报中。新加坡《联合早报》是最有影响的传统华文报,该报在其新闻及社论版面不断增加英语单语词汇以及英汉双语词汇,如:"信念"(Belief)、医学博士学位(Doctor of Medicine,简称 MD)、"超级学前教育教师奖项"

(Super Pre-School Teacher Award),①是为了吸引年轻一代读者,这反映了新加坡英汉双语教育发展的最新趋势。笔者在新加坡期间统计了最新一周的《联合早报》(2006.8.21—8.27)新闻及社论版面中的纯英文词汇和英汉双语词汇总共7713个。其中,英汉双语词汇4227个,占所统计词汇的54.8%,英语单语词汇3486个,占45.2%,英汉双语词汇比英语单语词汇多10%。从每天的平均数也可以发现,英汉双语词汇(55.3%)比英语单语词汇(44.7%)多10%(见表5-31)。

表5-31 《联合早报》新闻版面夹杂英汉双语、英语单语词汇

(2006.8.21—27)

语言类别	词汇数(个)	百分比	平均每天(个)	百分比(%)
英汉双语词汇	4227	54.8	604	55.3
英语单语词汇	3486	45.2	489	44.7
总计	7713	100	1093	100

六、语言态度

语言态度是影响语言使用和语言学习的重要因素之一,它所包含的内容非常广泛,主要分为两大方面:一是"对语言情感功能的态度"(简称为"情感态度"),就是语言使用者在听、说特定语言时在感情上产生的反应和感受,它往往与说话人的母语和文化背景紧密联系在一起。另一方面是"语言实用功能的态度"(简称为"实用态度"),即语言使用者从实用或功利目的出发,对特定语言进行理智上

---

① 《联合早报》,新加坡:2006年9月2日。

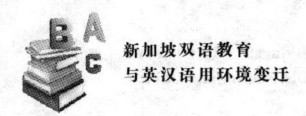

的评价,①它往往反映了语言使用者所处社会中特定语言的实际功能和社会地位。

(一)情感态度

在情感态度部分,本问卷中相关的问题涉及:喜欢说、容易学、希望学习等,调查结果见下列各表。

总的说来,各民族大中小学生最喜欢说的语言是英语。其中,印度族学生最喜欢说英语的比例高达92.31%,另外三个民族中的比例都接近50%。华族中,华语的比例为38.9%,比英语低10%,同样喜欢英语和华语的学生有8.77%,爱说方言的人只剩1.1%。另外三个民族还有一部分喜欢说华族语言的学生,其中,马来族有2.63%、印度族7.69%、其他族约30%(见表5-32)。

表5-32 大中小学生最喜欢说的语言(%)

民族	语言	百分比	民族	语言	百分比
华族	英语	49.04	马来族	英语	47.37
	华语	38.9		马来语	44.74
	方言	1.1		方言	2.63
	其他	0.55		英语和马来语	5.26
	英语和华语	8.77	印度族	英语	92.31
	英语和方言	0.27		英语和华语	7.69
	华语和方言	0.27	其他族	英语	44.44
	英语、华语和马来语	0.27		华语	27.78
	英语、华语和方言	0.82		马来语	5.56
				其他	16.67
				英语、华语和马来语	5.56

表5-33中的数据显示,各民族大中小学生都认为英语最容易

---

① 吴英成、林惜莱:《新加坡中学生语言使用与语言态度调查》,陈照明主编:《二十一世纪的挑战——新加坡华语文的现状与未来》,新加坡:联邦出版社,2000年,第68页。

学,其中,印度族的比例最高,达到 92.31%;其次是华族,占 57.42%;其他族占 55.56%;马来族 50%。具体到华族,学生认为最容易学的语言还是集中在英语、华语、英汉双语三个种类上。英语占有绝对优势,占 57.42%;华语的比例也很高,约占 32%;认为英语和华语都一样容易学的比例为 6.04%,方言只占 2.47%。

表 5-33 大中小学生认为最容易学的语言(%)

民族	语言	百分比	民族	语言	百分比
华族	英语	57.42	马来族	英语	50
	华语	31.59		马来语	36.84
	马来语	0.82		淡米尔语	2.63
	方言	2.47		方言	2.63
	英语和华语	6.04		英语和马来语	7.9
	英语和方言	0.27	其他族	英语	55.56
	华语和方言	0.27		华语	16.67
	英语、华语和方言	1.1		马来语	16.67
印度族	英语	92.31		方言	5.56
	方言	7.69		华语和马来语	5.56

表 5-34 中的数据表明,各民族中绝大多数大中小学生希望学习双语(包括多语),其中,印度族的比例最高,达到 100%;其次是马来族,超过 93%;其他族约 90%;华族也在 82% 以上。这一点充分说明,目前的大中小学生是双语教育的积极支持者。

表 5-34 大中小学生希望在学校里学习几种语言(%)

民族	希望学习几种语言	百分比	民族	希望学习几种语言	百分比
华族	一种	17.58	印度族	一种	0
	双语	37.91		双语	38.46
	多语	44.51		多语	61.54
马来族	一种	2.7	其他族	一种	11.11
	双语	40.54		双语	22.22
	多语	56.77		多语	66.67

针对方言的态度,可以从表 5-35 中的数据中得到一个大致的印

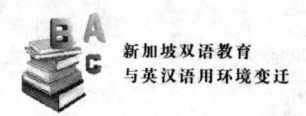

象:总体上看,各民族学生中希望学习方言的比例都占到50%以上。其中,华族学生的比例最高,达到64.38%,另外三大民族也在50%至60%之间。这些数据说明,大多数学生并不希望方言完全被英语、华语取代。特别是华族学生,他们对祖祖辈辈传承下来的方言还有一定的感情,希望在重视英语、保留华语的同时,也掌握一定程度的方言交际能力。

表5-35　大中小学生是否希望学习方言(%)

民族	是否希望学习方言	百分比	民族	是否希望学习方言	百分比
华族	希望	64.38	印度族	希望	53.85
	不希望	14.52		不希望	30.77
	不知道	21.1		不知道	15.38
马来族	希望	60.53	其他族	希望	50
	不希望	13.16		不希望	33.33
	不知道	26.32		不知道	16.67

综合上面几项调查结果来看,英语是各民族大中小学生认为最喜欢说、最容易学的语言。同时,各民族中绝大多数学生希望学习双语(包括多语),也有约半数的学生愿意学习方言。具体到华族学生对待英语、华语、英汉双语、方言的语言态度,绝大多数学生认为英语是他们最喜欢说、最容易学的语言,该比例占绝对优势;相比之下,选择华语的学生比例也比较高,在三成以上;英汉双语的比例约占一成;虽然多数学生表示愿意学习方言,但认为方言最喜欢说、最容易学的学生极少,仅占约1%至2%。

(二)实用态度

学生对语言的使用态度在很大程度上取决于某一特定语言是否受到语言教育政策的重视以及该语言在社会上的使用价值。新加坡以"英语为主,母语为辅"的双语教育政策将华语从主要教学媒介语降为一种语言科目,也就直接影响学生的华语学习态度以及对华语功用价值的判断。如,初级学院二年级学生,多数希望第二语文华语考试可顺利过关,早考完早好。教育部心理学家发现,很多华文考试不及格的学生其他科目都是优良。这些学生认为,学习华语以保留华人文化意义不大。华语只是一个科目,在日常生活中不会流畅使用也没什么关系。《联合早报》1988年报道的调查数据显示,受教育越高者把华文当成一个科目学习的兴趣越低。

由于英语是新加坡的工作语言、是学校吸收知识的媒介,其经济价值功用比华语的认识、保留文化的功用来得实际,更受家长和学生的重视。绝大多数家长为子女选择英校,华校逐渐式微,主要原因也是经济价值在起作用。然而,华语的功用远远不如英语。华语只是华族共同语,充其量是大多数华人相互交谈的语言,而且,华人相互用英语交谈的情形也不少见。此外,英语是跨种族交流的桥梁、与西方交流的工具、国家认同的语言,其功用层次比华语高,沟通对象比华语广,社会地位自然比华语高。

在实用态度部分,本问卷中涉及的问题主要有两题:最有用、地位最高的语言。调查结果见下列各表。

表 5-36 大中小学生认为最有用的语言(%)

民族	语言	百分比	民族	语言	百分比
华族	英语	67.67	马来族	英语	63.16
	华语	13.7		马来语	18.42
	马来语	0.27		方言	5.26
	方言	0.55		英语和华语	5.26
	英语和华语	16.71		英语和马来语	7.89
	英语和方言	0.27	印度族	英语	100
	华语和方言	0.27	其他族	英语	77.78
				华语	16.67
	英语、华语和方言	0.55		英语和华语	5.56

从表5-36中的数据可以看出,认为英语最有用的学生比例占压倒性优势,其中,印度族学生达到100%、其他族77.78%、华族67.67%、马来族63.16%,各民族学生选择英语的比例都大大高于三大母语的比例。华语和马来语的比例分别只占到13.7%、

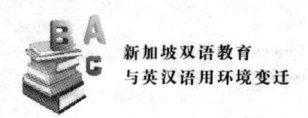

18.42%,淡米尔语竟然为零。这些数据能够清楚地解释为什么各民族学生越来越重视英语而不大重视母语的学习,也解释了以"英语为主,母语为辅"的双语教育为什么能够得到各民族大众的支持以至顺利实施并取得良好的效果。此外,华族学生选择英汉双语的比例也比较高,占16.71%,高于华语(13.7%)而紧随英语之后。

表5-37中的数据和表7-36基本类似,认为英语地位最高的学生比例也是占到绝对优势。其中,印度族的比例最高,达到83.33%,是淡米尔语(16.67%)的5倍。另外三大民族学生认为英语地位最高的比例也明显高于母语。华族学生选择英语的比例为73.64%,大约是华语(13.18%)的6倍;64.86%的马来族学生选择英语,这一比例也接近马来语(24.32%)的3倍。其他族的比例也是以英语为主,占58.82%,华语次之,占23.53%。此外,华族学生选择英汉双语的比例为8.31%,比较接近华语。

表5-37　大中小学生认为地位最高的语言(%)

民族	语言	百分比	民族	语言	百分比
华族	英语	73.64	马来族	英语	64.86
	华语	13.18		马来语	24.32
	马来语	0.29		淡米尔语	2.7
	淡米尔语	0.29		方言	5.41
	方言	2.01		英语和马来语	2.7
	英语和华语	8.31	印度族	英语	83.33
	英语和马来语	0.29		淡米尔语	16.67
	英语和方言	0.57	其他族	英语	58.82
	马来语和淡米尔语	0.86		华语	23.53
	马来语和方言	0.57		马来语	5.88
				淡米尔语	5.88
				方言	5.88

第三节　本章小结

本调查从新加坡大中小学生日常使用双语情况的问卷、选择"华文版"或"英文版"问卷的数据、地铁中阅读不同语言类报纸的记录、最新《联合早报》中应用双语的情况、街面用语的观察记录等方面探讨了学生语言能力、家庭语用环境、学校语用环境、社会语用环境以及大中小学生语言态度的变化。在本小节中主要概括以下几个方面：新加坡华人最常用语、语言态度的变化、平行双语者（英语和华语一样都很好）人数比率变化的趋势以及预测最常用语言的未来发展趋势。

第一，经过40多年以"英语为主，母语为辅"的"过渡—保持式"双语教育，新加坡华人在语言使用方面呈现以下特点：最常讲英语的人数快速持续上升、最常讲华语的人数快速上升后又开始下降、最常讲方言的人数几乎消失。当然，各民族使用英语的比率都是快速上升，远远超过各民族母语，形成语言转移的总趋势为：华语、马来语和淡米尔语向英语转移。伴随着英语不断上升的趋势，使用方言、马来语和淡米尔语的人数自然是不断减少，这也说明双语教育对各民族的影响是一样的，并非华族独有的现象。

从目前大中小学生的语言能力和语言习惯来看，英语是他们日常生活中使用的首选语言。英语是他们说得最为流利，也是最常讲的语言，这一比例大大高于他们小学前的比率。英语的绝对优势渗透到了新加坡四大民族日常生活的各个领域，包括在超市购物、阅读书报、学校环境、工作环境和家庭环境等领域的语言使用。从"家庭三代人"和"社会三代人"观察语言转移的趋势最为明显。"家庭三代人"中的"祖辈与子辈、祖辈与孙辈"、"祖辈与子辈、子辈与孙辈、孙辈与兄弟姐妹"、"孙辈与祖辈、孙辈与子辈、孙辈与兄弟姐妹"三条主线都可以清楚地展示最常用语向英语转移的同样趋势。如，在华族"祖

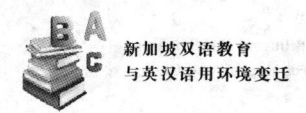

辈与子辈、子辈与孙辈、孙辈与兄弟姐妹"这一主线中,英语急剧上升,由3.92%升到29.2%,再升到49.86%;英华双码同样最常用的人数比例也在上升,但比较缓慢,由3.08%上升到9.37%,再升到11.05%;方言的使用率直线下降,从63.87%急剧下降到6.61%,再降到0.85%;华语的比例曾一度上升,由19.61%升到46.56%,在孙辈一代又降到34.84%。类似的英语转移趋势也体现在另外三大民族"家庭三代人"和华族"社会三代人"之中。就华族而言,家庭和社会"三代人"最常用语的突出特点是祖辈以方言为主、子辈以华语为主、孙辈以英语为主。

第二,英汉平行双语者人数比率稳步上升。虽然现在年轻一代华人都会讲英汉双语,但双语的程度参差不齐。从华族大中小学生目前的语言能力来看,英语和华语同样最流利的学生比率稳步增长,由学前的13.19%增加到现在的19.51%。虽然各民族学生中几乎都有80%以上的学生阅读英文书报等出版物,但英语和华语书报一样最常阅读的华族学生比例也达到13%以上。此外,华族在工作场合最常讲英汉双语的比例约占11%。从"家庭三代人"和"社会三代人"都可以清楚地发现华人英华双语同样最常用的比例也在稳步上升。与之相一致的是,新加坡街面用语的双语环境也是越来越浓厚。在所调查五个街区街面用语的总体情况是,使用英汉双语的机构名称目前已经占到大多数,比只用英语的机构名称大概多了10%。这些都显示了双语教育确实是卓有成效。

第三,新加坡大多数学生的语言态度是偏向英语。在情感态度方面,英语是各民族大多数学生认为最喜欢说、最容易学的语言。同时,各民族中绝大多数学生(82%~100%)希望学习双语,也有约半数的学生愿意学习方言。具体到华族学生对待英语、华语、英汉双语、方言的语言态度,绝大多数学生认为英语是他们最喜欢说、最容易学的语言,该比例占绝对优势;相比之下,选择华语的学生比例也比较高,在三成以上;英汉双语的比例约占一成;虽然多数学生表示愿意学习方言,但认为方言最喜欢说、最容易学的学生极少,仅占约

1%至2%。从使用态度来看,绝大多数学生认为英语最有用、地位最高。在这两项中各民族学生选择英语的比例(约占60%～100%)也是大大高于三大母语的比例(约占0.0%～18%)。此外,华族学生认为英汉双语地位同样最高的比例占16.71%,高于华语(13.7%)而紧随英语之后。上述数据可以解释以"英语为主,母语为辅"的双语教育为什么能够得到各民族大众的支持以至顺利实施并取得良好的效果。

  第四,新加坡最常用语的未来发展趋势是以英语和华语为主。从语言使用来看,虽然最常讲华语的人数快速上升后又开始下降,但最常讲英语以及英语和华语一样最常讲的人数稳步持续上升,讲华语的人数在总体上并没有明显下降。目前的大中小学生和兄弟姐妹或同辈人讲方言的比例只剩约0.2%,方言虽不至于在新加坡绝迹,但讲方言的人数比例注定是有降无升了。从语言态度来看,大多数华人虽然极为重视英语,但对华语的态度也明显好转,这有利于华语的学习与应用。从语言环境看,新加坡人日常生活中使用英语和华语的现象非常普遍,笔者在新加坡进行实地调查期间的切身感受也进一步验证了调查数据,笔者每天要主动用英语或华语与数十人交谈。交谈中发现,笔者讲英语,对方也讲英语,笔者用华语,对方也用华语,其中也有非华族学生使用简单的华语。在日常口语交际方面,华族学生的英汉双语能力都很强,他们现在讲英语或华语,是根据"实际需要"。调查结果显示,目前家庭、学校和社会上的双语环境是历来最好的。

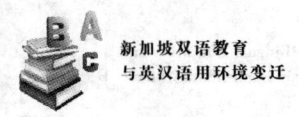
新加坡双语教育
与英汉语用环境变迁

结 论

前文对新加坡的双语教育萌芽期、双语教育发展期、双语教育成熟期、双语教育定型期进行了分期阐述,并结合语言应用的实地调查数据分析了新加坡的双语教育对英汉语用环境的影响,本章在此基础上加以总结,并对新加坡双语教育模式的主要特征,新加坡双语教育对语言使用、语言态度和语言环境的影响,新加坡华人最常用语的未来发展趋势,新加坡双语教育对我国提高学生英语应用能力的借鉴意义等问题提出以下基本观点。

一、新加坡双语教育模式的主要特征

新加坡的双语教育发展史包含了多种双语教育模式,主要有淹没式双语教育、外语教学主流式双语教育、过渡式双语教育、保持式双语教育模式,但过渡式双语教育和保持式双语教育贯穿并主导着整个双语教育进程。然而,过渡式和保持式并非像井河之水互不相干,而是有机地融合在一起,形成了"在保持中过渡、过渡中也伴随着保持",以"过渡为主、保持为辅"的"过渡—保持双语教育模式",这就是独具特色的新加坡双语教育模式,主要特征如下:

1. 民族语文教育向英文教育过渡。新加坡的民族语文教育就是华文教育、马来文教育和淡米尔文教育,在1987年完全融入英文教育之前经历了以下几个主要的过渡流程。第一,学制过渡。如,华校学制向英校学制过渡,包括教材、考试、假期等逐渐与英校一致。第二,双语教育模式与制度的过渡。双语教育模式由淹没式、外语教学主流式等过渡到"过渡—保持式双语教育模式"。双语教育制度由非强制性双语教育向强制性双语教育过渡,也就是由华、巫、印校以"母语为主、英语为辅"的双语教育过渡到全国都以"英语为主、母语为辅"的双语教育。针对华校而言,华文教育向英文教育过渡;华校学生向英文学校大转移;连特选学校也由浓厚的华文气氛转变为越来越浓的英文环境,学生来源由以华校生为主逐渐变为以英校生为主。从1984年起,新加坡开始逐步统一教育源流,华、巫、印校最终完全融入英文学校。第三,教学媒介语的过渡。一开始,英文学校把英语作为"学校的唯一教学语言",以同化在英校就读的华、巫、印族学生;后来过渡到以"英语为教学媒介语、增加母语为一门语言学科";最后过渡到以"英语为主要教学媒介语,母语为次要媒介语",如,英校的华族生以英语学习绝大多数学科,以华语学习华语科和道德科。而在华(巫、印)校一开始以母语为"学校的唯一教学语言",后来过渡到以"母语为教学媒介语、增加英语为一门语言学科",为学生打好英语基础;再后来又要求用英文教授其他部分学科,就变成了以"母语为主要教学媒介语、英语为次要媒介语";最后过渡到以"英语为主要教学媒介语、母语为次要媒介语"。教学媒介语的过渡也表现出学校语言地位的变化,譬如在华校,由"华语为第一语文、英语为第二语文"转变为"英语为第一语文、华文为第二语文"。总的看来,英校教学媒介语的过渡是在保证英语优势的前提下保持母语,而华校是在突出英语的前提下保持华语。所以,"过渡—保持双语教育模式"体现在教学媒介语过渡方面的总趋势就是"向英语过渡、把母语保住"。第四,从小学到大学整个教育系统来看,随着年级段的不断升高,使用英语的比例越来越大,使用华语的比例越来越小。小学使用华语的比例相对较大,中学华语的时间减少,初级学院的华文时间更少或为选修课,大学所有课程都以英语为教学媒介语。

  2. 母语在基本程度上得到保持。在"过渡—保持双语教育模式"下,虽然过渡的总趋势是由母语向英语过渡,不断降低对母语的要求,但并不是要以英语完全取代母语,而是为华文教育留有一定的

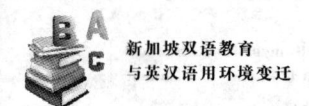

发展空间,并采取一定的措施保留华族语言和文化。主要措施包括:(1)把华语作为第二语文扩大到英校,并开展"讲华语运动"和"讲学校语运动",以至华语的应用更为普及。(2)提高初级学院、大学先修班等入学资格中对双语的最低要求,有效地鼓励并保障了华族学生同时重视英语和华语的学习。(3)采取更为灵活的课程或单元转换,让更多学生有机会修读高级华文。(4)设立特选双语学校并推出双文化课程,以培养了解中国又能同西方联系的精英。同时,教育部鼓励更多的小学开办第一语文的华文课程并增办特选小学。而且,把两所初级学院列为发展华文的重点学院。(5)降低要求以保持华语。在英语为主流的大环境下,华族学生的华文能力大幅度降低,新加坡政府在华文教学报告书中降低对华语的要求,也是希望保住大多数华族学生坚持学习华语,至少是把母语保持在基本的程度,即重视听说能力。降低要求保持华语的措施主要体现在教材、教学和考试模式方面:首先,华文教学的重点由注重听、说、读、写转向听、说、读,再转向只重视听、说技能。其次,随着年级由低到高,华文课程的等级不断降低。在小一至小四阶段的华文降到小五至小六年段的华文和基础华文;再降到中一至中二阶段的华文、更低一级的华文和基础华文;再降到中三至中四阶段的华文、华文B、(普通学术)华文和基础华文。其中,"华文B"和"基础华文"都是以口语为主。而且,21世纪后提倡双语教学法,即以英语来教华语。第三,华文科由必修科以及升学考试的必考科降为大学入学考试中不再计算分数的科目。

二、双语教育对语言使用、语言态度及语言环境的影响

新加坡年轻一代华人在语言使用方面呈现以下四个特点:最常讲英语的人数快速持续上升、最常讲英汉双语的人数稳步上升、最常讲华语的人数快速上升后又开始缓慢下降、最常讲方言的人数几乎消失。从目前大中小学生的语言能力和语言习惯来看,英语是他们日常生活中使用的首选语言,是他们说得最为流利,也是最常讲的语

言。英语的绝对优势渗透到了新加坡四大民族日常生活的各个领域，包括家庭环境、学校环境、工作环境以及在超市购物、阅读书报等领域的语言使用，这一点从"家庭三代人"和"社会三代人"观察语言转移的趋势最为明显。华族家庭和社会"三代人"最常用语的突出特点是祖辈以方言为主、子辈以华语为主、孙辈以英语为主。虽然现在年轻一代华人都会讲英汉双语，但双语的程度参差不齐。不过，平行的英汉双语人数比率稳步上升。总体上看，目前新加坡华人的英汉双语能力，特别是平行的英汉双语能力是有史以来最好的。

在语言态度方面大多数华族学生偏向英语、华语。从情感态度看，认为英语"最喜欢说、最容易学"的比例占绝对优势，选择华语比例也比较高。虽然多数学生表示愿意学习方言，但认为方言"最喜欢说、最容易学"的学生极少，仅占约1％至2％。从使用态度来看，绝大多数学生认为英语最有用、地位最高，各民族学生选择英语的比例（约占60％～100％）大大高于三大母语的比例（约占0.0％～18％）。此外，华族学生认为英汉双语地位同样最高的比例占16.71％，高于华语（13.7％）而紧随英语之后。这些数据说明绝大多数学生支持以"英语为主、母语为辅"的双语教育，他们的语言态度兼顾了文化感情和社会实际两个方面，有利于新加坡双语教育的健康发展。

从语言环境看，目前新加坡具有非常有利的双语环境，多项官方与非官方调查数据显示新加坡华人基本上都会讲英汉双语。2006年的调查也发现，新加坡目前的双语环境是有史以来最好的，华族学生最常用语言几乎都是英语和华语。虽然在家中、学校以及社会交往中讲英语的学生比率高于华语，但二者比率也是历史上最接近的。从双语教育四个发展时期来看，新加坡的双语教育由单语教育为主，发展到相对平行的双语教育，再到"英语为主、母语为辅"的现行双语教育制度，这种语言政策在很大程度上影响了新加坡双语环境的变迁，也就是由单语环境向双语环境转变。这种转变不仅是在家中、学校和社会上讲英汉双语人数不断增加，也表现在各种新闻媒体以及街面用语中越来越浓厚的英汉双语环境。这些都显示了英汉双语现

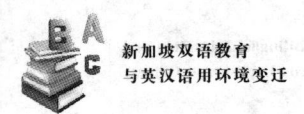

象越来越普及、越来越深入。

从双语政策来看,殖民地政府实施过渡式双语教育,最终目的是以英文教育完全取代民族语文教育。以60年代前华校学生转入英校的趋势看,不仅华校、华文教育要消亡,华文华语也会随之消亡,因为当时的英文教育根本没有华文华语生存的空间。行动党执政后采用"过渡—保持双语教育",才能确保母语的继续存在。以"英语为主、母语为辅"的"过渡—保持双语教育"为母语提供了一个浮台,不仅让母语保留下来,而且华语的学习与应用更加普遍。此外,华人的教育观念也发生了巨大的变化,由只重视华语转向华英双语并重。当然,在"过渡—保持双语教育"模式下,母语程度降低了,但这种牺牲也是无可奈何的事。① "过渡—保持双语教育"更符合新加坡政治、经济和社会的需要,集中表现在"尊马、重英、保母、弃方"四个方面。就社会语言学的观点来看,马来语虽然贵为"国语",但却没有得到制度上的实质支持,结果处于"尊而不重"的地位。② 重视英语、保持母语、放弃方言以及推行简体字、制定华文语言规划均以中国的普通话作为语言标准,都是务实的选择。总的看来,"过渡—保持双语教育"是保持母语的重要方式和手段,正是因为实施这种双语教育,三大民族母语才得以保持下来。

新加坡的双语教育是出于为建国而团结国人的需要,为生存而发展经济的需要,为继承本族优良文化的需要。③ 以"英语为主、母语为辅"的双语教育不仅统一了教育制度、教育源流、教学语言,也统一了新加坡的国家意识,以至新加坡的政治及社会稳定、四大民族和

---

① 周清海:《多语环境里语言规划所思考的重点与面对的难题——兼谈香港可以借鉴些什么》,《普通话教育的发展和推广国际研讨会(2002)论文集》,香港:香港大学教育学院普通话培训测试中心,2003年,第11~12页。

② 郭振羽:《新加坡的语言与社会》,台北:正中书局,1985年,第16页。

③ 谢泽文:《新加坡的双语教育与华文教学》,新加坡华文研究会:《新加坡华文教学论文二集》,新加坡:SNP Pan Pacific Publishing Pte Ltd,2001,p. 14.

谐、经济高度发展、在普及英语的同时民族语言与文化也得以保持。新加坡的双语教育目标已经达到,新加坡的双语教育政策是适合其国情的成功的政策,应予积极评价。

三、新加坡华人最常用语的未来发展趋势

本书对新加坡双语教育各个时期的分析发现,几十年来新加坡最常用语发生了巨大的变化,而最常用语的变化主要受到语言政策、语言态度、语言使用和语言环境的影响。其中,语言政策在很大程度上影响了语言态度、语言使用和语言环境的变化。新加坡大规模的语言转用现象,主要是政府语言政策作用的结果。从语言政策看,行动党政府历来强调双语教育政策是新加坡教育体制的根本,是教育基石。新加坡双语教育发展到目前以"英语为主、母语为辅"、"突出英语、保持母语"的双语教育已经基本定型,在可预见的将来不会有大的改变。从上述语言态度的分析知道,新加坡华人的语言态度也基本上与政府的双语教育政策保持一致,他们意识到"突出英语"与"保持母语"的重要性和兼容性。大多数华族学生的语言态度是偏向英语、华语、英汉双语,而认为英汉双语地位同样最高的比例(16.71%)甚至高于华语(13.7%)而紧随英语之后。在语言使用和语言环境方面,目前新加坡全社会的语言状况是一种基本稳定的双语状况,具有非常有利的双语环境,年轻一代华人都会讲英汉双语,平行的英汉双语能力也是有史以来最好的,整个华社日常生活中使用英语和华语的现象非常普遍,连非华族学生也能使用简单的华语。不仅如此,各种新闻媒体以及街面用语中也呈现出越来越浓厚的英汉双语环境。因此,本章可以从两个方面预测新加坡最常用语的未来发展趋势:第一,就全国而言,四大民族使用英语的比例还将持续上升,三大母语(华、马、淡米尔语)继续下降。在英语的使用率直线上升母语不断下降的过程中,华语和马来语的语言阵地在可预见的将来还足以自保,淡米尔语却显得岌岌可危。第二,针对华族而言,

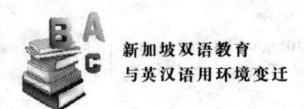

华人最常用语将以英语、华语、英汉双语"三分天下"。英语以及英汉双语的使用将更加普及,华语的使用还将下降,但所降幅度不会很大。然而,目前的大中小学生和兄弟姐妹或同辈人讲方言的比例只剩约 0.2%,方言虽不至于在新加坡绝迹,但讲方言的人数注定是有减无增。

四、新加坡双语教育对我国提高英语应用能力的借鉴意义

双语教育目前已成为我国教育改革的热点。我国教育部于2001年颁发《关于加强高等学校本科教学提高教学质量的若干意见》中要求加强双语教育。高教司[2002]152号《普通高等学校本科教学工作水平评估方案》中将双语教育作为重要项目内容列入《普通高等学校本科教学工作水平评估指标体系》,指明了我国高等教育今后一个时期内加强本科教学改革的思路。虽然我国的国情与新加坡存在很大的差异,不可能盲目照搬新加坡的双语教育政策和模式,但新加坡双语教育的成功对我国提高学生英语应用能力方面具有很好的借鉴意义,主要表现在双语教育政策、双语教育模式、语言态度、语言使用与语言环境几个方面:

第一,双语教育政策应该注重本国实际同时面向世界。新加坡政府非常注重结合国际主流语言的趋势改革本国双语教育的实际状况,在改革双语教育之前一定会组织语言专家、大中小学校长和教师进行大量的调查,然后认真进行检讨后提出建议,尔后开始试验性实施,再经过改进完善后向全国推广。这样,改革中所涉及的分流制、教材、教学法、语言课程分类以及评估体系都有比较强的针对性。我国的双语教育目前还处于实验阶段,有关双语教育的理论研究都是空白,也还没有相关的双语政策以及评估体系,我们可以把新加坡的经验与我国的实际结合起来,制定出符合我国国情的双语教育政策。

第二,双语教育模式应该灵活多样。几十年来我国的大学英语教学都是采用"外语教学主流式"双语教育模式,也就是广义上的双语教育,即把外语作为一门语言课程。根据美国、加拿大等国实施"外语教学主流式"双语教育的教训,学生通过 10 多年的外语学习,极少有人能够精通外语,绝大多数学生不仅不能用外语流利地交流,而且外语迅速退化,甚至完全遗忘。我国大学生英语学习的现状也进一步证明"外语教学主流式"很难培养出优秀的双语学生,许多学生大学毕业时,学到的依然是听不懂、说不出的"聋子英语"、"哑巴英语"。考虑到我国的教育目的、教育环境、教育对象等不同的因素,可以尝试新加坡"过渡—保持双语教育模式"初期阶段的"部分过渡式"双语教育,也就是尝试把我国"外语教学主流式"双语教育模式转向以英语教授部分科目,如数学、物理、计算机、国际关系等非语言历史类科目。事实上,我国一些高校已经开始了"部分过渡式"双语教育的尝试,如,浙江大学的某些学院以及厦门大学的东南亚研究中心、高等教育研究中心等。

第三,逐步加强有利于英语学习与应用的语言态度与语言环境工作。语言是交流的工具,中国改革开放后同世界各国的交往越来越密切,使用英语是我们在国际上最好的交流工具。新加坡语言政策的成功之处就在于其突出英语和母语的交流功能,"讲标准华语运动"和"讲标准英语运动"极力强化语言的"听"、"说"能力,是新加坡重视语言交流功能事例中最吸引人的两个亮点。相比之下,我国学生的英语口头交际能力是明显的弱项,许多高校英语四级通过率达 90% 以上,六级通过率也达 60% 以上,但能说英语的人很少。我国的外语教学大纲也要求"听、说、读、写"全面发展,但各级教育主管部门没有把"全面发展"落实在教学上,更没有体现到各类考试中。外语考试主要是考阅读能力,学生的外语水平高也主要表现在会考试,特别是会做选择题上。据笔者从新闻报道、科研文章和在校学生中了解到,有人虽过了英语六级,但在外教口语课上从不敢主动说一句英语,在招聘会上即使遇到简单的英语口语面试也不敢递出简历,这

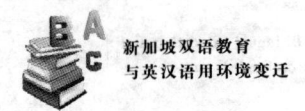

样的英语失去了其作为交流工具的实际意义。其实,从语言态度看,大多数学生也都意识到应该重视并提高英语的实际运用能力,但课堂内外讲英语的机会实在太少,缺乏使用英语的语言环境。当然,我们不可能把新加坡有利的双语环境借到中国来,但还是可以尝试为学生提供更多实际应用英语的机会和环境。比如,在课堂上设法为学生开展多讲英语的讨论、活动,同时,把英语的学习与应用从课堂延伸到课外,如,开办英语角、创建英语宿舍、在大学校园内建设英语生活区(包括英语食堂、英语商店、英语阅览室、英语活动及娱乐中心等),让学生把英语的学习与应用融入课外的日常实际生活之中,以提高英语能力的总体水平。

参考文献

一、中文文献

1. 以新加坡等外国为出版(出产)地的著作、论文、文件

(以主要责任者姓氏或名称的汉语拼音字母为排列顺序):

[1] 蔡志礼:《语言科技与华文教学》,新加坡华文研究会:《新加坡华文教学论文四集》,Singapore:Panpac Education Private Limited,2006.

[2] 陈楚湘:《南大华族英校生的华语学习活动》,未刊学位论文,新加坡:南洋大学,1978—1979年。

[3] 陈家骏:《论新加坡华语中语码夹杂的现象》,未刊学位论文,新加坡:新加坡国立大学,1991—1992年。

[4] 陈经源:《华文教育与教学的变迁:回首四十年》,新加坡华文研究会:《新加坡华文教学论文二集》,Singapore:SNP Pan Pacific Publishing Pte Ltd,2001.

[5] 陈松岑、王晓梅:《新加坡的华语与方言》,陈照明主编:《二十一世纪的挑战——新加坡华语文的现状与未来》,新加坡:联邦出版社,2000年。

[6] 陈松岑、徐大明、谭慧敏:《新加坡华人的语言使用和语言态度调查》,陈照明主编:《二十一世纪的挑战——新加坡华语文的现状与未来》,新加坡:联邦出版社,2000年。

[7] 陈照明:《小学华文教材与华语政策》,云惟利编:《新加坡社会和语言》,新加坡:南洋理工大学中华语言文化中心,1996年。

[8] 丁莉英:《新加坡华校课程及教科书的演进初探》,未刊学位论文,新加

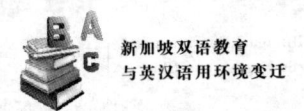

坡:南洋大学,1972—1973 年。

[9] 冻圣端(Teng Sing Tuan):《新加坡华族的国家认同与中国认同的比较研究》,未刊学位论文,新加坡:南洋大学,1971—1972 年。

[10] 范维薇:《如何特选？果真特选？——检视新加坡"特选中学"二十六年的发展》,未刊学位论文,新加坡:新加坡国立大学,2004—2005 年。

[11] 顾石宝:《新加坡社会变迁与华文教育之改革》,未刊学位论文,新加坡:南洋大学,1971 年。

[12] 关汪昭:《英语在新加坡的传播与演变》,云惟利编:《新加坡社会和语言》,新加坡:南洋理工大学中华语言文化中心,1996 年。

[13] 郭振羽:《语言政策和语言计划》,云惟利编:《新加坡社会和语言》,新加坡:南洋理工大学中华语言文化中心,1996 年。

[14] 黄建基:《1956 年新加坡学潮——政治环境与华文教育政策》,未刊学位论文,新加坡:新加坡国立大学,1998—1999 年。

[15] 黄燊辉:《新华文学研究的分期应与语文教育制度的转变挂钩》,新加坡华文研究会:《新加坡华文教学论文四集》,新加坡:EPB Pan Pacific,2006.

[16] 黄再源、姚梦桐:《资讯科技在新加坡华文教学中的应用:三年来的回顾》,新加坡华文研究会:《新加坡华文教学论文二集》,Singapore:SNP Pan Pacific Publishing Pte Ltd,2001.

[17] 柯嘉逊:《马来西亚华教奋斗史》,Selangor:董教总教育中心,1999 年。

[18] 李金生:《新加坡华文教育原始文献续录简编》,《亚洲文化》,新加坡:新加坡亚洲研究学会,2003 年第 27 期。

[19] 李元瑾:《历史重演？新加坡两场跨世纪的华语运动》,陈照明主编:《二十一世纪的挑战——新加坡华语文的现状与未来》,新加坡:联邦出版社,2000 年。

[20] 李元瑾:《新加坡华文教育变迁下知识分子的保根心态(1959—1987)》,杨松年:《传统文化与社会变迁》,新加坡:新加坡同安会馆,1994 年。

[21]《联合早报》,新加坡:1983 年 3 月 17 日。

[22]《联合早报》,新加坡:1984 年 11 月 14 日。

[23]《联合早报》,新加坡:1987 年 10 月 9 日。

[24]《联合早报》,新加坡:1999 年 1 月 22 日。

[25]《联合早报》,新加坡:1999 年 1 月 23 日。

[26]《联合早报》,新加坡:2006 年 9 月 2 日。

［27］梁荣基:《克服词汇贫乏的写作教学方法》,新加坡华文研究会:《新加坡华文教学论文二集》,Singapore:SNP Pan Pacific Publishing Pte Ltd,2001.

［28］梁荣基:《学生的双研背景和书写能力》,新加坡华文研究会:《新加坡华文教学论文二集》,Singapore:SNP Pan Pacific Publishing Pte Ltd,2001.

［29］梁荣基:《新加坡华文教学现状的思考》,新加坡华文研究会:《新加坡华文教学论文四集》,Singapore:Panpac Education Private Limited,2006.

［30］林保圣:《华文课程改革后的教学策略》,新加坡华文研究会:《新加坡华文教学论文四集》,Singapore:Panpac Education Private Limited,2006.

［31］林保圣:《数码时代的华文教学》,新加坡华文研究会:《新加坡华文教学论文四集》,Singapore:Panpac Education Private Limited,2006.

［32］林菊英:《从政治环境的变迁看华校学潮与政府政策》(1954—1956),新加坡:南洋大学,1972—1973年。

［33］林琳:《新加坡华文教育的演变(1945—1955)》,未刊学位论文,新加坡:新加坡国立大学,1999—2000年。

［34］林顺福:《战后初期新加坡戏剧活动与社会变迁》,杨松年:《传统文化与社会变迁》,新加坡:新加坡同安会馆,1994年。

［35］林万菁:《论华文教学中处理语言变异的一些实际问题》,新加坡华文研究会:《新加坡华文教学论文二集》,新加坡:新加坡华文研究会,2001年。

［36］刘永兵、吴福焕:《新加坡华族儿童话语口语语言能力研究:课题设计》,新加坡华文研究会:《新加坡华文教学论文四集》,Singapore:Panpac Education Private Limited,2006.

［37］卢绍昌:《以平常心看汉语拼音与华语教学》,新加坡华文研究会:《新加坡华文教学论文二集》,Singapore:SNP Pan Pacific Publishing Pte Ltd,2001.

［38］卢绍昌:《汉语教学的一些经验与想法》,新加坡华文研究会:《新加坡华文教学论文二集》,Singapore:SNP Pan Pacific Publishing Pte Ltd,2001.

［39］卢绍昌:《华语论集续集》,新加坡:新加坡国立大学华语研究中心,1990年。

［40］马来西亚华校董事联合会总会(董总):《华光永耀》,Kuala Lumpur:马来西亚华校董事联合会总会,1993年。

［41］《南洋商报》,新加坡:1980年3月27日。

［42］《南洋商报》,新加坡:1982年1月1日。

［43］《南洋商报》,新加坡:1982年4月9日。

[44] 潘秋华:《新加坡华人英校生的文化认同(1979—1999)》,未刊学位论文,新加坡:新加坡国立大学,2001年。

[45] 潘星华:《新加坡教育点评》,新加坡:创意创出版社,2006年。

[46] 宋明顺:《新加坡青年的意识结构》,新加坡:教育出版社,1980年。

[47] 宋旺相:《新加坡华人百年史》,新加坡:新加坡中华总商会,1993年。

[48] 王慷鼎:《新加坡华文日报社论研究(1945—1959)》,新加坡:新加坡国立大学中文系汉学研究中心,1995年。

[49] 王秀南:《东南亚教育史大纲》,新加坡:新加坡东南亚教育研究中心,1989年。

[50] 王逊标:《论新加坡中文报章的中英语码转换》,未刊学位论文,新加坡:新加坡国立大学,1996—1997年。

[51] 吴英成、林惜莱:《新加坡中学生语言使用与语言态度调查》,陈照明主编:《二十一世纪的挑战——新加坡华语文的现状与未来》,新加坡:联邦出版社,2000年。

[52] 吴英成、周清海:《新加坡讲华语运动:第20年的新起点》,陈照明主编:《二十一世纪的挑战——新加坡华语文的现状与未来》,新加坡:联邦出版社,2000年。

[53] 吴元华:《务实的决策——人民行动党与政府的华文政策研究》,新加坡:联邦出版社,1999年。

[54] 吴元华:《建国方略与语文规划——新加坡制定语文政策的考量》,陈照明主编:《二十一世纪的挑战——新加坡华语文的现状与未来》,新加坡:联邦出版社,2000年。

[55] 吴元华《母语——打开文化宝库的钥匙》,新加坡:SNP综合出版私人有限公司,1999年。

[56] 吴元华:《新加坡的社会语言》,新加坡:教育出版社,1978年。

[57] 吴元华:《华语文在新加坡的现状与前景》,新加坡:创意出版社,2004年。

[58] 谢世涯:《华语运动:成就与问题》,云惟利编:《新加坡社会和语言》,新加坡:南洋理工大学中华语言文化中心,1996年。

[59] 谢世涯:《新加坡汉字规范的回顾与前瞻》,陈照明主编:《二十一世纪的挑战——新加坡华语文的现状与未来》,新加坡:联邦出版社,2000年。

[60] 谢顺详:《语言环境的改变与适应——南大华文源流学生语言适应性

能的调查研究(1978—1979)》,未刊学位论文,南洋大学,1978—1979年。

[61] 谢泽文:《新加坡的双语教育与华文教学》,新加坡华文研究会:《新加坡华文教学论文二集》,新加坡:SNP Pan Pacific Publishing Pte Ltd,2001.

[62] 谢泽文:《从报告书看近年来新加坡华文教学的改革》,新加坡华文研究会:《新加坡华文教学论文四集》,Singapore:Panpac Education Private Limited,2006.

[63] 新加坡华文研究会:《新加坡华文教学论文四集》,Singapore:Panpac Education Private Limited,2006.

[64] 新加坡华文研究会:《新加坡华文教学论文二集》,Singapore:SNP Pan Pacific Publishing Pte Ltd,2001.

[65] 新加坡教育部:《新加坡教育调查委员会报告书》(Commission of Inquiry into Education of Singapore—Final Report),新加坡:新加坡教育部,1966年。

[66] 新加坡教育部:《一九七八年教育部报告书》,新加坡:新加坡教育部,1978年。

[67] 新加坡教育部:《华文课程与教学法检讨委员会报告书》,新加坡教育部,2004年。

[68] 许福吉、冯志伟:《语言学习与语言教学》,新加坡华文研究会:《新加坡华文教学论文四集》,Singapore:Panpac Education Private Limited,2006.

[69] 许佩娟:《论新加坡华语及方言中的语码选择的问题》,未刊学位论文,新加坡:新加坡国立大学,1992—1993年。

[70] 许苏吾:《新加坡华侨教育全貌》,新加坡:南洋书局,1949年。

[71] 杨松年:《传统文化与社会变迁》,新加坡:新加坡同安会馆,1994年。

[72] 杨松年:《新马文学论争与社会变迁的关系:以战前新马文学论争为例的说明》,杨松年主编:《传统文化与社会变迁》,新加坡:新加坡同安会馆,1994年。

[73] 云惟利:《语言环境》,云惟利编:《新加坡社会和语言》,新加坡:南洋理工大学中华语言文化中心,1996年。

[74] 云惟利编:《新加坡社会和语言》,新加坡:南洋理工大学中华语言文化中心,1996年。

[75] 张楚浩:《华语运动:前因后果》,云惟利编:《新加坡社会和语言》,新加坡:南洋理工大学中华语言文化中心,1996年。

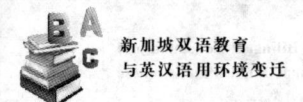

[76] 张佩珍:《华文第二语文学生的措词和词序问题》,未刊学位论文,新加坡:新加坡大学,1974—1975年。

[77] 张永慧:《新加坡华语会话中语码夹杂模式的研究》,未刊学位论文,新加坡国立大学,1999—2000年。

[78] 郑良树:《马来西亚华文教育发展史》(第一分册),吉隆坡:马来西亚华校教师会总会,2001年。

[79] 郑良树:《马来西亚华文教育发展史》(第二分册),吉隆坡:马来西亚华校教师会总会,2001年。

[80] 郑良树:《马来西亚华文教育发展史》(第三分册),吉隆坡:马来西亚华校教师会总会,2001年。

[81] 周清海:《语言变体产生的因素》,新加坡华文研究会:《新加坡华文教学论文四集》,Singapore:Panpac Education Private Limited,2006.

[82] 周清海:《语言与语言教学论文集》,新加坡:泛太平洋出版社,2004年。

[83] 周清海:《华文教学应走的路向》,新加坡:南洋理工大学中华语言文化中心,1998年。

[84] 祝新华:《华文科校内评估的改革:九个策略》,新加坡华文研究会:《新加坡华文教学论文四集》,Singapore:Panpac Education Private Limited,2006.

[85] 庄致彤:《讲华语运动与新加坡华人的文化认同》,未刊学位论文,新加坡:新加坡国立大学,1999—2000年。

2. 以中国(包括台湾和香港)为出版(出产)地的著作、论文

(以主要责任者姓氏或名称的汉语拼音字母为排列顺序):

[1] 鲍习侣:《新加坡的华文教育和就业》,《战后海外华人变化国际学术讨论会论文选辑(三)》,《南洋资料译丛》,1990年第1期。

[2] 曹云华:《变异与保持——东南亚华人的文化适应》,北京:中国华侨出版社,2001年。

[3] 陈碧笙:《世界华侨华人简史》,厦门:厦门大学出版社,1991年。

[4] 陈金燕:《探讨冷战对新加坡华文教育兴衰的影响》,未刊学位论文,北京:北京大学,2006年。

［5］陈寿仁：《近三十年新加坡华人社会结构及其社会意识形态的变化》，郭梁主编：《战后海外华人变化国际学术研讨会论文集》（中英文论文），北京：中国华侨出版社，1990年。

［6］崔贵强：《新马华人国家认同的转向》（1945—1959），厦门：厦门大学出版社，1989年。

［7］冯生尧：《亚洲"四小龙"课程实践研究》，福州：福建教育出版社，1998年。

［8］冯增俊、卢晓中：《战后东盟教育研究》，南昌：江西教育出版社，1996年。

［9］古鸿庭：《新加坡南洋大学的改革与关闭》，《南洋问题研究》，2003年第1期。

［10］古鸿庭：《教育与认同：马来西亚华文中学教育之研究(1945—2000)》，厦门：厦门大学出版社，2003年。

［11］郭梁：《东南亚华侨华人经济简史》，北京：经济科学出版社，1998年。

［12］郭梁主编：《战后海外华人变化国际学术研讨会论文集》（中英文论文），北京：中国华侨出版社，1990年。

［13］郭振羽：《新加坡的语言与社会》，台北：正中书局，1985年。

［14］洪丽芬：《马来西亚社会变迁与当地华人语言转移现象研究——一个华裔的视角》，未刊博士学位论文，厦门：厦门大学，2006年。

［15］胡光明：《"新经济"时代新加坡华语生存环境及前景展望》，《东南亚》，2003年第4期。

［16］胡光明：《新加坡华语生存环境及前景展望》，《云南民族大学学报》（哲社版），2004年第2期。

［17］胡林生：《浅谈中国大陆、台湾、新加坡中学华文课本里语文知识的教学》，谢译文编：《新加坡华文教学论文集》，北京：北京语言学院出版社，1994年。

［18］黄河：《李光耀新闻政策与新加坡华文报业》，未刊学位论文，台湾：私立中国文化学院民族与华侨研究所，1978年。

［19］黄明：《我国高校双语教学与国外双语教育之比较》，《西南交通大学学报》（社会科学版），2006年第3期。

［20］黄明：《新加坡语言政策对英语和华语交流的影响》，《西南交通大学学报》（社会科学版），2007年第1期。

［21］黄松赞：《战后新加坡华人社会变化略述》，《东南亚研究》，1987年第

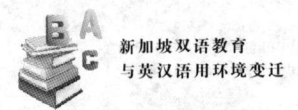

1、2期。

[22] 李大光、刘力南、曹青阳:《今日新加坡教育》,广州:广东教育出版社,1996年。

[23] 李光耀:《风雨独立路——李光耀回忆录》,北京:外文出版社,1998年。

[24] 李光耀:《李光耀回忆录(1965—2000)》,台北:世界书局,2000年。

[25] 李岚清:《推动外语教学改革》,《李岚清教育访谈录》,北京:人民教育出版社,2003年。

[26] 李如龙主编:《东南亚华人语言研究》,北京:北京语言文化大学出版社,2000年。

[27] 梁春芳:《华文教学与传统文化》,谢泽文编:《新加坡华文教学论文集》,北京:北京语言学院出版社,1994年。

[28] 梁荣基:《从认知层面看语文测试的形式和作用》,谢泽文编:《新加坡华文教学论文集》,北京:北京语言学院出版社,1994年。

[29] 梁英明:《战后东南亚华人社会变化研究》,北京:昆仑出版社,2001年。

[30] 林蒲田:《华侨教育与华文教育概论》,厦门:厦门大学出版社,1995年。

[31] 刘宏:《战后新加坡华人社会的嬗变:本土情怀、区域网络、全球视野》,厦门:厦门大学出版社,2003年。

[32] 刘士木、钱鹤、李则刚:《华侨教育论文集》,上海:暨南大学南洋文化事业部,中华民国十八年。

[33] 卢绍昌:《华英语音比较和两种语文学习》,谢泽文编:《新加坡华文教学论文集》,北京:北京语言学院出版社,1994年。

[34] 马戎:《民族社会学——社会学的族群关系研究》,北京:北京大学出版社,2004年。

[35] 马早明:《亚洲"四小龙"职业技术教育研究》,福州:福建教育出版社,1998年。

[36] 麦留芳:《方言群认同——早期新马华人的分类法则》,台北:"中央研究院"民族学研究所,1985年。

[37] 潘懋元主编:《东南亚教育》,江苏教育出版社,1988年。

[38] 石川贤作:《新加坡、马来西亚的语言、教育政策和华人社会的阶层结

构》,《南洋资料译丛》,2002年第2期。

[39] 宋哲美:《新马教育研究集》,香港:东南亚研究所,1974年。

[40] 苏启祯:《华文教学研究的第三路线:教学研究的量化》,谢泽文编:《新加坡华文教学论文集》,北京:北京语言学院出版社,1994年。

[41] 孙一尘:《战后新加坡的社会变迁与教育制度的关系(1945—1983)》,未刊博士学位论文,台湾师范大学教育研究所,1987年。

[42] 滕星:《文化变迁与双语教育》,北京:教育科学出版社,2001年。

[43] 王斌华:《双语教育与双语教学》,上海:上海教育出版社,2003年。

[44] 王大龙、曹克理:《当今新加坡教育概览》,郑州:河南教育出版社,1994年。

[45] 王莉颖:《双语教育比较研究》,未刊博士学位论文,上海:华东师范大学,2004年。

[46] 王秀南:《新马教育泛论》,香港:东南亚研究所,1970年。

[47] 王学风:《新加坡基础教育》,广东:广东教育出版社,2003年。

[48] 温广益:《"二战"后东南亚华侨华人史》,广州:中山大学出版社,2000年。

[49] W.F.凯恩、M.西格恩著,严正、柳秀峰译:《双语教育概论》,北京:光明日报出版社,1989年。

[50] 吴开军:《新加坡建国后华人社会的变迁》,《东南亚》,2003年第1期。

[51] 吴庆棠:《新加坡华文报业与中国》,上海:上海社会科学院出版社,1997年。

[52] 夏诚华主编:《侨民教育研究论文集》,新竹市:玄奘大学海外华人研究中心,2005年。

[53] 谢泽文:《新加坡中学华文(第二语文)考试》,谢泽文编:《新加坡华文教学论文集》,北京:北京语言学院出版社,1994年。

[54] "行政院"经济建设委员会经济研究处编印:《新加坡教育、人力与发展》,台北:"行政院"经济建设委员会经济研究处,1989年。

[55] 徐大明:《国家、民族与语言》,语文出版社,2003年。

[56] 颜清湟:《新马华人社会史》,北京:中国华侨出版公司,1991年。

[57] 张凤莲:《亚洲"四小龙"教育制度与管理体制研究》,福州:福建教育出版社,1998年。

[58] 张正藩:《华侨教育新论》,台北:"中央"文物供应社,1955年。

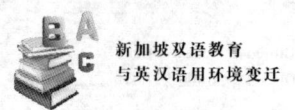

[59] 张正藩:《近六十年来南洋华侨教育史》,台北:"中央"文物供应社,1956年。

[60] 郑焕宇:《新加坡华文小学、中学及大专院校》,《华侨教育》(第二辑),广州:暨南大学华侨研究所,1984年。

[61] 《中国和新加坡关系大事记(1965—1974)》,《南洋问题大事记》,1975年。

[62] 周长楫、周清海:《新加坡闽南话概说》,厦门:厦门大学出版社,2000年。

[63] 周南京:《战后海外华文教育的兴衰》,郭梁主编:《战后海外华人变化国际学术研讨会论文集》(中英文论文),北京:中国华侨出版社,1990年。

[64] 周清海:《文化、智力、性别与双语能力——以新加坡双语教育为例》,谢泽文编:《新加坡华文教学论文集》,北京:北京语言学院出版社,1994年。

[65] 周清海:《学生的语言背景、心理特点与小学华文教学》,谢泽文编:《新加坡华文教学论文集》,北京:北京语言学院出版社,1994年。

[66] 周清海:《多语环境里语言规划所思考的重点与面对的难题——兼谈香港可以借鉴些什么》,《普通话教育的发展和推广国际研讨会(2002)论文集》,香港:香港大学教育学院普通话培训测试中心,2003年。

[67] 周聿峨:《从新马华文教育看东南亚华人族群的民族母语教育演化》,《21世纪初的东南亚经济与政治国际学术研讨会论文集》(下),厦门:2001年。

[68] 周聿峨:《战后国际局势对新加坡华文教育演变的影响》,《暨南学报》(哲学社会科学),2002年第1期。

[69] 周聿峨:《新加坡华语教育面临的难题》,《东南亚研究》,2001年第3期。

[70] 周聿峨:《试析新加坡华族母语教育问题》,《比较教育研究》,2001年第9期。

[71] 庄国土等著:《二战以后东南亚华族社会地位的变化》,厦门:厦门大学出版社,2003年。

[72] 庄国土:《中国封建政府的华侨政策》,厦门:厦门大学出版社,1989年。

[73] 庄锡福:《新加坡华文教育省思》,华侨大学编:《东南亚地区华文教育文集》,广州:暨南大学出版社,1996年。

[74] 邹嘉彦、游汝杰:《华语与华人社会》,上海:复旦大学出版社,2001年。

二、英文及日文文献

（英文以主要责任者姓氏或名称的英文字母为排列顺序）：

［1］A. H. C. Ward Raymond W. Chu Janet Salaff, *The Memoirs of Tan Kah-Kee*, Singapore: Singapore University Press, 1994.

［2］Ang Beng Choo, The Reform of Chinese Language Teaching in Singapore Primary Schools 1974—1984: A Case Study in Language Planning and Implementation, Unpublished Dissertation, Singapore: National University of Singapore, 1991.

［3］Angel Huguet, Ignasi Vila and Enric Llurda, Minority Language Education in Unbalanced Bilingual Situations: A Case for the Linguistic Interdependence Hypothesis, *Journal of Psycholinguistic Research*, Vol. 29, No. 3, (2000), pp. 313-332.

［4］Anne Pakir, Education and Invisible Language Planning: The Case of English in Singapore, in Thiru Kandiah and John Kwan-Terry, *English and Language Planning: A Southeast Asian Contribution*, Singapore: Times Academic Press, 1994.

［5］Anne Pakir, English in Singapore: The Codification of Competing Norms, in S. Gopinathan, Anne Pakir, Ho Wah Kam & Vanithamani Saravanan, *Language, Society and Education in Singapore: Issues and Trends*, Singapore: Times Academic Press, 1994.

［6］Antonio L. Rappa and Lionel Wee, *Language Policy and Modernity in Southeast Asia*, New York: Springer Science+Business Media, Inc. 2006.

［7］Basant K. Kapur, *Singapore Studies*, Singapore: Singapore University Press, 1986.

［8］Bibi Jan Mohd Ayyub, Language Issues in the Malay Community, in S. Gopinathan, Anne Pakir, Ho Wah Kam & Vanithamani Saravanan, *Language, Society and Education in Singapore: Issues and Trends*, Singapore: Times Academic Press, 1994.

［9］Bikram K. Das, Language Education and the Working Adult—the Experience in Singapore, in S. Gopinathan, Anne Pakir, Ho Wah Kam & Vanithamani Saravanan, *Language, Society and Education in Singapore: Issues and Trends*, Singapore: Times Academic Press, 1994.

[10] Bilingualism in Our Society: Text of a Discussion on TV with Mr. Lee Kuan Yew Prime Minister, Singapore: April 6, 1978.

[11] Braj B. Kachru, Englishization and Contact Linguistics: Dimensions of the Linguistic Hegemony of English, in Thiru Kandiah and John Kwan-Terry, *English and Language Planning: A Southeast Asian Contribution*, Singapore: Times Academic Press, 1994.

[12] Carlos J. Ovando and Virginia P. Collier, *Bilingual and ESL Classrooms: Teaching in Multicultural Contexts*, Singapore: McGraw-Hill Book Company, 1987.

[13] Carol Myers-Scotton, Code-Switching as Indexical of Social Negotiations, in Li Wei, *The Bilingualism Reader*, London: Routledge, 2000.

[14] Charlene Tan, Driven by Pragmatism: Issues and Challenges in an Ability-Driven Education, in Jason Tan Ng Pak Tee, *Shaping Singapore's Future: Thinking Schools, Learning Nation*, Singapore: Pearson Education South Asia Pte Ltd., 2005.

[15] Cheng Lim Keak, Reflections on the Changing Roles of Chinese Clan Associations in Singapore, 郭梁主编:《战后海外华人变化国际学术研讨会论文集》(中英文论文),北京:中国华侨出版社,1990年。

[16] Chiew Seen-Kong, Bilingualism and National Identity: A Singapore Case Study, in Evangelos A. Afendras and Eddie C. Y. Kuo, *Language and Society in Singapore*, Singapore: Singapore University Press, 1980.

[17] Chiew Seen Kong, The Social-Cultural Framework of Politics, in Ong Jin Hui, Tong Chee Kiong & Tan Ern Ser, *Understanding Singapore Society*, Singapore: Times Academic Press, 1997.

[18] Christina Bratt Paulston and G. Richard Tucker, *Sociolinguistics: The Essential Readings*, Oxford: Blackwell Publishing Ltd., 2003.

[19] Christina Hvitfeldt, Preschool Bilingualism in Singapore: Selected Case Studies, 2003.

[20] Chua Kwee Fah, A Review of Policy Statements and Research on Bi-

lingual Education in Singapore Schools, Unpublished Dissertation, Singapore:
National University of Singapore,1984.

[21] Colin Baker, *Key Issues in Bilingualism and Bilingual Education*, Philadelphia: Multilingual Matters Ltd. ,1988.

[22] Colin Baker, *A Parents' and Teachers' Guide to Bilingualism*, Clevedon: Multilingual Matters Ltd. ,2003.

[23] Dianek. Mauzy and R. S. Milne, *Singapore Politics Under the People's Action Party*, London: Routledge,2002.

[24] Dudley de Souza, The Politics of Language: Language Planning in Singapore, in Evangelos A. Afendras and Eddie C. Y. Kuo, *Language and Society in Singapore*, Singapore: Singapore University Press,1980.

[25] Eddie C. Y. Kuo, The Socialinguistic Situation in Singapore: Unity in Diversity, in Evangelos A. Afendras and Eddie C. Y. Kuo, *Language and Society in Singapore*, Singapore: Singapore University Press,1980.

[26] Eddie C. Y. Kuo and Bjorn H. Jernudd, Balancing Macro-and Micro-Sociolinguistic Perspectives in Language Management: The Case of Singapore, in Thiru Kandiah and John Kwan-Terry, *English and Language Planning: A Southeast Asian Contribution*, Singapore: Times Academic Press,1994.

[27] Eddie C. Y. Kuo, Multilingualism and Mass Media Communications in Singapore, in Evangelos A. Afendras and Eddie C. Y. Kuo, *Language and Society in Singapore*, Singapore: Singapore University Press,1980.

[28] Edwin Thumboo, Language into Languages: Some Conjugations of Choice in Singapore, in Thiru Kandiah and John Kwan-Terry, *English and Language Planning: A Southeast Asian Contribution*, Singapore: Times Academic Press,1994.

[29] E. Glyn Levis, *Bilingualism and Bilingual Education: A Comparative Study*, Albuquerque: University of New Mexico Press,1980.

[30] Elaine Ng Hwei Phern, Bilingualism in Education and Bilingual Education in Singapore: The State of the Art, Unpublished Dissertation, Singapore: National University of Singapore,1991/1992.

[31] Eugene Tan Hwi Choon, Kwa Chong Guan, *The Singapore Story: A Learning Nation*, Singapore: National Library Board,1998.

[32] Evangelos A. Afendras, Language in Singapore: Towards a Systematic Account, in Evangelos A. Afendras and Eddie C. Y. Kuo, *Language and Society in Singapore*, Singapore: Singapore University Press, 1980.

[33] Francis Wong Hoy Kee and Gwee Yee Hean, *Perspectives: the Development of Education in Malaysia and Singapore*, Kuala Lumpur: Heinemann Educational Books(Asia)Ltd., 1972.

[34] Ganesan Narayanan, The Political History of Ethnic Relations in Singapore, in Lai Ah Eng(ed.), *Beyond Rituals and Riots*, Singapore: Marshall Cavendish International Private Limited, 2004.

[35] Geoffrey Benjamin, The Cultural Logic of Singapore's "Multiculturalism", in Ong Jin Hui, Tong Chee Kiong & Tan Ern Ser. *Understanding Singapore Society*, Singapore: Times Academic Press, 1997.

[36] Gerardo Torres, Active Teaching and Learning in the Bilingual Classroom: The Child as an Active Subject in Learning to Write, in Ofelia Garcia, *Bilingual Education*, Philadelphia: John Benjamins Publishing Company, 1991.

[37] Gopinatban, Ho Wab Kam & Vanitbamani Saravanan, Ethnicity Management and Language Education Policy: Towards a Modified Model of Language Education in Singapore Schools, in Lai Ah Eng(ed.), *Beyond Rituals and Riots*, Singapore: Marshall Cavendish International Private Limited, 2004.

[38] Guadalupe Valdes & Richard A. Figueroa, *Bilingualism and Testing: A Special Case of Bias*, London: Ablex Publishing Corporation, 1994.

[39] Gwee Yee Hean(ed.), 150 *Years of Education in Singapore*, Singapore: Teachers' Training College, 1969.

[40] Harmon M. Hosch, *Attitudes Toward Bilingual Education: A View From The Border*, El Paso: Texas Western Press, 1984.

[41] Henry T. Trueba, The Role of Culture in Bilingual Instruction: Linking Linguistic and Cognitive Development to Cultural Knowledge, in Ofelia Garcia, *Bilingual Education*, Philadelphia: John Benjamins Publishing Company, 1991.

[42] Ho Mian Lian, Semantic Categories in Second Language Acquisition, in S. Gopinathan, Anne Pakir, Ho Wah Kam & Vanithamani Saravanan, *Language, Society and Education in Singapore: Issues and Trends*, Singapore: Times Academic Press, 1994.

[43] Ho Wah Kam and Ruth Y L Wong,*Language Policies and Language Education*,Singapore:Times Academic Press,2000.

[44] Hong Liu & Sin-Kiong Wong,*Singapore Chinese Society in Transition:Business,Politics & Socio-Economic Change*,1945-1965,New York:Peter Lang Publishing,Inc. ,2004.

[45] Hugo Baetens Beardsmore,Language Shift and Cultural Implications in Singapore,in S. Gopinathan,Anne Pakir,Ho Wah Kam & Vanithamani Saravanan,*Language,Society and Education in Singapore:Issues and Trends*,Singapore:Times Academic Press,1994.

[46] Ismail S. Talib,Responses to the Language of Singaporean Literature in English,in S. Gopinathan,Anne Pakir,Ho Wah Kam & Vanithamani Saravanan,*Language,Society and Education in Singapore:Issues and Trends*,Singapore:Times Academic Press,1994.

[47] Janet Shepherd,*Striking a Balance:The Management of Language in Singapore*,Frankfurt am Main:Peter Lang GmbH Europaischer Verlag der Wissenschaften,2005.

[48] Jan K. Buckwalter,Yi-Hsuan Gloria Lo,Emergent Biliteracy in Chinese and English",*Journal of Second Language Writing*,(Nov. ,2002).

[49] Jan-Peter Blom and John J. Gumperz,Social Meaning in Linguistic Structure:Coding-switching in Norway,in Li Wei,*The Bilingualism Reader*,London:Routledge,2000.

[50] Jason Tan Ng Pak Tee,*Shaping Singapore's Future:Thinking Schools,Learning Nation*,Singapore:Pearson Education South Asia Pte Ltd. ,2005.

[51] Jason Tan S. Gopinathan Ho Wah Kam,*Education in Singapore:A Book of Readings*,Singapore:Simon & Schuster(Asia)Pte Ltd. ,1997.

[52] J. C. Peter Auer, A Conversation Analytic Approach to Code-switching and Transfer,in Li Wei,*The Bilingualism Reader*,London:Routledge,2000.

[53] Jennifer Lindsay and Tan Ying Ying,*Babel or Behemoth:Language Trends in Asia*,Singapore:Asia Research Institute,National University of Singapore,2003.

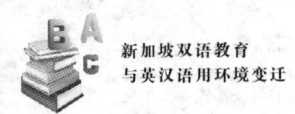

[54] J. Gimbel, E. Hansen, A. Holmen and J. N. Jorgensen, Papers from the Fifth Nordic Conference on Bilingualism, Philadelphia: Multilingual Matters Ltd. ,1988.

[55] Jim Cummins and Merrill Swain, *Bilingualism in Education: Aspects of Theory, Research and Practice*, New York: Longman Group UK Limited, 1986.

[56] Jim Cummins, The Politics of Paranoia: Reflections on the Bilingual Education Debate, in Ofelia Garcia. *Bilingual Education*, Philadelphia: John Benjamins Publishing Company,1991.

[57] Joel Walters, *Bilingualism: The Sociopragmatic-Psycholinguistic Interface*, New Jersey: Lawrence Erlbaum Associates, Inc. ,2005.

[58] John Platt, Multilingualism, Polyglossia, and Code Selection in Singapore, in Evangelos A. Afendras and Eddie C. Y. Kuo, *Language and Society in Singapore*, Singapore: Singapore University Press,1980.

[59] John Clammer, *Race and State in Independent Singapore* 1965-1990: *The Cultural Politics of Pluralism in a Multiethnic Society*, Hants: Ashgate Publishing Ltd,1998.

[60] John Clammer, Religion and Language in Singapore, in Evangelos A. Afendras and Eddie C. Y. Kuo, *Language and Society in Singapore*, Singapore: Singapore University Press,1980.

[61] John Clammer, *Singapore: Ideology, Society, Culture*, Singapore: Chopmen Publishers,1985.

[62] Josiane F. Hamers and Michel H. A. Blanc, *Bilinguality and Bilingualism*, Cambridge: Cambridge University Press,2000.

[63] J. S. Solomon, *The Development of Bilingual Education in Malaysia*, Selangor: Pelanduk Publications(M)Sdn. Bhd. ,1988.

[64] Kevin Tan, The Legal and Institutional Framework and Issues of Multiculturalism in Singapore, in Lai Ah Eng(ed.), *Beyond Rituals and Riots*, Singapore: Marshall Cavendish International Private Limited,2004.

[65] Kernial Singh Sandhu Paul Wheatley, *Management Of Success: The Moulding of Modern Singapore*, Singapore: Institute of Southeast Asian Studies,1989.

[66] Lai Ab Eng & Rosaleen Ow,Cross-Cultural Issues in Social Service Delivery by Family Service Centres,in Lai Ah Eng(ed.),*Beyond Rituals and Riots*,Singapore:Marshall Cavendish International Private Limited,2004.

[67] Larry Ser Peng Quee,Socio-Cultural Factors and Attitudes of Chinese Singaporeans Towards English and Mandarin,Unpublished Dissertation,Singapore:National University of Singapore,1987.

[68]Lee Ah Chai,Policies and Politics in Chinese Schools in the Straits Settlements and the Federated Malay States(1786-1941),Unpublished Dissertation,Singapore:University of Malaya,1957.

[69] Lee Chong Kau,Choice of Education Among the Singapore Chinese:A Study of the Factors Which Contribute to the Choice of Education Medium Among Chinese Parents in Singapore,Unpublished Dissertation,Singapore:University of Singapore,1967.

[70] Li Sheng,Karla K. McGregor and Viorica Marian,Lexical-Semantic Organization in Bilingual Children:Evidence From a Repeated Word Association Task,*Journal of Speech,Language,and Hearing Research*,Vol. 49,(June 2006).

[71] Li Wei,*The Bilingualism Reader*,London:Routledge,2000.

[72] Li Wei,Lesley Milroy and Pong Sin Ching,A Two-Step Sociallinguistic Analysis of Code-Switching and Language Choice:The Example of a Bilingual Chinese Community in Britain,in Li Wei,*The Bilingualism Reader*,London:Routledge,2000.

[73] Lim Chee Then,Oriental Traditions and the Future of Singapore:Cultural-Educational Perspectives,Unpublished Dissertation,Singapore:National University of Singapore,1986.

[74] Lim Ling,The Transformation of Chinese Education in Singapore (1945—1955),Unpublished Dissertation,Department of Chinese Studies,National University of Singapore,1999—2000.

[75] Loke Kit Ken,Chinese Singaporean Children and Their Bilingual Development in Pre-school Centres,in S. Gopinathan,Anne Pakir,Ho Wah Kam & Vanithamani Saravanan,*Language,Society and Education in Singapore:Issues and Trends*,Singapore:Times Academic Press,1994.

[76] Mak Lau Fong, Singapore Chinese Traditional Voluntary Associa-

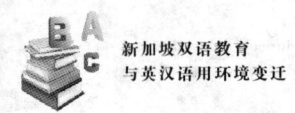

tions:Convergence vs Divergence,郭梁主编:《战后海外华人变化国际学术研讨会论文集》(中英文论文),北京:中国华侨出版社,1990年。

[77] *Mandarin: The Chinese Connection*, Singapore: Promote Mandarin Council,2000.

[78] Mark Bray & W. O. Lee,*Education and Political Transition : Themes and Experiences in East Asia*,Hong Kong:Comparative Education Research Centre, 2001.

[79] Mary Lee Teng Kim, Singapore's Post—1963 Bilingual Education Policy:A Critical Analysis of the Framework of Language Planning, Unpublished Dissertation,Singapore:National University of Singapore,1994.

[80] Ministry of Communications and Information,*Singapore* 1986,Singapore:Ministry of Communications and Information,1986.

[81] Ofelia Garcia,*Bilingual Education*,Philadelphia:John Benjamins Publishing Company,1991.

[82] Ong Jin Hui, Tong Chee Kiong, Tan Ern Ser, Understanding Singapore Society,Singapore:Times Academic Press,1997.

[83] Ong Kian Choon,Relationships Between Achievement in Chinese as a Second Language and Home Background,Motivation and Peer Influence,Unpublished Dissertation,Singapore:National University of Singapore,1986.

[84] Ong Yen Her,The Politics of Chinese Education in Singapore During the Colonial Period(1911-1959),Unpublished Dissertation,Singapore:Department of Political Science,University of Singapore,1974.

[85] Pak Tee Ng,Students' Perception of Change in the Singapore Education System,Singapore:Nanyang Technological University,2005.

[86] Philip Loh Fook Seng, *Seeds of Separatism Educational Policy in Malaya* 1874-1940,London:Oxford University Press,1975.

[87] Rita Elaine Silver,The Discourse of Linguistic Capital:Language and Economic Policy Planning in Singapore,*Language Policy*,No.4(2005).

[88] Robert B. Kaplan,*The Oxford Handbook of Applied Linguistics*, New York:Oxford University Press,2002.

[89] Sally Borthwick,Chinese Education and Employment in Singapore,郭梁主编:《战后海外华人变化国际学术研讨会论文集》(中英文论文),北京:中国

华侨出版社,1990 年。

[90] Sally K. L. Low, Language Attitudes in Social Structural Change: the Case of Chinese-Educated Students, Unpublished Dissertation, Singapore: National Universityof Singapore,1981.

[91] Seah Chee Meow, *Trends in Singapore*, Singapore: Singapore University Press,1975.

[92] S. Gopinathan, Language Policy Changes 1979-1997: Politics and Pedagogy, in S. Gopinathan, Anne Pakir, Ho Wah Kam & Vanithamani Saravanan, *Language, Society and Education in Singapore: Issues and Trends*, (Second Edition), Singapore: Times Academic Press,1998.

[93] S. Gopinathan, Ho Wab Kam & Vanithamani Saravanan, Ethnicity Management and Language Education Policy: Towards a Modified Model of Language Education in Singapore Schools, in Lai Ah Eng(ed.), *Beyond Rituals and Riots—Ethnic Pluralism and Social Cohesion in Singapore*, Singapore: Eastern Universities Press, 2004.

[94] S. Gopinathan, Anne Pakir, Ho Wah Kam & Vanithamani Saravanan, *Language, Society and Education in Singapore: Issues and Trends* (First Edition), Singapore: Times Academic Press,1994.

[95] S. Gopinathan, Anne Pakir, Ho Wah Kam & Vanithamani Saravanan, *Language, Society and Education in Singapore: Issues and Trends*, (Second Edition), Singapore: Times Academic Press,1998.

[96] S. Gopinathan, Language Policy in Education: A Singapore Perspective, in Evangelos A. Afendras and Eddie C. Y. Kuo, *Language and Society in Singapore*, Singapore: Singapore University Press,1980.

[97] S. Gopinathan, Language Policy Changes 1979-1992: Politics and Pedagogy, in S. Gopinathan, Anne Pakir, Ho Wah Kam & Vanithamani Saravanan, *Language, Society and Education in Singapore: Issues and Trends*, Singapore: Times Academic Press,1994.

[98] Sharon Siddique, The Phenomenology of Ethnicity: A Singapore Case Study, in Ong Jin Hui, Tong Chee Kiong & Tan Ern Ser, *Understanding Singapore Society*, Singapore: Times Academic Press,1997.

[99] Soh Kay Cheng, Language Identity and Language Motivation: A Bilin-

gual Perspective, Singapore: Nanyang Technological University, 1991.

［100］ Soon Teck Wong, *Singapore's New Education System: Education Reform for National Development*, Singapore: Institute of Southeast Asian Studies, 1988.

［101］ Susana Y. Flores and Enrique G. Murillo, Jr., Power, Language, and Ideology: Historical and Contemporary Notes on the Dismantling of Bilingual Education, University of North Carolina, 2001.

［102］ Suzanne Romaine, *Bilingualism*, Oxford: Blackwell Publishers, 1995.

［103］ Tan Liok Ee, Politics of Chinese Education in Malaya 1945-1961, Unpublished Dissertation, University of Malaya, 1985.

［104］ Tham Seong Chee, *Multi-lingualism in Singapore: Two Decades of Development*, Singapore: Department of Statistics, Ministry of Trade & Industry, Republic of Singapore, 1990.

［105］ *The Straits Times*, Singapore: June 4, 1959.

［106］ *The Straits Times*, Singapore: April 30, 2000.

［107］ *The Straits Times*, Singapore: April 6, 2001.

［108］ *The Straits Times*, Singapore: April 19, 2002.

［109］ *The Sunday Times*, Singapore: May 5, 2002.

［110］ Thiru Kandiah and John Kwan-Terry, *English and Language Planning: A Southeast Asian Contribution*, Singapore: Times Academic Press, 1994.

［111］ Ting-Hong Wong, State Formation and Chinese School Politics in Singapore and Hong Kong 1945-1965, Unpublished Dissertation, University of Wisconsin-Madison, 1999.

［112］ Thompson S H Teo & Vivien K G Lim, Language Planning and Social Transformation Strategies to Promote Speak Mandarin Campaign in Singapore, Unpublished Dissertation, Singapore: School of Business, National University of Singapore, 2002.

［113］ T. Nevill Postlethwaite and R. Murray Thomas, *Schooling in the ASEAN Region*, Oxford: Pergamon Press Ltd., 1980.

［114］ Tove Skutnabb-Kangas, *Bilingualism or Not: The Education of Minorities*, Clevedon: Multilingual Matters Ltd, 1981.

［115］ Ursula Casanova, Bilingual Education: Politics or Pedagogy, in Ofelia

Garcia, *Bilingual Education*, Philadelphia: John Benjamins Publishing Company, 1991.

〔116〕Wee Hock Ann, Lionel, *Language and Identity Among First-Year Chinese Undergraduates in Singapore*, Unpublished Dissertation, Singapore: National University of Singapore, 1990.

〔117〕Wendy Bokhorst-Heng, *Language is More Than a Language*, Singapore: Pagesetters Services Pte Ltd, 1999.

〔118〕Wong Kian Kei, *1956 Singapore Student Movements—The Political Environment and Chinese Education Politics*, Unpublished Dissertation, Singapore: Department of Chinese Studies, National University of Singapore, 1998-1999.

〔119〕Xu Daming, Chew Cheng Hai, Chen Songcen, *A Survey of Language Use and Language Attitudes in the Singapore Chinese Community*, Nanjing: Nanjing University Press, 2004.

〔120〕Yeong Hui Min Stephanie, *Home Language and Spelling Development in Chinese Bilingual Children*, Unpublished Dissertation, Singapore: National University of Singapore, 2004/2005.

〔121〕小木裕文：『シンガポール・マレーシアの華人社会と教育変容』日本東京：株式会社光生館, 1995年。

〔122〕岩崎育夫：アジア二都物語, 日本：中央公論新社, 2007年。

〔123〕山下清海：シンガポールの華人社会, 日本：大明堂, 昭和63年。

〔124〕今冨正巳：シンガポール華人の言語生活についての調査（中間報告）, 東洋大学アジア・アフリカ文化研究所研究年報, 1982年。

〔125〕太田勇：マレーシア, シンガポールの言語環境と華語社会, 地理学評論, 1985年。

〔126〕岡部達味：シンガポールの二種言語政策, 土屋健治・白石隆編：『東南アジアの政治と文化』東大出版会, 1984年。

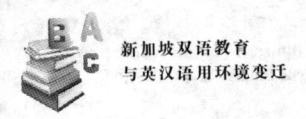

附 录

附录(1)：问卷(华文版)

您好！这是为了研究而做的调查，请选英文或华文版并在所选答案下面划线_____(同一问题的答案也可以多选)。谢谢您！

缩略词：英(英语)；华(华语)；马(马来语)；泰(泰米尔语)；方(华人方言)

1. 您上小学前最常说的语言是：
　　……………………………… 英；华；马；泰；方；其他，如____。
2. 您最喜欢说的语言是：
　　……………………………… 英；华；马；泰；方；其他，如____。
3. 您现在说得最流利的语言是：
　　……………………………… 英；华；马；泰；方；其他，如____。
4. 您每天说得最多的语言是：
　　……………………………… 英；华；马；泰；方；其他，如____。
5. 和您的爷爷、奶奶说话，您常用的语言是：
　　……………………………… 英；华；马；泰；方；其他，如____。
6. 和您的爸爸、妈妈说话，您常用的语言是：
　　……………………………… 英；华；马；泰；方；其他，如____。
7. 和您的兄弟、姐妹说话，您常用的语言是：
　　……………………………… 英；华；马；泰；方；其他，如____。
8. 在学校和您的同学说话，您常用的语言是：
　　……………………………… 英；华；马；泰；方；其他，如____。

9. 和您的华人朋友聊天,您常用的语言是:
   ················ 英;华;马;泰;方;其他,如____。
10. 您在超市购物时最常用的语言是:
   ················ 英;华;马;泰;方;其他,如____。
11. 在华人的饭店和服务员说话,您最常用的语言是:
   ················ 英;华;马;泰;方;其他,如____。
12. 和马来人说话时,您最常用的语言是:
   ················ 英;华;马;泰;方;其他,如____。
13. 和印度人说话时,您最常用的语言是:
   ················ 英;华;马;泰;方;其他,如____。
14. 您最常看的书本、杂志所使用的语言是:··· 英;华;马;泰。
15. 您最常看的报纸所使用的语言是:·········· 英;华;马;泰。
16. 您最常看的电视节目所使用的语言是:···· 英;华;马;泰。
17. 说英语时,您混杂使用其他语言吗?······ 不;有时;经常。
18. 说华语时,您混杂使用其他语言吗?······ 不;有时;经常。
19. 说方言时,您混杂使用其他语言吗?······ 不;有时;经常。
20. 您认为最有用的语言是:················ 英;华;马;泰;方。
21. 您认为最容易学的语言是:··········· 英;华;马;泰;方。
22. 您认为地位最高的语言是:··········· 英;华;马;泰;方。
23. 您的爷爷奶奶和您说话时,他们最常用的语言是:
   ················ 英;华;马;泰;方;其他,如____。
24. 您的爸爸、妈妈和您说话时,他们最常用的语言是:
   ················ 英;华;马;泰;方;其他,如____。
25. 和您的爸爸妈妈说话,爷爷奶奶最常用的语言是:
   ················ 英;华;马;泰;方;其他,如____。
26. 您的爷爷和奶奶、或他们的同辈人说话时,
    最常用的语言是:········ 英;华;马;泰;方;其他,如____。
27. 您的爸爸和妈妈、或他们的同辈人平时聊天,
    最常用的语言是:········ 英;华;马;泰;方;其他,如____。

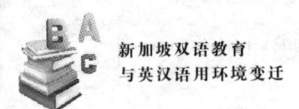

28. 据您所知,您的爸爸、妈妈和同事一起工作时,
    最常用的语言是:……… 英;华;马;泰;方;其他,如____。
29. 您希望学习方言吗?………………………… 是;不;不知道。
30. 您能听懂的方言是:
    ………… 福建话;广东话;客家话;潮州话;其他,如____。
31. 您希望在学校里学习:……… 一种语言;双语;多语。
32. 您是新加坡的:……………… 华人;马来人;印度人;其他。
33. 您现在就读于:………… 小学;中学;初级学院(等);大学。

附录(2):问卷(英文版) The Questionnaire (English version)

This survey is for research purposes. Please choose the English or Chinese version and underline your answer or answers for each question. Thank you very much.

Abbreviations: **Eng**(English); **Mand**(Mandarin); **Mal**(Malay); **Tam**(Tamil); **Dia**(Chinese Dialect); **O**(other language)

1. Before you went to Primary school, you usually spoke:
   ………………………………… Eng; Mand; Mal; Tam; Dia; O.
2. Your favorite spoken language is:
   ………………………………… Eng; Mand; Mal; Tam; Dia; O.
3. The language that you can speak most fluently is:
   ………………………………… Eng; Mand; Mal; Tam; Dia; O.
4. The language you use most frequently every day is:
   ………………………………… Eng; Mand; Mal; Tam; Dia; O.
5. Talking to your grandparents, you usually use:
   ………………………………… Eng; Mand; Mal; Tam; Dia; O.
6. Talking to your parents, you usually use:
   ………………………………… Eng; Mand; Mal; Tam; Dia; O.

7. Talking to your brother or sister, you usually use:
   .... Eng; Mand; Mal; Tam; Dia; O.
8. Talking to your classmates at school, you usually use:
   .... Eng; Mand; Mal; Tam; Dia; O.
9. Talking to your Chinese friends, you usually use:
   .... Eng; Mand; Mal; Tam; Dia; O.
10. When shopping at a supermarket, you most often speak:
    .... Eng; Mand; Mal; Tam; Dia; O.
11. To a waiter in a Chinese restaurant, you most often speak:
    .... Eng; Mand; Mal; Tam; Dia; O.
12. Talking to Malays, you most often use:
    .... Eng; Mand; Mal; Tam; Dia; O.
13. Talking to Indians, you most often use:
    .... Eng; Mand; Mal; Tam; Dia; O.
14. The books(magazines) you most often read are printed in:
    .... Eng; Mand; Mal; Tam.
15. The newspapers you most often read are printed in:
    .... Eng; Mand; Mal; Tam.
16. The TV programs you most often watch are in:
    .... Eng; Mand; Mal; Tam.
17. When speaking English, do you mix other languages?
    .... No; Sometimes; usually.
18. When speaking Mandarin, do you mix other languages?
    .... No; Sometimes; usually.
19. When speaking dialects, do you mix other languages?
    .... No; Sometimes; usually.
20. For you, the most useful language is:
    .... Eng; Mand; Mal; Tam; Dia.
21. For you, which is the easiest to learn?
    .... Eng; Mand; Mal; Tam; Dia.

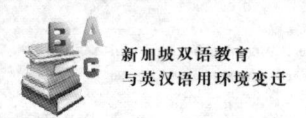

22. For you, which is the most prestigious?

…………………………… Eng;Mand;Mal;Tam;Dia.

23. Talking to you, your grandparents most often use:

…………………………… Eng;Mand;Mal;Tam;Dia;O.

24. Talking to you, your parents most often use:

…………………………… Eng;Mand;Mal;Tam;Dia;O.

25. To your parents, your grandparents most often speak:

…………………………… Eng;Mand;Mal;Tam;Dia;O.

26. To your grandmother or persons of her generation, your grandfather most often speaks:

…………………………… Eng;Mand;Mal;Tam;Dia;O.

27. To your mother or persons of her generation, your father most often speaks:

…………………………… Eng;Mand;Mal;Tam;Dia;O.

28. The language your parents most often use at work is:

…………………………… Eng;Mand;Mal;Tam;Dia;O.

29. Do you want to learn a dialect?

…………………………………… Yes;No;No idea.

30. Which dialect can you understand?

………………… Hokkian;Cantonese;Hakka;Teochew;O.

31. At school you hope to learn:

………………… One language;Two languages;More.

32. You are a Singaporean:

…………………………… Chinese;Malay;Indian;Others.

33. You are studying in a:

Primary School;Secondary School; ………………………… Junior College(etc.);University.

图书在版编目(CIP)数据

新加坡双语教育与英汉语用环境变迁/黄明著.—厦门:厦门大学出版社,2012.4
SBN 978-7-5615-4235-4

Ⅰ.①新… Ⅱ.①黄… Ⅲ.①双语教学－教学研究－新加坡
Ⅳ.①H09

中国版本图书馆 CIP 数据核字(2012)第 052080 号

厦门大学出版社出版发行
(地址:厦门市软件园二期望海路 39 号　邮编:361008)
http://www.xmupress.com
xmup @ xmupress.com
厦门市金凯龙印刷有限公司印刷
2012 年 6 月第 1 版　2012 年 6 月第 1 次印刷
开本:889×1194　1/32　印张:11.75
字数:315 千字　印数:1~1 300 册
定价:35.00 元
本书如有印装质量问题请直接寄承印厂调换